공학도의
논리로 읽은
노자

공학도의 논리로 읽은 노자

발행일	2021년 10월 29일

지은이	노자(老子)		
엮은이	이봉희		
펴낸이	손형국		
펴낸곳	(주)북랩		
편집인	선일영	편집	정두철, 배진용, 김현아, 박준, 장하영
디자인	이현수, 한수희, 김윤주, 허지혜, 안유경	제작	박기성, 황동현, 구성우, 권태련
마케팅	김회란, 박진관		
출판등록	2004. 12. 1(제2012-000051호)		
주소	서울특별시 금천구 가산디지털 1로 168, 우림라이온스밸리 B동 B113~114호, C동 B101호		
홈페이지	www.book.co.kr		
전화번호	(02)2026-5777	팩스	(02)2026-5747

ISBN	979-11-6539-894-1 03140 (종이책)	979-11-6539-895-8 05140 (전자책)

백서본 해설

공학도의
논리로 읽은
노자

노자(老子) 지음 / **이봉희** 엮음

북랩 book Lab

젊었을 때 두어 번 노자의 도덕경을 펼친 적이 있었다. 무슨 말인지 이해가 안 되어도 대충 넘기면서 독서량 채우기에 급급했던 것 같다. 작년 늦가을, 일상에 다소 여유가 있어 천천히 음미할 요량으로 다시 읽어 보았는데 역시 무엇을 말하는지 이해도 안 되고 전후 문맥이 전혀 연결되지 않는 곳도 많은 것 같았다. 조금은 무리라는 생각을 하면서도 원문 한자를 나름대로 직접 번역하면서 다시 읽어 보았다. 물론 왕필본이었다. 기존 번역들에 대해 고개를 갸우뚱거리기도 했지만 왕필본 원문 자체가 잘못일 수도 있다는 생각이 들었다. 내친김에 왕필본보다 400여 년 이전에 쓰인 것으로 추정되는 백서본을 다시 읽으면서 지금까지 우리가 알고 있던 도덕경이 그동안 잘못 읽혀 왔는지도 모른다는 생각까지 들었다.

도덕경의 최초 원본은 아직도 알 수 없고, 여러 가지 판본들이 있지만 그들조차 서로 달라 진위에 대한 논란이 끊이지 않고 있다. 그런 연유로 도덕경은 고금을 통틀어 주석과 번역이 가장 많은 책이기도 하다. 우리나라도 수많은 번역서가 있지만 각자의 생각에 따라 번역 내용이 다르기도 할 뿐 아니라 대부분 표현이 너무 추상적이고 현학적으로 기술되어 있어 일반인들이 쉽게 이해할 수 없게 되어 있다. 자기의 번역을 합리화하기 위해 여러 가지 고사(古事)들을 끌어와 인용하는 것에 그치지 않고 현대 철학의 사상까지 거기에 대입하여 노자의 사상을 각색하고 있다는 생각까지 들었다.

필자는 공학도 출신으로 평생을 물(水資源)과 관련된 일에 종사해왔다. 이런 필자가 동양사상의 정수(精髓)라 하는 노자에 대해 감히 가타부타 말하는 것 자체가 건방지게 보일지도 모른다. 하지만 어떠한 철학이나 사상이든 그것이 우리의 삶과 사고와 동떨어진 것일 수는 없으며 그것을 최종적으로 수용하고 적용하는 것도 보통 사람인 우리일진대 학자의 전유물로만 볼 이유는 없다고 생각한다. 보통 사람이랄 수 있는 필자의 시각에서 노자가 진짜 무엇을 말하려고 하는지를 나름대로 살펴보고 싶을 뿐이다. 공학도는 수학과 물리를 기반으로 하는 논리로 매사를 분석하고 추론하며 가장 합리적인 결론을 도출하고자 하는 사람이다. 관념적이기보다는 사실적으로 노자를 번역해보고 싶을 뿐이다.

20세기까지 도덕경은 대표적인 5가지 판본이 있는데 대체로 송나라 이전까지는 하상공본(河上公本)이라는 것이 많이 읽혀 왔으며, 그 이후 천 년 동안은 왕필본(王弼本)이 가장 대표적인 판본으로 인정되어 온 것으로 보인다. 하상공은 전한(前漢) 시대의 사람으로 성명을 몰라 강가에 초막집을 짓고 살았다는 것에서 하상공(河上公)이라 불리고 있다. 하상공은 『도덕경장구(道德經章詢)』라는 주해서를 썼는데 학자들의 분석에 따르면 한나라 문제(文帝: BC.180~157년) 때 쓰인 것으로 추정하고 있다. 그 후 삼국시대인 AD.243년 위나라 왕필(王弼, 226 ~249)이라는 사람이 18세의 나이에 『노자도덕경주(老子道德經注)』의 주해서를 썼다. 이후 당(唐) 현종 때 부혁(傳奕)이라는 사람이 만든 『道德經古本(도덕경고본)』이라는 판본과 엄준(嚴遵, BC.86~10)의 『도덕진경지귀(道德眞經指歸)』, 장릉(張陵, AD.34~156)의 『노자상이주(老子想爾註)』 등도 있지만 대부분의 사람들이 왕필본을 통행본(通行本)의 근간으로 삼고 있다.

그러나 1973년 후난성(湖南省) 고분에서 비단에 전서(篆書)와 예서(隸書)

체의 중간 형태의 글자로 적힌 백서(帛書)본이 발견되면서 도덕경 연구에 획기적인 전기가 되었다. 백서본은 갑(甲)본과 을(乙)본이 있는데 갑본은 진시황(秦始皇)이 즉위하기 전인 전국(戰國)시대 후반기(BC.3C 중반 이전)에 쓰인 것으로 추정되며, 을본은 한나라 고조(高祖: 劉邦) 이후 시대의 것으로 보인다. 기존의 왕필본은 말할 것도 없고 하상공본보다 훨씬 오래된 것으로 노자의 육성(원본)에 더 가까울 것이라 생각된다. 특히 백서본은 해설이 없는 본문만 적혀 있어 필사자의 판단이나 주석이 배제되어 있어 보다 객관적인 원문으로 볼 수도 있다. 그 후 1993년 중국 후베이성(湖北省) 곽점촌에 있는 초나라 고분에서 대나무에 기록된 죽간(竹竿)본이 발견되었다. 죽간본은 백서본보다 오래전에 쓰여 진 것으로 추정되나 백서본의 절반가량의 분량으로 그것이 도덕경의 전부인지 아니면 일부를 발췌하여 적은 놓은 것인지에 대해서는 밝혀진 바가 없다.

필자는 백서본을 기준으로 번역을 하면서 왕필본과의 차이, 특히 그동안 도덕경의 잘못 읽혀 왔던 오류에 대해서도 나름대로 분석하였다. 왕필본은 아마 하상공본을 근간으로 했을 것으로 추측된다. 자기 나름대로 주석을 달면서 오류라고 생각되는 일부에 대해 수정하였을 것으로 생각되지만 몇 군데 외에는 하상공본과 큰 차이가 없다. 그러나 백서갑본과 왕필본의 차이는 무시할 수 없을 정도다.

우선 차이가 있는 몇 가지 사례를 간단하게 소개하면, 14장 마지막 부분에 "執今之道 以御今之有 以知古始 是謂道紀"란 구절이 있다. 이 내용은 지금 이 시점에서 道를 체득하게 되면 道라는 것이 실제로 있다는 것이 증명되며, 이로부터 시간을 거꾸로 거슬러 우주 생성 시에도 道가 있었다는 것을 알 수 있다는 것이다. 그런데 왕필본은 今과 古가 서로 바뀌어 執古之道로 되어 백서본의 내용과 반대로 우주생성 당시의 옛날의 道를 가지고 지금을 다스린다는 내용이다. 공자의 온고지신(溫故知新)이라는 말을 떠 올렸는지도 모른다. 道는 영원불변이기 때문에 노자의 입장에서 古와 今은 별 차이가 없다고 주장하는 사람도 있다. 그러나 옛날에 道가 작용하여 만물을 생성하였다는 사실을 알 수 있는 방법은 지금 이 시점에서 道가 있다는 것을 스스로 깨우치는 것밖에 없다는 백서본의 전개가 논리적이다. 이것을 道紀(도기)라 했다. 道가 있었다는 것을 증명하는 실마리, 단서라는 것이다. 그런데 왕필본을 근간으로 한 기존 번역들은 道紀라는 말도 '도의 줄기'니 '벼리'니 '본질'이니 하면서 내용과 맞지도 않는 엉뚱한 말로 옮기고 있다. 今과 古가 바뀌어 있기 때문이다. 이러한 오류는 21장에서도 계속되어 自今及古(자금급고)가 自古及今(자고급금)로 바뀌어 있다.

또 다른 사례로 69장에서는 완전 새로운 문장으로 둔갑시키고 있다. 백서본의 禍莫於於无適(화막어어무적)이 禍莫大於輕敵(화막대어경적)으로 완전 딴판으로 바뀌어 "적을 가볍게 보는 것보다 큰 화는 없다."는 아주 상투적인 내용으로 되어 있다. 조우한다는 뜻인 適(적)을 敵으로 바꾸었는데 이것이 말이 안 되니까 無敵(무적)을 輕敵(경적)으로 바꾸고 동사로 쓰이고 있는 於(어)도 大로 바꾸어 버렸다. 백서본은 "적과 조우할 일이 아예 없으니 화가 미칠 일도 없다."는 내용이다. 이 구절 앞에서 계속 적과 조우하지 말라는 이야기를 하고 있었는데도 이 대목에서 와서 갑자기 엉뚱한 손자의 병법 같은 이야기로 바뀌어 버렸다. 이러한 사례는 13장, 27장, 38장 등 여러 곳에서 나타나며 특히 79장에서는 도를 체득한 성인을 마음씨 좋은 사채업자로 만들어 놓기도 했다.

노자는 시적(詩的)인 표현을 많이 쓰고 있다. 우주 생성 시의 모습이나 구도자의 심경 등을 토로하면서 아주 축약적인 단어를 많이 사용하고 있다. 특히 14장, 21장, 25장에서 道의 생성 과정을 묘사하면서 '忽望(홀망)'이라는 단어를 자주 사용하고 있다. 필자가 보기에는 이 단어에 나름대로 깊은 뜻이 있는데 왕필본은 무슨 이유에서인지 이 단어가 恍惚(황홀)이란 전혀 다른 단어로 되어 있다. 문맥중 상황과 어울리지도 않고 대충 얼버무리는 듯한 추상적인 표현이 되어버렸다. 더구나 '望'의 경우는 같은 글자인데도 장소에 따라 또 다른 글자인 荒(황)이나 飂(요)로 바뀌는 등 일관성조차 없다.

물론 백서본도 당시 필사과정에서 오류가 있을 수 있고 현재로서는 알 수 없는 글자도 다수 포함되어 있어 노자의 최초 원본과 얼마나 일치하는지는 알 길이 없다. 그러나 필자가 보기에는 전체적으로 백서본이 왕필본보다 훨씬 전후 문맥이 잘 연결되고 상당히 논리적으로 기술되어 있다. 그동안 우리가 알고 있던 도덕경이 잘못 읽혀져 왔다는 생각을 떨칠 수가 없다. 최근 백서본을 근간으로 한 번역서들도 나오고 있으나 필자가 보기에는 아직도 왕필의 그늘에서 벗어나지 못한 것 같다. 백서본이 세상에 나온 지도 40여 년이 지났는데 아직도 왕필본을 바이블같이 절대적인 통행본이라 고집하는 일부 학자들을 볼 때 안타까운 생각이 든다.

왕필본에 근거한 우리나라의 작금의 번역도 많은 문제가 있다고 생각한다. 우선 번역서들을 보면서 우리에게 많은 영향을 끼친 유교(儒敎) 사고에 길들어져 그 틀에서 벗어나지 못하고 있다는 느낌을 많이 받았다. 공자의 道와 노자의 道는 엄연히 다르다. 노자는 이전에 세상을 지배하는 이념이던 상제(上帝)나 천명(天命)이라는 사상에서 탈피하여 無라는 개념을 도입하여 이로부터 우주와 만물이 탄생되었다는 당시로서는 획기적인 道의 사상을 주창하였다. 상제도 하늘도 道가 낳은 사물 중의 하나에 불과하다는 것이다. 이러한 노자의 道를 우리가 일상적으로 접하는 통속적인 道라는 개념으로 번역을 하다 보니 문맥도 맞지 않을 뿐 아니라 노자가 전달하고자 하는 주제가 전혀 엉뚱한 방향으로 왜곡되기도 한다.

가장 큰 문제가 '善(선)'이라는 글자에 대한 해석이다. 우리나라의 번역가들은 대부분 이를 '착함'이라든가 '잘 한다'의 뜻으로 간단히 번역하고 있다. 27장의 서두에 "善行者 无轍跡(선행자 무철적)"이라는 구절이 있는데 이를 "잘 걷는 사람은 흔적이 없다."라는 식으로 번역하고 있다. 잘 걷고 못 걷고의 차이가 무엇인지, 사람이 아프거나 장애가 없으면 모든 사람들이 다들 불편 없이 잘 걷는데 이것이 흔적이 없다는 것과 어떻게 연관되는지에 대한 설명이 없다. 번역 자체가 너무 일차원적이고 문맥이 어색하고 내용 자체도 성립이 안 된다.

도덕경에는 '道'와 '德'이라는 절대 개념이 있다. 그런데 이와 더불어 '善'이라는 단어가 자주 등장한다. 도덕경 전편에 걸쳐 '善'이라는 단어가 총 16개의 章에 걸쳐 48번이나 등장한다. 14개 章에서 42번 출현하는 '德'이라는 글자보다 빈도가 높다. 이 정도면 '善'이라는 단어에 노자가 무언가 어떤 특별한 의미를 부여한 것이라 생각할 만도 한데 모두 단순히 보통명사나 형용사로 읽고 있다. '德'이 사물에 나타난 道의 품성을 말하는 것이라면 '善'은 道를 바탕으로 외부로 표출되는 행동이나 마음가짐을 표현할 때 사용되는 추상명사이다. 다시 말하면 善行者는 道의 품성에 바탕을 두고 걷는 것을 말한다. 도의 품성은 無爲이고 퇴양(退讓)이며 또한 부드러움(柔)이다. 이러한 마음가짐으로 행하는 것을 노자는 '善'이라고 표현한 것이다. 이렇게 할 때 모든 번역이 깔끔해진다. 8장의 유명한 上善若水(상선약수)도 "최고의 착함은 물과 같다."는 것이 아니고 "道에 바탕을 두어 하는 행동은 물과 같다."는 의미이다. 上(상)도 최고라는 뜻이 아니고 善에 오른다는 동사로 쓰이고 있다.

그리고 또 어이없는 번역중 하나가 23장의 후반부이다. 백서본의 "同於失者 道域失之(동어실자 도역실지)"라는 구절에 대해 "잃음과 함께하는 사람은 道도 잃을 것이다."라든가 "道를 잃음에 힘쓰는 사람은 道 또한 그를 잃을 것이다."라 번역하고 있다. 필자가 아둔해서인지 무슨 말인지 이해도 안 되고, 일부러 道를 잃으려 힘쓴다는 표현에서는 어리둥절하기까지 한다. 왕필도 이것이 애매했던지 "同於失者 失域樂得之(실역낙득지)"라 바꾸었지만 말이 안 되기는 마찬가지다.

여기서 失은 잃음이라는 '실'이 아니고 '즐기다', '좋아하다'의 뜻인 '일'로 읽어야 한다. 이 구절은 일을 함에 있어 즐거움과 함께하는 사람은 그 즐거움 속에 道가 있다는 의미다. 즉, 즐기면서 일을 하는 것은 道와 함께 일을 하는 것과 같아 힘들지도 않고 오랫동안 지속할 수 있다는 것이다. 이렇게 간단한 문제가 어떻게 천년 동안 '잃음'이라는 뜻으로 번역해왔는지 당최 이해가 안 된다. 자기네들 글자인 중국 사람들도 계속 그렇게 읽어 온 것 같다.

물론 표의(表意)문자이면서 一字多意(이자다의)의 한자라는 글자 특성을 감안하면 같은 문장이지만 여러 가지 해석이나 번역이 가능할 수도 있다. 특히 백서본과 같이 오래된 고서(古書)인 경우에는 당시 제한된 글자 수(당시 통용되는 한자가 3,000여 자에 불과하다고 함)로 다른 글자를 빌려어 쓰거나(假借字), 한 글자를 여러 가지 글자로 통용하기도(通字)하여 한자의 본래의 뜻을 유추하기는 더욱 힘들다. 한 장소에서 발견된 백서갑본과 을본도 많은 부분이 다르다. 을본은 차라리 하상공본에 가깝다고 볼 수 있다. 갑본의 경우에도 사용 글자나 문체(文體) 등을 볼 때 도경(道經)과 덕경(德經)의 필사자가 다를 수도 있다는 느낌을 강하게 받았다. 성인(聖人)이라는 평범한 단어가 덕경에서 그대로 표기되어 있는데 도경에서는 聲人(성인)으로 표기되어 있다. 그리고 도경의 절제된 문체와 달리 덕경은 다소 과할 정도로 중복된 표현이 많다는 것도 이러한 사실을 뒷받침하고 있다.

이러한 여러 가지 사정을 감안할 때 고문서의 정확한 번역과 해석에는 한계가 있다는 점을 인정하지 않을 수 없다. 그러나 어떠한 번역이든 원작가가 말하고자 하는 뜻을 독자에게 정확하게 전달하여야 한다. 내용과 주제에 관한 일관성이 유지되어야 하며 전후 맥락이 잘 연결되면서 이야기 전개도 논리적이어야 한다. 필자가 보기에 노자는 어려운 말을 하지 않는다. 노자의 필법이 함축적이기는 하나 매우 논리적이다. 변증법의 대가라(大家)고 할 정도로 논리 전개가 명료하며 내용의 전개 또한 일관성을 견지하고 있다.

도덕경은 어려운 책이 아니다. 노자가 하고자 하는 이야기는 간단하다. 세상의 모든 사물이나 일들은 우주의 이법(理法: 道)에 따라 저절로 그리된 것이고 앞으로도 그렇게 될 것이니 사람이 인위적으로 어떤 작용을 가하지 말라는 것이다. 그렇게 하기 위해 자신을 항상 낮추고 유(柔)하게 처신하라는 방편을 제시하고 있다.

최근 공학에 인문학을 접목하여 새로운 시각에서 기술을 보려는 노력이 한창이다. 인문학도 공학적인 시각에서 조명해 볼 필요도 있다고 생각한다. 인문학은 관념의 과학이다. 관념은 사물같이 눈에 직접 보이는 것이 아니고 사고의 영역이다. 따라서 사실적이고 객관적인 공학과는 달리 추상적이고 주관적이라 할 수 있다. 과학이나 공학은 누군가 어떤 주장을 하더라도 그것이 사실인지 아닌지 수학적 계산이나 실험 등을 통해 즉시 판명할 수 있는 데 반해 철학이나 사상에 관한 것은 사람의 주관에 따라 그 확장성은 무한대이지만 객관적으로 증명할 수가 없다. 물론 관념적이라고는 하지만 나름대로 논리라는 것을 세워서 사고를 정리한다. 그러나 자기만의 논리에 지나지 않는다는 맹점이 있다. 춘추전국 시대의 제자백가(諸子百家)의 사상이 난무한 것도 이러한 연유이며, 유사 이래 서양의 그리스 시대부터 현대 철학에 이르기까지 수많은 학파들이 있었지만 아직도 객관적이고 절대적인 진리가 무엇이라고 단정하지 못하고 있다. 사람들이 어떤 주장이나 사상에 공감하고 수용할 수는 있지만 그렇다고 그것이 절대적인 진리라고 말할 수 있는 사람은 없다. 영원히 거기에 도달할 수도 없다. 사람의 인식이나 생각이 획일적으로 같을 수 없고 그 폭 또한 무한에 가깝기 때문이다.

노자의 도덕경도 마찬가지라 생각한다. 공자, 순자 등과 달리 노자만의 자기 생각을 정리한 것에 불과할 수도 있다. 노자의 생각에 어떻게 반응하느냐는 그것을 바라보는 각자의 몫이다. 현실도피적인 퇴행성 사상이라고 비판할 수도 있을 것이며 자연과 순응하는 바람직한 삶의 자세라고 수긍하는 사람도 있을 것이다. 비전문가인 필자는 노자 사상의 철학적 의미나 이 사상이 어떻게 변천되어 갔으며 다른 사상에 어떤 영향을 미쳤는지 등에 대한 언급을 자제할 것이다. 또한 노자의 생애가 어떻고, 공자와 만난 것이 사실이냐 아니냐 하는 행적 따위에 대해 논평할 능력도 없다. 전문적인 학자들의 소일거리이고 그것을 어떻게 받아들일까 하는 문제는 각자가 판단할 문제이다.

필자는 다만 도덕경이라는 책의 내용이 무엇인지, 노자가 말하고자 하는 것이 무엇인지 정확하게 알고 싶을 뿐이다. 따라서 가급적 원문의 글자를 최대한 존중하여 자구 위주로 번역을 하되 같은 章 내에서는 물론이고 다른 章과의 연관도 면밀히 살펴보면서 전체적인 일관성과 논리를 견지할 수 있도록 노력했다. 글자가 불분명하거나 필자의 머리로는 이해되지 않는 부분에 대해서는 솔직히 모른다고 말했으며, 여기에 대해서는 앞으로 더 나은 해석이 나오길 기대할 것이다. 그리고 번역 내용에 대한 설명을 위해 이런저런 고사를 들이대면서 합리화할 생각도 없다. 다만, 대표적인 주해서로 알려진 하상공과 왕필의 해석 내용과 비교하면서 필자의 번역이 크게 빗나가지 않았는지 확인하였으며, 노자사상의 승계자라 하는 『장자』의 내용과 도덕경에 대한 최초의 주해서로 알려진 『한비자』의 내용은 가끔 인용하면서 번역의 오류 여부를 확인하였다.

그러면서 지금까지 대표적인 통행본으로 사용되어 온 왕필본과의 차이에 대해서는 나름대로 분석 내용을 기술하고 어느 쪽이 적절한지 대한 필자의 의견도 제시하였다. 자구해석 위주라 한자에 익숙하지 않은 사람은 다소 복잡하게 보일 수도 있을 것이다. 글자 하나를 가지고 그 뜻이 무엇인지 사나흘 동안 끙끙대면서 나름대로 많은 고민을 하면서 번역을 했지만 그래도 아직 성에 차지 않는 부분이 많다. 당연히 지금도 알 수 없는 부분도 있고 잘못된 번역도 있으리라 생각한다. 다른 번역가들과 마찬가지로 나도 내 주관대로 읽고 싶은 대로 읽었는지도 모른다. 이런 처지를 알면서도 이를 책으로 발간한다는 것이 엄청 두려운 것도 사실이다. 나만의 생각에 머무르며 그것에 고집하는 것은 발전이 없다. 비판은 당연하고 언제든지 매를 맞을 각오는 되어 있다.

하지만 10개월 동안 나름대로의 번역을 끝냈다는 뿌듯한 속내도 숨기고 싶지 않다.

2021년 10월

이 경미 씀

일러두기

1. 본서에서 사용한 백서본의 원문은 이석명의 『노자』(2020, 민음사)에서 인용하였음 [이석명의 백서 출처는 『馬王堆漢墓帛書.壹』(國家文物局 古文獻研究室, 文物出版社, 1980)로 되어 있음].

2. 백서 갑본을 근간으로 하되 훼손되어 있거나 알 수 없는 글자 등이 있을 경우에는 을본을 우선적으로 인용하였으며, 을본도 훼손되어 있거나 현재 사용되지 않는 글자인 경우에는 백서 정리조의 의견과 왕필본의 의견대로 보완하였음.(죽간본도 같이 참조)

3. 현재 사용되지 않는 글자도 본문에 그대로 실었으며, 【 】로 별도 구분 표기하였으며, 갑본, 을본 모두 훼손되어 알 수 없는 부분은 [ ]로 표기하고 그 안에 보완된 글자로 수록하였음.

4. 원문의 글자 뒤에 ( )로 되어 있는 것은 고대의 가차자(假借字)이거나 잘못된 것으로 판단되는 글자를 현재의 상용한자로 바꾸어 놓은 것이며, 이에 따라 번역하였음.

5. 책 이름은 『 』로 표기하였으며 번역내용이나 다른 곳에서 인용된 내용은 " "로 묶어 구분하였음.

6. 본문 중의 주1)은 참고문헌 1에서 인용하였다는 의미이다.

7. 원문아래 한자의 훈에 대해 본문에서 적용한 부분은 밑줄로 따로 표기하였다.

德經

道經

제1장

無, 萬物之始, 以觀其眇

무는 만물의 시작이며 직관으로 보아야 한다

道可道也 非恒道也, 名可名也 非恒名也.
無名萬物之始也 有名萬物之母也,
故恒無欲也 以觀其眇, 恒有欲也 以觀其所噭,
兩者同出 異名同胃(謂), 玄之有玄 衆眇之門.

恒(항): 항상, 늘, 그대로, 변하지 않는 것. (=常)

欲(욕): 욕심, ~하려 한다, ~ 하기 시작하다, 순하다, 정숙하다, 좋아하다

觀(관): 자세히 보다, 나타내다, 드러내다, 명시하다

眇(묘): 애꾸눈, 희미하다, 작다, 멀다, 한쪽 눈을 감고 지그시 보다

噭(교): 주둥이, 부르짖다, 외치다, 부르다

玄(현): 검다, 그윽하다, 하늘, 가물하다

胃(위): 밥통, 위 (백서본의 胃는 謂와 같아 앞으로 모두 謂로 대체)

謂(위): 말하다, 알리다, 생각하다, 가리키다

道를 道라고 부를 수는 있지만 항상 道가 아닐 수도 있다.
(어떤) 이름을 그 이름으로 부를 수 있지만,

항상 그 이름이 아닐 수도 있다.

無라는 것은 만물의 시작을 이르는 이름이며,

有라는 것은 만물이라는 객체의 대상이 구체화(母)됨을 명명하는 것이다.

따라서 無라는 것은 항상 한쪽 눈을 감고 직관으로 그것을 보아야 하며,

有라는 것은 말(표현)로써 그것을 나타낼 수 있음이다.

無와 有는 같은 곳에서 나왔으며, 이름이 다를 뿐 같은 것을 가리킨다.

가물거림 안의 가물거림이며 모든 직관(無)이 나오는 문이다.

道可道也 非恒道也, 名可名也 非恒名也.
도 가 도 야 비 항 도 야　　명 가 명 야 비 항 명 야

도덕경을 펴면 시작하는 첫 구절부터 논란이 많다. 道라는 것이 어떤 것인지를 설명하는데 그렇지 않아도 해석이 까다로운 표의문자(表意文字)인 한자를 너무 축약시켜 놓아 번역, 해석하는 데 여러 가지 의견이 있을 수밖에 없다.

可는 '말하다', '말할 수 있다'로 번역된다. 많은 사람들이 왕필본대로 "道를 道라고 말(표현)하면 항구적인 참된 道가 아니다.(道可道 非常道)"라는 식으로 번역하고 있다. 道라는 절대적인 개념을 인간의 짧은 말로써는 설명할 수 없다는 의미일 것이다. 그런데 다음의 名(이름)에도 그런 논리를 계속 적용하기는 뭔가 좀 어색하다. "이름을 이름이라 부르면 참된 이름이 아니다."라고 하는 것은 좀 이상하다. '이름'이라는 것을 단순히 사물이나 현상을 구분하기 위해 사람들이 만든 일종의 방편이라고 생각하면 그럴 수도 있지만, 이름 그 자체에 변하지 않는 참된 이름을 운운하는 것은 적절한 표현이 아니다.

가장 논란이 중심에 있는 것이 '恒(항: 항상, 늘)'이란 글자이다. 왕필본에는 백서본의 恒이 모두 '常(상)'으로 표기되어 있다. 옛날에는 황제의 이름 자(字)를 함부로 쓰지 못하도록 하였는데 아마 당시 한나라 5대 황제(文帝)의 이름(劉恒)에 들어 있는 '恒'이라는 글자를 피하기 위한 것이라 추측된다. 그러나 그 이전에 쓰인 백서본에는 恒과 常의 쓰임새가 확실하게 구분되어 있다. 恒은 모두 부사적 용법으로 사용되었으며, 常은 '늘 존재하는 절대적인 불변'이라는 추상명사의 의미로 사용되고 있다. 16장에서 "본성으로 되돌아감을 常이라 말한다.(復命曰常)"이라고 하였으며 55장에서도 "조화를 常이라 한다.(和曰常)"라고 표현하면서 恒과 구분하여 명확하게 '常'이라는 글자로 표기되어 있다. 그런데 왕필본은 恒과 常의 구분을 두지 않고 모두 常으로 바꾸어 이 구절도 非常道, 非常名으로 고쳤는데, 대부분의 사람들이 16장, 55장의 常과 같은 개념으로 보아 참된 道니, 참된 이름이니 하는 번역으로 되어 버렸다. 이러한 휘자(諱字) 관례는 백서갑본과 을본에서도 나타난다. 한 고조(劉邦)이전에 쓰여진 것으로 추측되는 갑본(甲本)은 나라를 뜻하는 글자로 邦(방)을 사용하였지만 그 이후에 쓰여진 을본(乙本)에서는 유방의 이름자인 邦이 모두 國으로 바뀌어 있다. 물론 國이라는 것은 진시황 이후에 나타난 개념으로 그 전에는 제후국을 邦으로 표기하였다.

따라서 그동안 常道(상도)로 읽혀 왔던 것은 恒道(항도)이며 여기서 恒은 '항상', '늘'이라는 부사로 번역되어야 한다. 이름(名)도 마찬가지다. 장미라는 이름을 누가 붙였는지 모르지만 '장미'라는 그 이름 자체가 장미라는 존재의 본질을 가리키는 것은 아니다. 사람들이 그것을 내일부터 '정미'라 부르기로 약속하면 그때부터 '장미'는 '정미'가 된다. 허지만 그 이름이 무엇이든 그 꽃의 본질은 변함이 없다. 이런 차원에서 나는 "장미를 장미라고 부를 수도 있지만 그 이름은 편의상 언제든지 바뀔 수 있다."라는 논리를 적용하고 싶다. 따라서 이 첫 구절은 "道를 道라고 말할 수 있지만 항상 道가 아닐 수도 있다. 이름이라는 것도 그 이름이라고 말을 하지만 항상 늘 그 이름이 아닐 수 있다."라고 번역하여야 한다.

왕필도 주석에서 道나 이름(名)에 대해 단지 무엇을 가리키거나 형태를 만들어 주는 것에 지나지 않아 그것이 항상 같지가 않다고 했다(指事造形 非其常也). 그리고 25장에서도 道의 생성과정을 묘사하면서 "나는 그 이름을 모르지만 굳이 글자로 표현하려 하자니 '道'라고 한다.(吾不知其名 字之曰道)"하는 구절에서도 알 수 있듯이 그 이름을 편의상 道라고 부르기로 한 것이라고 했다. 여기서 노자는 자기가 道라고 부르고 있지만 그 단어 자체에 함몰되어 진정한 의미를 왜곡하는 오류에 빠지지 말라는 것을 미리 경고하고 있다.

그리고 이 章은 道에 대한 이야기를 하는 것이 아니라 노자의 핵심 사상인 無(무)의 개념에 대한 설명을 하고 있다. '아무것도 없다는 것(無)'에 대해 설명한다는 것이 일견 매우 난처할 것이다. 그래서 道라고 이름을 붙여 부르지만 꼭 그것이 道라만 하는 것이 아니라며, 無에 대해서도 '없다'라는 글자(無) 자체에 갇히지 말라고 미리 주의를 주고 있다.

無, 名萬物之始也, 有, 名萬物之母也
무 명만물지시야 유 명만물지모야

이 부분도 어디서 띄어 읽느냐에 따라 의견이 나뉜다. 無名(무명)을 한 단어로 보는 것과 無와 名을 띄어 名을 동사로 보는 부류이다. 우리말 번역의 표현상 차이는 크지 않지만 노자의 핵심사상인 '無'를 정의하고 있다고 생각할 때 후자가 더 적절하다고 생각한다. 無名, 有名으로 본다

는 것은 名이 이 구절의 주인(핵심어)이라고 말하는 것과 같다. 다만 無
라는 개념을 설명하기가 어려워 우리들이 그나마 볼 수 있고 이해할 수
있는 상대어인 有라는 것과 대비시켜 설명하고 있다. 無라는 것은 만물
의 시작이라고 정의한다. 만물의 시작은 우주가 생성된 시점을 말하며
그것을 '無'라고 이름 붙였지만 글자의 뜻에 얽매여 아무것도 없음이라
생각하면 안 된다고 노자는 미리 주의를 주었다. 눈에 보이는 것은 아무
것도 없지만 어떤 무언가가 있다. 이를 어떤 기운이라 생각해도 좋고 극
히 작은 알맹이라 생각해도 좋다. 노자는 나중에 이것을 道라고 부르
고 있다. 25장에서 이 상황을 좀 더 구체적으로 설명하고 있는데 무엇인
지 처음 만들어진 것이 있었는데 하늘과 땅보다 먼저 생겼는데 아무 소
리도 없고 형상이 없이 텅 비어있다고 이야기하면서 이것이 바로 道라고
말하고 있다.

有는 우리가 인지할 수 있는 상태이다. 우주가 생성되면서 삼라만상도
함께 만들어져 우리의 눈앞에 현상으로 혹은 사물로 보이는 것이다. 하
늘도 만들어지고 땅도 만들어지고 모든 사물들이 탄생하게 된 상황을
有라고 명명하였다. 그래서 有는 만물을 실재하게 하는 개념으로 만물
의 어머니(근원)라고 설명한 것이다.

왕필본은 첫 구절의 萬物之始(만물지시)가 天地之始(천지지시)라 되어
있어 無가 하늘과 땅을 생성하고, 하늘과 땅이 만물을 생성하는 것으로
말하고 있으나 하늘과 땅도 有의 만물 중의 하나에 불과한 것임을 감안
할 때 적절하지 않다.

故恒無欲也 以觀其眇, 恒有欲也 以觀其所噭
고 항 무 욕 야 이 관 기 묘   항 유 욕 야 이 관 기 소 교

이 부분도 無欲, 有欲을 하나의 명사로 보아 욕심이 없음과 욕심이 있음이라는 것으로 번역하는 경우가 많은데 우주 생성에 대해 이야기하면서 갑자기 욕심이 있고 없음이라는 단어가 갑자기 등장하는 것이 너무 뜬금없다. 이 구절도 無와 有의 성질에 대한 계속되는 설명으로 欲(욕)이라는 말이 주제가 아니다. 따라서 欲도 앞 문장의 名과 같이 동사로 봐야 한다.

앞에서 無와 有의 정의를 시간적인 차원에서 설명하였다면, 여기서는 有無(유무)가 개념적으로 어떤 차이가 있는지에 대한 설명이다. 즉, 無가 ~하려고 하는 것(欲)은 '以觀其眇(이관기묘)'이고, 有가 하고자 하는 것(欲)은 '以觀其所噭(이관기소요)'이다. 여기서 觀은 '보다'라는 타동사보다 '나타내다'라는 자동사로 보는 것이 문맥상 매끄럽다. 無와 有는 앞서 萬物之始(만물지시)와 萬物之母(만물지모)를 가리킨다는 것은 염두에 두어야 한다. 즉, 無는 태초의 시작 때이므로 이러한 상황은 애꾸눈같이 한쪽 눈을 감고 보듯이 봐야 그것의 존재를 의식할 수 있다는 것이며, 이름이 이미 붙어 있는 有(만물지모)는 소위(所) 주둥아리(噭: 말, 언어)로써 그 존재를 나타낸다는 것이다. 이것이 무슨 말인가? 우주 탄생 시점에는 물질도 아닌 물질이 있었는데 아무런 형태나 형상이 없기 때문에 그것을 바라볼 때는 애꾸눈같이 집중하여 가슴으로 그 모습을 바라보아야 한다는 뜻이다. 우리가 잘 보이지 않는 어떤 것을 바라볼 때 애꾸눈같이 한쪽 눈을 감고 그 대상을 바라보는 것을 비유한 것이다. 다시 말해 보이지도 않고 말로 설명할 수 없기 때문에 직관(直觀)으로 그 無의 존재를 느끼라는 것이다. 無는 말이나 언어로 그 실체를 묘사할 수 없기 때문에 직관으로밖에 알 수 없다는 것이다. 이에 반해 有는 이미 이름이나 형상이 갖추어져 있기 때문에 주둥이라는 곳(말, 언어)을 통해 그것을 알 수 있다. 예를 들어 '하늘'이라는 것은 실제 눈에 보이는 것이기 때문에 그 실체를 '하늘'이라는 말로 나타낸다는 것이다. 즉 無는 직관으로, 有는 언어로서 그 실체를 인지할 수 있다는 뜻이다.

그런데 왕필본은 眇(묘: 애꾸눈)가 妙(묘: 기묘하다, 현묘하다)로, 噭(교: 주둥이)가 徼(요: 구하다, 훔치다, 순행하다, 변방)로 바뀌어 있다. 眇(묘)라는 글자는 15장과 27장에서도 등장해 道와 직접 관련된 용어로 사용되고 있다. 그러나 무슨 이유에서 인지 모르지만 아마 후세에 원본을 옮기는 과정에서 해석이 순조롭지 않아 발음이 비슷한 한자로 바꾸고 거기에 맞게 주석을 단 것은 아닐까 싶다. 그러나 이렇게 바꾸어 놓고도 해석이 만만치 않다. 대부분 "항상 욕심이 없을 때 그 기묘함을 보고, 항상 욕심이 있을 때 그 변방을 본다."라고 번역하면서 미묘함이나 변방에 대해서 억지로 이런저런 해설을 갖다 붙이고 있지만, '욕심 없음 → 기묘함', '욕심 있음 → 변방'의 연결이 상식적으로 쉽게 납득이 안 된다. 다시 말하지만 이 장에서 하고자하는 이야기는 욕심에 관한 것이 아니다. 도덕경의 첫머리에 주제로 '욕심'이라는 것으로 본다는 것부터가 격에 맞지도 않고 진부하다.

兩者同出 異名同謂, 玄之有玄 衆眇之門.
양 자 동 출 이 명 도 위　현 지 유 현 중 묘 지 문

여기서 두 가지(兩者)는 無와 有를 지칭한다. 無와 有는 같이 나왔으며 (同出) 그 이름만 다를 뿐이지(異名) 같은 것을 말한다(同謂). 앞에서 기술했듯이 그 차이가 극히 짧을 수도 있지만 시간적으로 無가 먼저이고 그 다음이 有라고 했기 때문에 같이 나왔다는 것은 같은 곳에서 나왔다는 것이다. 같은 곳이란 것을 구체적으로 언급하지는 않았지만 우리는 道

일 것이라고 상상한다. 道라는 것을 통해 같이 나온 것임을 설명한 것이다. 이렇게 볼 경우 道가 無와 有를 만들고 有가 만물을 만든 것으로 되어 道가 無보다 상위개념으로 오해할 수도 있지만 여기서는 有를 無의 상대어로 같은 위치에 있는 것이라 이해하는 것이 좋다. 11장에서 수레 바퀴를 예로 들면서 無와 有는 함께 같이 있으면서 상호 존재를 확인시켜주는 것으로 표현하고 있다. 그런데 노자는 한술 더 떠서 이러한 '없음'라는 것과 '있음'이라는 것이 같다고 말하고 있다. 노자가 자주 사용하는 변증법(辨證法)식 표현이다. 사물의 현상이나 운동을 모순 또는 대립의 원리로 설명하는 방법이다. 이는 無와 有가 정반대의 상반되는 개념 같지만 같이 존재하며 서로 상호 작용을 통해 서로를 설명해준다는 의미다. 즉 無라는 것은 有가 존재하여야 있을 수 있는 개념이며 그 개념 또한 有라는 것을 이해해야 無라는 것을 알 수 있다는 것이다. 따라서 無라는 것을 단순히 아무것도 없다는 개념으로만 보지 말고 무언가 있다는 것(有)과 함께 생각하여야 한다. 노자의 핵심사상인 무위(無爲)라는 것도 단순히 아무것도 하지 않음을 의미하지 않고 행함(유)에 無라는 개념을 입히라는 것으로 이해하여야 한다.

그러나 위와 같이 無와 有가 같다는 것은 어찌 보면 말도 안 될 수도 있고 난해하며 혼란스러울 수도 있다. 그래서 이런 상황을 '玄之有玄(현지유현)'이라고 표현했다. 검을 '玄(현)'이라는 글자는 앞으로 자주 등장하는 중요한 단어다. 玄은 눈을 살포시 감았을 때 눈까풀에 희미하게 보이는 옅은 어둠을 나타내는 글자다. 그래서 '검다' 뜻 외에도 오묘하다, 심오하다, 깊다, 멀고 아득하다, 크다, 통달하다 등의 의미로도 읽히며 또한 우주 태초의 혼돈상황을 玄이라고 표현하기도 한다. 그런데 거의 모든 사람들이 여기서 玄을 '기묘하다'의 뜻으로 번역하고 있다. 무엇이 기묘하다는 것인가? 無·有가 같은 곳에서 나왔다는 사실이 기묘하다는 것인가? 이름이 다른 것이 기묘하다는 이야기인가? 앞 단락에서도 眇를 妙로 바꾸어 거기서도 玄과 같이 '기묘함'으로 번역하였는데 왜 뜬금없는 기묘함인가? 무슨 근거로 갑자기 이런 발상이 나왔을까? 아마 道라는 것이 말로써 설명하기 어려운 아주 심오하고 고매할 것이라는 선입감에서 번역하다 보니 그런 표현을 썼을 것이라 짐작된다. 그러나 道에 대한 이야기는 아직 꺼내지도 않았다. 첫 구절도 道라는 이름에 관한 것일 뿐 道 자체가 어떤 것인지는 기술하고 있지 않다.

지금 이 장은 無라는 것이 무엇인지 대한 설명하고 있다. 태고의 우주 생성과정에서 無를 설명하고 있다. 無는 만물의 시작이고 직관으로 그것을 보아야 하는데 그런데 無와 有는 같은 것이라고 말한다. 무언가 확실하게 손에 잡히지 않는다. 玄(현)이라는 글자로 無와 有가 혼재된 상황을 우주탄생시의 혼돈과 비슷한 것으로 표현한 것이다. 희미한 어둠 같이 무언가 혼란스러운 아득함, 가물거림이다. 왕필도 여기서의 玄을 암흑, 혼미의 冥(명)이라고 주석을 달고 있다. 이러한 상황을 우리말로 어떻게 표현해야 좋을지 모르겠지만 필자는 玄之有玄(현지유현)을 혼돈의 어둠속에 있는 또 혼돈의 어둠이라는 것으로 엄청난 '어둠속의 혼돈' 혹은 '거무스레하며 가물거림'이라고 표현하고 싶다. 무언가 확실하게 있지만 우리가 인지할 수 없는 상태로 직관으로만 그것을 알 수 있다. 無가 그렇고 有가 그렇다.

그렇지만 이러한 어둠의 혼돈이라는 상황에서 無(眇)가 나온다는 것이다. 앞서 노자가 인용한 眇(묘)는 無를 의미하는데 중묘(衆眇)라는 것은 無, 즉 道가 하나가 아닐 수도 있다는 것을 암시한다. 뒤에서 언급하겠지만 노자의 道은 無 외에도 부드러움, 겸양, 이치(섭리) 등 여러 가지 품성과 의미를 가진 것으로 설명하고 있어 이러한 면을 감안한 표현이라고 생각한다.

이 부분도 왕필은 而를 추가하고 有玄를 빼버리는 등 완전히 새로운 문장으로 만들어 버렸다. "此兩者同出而異名, 同爲之玄 玄之又玄 衆妙之門.(차양자동출이이명 동위지현 현지우현 중묘지문)"라고 쓰고 "저 두 가지는 같은 곳에서 나왔지만 이름이 다르다. 같이 일러 현묘하다 한다, 현묘하고 또 현묘하다, 모든 현묘함이 나오는 문이다." 라고 번역하고 있다. 백서본은 이름이 다르지만 '같다는 것(同謂)'이라는 점에 방점을 두고 있는 데 반해 왕필본은 같은 곳에서 나왔지만 '이름이 다르다(異名)'는 것을 강조하고 있다. 이것도 논리적 납득이 안 된다. 이름이 다르다는 것이 무슨 중요한 문제인가? 노자는 전반적으로 사물의 이름이라는 것은 사람들이 구분을 위해 인위적으로 만든 개념으로 그 사물의 본성과는 관계없는 의미 없는 것이라 말하고 있다. 당장 다음 장인 2장에서도 그것을 설명하고 있는데 이름이 다르다는 사실이 왜 기묘하고 현묘한 것인지 모르겠다. 나와 동생들의 이름이 다르지만 누구도 그것을 보고 기묘하다고 하지 않는다. 모든 사물들이 모두 이름이 다른 것은 너무 당연하지 않는가?

이 장은 노자의 우주 생성론이다. 노자 이전의 시대에는 세상을 지배하는 이념으로서 상제(上帝)와 천명(天命)에 의해 지배되어 왔는데, 노자가 처음으로 無라는 개념을 도입하여 새로운 우주 생성론을 제시한 것이다. 無는 즉 道이며 삼라만상은 無에 의해 생성된 것이라는 주장이다. 지금까지 최고의 지배자로 숭상하던 '상제(하늘)'마저도 無에 의해 창조된 하나의 자연물에 불과하다는 당시로서는 파격적인 사상이었다.

제2장

有無之相生, 弗始, 弗志

사물의 분별 없음. 어떤 성정이나 의도가 없다

天下皆知美之爲美, 惡已, 皆知善, 訾不善也.

有无之相生也, 難易之相成也, 長短之相刑(形)也,

高下之相盈也, 音聲之相和也, 先後之相隋(隨), 恒也.

是以聲(聖)人, 居无爲之事, 行不言之敎.

萬物昔(作)而弗始也, 爲而弗志也,

成功而不居, 夫唯弗居, 是以弗去.

已(이): <u>이미</u>, 말다, 그치다, 버려두다

訾(자): 헐뜯다, 싫어하다, <u>생각하다</u>, 한정하다

盈(영): <u>차다</u>, 가득하다

隋(수): 수나라, 남은 고기, 묻다, 떨어지다.

隨(수): <u>따르다</u>, 수행하다, 좇다

昔(석): 옛날, 오래되다, 앞서

志(지): 뜻, 마음, 희망, <u>뜻(의도)을 두다</u>

唯(유): 오직, 발어사, 비록 ~하더라도

居(거): 있다, 살다, <u>머물다</u>, 앉다, 차지하다

敎(교): 가르치다, 알리다, <u>전달하다</u>

去(거): 가다, <u>떠나다</u>, 버리다, 잃다, 내쫓다, 배반하다

세상사람 모두가 아름답다고 알고 있는 것을 아름답다고 하지만 이미 더러운 것일 수도 있다.

모두가 착한 것이라고 알고 있는 것도 나쁘다는 것으로 생각될 수 있다.

有와 無는 낳음(生)에 바탕을 둔 것이며,

어려움과 쉬움은 일의 성사여부에 그 기준이 있으며,

길고 짧음은 그것을 비교함에 따른 것이며

높고 낮음은 양이 얼마나 차 있느냐에 따라 다르며

음과 소리는 하모니에 그 바탕을 둔 것에 불과하다.

그래서 성인은 일을 함에도 無爲로 임하며,

말하지 않고 (그 사물의 성정을) 전달한다.

만물은 만들어지면서 어떤 성정을 특정하지 않으며

어떤 행함에 어떤 생각(의지)을 가지지 않는다.

그것이 이루어져도 거기에 머무르지 않는다.

그렇기 때문에 (그 본성이) 떠나지 않는다.

天下皆知美之爲美 惡已, 皆知善 訾不善也.
천 하 개 지 미 지 위 미 오 이 개 지 선 자 불 선 야

모두가 아름답다고 알고 있는 것을 아름다운 것이라 하지만 실상은 그렇지 않을 수도 있다는 것을 이야기하고 있다. 사물이나 현상에 대해 우

리는 어떤 기준에 따라 그 성질을 기술하고 평가하지만 과연 그 기준이라는 것이 무엇인지 고민해봐야 한다. 이 구절에 대해 어떤 사람은 爲美(위미)를 서술형 명사로 보고 '아름답게 꾸미는 것'이라 보고 세상 사람들이 아름답다고 하는 것은 모두 아름답게 보이려 꾸민 것이라고 번역하기도 한다. 그래서 이 장의 주제가 '爲'이며 여기서 爲는 보통 사람들이 알고 있는 '~을 하다'라는 의미가 아니고 '~꾸미다'라는 것이라고 주장하기도 한다(+노자를 웃긴 남자, 이경숙, 2001). 나아가 노자의 사상인 무위(無爲)를 꾸밈이 없는 것으로 이해하여야 한다고 말한다. 무위가 '~함이 없다'라는 것으로 저절로 그리함이며 작위적인 요소가 배제된 행동을 말하는 것이라 할 때 크게 보면 꾸밈이 없다는 것과 서로 통할 수도 있지만 무위의 의미를 너무 좁게 이해한 것은 아닌지 모르겠다. 그리고 꾸민다는 僞(위)라는 글자가 18장에서 버젓이 사용되고 있다는 것도 爲를 僞로 보는 것은 성급한 것 같다.

또한 뒤 이어 나오는 여러 가지 사례들이 서로 상반되면서 상호 작용에 의해 구분되는 것에 불과하다는 내용임을 감안할 때 이 구절도 같은 맥락에서 봐야 한다. 당장 뒤 문장인 "皆知善 訾不善也(개지선 자불선야)"는 앞 문장의 구조를 축약시킨 것으로 보이는데 꾸민다는 '爲'가 중요한 역할을 하고 있다면 축약문에서 이를 생략하기 어려울 것이라는 점도 본문의 번역이 적절하다고 생각한다. 다시 말하면 앞 구절을 축약형으로 다시 쓰면 皆知美之(개지미지)로 되는데 여기에 爲라는 말이 들어있지 않다. 따라서 문장 구조상 皆知美(모두가 아름답다고 알고 있는 것)를 주어로 보고 爲를 서술형 동사로 보는 것이 타당하다.

하상공도 이 부분에 대해 자기 아름다움을 드러내려고 하는 것(自揚己美 使彰顯也)으로 주석을 달고 있고 왕필도 사람 마음을 즐거운 곳으로 나아가게 하려 함이라고 설명하고 있다. 즉 우리가 일반적으로 알고 있는 아름다움이라는 것이 상당히 의도적, 혹은 이기적, 자기중심적인 성질을 내포하고 있다. 惡에 대해서도 '추하다', '잘못이다'등으로 의견이 나누어지고 있는데 뒷부분에서 부연 설명하고 있는 내용들이 상반되는 개념들이 나열되어 있는 것을 볼 때 이 부분도 '아름답지 않다'의 惡(오)로 보는 것이 적절하다고 생각하지만 '잘못이다'라고 번역해도 큰 차이가 없다. 그러나 나쁘다는 뜻의 惡(악)으로 읽는 것은 적절치 않다.

善의 경우도 마찬가지다. 문장이 중복되어 생략되어 있을 뿐 번역은 마찬가지다. 즉 모두가 善이라고 알고 있는 것이 사실 善이 아닐 수도 있다. 우리가 알고 있는 착함과 나쁨이라는 것은 어릴 때부터 그렇게 듣고 배운 것에 따라 우리의 인식이 그렇게 굳어진 것은 아닌지 생각해 볼 필요도 있다. 자기만의 가치나 판단, 편견에 따라 선악이 구분될 수도 있다는 이야기다. 참고로 이 章의 善(선)은 이 후 등장하는 善과 다르게 단순히 '착함'으로 번역하였다.

有无之相生也, 難易之相成也, 長短之相形也,
유 무 지 사 생 야　　난 이 지 상 성 야　　장 단 지 상 형 야

高下之相盈也, 音聲之相和也, 先後之相隨, 恒也.
고 하 지 상 영 야　　음 향 지 상 화 야　　선 후 지 상 수　　항 야

앞의 美, 善이라는 추상적인 개념에 이어 형이하학적 차원에서 예시를 나열하고 있다. 여기서 번역상 차이는 크지 않지만 相(상)에 대해 보통 상대적이라는 의미로 보고 있는데 필자는 '바탕이 되다', '기준이 되다'는 뜻으로 번역하였다. 즉, 있고(有) 없음(無)은 무언가 낳는다(生)는 것에 바탕(기준)을 둔 것이며, 어려움과 쉬움은 일의 이루어짐(成)에 기준을 둔 것이

다. 우리는 사물이나 현상의 본성이나 본질에 관계없이 우리가 미리 설정한 어떤 기준에 따라 그 성질을 규정한다는 것이다. 여기서 제일 먼저 나오는 것이 1장에서 언급한 無와 有에 대한 것이다. 앞 장에서도 언급했듯이 無와 有는 이름만 다를 뿐 같은 곳에서 나온 같은 것이라는 점을 상기하게 만든다. 즉 서로 정반대로 보이는 두 개의 현상이 사실은 같은 근원에서 나온 것이다. 사물의 대립과 모순은 상호 의존하고 상호 전환하는 것이라는 相反相成(상반상성)의 원리를 설명하고 있는 대목이다.

길고 짧음(長短)이라는 것은 어떤 물체의 모양(形)에 따른 것이며, 높고 낮음(高下)은 얼마나 많이 차 있는가(盈)에 따른 차이이며 그 두 가지 성질은 상호 의존적인 것이며 언제든지 바뀌어 질수도 있다는 것을 암시한다. 音(음)은 음악과 같이 듣기 편한 소리이며 聲(성)은 단순한 소리를 말한다. 왕필도 이 부분에 대해 기쁨과 성냄은 같은 뿌리라 서로 다르지만 같은 문(門)에서 나온 것(喜怒同根 是非同門)이라며 어느 한쪽을 손들기가 어렵다고 설명하고 있다. 『장자』 제물편도 이 부분에 대해 상세히 설명하고 있다. 어떤 사물을 이쪽에서 보면 모두 이것이 되지만, 저쪽 편에서 보면 저것이라고 표현된다. 아름다운 것도 추한 것이 있어야 거기에 기대어 아름답다고 할 수 있다는 식이다. 그리고 사람은 자기가 보고 싶은 것(그렇게 여겨지는 부분)만을 편중해서 보고 그 모습을 정의한다. 그래서 사물을 볼 때 이러한 상대적인 방법에 의해 보면서 자기 판단을 내세우지 말고 절대적인 자연의 조명에서 평상시의 자연스런 상태에 맡겨두어야 한다. 厲與西施 道通爲一(여여서시 도통위일)라 하여 문둥이와 서시(월나라 미인)는 道의 입장에서 보면 다 같이 하나라는 고사도 눈에 보이는 외형이나 현상에 사로잡히지 말라고 충고한다.

백서본의 刑(형: 죽이다, 형벌)은 形를 잘못 쓴 것이거나 가차자(假借字)

일 것이라 추정된다. 죽간본에는 刑으로 되어 있고 왕필본은 較(교: 비교하다)로 되어 있다. 어느 글자를 사용하여도 별 차이는 없다. 백서본 당시는 지금은 알 수 없는 글자도 많이 있었고 사용되는 글자 수가 대체로 3천여 자에 불과해 다른 글자를 빌려 표현하기도 하고(가차자), 발음이 비슷한 소리끼리 혼용하여 쓰기도 하여 정확한 글자를 유추하는 데 애로가 많은 것도 사실이다. 백서본이 발견된 후 학자들로 구성된 백서정리조(帛書整理組)에 의해 고대 한자를 현대의 한자로 변환하는 작업을 거쳤다고 한다. 필자는 가급적 백서갑본의 원본에 최대한 충실하면서 알 수 없거나 명백하게 잘못 쓰여진 것이라 판단되는 글자에 대해서는 백서정리조, 죽간본, 왕필본순으로 참조하여 보완하여 번역하였으나 각 章의 서두의 한자는 백서 원본 그대로 표기하였다.

是以聖人, 居无爲之事, 行不言之教.
시 이 성 인   거 무 위 지 사   행 불 언 지 교

노자에서 聖人(성인)이란 道를 체득한 사람을 말한다. 노자는 성인이라는 사람을 통해 道의 품성이나 삶에 대한 마음가짐을 표현하고 있다. 성인이란 한자가 백서갑본에는 聲人(성인)으로, 을본에서는 耶人으로 표기되어 있으나 앞으로는 별도의 언급 없이 모두 聖人으로 표기하였다.

이 장에서 無爲라는 단어가 처음 등장한다. 대부분의 번역서가 居无爲之事(거무위지사)를 "함이 없음의 일에 거(居)한다." 혹은 "무위로 일을 처리한다."라는 식으로 번역하고 있지만 필자는 앞 구절의 내용과 연계하여 번역하였다. 지금까지 無와 有를 비롯한 여러 가지 개념들은 절대적 가치나 기준이 있을 수 없으며, 외형적으로 나타난 것에 대해 우리가 정한 기준에 따라 그 개념이나 가치를 정하고 그것을 美라 우기는가 하

며, 또 善이라고 고집한다는 것을 설명했다. 그러나 道를 체득한 성인은 모든 사물이나 행위에 내재된 상반된 성질을 이해하고 그 상반된 성질이 바로 자연이라고 생각한다. 따라서 무위지사(無爲之事)는 모든 일을 자연스러운 상태에 맡겨둔다는 의미이다. 다시 말해서 있는 그대로의 자연스러운 상태에 대해 자기의 판단을 가미해 인위적인 어떠한 작위(作爲)를 가하지 않는 것이다. 그러한 상태에 머무른다(居).

언어(말)도 마찬가지다. 말은 어떤 상태의 구분을 위해 인간이 만들어 낸 소통기구라는 점을 감안하면 말에는 이미 인간의 감정이나 판단이 내포되어 있어 본래의 상태를 정확히 표현하기 어렵기 때문에 말을 하지 않는다고 했다. 敎(교)를 대부분 가르친다는 의미로 파악하여 말없는 가르침이라고 번역을 하고 있다. 가르침의 내용이 무엇인가? 아마 모든 사물에 분별이 없다는 것이라고 대답할 것이다. 앞에서 실컷 예를 들어 설명하였는데(가르쳤는데) 또 말없이 무엇을 가르친다는 것인지 모르겠다. 敎(교)는 '전달하다', '알리다'라는 뜻으로 읽어야 한다. 따라서 이 구절은 말을 하지 않고 직접 행동으로써 분별이 없다는 것을 알리는 것(敎)으로 번역하여야 한다. 만물에 분별이 없다는 것을 아무리 말로 해도 보통 사람들은 쉽게 용납하지 않기 때문에 성인이 행동으로 그것을 간접적으로 보여준다는 것이다. 아름다운 것을 보았을 때 웃고, 추한 것을 접했을 때 얼굴을 찡그리지 않고 아무 차별 없이 대하는 행동을 말한다. 성인은 사람들에게 직접 가르쳐 주지 않는다. 5장에서 성인은 어질지 않아 사람을 하찮은 풀 강아지(芻狗)로 본다고 했다. 27장에서도 성인은 道를 모르는 사람들을 긍휼히 여길 뿐 그들에 대한 어떠한 행동도 취하지 않는다. 가르침을 직접 행하지는 않는다. 무위로서 가만히 바라볼 뿐이다. 다음 구절에서 성인이 왜 이렇게 하는지에 대해 설명하고 있다.

萬物作而弗始也, 爲而弗志也, 成功而弗居,
만 물 작 이 불 시 야   위 이 불 지 야   성 공 이 불 거

夫唯弗居, 是以弗去.
부 유 불 거   시 이 불 거

이 단락 문장들의 주어는 만물이다. 백서본의 昔(석)은 죽간본에도 作(작)과 비슷한 글자【㑦】로 되어 있어 왕필본의 作으로 대체하였다. 作은 '생성되다', '만들어지다'로 번역된다. 문제는 始(시)의 의미다. 왕필은 이의 번역이 애매했는지 始를 辭(사: 말하다, 말씀)로 바꾸었지만 필자는 백서본이 맞는다고 생각한다. 始는 일의 '근본', '근원'이라는 명사가 아니고 무언가를 '일으키다', '비롯하다'의 동사로 읽어야 한다. 다시 말해 만물은 앞에서 말한 바와 같이 그 성질에 양면의 상반성이 있는데 만물이 처음 만들어지면서(作) 어떤 특정한 성질을 일으키지 않는다(弗始)는 뜻이다. 즉 생성되는 단계에서 어떤 성질을 특정하지 않는다는 것이다. 예를 들면 꽃이라는 것이 만들어지면서 '너는 예쁘다', '너는 못생겼다'라는 성질이나 정의를 부여하지 않았다는 것이다.

爲而弗志也(위이불지야)도 주어인 '만물'이 생략되어 있다. 만물이 무엇을 해도 그 행위에 사사로움이나 어떤 특정한 생각을 두지 않는다는 의미다. 志(지: 뜻)는 마음, 본심 외에 사사로운 생각, 감정이라는 의미도 있고, '뜻을 두다'라는 동사로도 자주 쓰이고 있다. 예를 들면 꽃이 피면서 '예쁘게 되라', '향기로워 져라' 하는 등 자기의 생각을 내세우며 이러쿵저러쿵 간섭하지 않는다는 것이다.

그런데 왕필본은 이 구절이 萬物作焉而不辭 爲而不恃(만물작언이불사 위이불시)로 되어 있다. 始(기)가 辭(사)로, 志(지)가 恃(시; 믿다, 자랑하다)로 바뀌어 있다. 거기에다 이 구절의 주어를 성인으로 보고 다음과 같이 번

역하고 있다. "(성인이) 만물을 만들었지만 그것을 말로 하지 않는다."라든가 "백성이 성인에 의존하여 살아가지만 성인은 그 사실을 떠벌리지 않는다."로 번역하고 있다. 성인이 만물을 만들었다는 것도 말이 안 될 뿐 아니라 도대체 무엇을 이야기하고자 하는 건지도 알 수 없다. 앞부분의 내용과도 전혀 연결되지 않는다. 爲而不恃(위이불시)라는 표현은 51장에서도 등장하는데 그것을 보고 여기도 그럴 것이라는 선입감에 이렇게 고쳐버린 것 같다.

백서본과 왕필본과의 시간적 차이는 최소 400여 년이 된다. 왕필이 당시 어떤 판본을 보고 주해서를 만들었는지는 모르지만 더 오래전에 쓰인 백서본이 원본에 더 가깝다고 보는 것이 타당하고 신뢰도도 높다고 봐야 할 것이다. 그리고 백서본보다 100~200여 년 앞서 쓰여진 것으로 추측되는 죽간본에서도 백서본와 같은 글자로 되어 있다면 왕필본이 틀렸다고밖에 생각할 수 없을 것이다. 우리나라는 아직까지도 왕필본을 노자의 바이블인 양 삼으면서 도덕경을 번역하는 사례가 많은데 백서본과 죽간본이 발견된 이제는 왕필본에 대한 진지한 평가가 필요하다고 생각한다.

다음 문장인 成功而弗居(성공이불거)의 주어도 당연히 만물이다. 설령 어떤 행위가 잘 되어 성공하였더라도 거기에 머물지 않는다. 거기에 머물지 않는다는 말은 그 공로를 차지하거나 자랑하지 않는다는 것이다. 다시, 꽃의 이야기로 돌아가면 꽃을 피운 후 사람들이 사랑하고 예뻐해 준다고 해서 꽃이 그렇게 만든 것도 아니고 자연(道)이 그렇게 만들었기 때문에 꽃이 그 공로를 차지할 수도, 아니 차지하지도 않는다. 그리고 자기는 계속 예뻐야 한다고 고집하지도 않는다.

마지막 구절은 오로지 머무르지 않는다는 것을 강조한다. 지금의 상황에 집착하거나 그 성질을 고착하지 않는다는 의미다. 꽃이 어찌해서 우연히 아름답다는 성정을 얻었지만 그 성정이 앞으로도 자기의 성정으로 계속되어야 한다고 고집하지 않는다. 그렇기 때문에 사물의 근본 성질이 사라지지 않는다고 최종 결론을 내리고 있다. 본성이 변하지 않음이다. 여기서 弗居(불거), 弗去(불거)의 주어도 성인이 아닌 만물이다.

요약하면 만물은 생성되는 단계(作)에서도, 활동하는 단계(爲)에서도 그리고 완성된 단계(功)에서도 자기의 성정을 특정하지 않을 뿐 아니라 그것을 판단하거나 고집하지 않고 오로지 자연 그대로의 상태로 머문다는 것이다, 이것이 사물의 본성이다. 이렇게 제3자의 입장에서 관조하듯이 머무르기 때문에 자연(만물)은 어느 한쪽으로 내몰림도 없다. 자연(만물)은 희로애락, 시비, 상벌 등에 무관하게 항상 저절로 존재한다는 의미이다. 그렇기 때문에 본성이라는 것은 사라지지 않는다(不去)라고 했다. 어떤 하나의 성정만을 고집하며 거기에 집착하게 되면 그 성정이 없어지는 순간 사물의 존재는 없어지게 된다. 장미라는 꽃이 있어 그 꽃은 아름다움의 상징으로 여겨져 왔는데 어느 날 갑자기 아름다움이라는 기준이 바뀌면 장미는 아름답지 않은 것이 되고 이로써 장미라는 지금까지의 가치가 사라진다. 아름답고 추하다는 기준이 언제 변할지 모르는데 거기에 집착할 필요가 없다. 아름답다고 하거나 못생겼다는 칭찬이나 비판에 일비일희(一悲一喜)하지 말고 거기에 초연해 모든 것을 저절로 그러하다는 것에 맡기면 사라지지 않고 오래간다.

이 장에서 처음으로 무위(無爲)라는 용어가 등장했다. 1장에서 無와 有도 이름만 다를 뿐 같은 것이라는 이야기를 세상 만물에게까지 확장한 것이다. 어떠한 사물이든 저절로 그리되는 道의 본성을 가지고 있는데, 인간이 자기들의 판단, 선호, 편견, 집착 등에 의해 사물의 성질이나 성격을 정의해서는 안 된다. 사물에 나타난 외형을 보지 말고 그 근원, 바탕을 보라는 이야기다. 모든 것이 자연 그대로의 상태로 흘러갈 뿐이다. 그러한 자연의 속성을 잘 이해하고 거기에 관조하며 居(거)하라는 것이 무위(無爲)이다.

제3장

不上賢, 無知, 無慾

현명하다는 것을 경계하라

不上賢 使民不爭,
不貴難得之貨 使民不爲盜,
不見可欲, 使民以不亂.

是以 聖人之治也, 虛其心, 實其腹, 弱其志, 强其骨.

恒使民无知(智)无欲也, 使夫知(智)不敢弗爲
而已則無不治矣.

賢(현): 어질다, 현명하다

貨(화): 재화, 돈, 뇌물

使(사): 하여금, 시키다, 좇다

盜(도): 훔치다

可(가): 옳다, 허락하다, 가히, 군주나 신의 칭호

亂(난): 어지럽다, 반란

虛(허): 비우다, 없다, 모자라다, 욕심이 없다, 약하다, 틈

實(실): 가득 차다, 열매, 곡식이 익다

腹(복): 배, 마음, 아이 배다, 중앙부분, 두텁다, 안다

夫(부): 지아비, 사나이, 대저(대체로 보아서), ~구나(감탄사)

현명하다는 것을 높게 받들지 않으면,

백성들이 다투는 일이 없고,

갖기 어려운 재화를 중하게 여기지 아니하면,

백성들은 도둑이 되지 않는다.

무언가 하고자하는 마음을 나타내지 않으면

백성들의 마음이 어지럽지 않다.

따라서 성인의 다스림이라는 것은

그런 마음(賢, 貴, 欲)을 비우고,

내면을 충실히 하며,

사사로운 의욕을 약하게 하되

참 의미의 근간을 강하게 하는 것이다.

항상 백성들에게 세속적인 무지와 욕심을 없게 만들며.

대저 똑똑하다는 사람으로 하여금 감히 나서지 못하게 하고, 무언가 하지 못하게 하는 것이다.

이렇게 하면 멀지 않아 다스려지지 않은 것이 없다.

不上賢 使民不爭, 不貴難得之貨 使民不爲盜,
불 상 현 사 민 부 쟁 불 귀 난 득 지 화 사 민 불 위 도

不見可欲, 使民以不亂.
불 현 가 욕 사 민 이 불 란

賢(현)을 높이 하지 말라고 하는데 여기서 賢은 우리가 보통 생각하는 긍정적인 의미가 아닌 세속적인 현명함이라는 데는 다들 의견이 같다. 上은 동사로 '높다', '올리다'로 읽어야 한다. 왕필본은 上이 尙(상: 숭상하다)으로 되어 있지만 의미 전달에는 차이가 없다. 하상공도 세속지현(世俗之賢)이라 하여 번지르르한 구변과 글로 사람을 현혹시키고 道를 멀리하며 권력을 행사하는 것이라고 말하고, 왕필도 賢은 명성과 영예를 부르게 되며 이로 인해 서로 다투게 된다고 해석하고 있다. 노자는 전편에 걸쳐 지혜(智)라든가 현명함(賢)이라는 것에 호의적이지 않다. 모든 것은 저절로 그리되는 것인데 여기에 지혜라는 요소가 개입되면 어떤 의도에 따라 움직이기 때문이다. 앞의 2장에서 말한 사물이나 현상의 분별(分別)도 어찌 보면 이러한 지혜나 현명함과 관련이 있다고 볼 수 있다. 인간의 지혜와 현명함이 사물의 본래 속성을 왜곡시키거나 망가뜨린다. 다스림의 차원에서 보면 임금이나 지도자가 똑똑한 사람의 가치를 높게 사서 등용하면 백성들이 서로 똑똑하다는 것을 보이기 위해 다투게 된다. 뒤이어 나오는 不貴(불귀), 不見(불현)도 군주가 처신해야 할 사항으로 제시하고 있다. 군주가 재화를 귀하게 여기면 신하들이나 백성들도 재화를 가지려하기 때문에 서로 뺏고 빼앗기는 사태로 발전하기 쉽다. 可欲(가욕)은 위정자가 백성을 위한답시고 대규모 공사를 하거나 새로운 정책이나 제도를 제정하려는 등 무언가를 하려는 것을 말한다. 그럴 경우 백성들의 생활이 궁핍해지고 생활이 구속받게 되거나 새로운 형벌을 무서워하게 되어 오히려 나라가 어지럽게 된다는 의미다. 여기서 見(견)은 '보다'라는 뜻이 아니라 드러낼 현(見)으로 읽어야 한다.

無爲而治(무위이치)를 주장하는 노자가 현명함을 경계하는 것은 당연하지만 무지렁이들이 설쳐대는 정치가 얼마나 해로운가는 잘 몰랐던 모양이다. 깜냥도 안 되는 무식한 놈들이 정치를 한답시고 말도 안 되는 사업이나 정책들을 남발하며 그 속에서 자기 잇속 챙기기에 급급한 작금의 정치 모습을 볼 때 차라리 부패하더라도 현명함이 도리어 백배는 낫다고 한마디 했을지도 모르겠다.

是以聖人之治也, 虛其心, 實其腹, 弱其志, 强其骨
시 이 성 인 지 치 야   허 기 심   실 기 복   약 기 지   강 기 골

그래서 성인의 다스림이라는 것은 어떻게 해야 하는지를 설명한다. 여기서 其를 백성으로 보는 해석도 많지만 다스림의 주체인 군주(성인)로 보는 것이 문장이 매끄럽고 내용상으로도 적절하다. 이로써(是以) 성인의 다스림이라는 것은 자신의 마음을 비우고……라는 식으로 될 수 있다. 여기서 心(심), 腹(복), 志(지), 骨(골)이 무엇인지 명확하게 나타나 있지 않은데 대부분 "백성의 마음을 비우게 하고 백성의 배를 부르게 하며, 백성의 뜻을 약하게 만들고 그 뼈를 강하게 만든다."라는 식으로 글자 그대로 번역하고 있다. 너무 일차원적이며 본 장의 내용과도 동떨어진 번역이다. 성인의 다스림을 온통 무언가를 하는 것(爲)으로 보는 것은 당장 無爲而治(무위이치)에도 부합되지 않을 뿐더러 백성들이 마음을 비우고 뜻을 약하게 하는 것은 성인이 그렇게 만드는 것이 아니라 백성 스스로가 그렇게 되어야 할 사안이다. 배를 채우고 뼈를 강하게 한다는 것을 나라 경제를 풍부하게 만들며 나라의 근간을 강건하게 만든다고 해석해도 마찬가지다. 바로 앞 구절에서도 불현가욕(不見可欲)이라 하면서 군주가 무언가 하려는 것을 보여주지 말라고 했다. 도덕경에서 성인은 道를 체득한 사람을 의미하는데 이러한 성인의 입장에서 볼 때, 내용이 너무 세속적이고 욕심을 없애라 하면서도 배를 부르게 하고 백성의 뜻

을 약하게 하고 등등으로 너무 작위적이고 인위적이다. 노자가 말하고 있는 무위의 다스림이 아니다.

필자는 앞서 말한 대로 其를 백성이 아닌 다스림이나 다스림의 주체인 성인을 가리키는 대명사로 보았다. 앞 단락의 不上, 不貴, 不見의 주체도 군주(성인)으로 되어 있고 그로 인해 백성에게 미치는 영향을 표현할 때는 사역동사인 使(사)를 사용하고 있다. 이 부분에서는 사역동사도 없다. 그리고 4구절의 전체 형식을 보면, 첫 구절은 '~을 비우고 ~ 채운다', 두 번째는 '~ 약하게 하고 ~을 강하게 만들다'의 대구(對句) 형식으로 되어 있다. 그래서 心(심)과 腹(복), 志(지)와 骨(골)이 상대어가 되어야 한다. 腹을 단순히 '배'라고 읽으면 心은 '심장'으로 읽어야 서로 조화가 되는데 이는 전혀 말이 되지 않는다. 앞의 내용에 비추어 心은 현명하고 똑똑하고자 하는 마음이라고 볼 수 있는데 그 마음을 비우는 것이라고 볼 때 腹은 신체의 배가 아니고 마음의 내면(內面)으로 보는 것이 적절하며 대구의 형식도 갖추어진다. 헛된 마음, 세속적인 마음(心)을 비우고 그 마음의 깊은 내면을 튼튼하게 하라는 것이다. 내면은 근원이다.

다음 구절인 弱其志 强其骨(약기지 강기골)도 마찬가지다. 志(지)는 2장에서 언급한 대로 위정자의 사사로운 생각, 무언가 하려는 뜻이다. 앞 문장의 不見可欲(불현가욕)을 지칭하는 것이며 이는 有爲(유위)에 해당한다. 그러한 有爲를 억제하라는 이야기인데 이의 대구는 무위(無爲)을 굳건히 하라는 이야기임을 쉽게 유추할 수 있다. 즉 뼈(骨)는 사물의 근본, 근간을 의미하며 여기서는 다스림의 근본인 무위를 가리킨다. 이렇게 되면 心과 志, 腹과 骨의 대구로 자연스럽다. 전자가 인위적인 사사로운 마음이라며 후자는 道이며 無爲이다. 이렇게 번역하여야 뒤따라 나오는 문장과도 잘 연결된다.

恒使民无智无欲也, 使夫智不敢弗爲, 而已則無不治矣.
항 사 민 무 지 무 요 야   사 부 지 불 감 불 위   이 이 즉 무 불 치 의

백성을 무지하고 무욕하게 만들라는 것을 언뜻 우민정책으로 받아들이기 쉬운데 앞에서 나온 賢(현명함)와 貴(재화)과 결부시켜 해석하여야 한다. 군주가 현명함을 높게 평가하지 않고 재화를 귀하게 여기지 않으면 백성들도 항상 無智와 無欲에 따른다는 것이다. 여기서는 앞 단락과 달리 사역동사 使가 들어 있어 성인이 백성에게 요구하는 형태로 되어 있다. 백성들을 무지하고 무욕하게 만들라는 것이다.

두 번째 구절인 使夫智不敢弗爲(사부지불감불위)에 대해 "하지 않음(弗爲)을 감히 하지 않는다(不敢)."로 읽으면 말이 안 된다. 앞 구절과 같은 구조라 생각하여 앞 구절에서 무지(无智)와 무욕(无欲)을 병렬로 읽었듯이 不敢과 弗爲을 따로따로 읽어야 한다. 즉 "지혜롭다고 스스로 생각하는 사람(夫)들이 감히 하지 않게 하고(弗敢), 그리고 행하지 못하게 한다(弗爲)."로 번역하여야 한다. 夫(부)는 제후 아래 귀족인 대부(大夫)와 같은 위정자를 말한다. 왕필은 문맥이 어색하다고 판단해서인지 爲앞의 弗(불)을 없애버려 "감히 하지 못하도록 하다"라고 단순하게 만들었지만 백서본대로 不敢(불감)과 弗爲(불위)의 두 가지 행위로 보고 해석하는 것이 더 낫다.

그리고 왕필은 뒤이어 나오는 而已(이이)를 없애버리고 爲無爲(위무위)라는 어구를 더 추가하였으나 사족(蛇足)이다(使夫智者不敢爲也 爲無爲則無不治). 백서본을 번역한 다른 책을 살펴봐도 而已(이이)에 대해 언급이 없다. 대부분 왕필의 변경에 동의라도 하듯이 앞 문장에 붙여 어물쩍 넘어가고 있는 것 같다. 已는 '이미', '너무', '뿐', '얼마 되지 않아' 등의 뜻으로 읽을 수 있는데 이 경우에는 '그리고 얼마 되지 않아'라고 쉽게 번

역할 수 있다. 그럴 경우 而已는 뒤 구절에 연결시키는 것이 맞다. 백성들로 하여금 무지, 무욕케 하고 현자로 하여금 감히 나서지 못하게 하고 무언가를 하지 못하게 하면, "얼마 되지 않아 다스리지 않는 것이 없다."라는 문장으로 훨씬 완성도가 높아진다.

백서본에는 우리가 보통 '안다'라고 읽는 知와 지혜라는 뜻의 智가 구분 없이 모두 知로 표기되어 있다. 학자들에 의하면 당시에는 같은 知라는 글자로 통용되었는데 지혜를 뜻하는 知의 경우에는 거성으로 읽으면서 구분을 하였다고 한다. 우리말에는 그렇게 발음으로 구분할 수 없으니 지혜를 뜻하는 知의 경우는 앞으로 모두 智로 표기하였다. 그러나 백서본보다 오래된 죽간본에는 智라는 글자가 엄연히 있는 것을 보면 꼭 그렇지만도 않은 것 같다.

제4장

道沖, 弗盈, 象帝之先

비어있으나 차지 않음, 천제보다 먼저

道沖而用之有弗盈也,

淵呵! 似萬物之宗,

〈銼其兌 解其紛 和其光 同其塵〉

湛呵! 佁(似)域存,

吾不知其誰之子也, 象帝之先.

沖(충): <u>비다</u>, 멀다

淵(연): 연못, 소, <u>깊다</u>

呵(아, 가): <u>어조사[아]</u>, 꾸짖을[가]

宗(종): <u>근본, 근원</u>, 종묘, 가장 뛰어난 것

銼(좌): 가마, 솥, 살촉, 꺾다.

兌(태): 바꾸다, 기쁘다, 빛나다, <u>날카롭다[예]</u>, 구멍

紛(분): <u>어지럽다</u>, 섞이다

塵(진): 티끌, 먼지, <u>속세</u>, 세상

湛(담): 즐기다, 빠지다, <u>잠기다</u>, 맑다[잠], 편안하다[잠]

佁(이): 미련스럽다, 나아가지 못하는 모양, 이르다, 다다르다

道는 텅 비어있어 아무리 채워도 가득 차지 않는다.

깊고 깊구나! 만물의 근원과 같다.

〈날카로운 것들을 무디게 하고, 얽힌 것들을 풀어내며

눈부신 것을 완화시키고 세상과 함께한다.〉

깊게 잠기어 있구나! 마치 무언가 있는 듯하다.

나는 그가 누구의 자식인지 모르지만,

天帝보다 먼저인 것 같다.

이 장은 백서본 필사자의 착오였거나 다른 장에 있는 내용의 일부를 임의로 차용해서 여기에 첨가한 것으로 판단된다. 중간에 있는 〈 〉로 표시된 부분은 56장에서 나오는 玄同(현동)에 대한 설명 중 일부이다. 노자는 표현이 매우 절제되어 있으며 함축되어 있는데 같은 문구가 반복된다는 것도 이상한데 전후의 내용과 전혀 상관이 없는 엉뚱한 이야기이다. 더구나 56장은 3가지(塞兌閉門, 挫銳解紛, 和光同塵)를 들고 있는데 이 중에서 2가지만 발췌해서 여기에 삽입한 것도 좀 그렇다. 따라서 필자는 이 부분을 이 장에서 아예 삭제하는 것이 좋다고 생각한다. 어떤 사람은 백서갑본과 을본에 모두 나오기 때문에 함부로 뺄 수 있는 문제가 아니라고 주장하며 나름대로 앞뒤 연관성을 만들어 해석을 하고 있지만 번역내용이 억지 춘향이다. 그리고 여기서 번역을 억지로 만들다 보면 56장의 번역과 다르게 되는 사태가 야기될 수도 있다. 필자는 일단 원본대로 표기는 하였지만 이에 대한 해석은 56장으로 미룬다.

道沖 而用之有 弗盈也,
도 충 이 용 지 유 불 영 야

沖(충)은 텅 비어 있다는 뜻이다. 用은 사용한다는 말인데 여기서는
채우는 것이라고 볼 수 있다. 문장 구조가 좀 이상하다. 억지로 번역하
면 차지 않음(弗盈)이 있다(有)는 것이 되는데 이는 有도 동사, 盈도 동사
가 된다. 물론 차지 않음이 있다는 것은 '차지 않다'는 것과 같은 내용이
다. 단순히 弗盈(불영)만으로도 충분한데 왜 동사 앞에 또 有라는 동사
를 사용한 것이 이상하게 보일 수 있다. 그래서인지 왕필은 이 구절을
道沖而用之 或不盈으로 바꾸었다. 필자가 보기에는 이 구절은 用之有,
不盈으로 나누어 보는 것이 적절하다고 생각한다. 之를 대명사가 아니
라 목적격 조사로 보고 "有를 사용하지만 가득 참이 없다"로 번역하였
다. 여기서 有는 어떤 사물이나 일이다. 따라서 이 구절은 어떤 것으로
채워도(用) 차지 않는다(弗盈)로 번역된다. 道는 無이기 때문에 아무리
사용해도 마르지 않으면서 아무리 채워도 채울 수 없는 무궁무진함을
말하고 있다.

淵呵! 似萬物之宗, 湛呵! 似域存.
연 아 사 만 물 지 종 담 아 사 혹 존

道의 텅 빈 속성을 깊은 연못(淵)에 비유한다. 道가 아주 깊다는 것을
감탄사로 표현했다. 백서본에 사용되고 있는 어조사 呵(아)는 왕필본에
서는 모두 兮(혜)로 되어 있지만 같이 사용해도 무방하다. 깊은 연못은
물이 모이는 곳이기도 하며, 또한 물을 공급하는 역할도 한다. 그래서
만물이 생겨나고 또 자라게 해주는 역할을 한다는 의미로 만물의 근원
(宗)으로 은유하였다.

그리고 道의 그러한 모습을 湛(담)이라 표현했다. 하상공은 이에 대해 편안하고 고요함(安靜)이라 했으며, 어떤 사람은 이를 잠(湛)으로 읽어 '맑다'는 것으로 번역하기도 한다. 그러나 맑고 고요하면 그 안에 무엇이 있는지 잘 보일 터인데 뒤이어 나온 "마치 무언가 있는 듯하다(似或存)"는 표현과 어울리지 않는다. 필자는 깊은 물에 잠겨있어서 있는지 없는지 잘 모른다고 표현한 것이라고 생각한다. 道는 그 존재가 사람 눈에 잘 안 뜨인다는 것을 말한다.

백서을본의 佁(이)는 似(사)가 본 글자라고 한 것을 감안하여 왕필본으로 보완하였다.

吾不知其誰之子也, 象帝之先.
오 불 지 기 수 지 자 야　상 제 지 선

너무 깊게 있어 있는 듯 없는 듯해서 그것이 무엇인지 확실하게 알 수 없다고 했다. 허지만 아주 깊게 있는 것을 보면 누구의 자식인지는 알 수 없지만 아마도 상제(象帝)보다 먼저 있었던 것 같다. 象에 대해서도 앞에서와 같이 似(사)가 되어야 한다는 주장도 있고, 象을 '유추하다'는 뜻으로 읽을 수 있다고 하는가 하며, 말 그대로 모양(꼴)이 상제(上帝)보다 먼저라고 번역하기도 한다. 어느 쪽으로 하더라도 전하고자 하는 의미는 비슷하므로 개의치 않아도 좋다. 道가 상제보다 앞이라고 했다. 노자의 이전 시대인 夏(하)·殷(은)·周(주)나라 시대의 사람들의 사상과 의식을 지배하던 관념이 상제(上帝)와 천명(天命)이었다. 자연계는 물론이고 인간 사회의 모든 현상이 상제에 의해 안배되고 결정되는 등 사실상의 지고무상(至高無上)의 절대적인 권위를 가지고 있었다. 노자가 그러한 상제를 부정하고 만물의 생성자이며 관장자로 道라는 개념을 도입한 것이다. 이 결과 하늘(天)도 하나의 자연물에 불과한 위치로 전락되었다.

도덕경은 성인을 통하여 道에 대해 설명하기도 하고 이 구절과 같이 1인칭으로 吾(오)를 사용한다. 도덕경에는 1인칭 대명사로 이 외에 我(아)와 私(사)가 가끔 등장하기도 하는데 여기와 같이 吾라고 표현한 '나'는 道를 이해하고 체득한 '나'를 지칭하는 것으로 이해하면 좋다.

〈挫其銳 解其紛, 和其光 同其塵〉의 부분은 56장에서 설명하기로 한다.

제5장

動而兪出, 多聞數窮

움직이면 더욱 커짐, 잦은 사용은 막힌다

天地不仁 以萬物爲芻狗, 聖人不仁 以百姓爲芻狗.

天地之間 其猶橐蘥輿(與), 虛而不淈 動而兪出,
多聞數窮 不若守於中.

芻(추): 건초, 꼴, 베어 묶은 풀

狗(구): 개, 강아지

橐(탁): 풀무

蘥(약): 피리

輿(여): 수레, 싣다

淈(굴): 흐리게 하다, 어지럽게 하다, 다하다

兪(유): 점점, 더욱(=愈) 대답하다, 그리하다, 수긍하다, 편안하다

聞(문): 듣다, 묻다, 들려주다, (기회를)노리다, 식견 있는 사람

窮(궁): 다하다, 막히다, 어려움을 겪다, 끝

하늘과 땅은 어질지 않아 만물을 풀 강아지와 같이 여기며,
성인 또한 어질지 않아 백성(사람)을 풀 강아지로 여긴다.

하늘과 땅 사이는 마치 풀무나 퉁소와 같다.

텅 비어있으되 오그라짐이 없으며,

일단 움직이게 되며 더 크게 나타난다.

(그러나) 많이 들려주면 자주 막히게 되는 법이니

차라리 비움(中, 虛)을 지킴만 못하다.

天地不仁 以萬物爲芻狗, 聖人不仁 以百姓爲芻狗.
천 지 불 인 이 만 물 위 추 구   성 인 불 인 이 백 성 위 추 구

仁(인)은 어짊이다. 어짊은 베풀어 줌이다. 하늘과 땅은 어질지 않아 만물을 풀 강아지(芻狗)로 본다. 여기서 하늘과 땅은 만물에게 베풀어 주는 존재로 묘사되어 있다. 노자에게 하늘과 땅은 도가 만물을 생성하면서 만들어진 하나의 사물일 뿐이다. 그 크기가 좀 커지만 만물 중의 하나로 동격이라 할 수 있는데 다른 만물을 관장하는 것으로 표현하고 있는 것은 논리적으로 안 맞다. 1장에서도 언급한 바와 같이 노자는 지금까지 자연과 인간의 사회를 지배해왔던 천제(天帝: 하늘)를 일개 자연물로 간주하였지만 뿌리 깊은 하늘에 대한 경외(敬畏)는 쉽게 사라지지 않았을 것이다. 그런 흔적 때문인지 도덕경 군데군데 하늘이 道를 대신한 지배 신의 모습으로 자주 인용된다. 그래서 천도(天道)라는 표현이 자주 나오는데 본래의 의미는 하늘의 본성이라고 이해하여야 하나 하늘의 본성=道와 같은 개념으로 받아들여야 한다. 따라서 여기서도 천지는 간접적으로 道를 가리키고 있다. 즉 道는 어떤 특별한 마음을 가지지 않는다. 잔인함도 없지만 어질지도 않다. 사사로움이 없다는 말과도 연결된다.

추구는 고대 중국에서 제사를 지낼 때 사용하던 풀로 만든 강아지 모양의 인형을 말한다. 제사를 지내기 전에는 정성스럽게 단장하여 준비하고, 제사 지낼 때 공경하게 모시지만 끝나면 쓸모가 없어 아무데나 버려지는 물건이다. 풀 강아지처럼 본다는 것은 특별히 소중히 여기거나 보살펴 줄 필요도 없는 하찮은 것이라는 의미일 수도 있고, 또 언젠간 이내 곧 없어질 물건이라 생각해 오래가지 않는다는 의미일 수도 있다. 베푼다는 것도 일종의 유위(有爲)이다. 성인도 마찬가지로 사람에 대해 특별한 생각을 가지지 않고 그냥 무심히 대할 뿐이다.

어쨌든 여기서 말하고자 하는 것은 道는 만물을 특별하게 취급하지 않는다는 것이 핵심이다. 만물에 有爲를 행사하지 않는다는 것이다.

天地之間 其猶橐籥與 虛而不屈 動而愈出,
천 지 지 간 기 유 탁 약 여 허 이 불 굴 동 이 유 출

하늘과 땅은 만물에 대해 어질지 않다고 했다. 그러나 하늘과 땅 사이의 공간은 풀무나 피리와 같이 아무것도 없는 텅 비어 있지만 한번 불기 시작하면 크게 움직인다. 풀무나 피리의 안이 텅 비어 있다는 것은 다함이 없다는 것을 의미한다. 앞 장에서도 道를 텅 빈 그릇에 비유하면서 채워도 채울 수 없다고 했듯이 여기서 '비어 있음'은 道를 암시한다. 비어 있음(虛)은 또한 고요함(靜)이다. 고요함은 움직임이 없다. 하늘과 땅이 다함이 없는 무한대의 능력을 가졌음에도 평상시 베푼다는 움직임이 없기 때문에 어질지 않다고 한 까닭이다. 그러나 풀무나 피리는 일단 불기 시작하면 많은 바람을 내거나 아름다운 소리를 낸다. 더구나 비어있기 때문에 소리가 끊임없이 나오듯이 그 작용도 끝이 없다. 즉 하늘과 땅은 평상시 무심한 듯 보이지만 무궁한 작용으로 만물을 관장한다는 것을

표현한 것이다.

무한진인주5)은 이 부분에 대해 靜(고요함)에 중점을 두어 움직일수록 靜과 멀어지기 때문에 動(움직임)을 자제해야 한다고 해석을 했는데, 그럴 경우 빔(虛)을 풀무나 피리에 비유한 이유를 설명하기가 어렵다.

多聞數窮 不若守於中.
다 문 삭 궁 불 약 수 어 중

많이 듣는다는 것은 앎(知)이 많다는 의미로 대부분 해석하고 있다. 이것저것 어디서 주워들은 세속적인 지식들은 제 꾀에 제가 넘어가듯이 도리어 곤궁하게 만들 수 있다고 번역하고 있다. 그러나 지금 道의 텅 빔에 대해 말하고 있는 장면에서 갑자기 앎이 많다는 이야기가 나오는 것은 지금 상황과 맞지 않다. 풀무와 피리를 예를 들어 텅 비어 있지만 한번 불면 크게 작용한다고 이야기했다. 이 구절도 이와 연관시켜 聞(문)을 '들려주다'의 의미로 읽어야 한다. 많이 들려주는 것은 피리나 풀무를 자주 분다는 것이다. 즉 많이 불면 도리어 자주 막힌다고 표현한 것이다. 풀무를 너무 세게 돌리거나 피리를 너무 세게 불면 의외로 바람이 안 나오거나 소리가 안 난다. 이는 道가 텅 비어 있으면서 한 번 움직이면 그 작용을 더 세게 나타나지만 그러한 움직임을 너무 자주 하지는 않는다는 것이다. 數(수)는 여기서 '자주'라는 의미로 쓰이고 있기 때문에 '삭'으로 읽어야 한다.

너무 자주 불게 되면 차라리 막히기 때문에 이는 차라리 中을 지키는 것보다 못하다고 한다. 이 때 中을 중도의 마음으로 보기도 하지만 앞 단락의 내용과 연관시켜 가운데, 즉 텅 빔(虛)로 보는 것이 맞다. 일부 학자들은 中이 沖(충)으로 되어야 하는데 옮겨 적는 과정에서 삼수변(氵)이

빠진 것이라고 추측하기도 한다. 하상공은 德의 가운데(中)를 지킴이라
고 했으나 왕필은 "풀무와 피리의 가운데(虛)을 지키면 그침이 다함이 없
고 자기를 버리고 사물에 맡기면 이치(理)에 어긋남이 없다."고 주석을 달
고 있다.

제6장

谷神, 玄牝之門

계곡의 영험함, 암컷의 문

浴(谷)神不死 是謂玄牝, 玄牝之門 是爲天地之根,
緜緜呵 若存, 用之不菫(勤).

牝(빈): <u>암컷</u>, 음(陰), 골짜기

緜(면): 햇솜, 솜옷, <u>이어지다</u>, 잇다, 두르다, 퍼지다, 멀다

菫(근): 진흙, 시기, 조금, 약간, (흙을)바르다

勤(근): 부지런하다, 근심하다, 힘쓰다, <u>은근하다</u>(깊고 그윽하다)

골짜기라는 영묘함은 다함이 없으니

이를 '현빈'이라 한다.

이 '현빈'의 문(자궁)은 만물의 근원이다.

마치 그 존재가 끊어질 듯 계속 이어지는데

아무리 써도 다함이 없다.

谷神不死 是謂玄牝, 玄牝之門 是爲天地之根,
곡 신 불 사 시 위 현 빈　현 빈 지 문 시 위 천 지 지 근

대부분의 사람들이 "계곡의 신은 죽지 않는다."라고 번역한다. 계곡의 신이 암컷이고 이 암컷이 하늘과 땅의 근원(뿌리)라 한다. 언뜻 이해가 안 된다. 노자는 神을 인정하지 않는다. 만물을 만들어 내고 만물을 주재하는 것이 상제(上帝)도 아니고 神은 더 더욱 아니다. 노자 이전의 중국의 사상 의식을 지배하던 관념인 상제와 천명(天命)이라는 것을 거부하고, 그 이전에 道가 있었고 이 道가 만물을 낳고 관장하고 있다고 주장한 사람이 노자이다. 그런데 신이라는 단어가 나오고, 신을 현묘한 암컷이라 한다. 글자 그대로 번역한 엉뚱한 결과다.

　여기서 말하고자 하는 주제도 道라는 것은 쉽게 알 수 있다. 1장에서 道를 태고(太古)의 無와 有로 설명하였는데 너무 추상적이고 관념적이라 사람들이 알아듣기 쉽지 않을 것이라 생각했는지도 모른다. 그래서 사람들이 주변에서 자주 보고 직접 가 본 경험이 있는 골짜기를 예로 들어 道를 설명한다. '계곡', '골짜기'하면 떠오르는 모습, 성질이 있다. '낮다', '물이 흐르다', '비옥하다', '많은 생명들이 있다', '조용하고 적막하다', '텅 비어 있다', '모든 것을 받아들인다', '물을 공급해준다' 등등의 이미지가 있을 것이다. 노자는 이런 성질들이 道를 설명하는 데 더없이 좋은 소재라 생각하여 골짜기를 비유로 들었다. 왕필도 "골짜기(谷)는 형태도 없고 그림자도 없으며, 거슬림도 없고 어김도 없다. 낮은 데에 있으면서 움직이지도 않고, 고요함을 지키면서도 쇠하지 않는다. 골짜기는 이렇게 되어 있지만 그 모양을 볼 수가 없다.(無刑舞影 無逆無違 處卑不動 守靜不衰 谷以之成而不見形)"라고 말했다. 천지창조의 태고(太古)의 분위기가 느껴지는 골짜기를 道를 설명하는 데 적합한 소재로 본 것이다. 그런데 갑자기 무슨 골짜기 신이라니? 곡신(谷神)도 있으면 산신(山神)도 있어야 하고 물귀신도 있어야 하고…….. 노자의 인식으로 용납되지 않는다. 그리고

귀신은 죽지 않는다는 뻔한 이야기를 새삼스럽게 거창하게 강조하는 것
도 어색하다.

여기서 神은 우리가 통상적으로 알고 있는 귀신이라는 神이 아니다.
자전을 찾아보면 '영묘불가사의(靈妙不可思議)하여 인지(認知)로써는 헤아
릴 수 없는 것'이라 되어 있다. 그래서 谷神은 명사가 아니라 谷이란 주
어와 神이라는 형용서술어로 된 문장으로 읽어야 한다. 즉 "골짜기는 영
묘 불가사의한 것이며 다함이 없다."라고 번역해야 한다. 죽지 않음(不死)
이란 없어지지 않고 다함이 없다는 의미로 읽는 것이 좋다. 다함이 없다
(不死)는 것은 골짜기는 깊고 깊어 모든 성정들이 끝없이 지속된다는 의
미이다. 간단한 예를 들면 물이 마르지 않는다는 것이다.

이러한 상황을 일러 '玄牝(현빈)'이라고 이름을 붙였다. 1장에서의 나왔
던 '玄(현)'이라는 글자가 다시 등장한다. 1장에서와 마찬가지로 여기서도
'거무스레하고 가물거림', '태고의 혼돈' 등의 이미지를 표현한 것이다. 牝
(빈)은 암컷이다. 골짜기의 모습이 암컷 생식기와 비슷하다고 본 것이다.
골짜기가 낮은 곳에 위치함을 여성(당시는 남녀평등이 아니었다)에 견주었
으며, 골짜기의 모습이 어두우면서 그 안이 텅 비어 있으면서 항상 생명
의 물이 흐르고 있는 모습이 여성의 생식기와 비슷하다는 점에 착안한
것이다. 아주 기발한 발상이다. 그러나 골짜기를 여자의 생식기에 비유
했지만 단순히 암컷이라고 표현하기에는 너무 직설적이라 '玄'이라는 글
자를 붙인 것이다. 암컷이지만 그 모습이 거무스레하고 가물거리듯이 그
렇게 보인다는 것이다. 대부분의 사람들이 이를 '신비한 암컷'이니 '기묘
한 암컷'이라고 번역하고 있다. 물론 그 모습이 기묘하게 비칠 수도 있고
신비스럽게 보일 수도 있지만 노자가 원하는 해석은 아니다.

玄牝(현빈)의 문은 당연히 생식기를 가리킨다. 그곳은 생명을 잉태하

며 생명이 나오는 곳이다. 그래서 만물의 근원(根)이라고 했다. 본문에는 만물 대신 천지라고 되어 있는데 아마 만물 중 가장 큰 것이 하늘과 땅이라 보고 천지를 대표로 해서 예로 들었을 뿐이다. 천지가 나온 그 문이 바로 道라는 것이다. 그래서 道는 골짜기와 같다고 말했다.

緜緜呵 若存, 用之不勤.
면 면 아   약 존   용 지 불 근

골짜기의 쓰임에 대해 말하고 있다. 緜(면)은 솜같이 가냘프게 이어지는 모습을 말한다. 緜緜(면면)은 끊어질 듯 하며 이어짐이다. 존재함이 마치 이와 같다는 것이다. 4장에서는 道의 존재를 혹시 있을지도 모른다(似或存)고 표현했는데 여기서는 존재함과 같다(若存)으로 보다 확실하게 표현하고 있다. 앞에서는 깊은 연못 속이라 있는지 없는지 확신할 수 없었지만 골짜기는 눈에 확연히 보이는 사물이다. 그래서 道가 확실히 있다고 표현의 강도를 높인 것이다. 골짜기에 흐르는 물은 그 수량이 적어 이내 물이 마를 듯 보이지만 어디서 나오는지 끊이지 않고 계속 흐른다. 그리고 우리는 그것을 평소에 눈으로 본다.

堇(근: 진흙, 조금)은 당시에 勤(근)과 같이 사용하였다고 하니 왕필본의 勤(근)으로 보완하였다. 勤에 대해서 하상공과 왕필은 '애써 수고롭다'로 해석하고 있으나 최근 勤을 盡(진: 다하다)으로 보고 '다함이 없다"라고 번역하는 경우도 많다. 그것을 사용하는데 수고롭지 않다는 말은 인위적으로 사용한다는 것이 아니라 자연히 스스로 사용하기 때문이라는 볼 수 있고, 다함이 없다고 번역하는 것은 사용해도, 사용해도 끝이 없다는 것이다. 道의 무위(無爲)와 영속성(永續性)이라는 품성을 말하는 것으로, 모두 나름대로 설득력이 있다고 생각하지만 '면면히 이어지는 듯하다'는 앞 구절을 감안하면 '다함이 없다'라고 번역하는 표현이 어울린다.

1장에서 道의 속성인 無에 대한 이야기부터 시작해, 그 다음부터 道
의 품성에 대해 설명하고 있다. 2장에서는 道라는 것은 분별(分別)이라
는 없으며 모든 것에 구분을 두지 말라고(無爲) 이야기했고, 3장에서는
道의 無知·無欲에 대해, 그 다음에 4~5장에서는 도의 텅 빔(虛)에 대해
설명하였다. 그리고 이 장에서는 道가 만물을 낳는다(生)이라는 의미를
강조하는 것이라고 생각한다. 그래서 생산을 의미하는 암컷이라는 것을
등장시키고 있는 것이며 이 암컷을 골짜기에 비유하고 있다. 이런 측면
에서 만물의 근원인 道의 생산과 작용은 끝이 없다는 것이다.

제7장

不自生, 无私

애써 삶을 좇지 않음, 내가 없음

天長地久 天地所以能長且久者 以其不自生也 故能長生.

是以聖人 芮(退)其身而身先 外其身而身存,
不以其无私興(與)? 故能成其私.

久(구): 오래되다, 변하지 않다

하늘과 땅은 유구하다.
하늘과 땅이 오래갈 수 있는 까닭은
자기 삶(生)을 애써 좇지 않기 때문에
오래 살 수 있는 것이다.

따라서 성인은 그 육체(其身)를 뒤로 하고
내면의 자기(身)를 우선하면서
(나아가) 그 육체를 떠나 내면의 자기 안에 머무른다.
육체를 자신이라고 생각하는 '나'가 없기 때문이지 않겠는가?

그렇게 때문에 결과적으로 '나'라는 것이 (오랫동안) 있게 되는 것이다.

天長地久 天地所以能長且久者 以其不自生也 故能長生.
천 장 지 구 천 지 소 이 능 장 차 구 자 이 기 부 자 생 야 고 능 장 생

천장지구(天長地久)에 대해서도 天은 시간적이고 地는 공간적이라 하여 長(길다)과 久(오래되다)라 표현했다는 등 여러 가지 설명이 있지만 어떤 것이 옳은지는 세세히 따지기를 좋아하는 사람들에게 맡기고 여기서는 최종 말하고자 하는 의도가 하늘과 땅은 오래간다(長久)는 뜻이니 그걸로 충분하다. 사람들 귀에 익숙한 '천장지구'라는 구절은 당 현종과 양귀비의 사랑을 노래한 백거이의 장한가(長恨歌)에도 나오는데 거기서는 天長地久 有時盡(시간의 끝이 있다)이라 하면서 長久를 시간적 개념으로 보고 있다.

하늘과 땅이 오래갈 수 있는 것은 '其不自生(기불자생)'때문이라고 했는데 이 구절에 대한 해석이 수십 가지가 될 것 같다. "자기를 고집하지 않는다.", "스스로 태어나지 않는다.", "자기 힘으로 존재하지 않는다." 등등 사람마다 바라보는 시각이 다르다. 그런데 스스로 태어나지 않는다고 하는 것은 만물이 無에서 생긴다는 노자의 우주생성론과 상충되고 자기 힘으로 존재하지 않는다는 것도 만물의 스스로 존재한다는 노자의 자연무위와 배치되어 합당치가 않다. 자기를 고집하지 않는다는 뜻이라고 주장하는 것은 뒤에 나오는 사사로움(私)에 맞추기 위한 억지 같아 보인다.

필자는 自를 동사로 읽고 싶다. 自를 '좇다', '추구하며 따르다'로 읽어 "삶(生)을 좇지 않는다."로 번역하고 싶다. 즉 삶에 집착하거나 몰두하는

것이 아니라 초연해 하는 것이라 본다. 다시 말해 삶에 초연해야 거꾸로 生이 길어진다는 이야기다. 生則必死 死則必生(살려고 하면 필히 죽을 것이요, 죽으려고 하면 필시 살 것이다)이라는 말도 있지 않는가? 살려고 발버둥 치면 도리어 빨리 죽는다는 것은 생에 집착할수록 그 生이라는 삶에 얽매이는 것이 되어 차라리 生을 해치게 된다는 것이다. 55장에서도 일부러 생을 늘리려는 것은 재앙이라고(益生曰祥) 하고 있다. 노자의 無爲의 자세이다. 그렇기 때문에 하늘과 땅이 오래갈 수 있다는 것이다.

是以聖人 退其身而身先 外其身而身存,
시 이 성 인 퇴 기 신 이 신 선 외 기 신 이 신 존

不以其無私與? 故能成其私.
불 이 기 무 사 여 고 능 성 기 사

이 구절도 앞 단락의 不自生(불자생)을 어떻게 보느냐에 따라 그 해석이 다를 수밖에 없다. 대부분 자기 몸을 뒤에 서게 하지만 오히려 앞서게 된다는 식으로 번역을 하면서 겸양(謙讓)의 의미로 읽고 있는데 앞의 長久(장구) 이야기와 연결성이 약하다.

필자는 앞의 身과 뒤의 身를 달리 보았다. 앞에 身은 其(기: 그)가 붙어 있고 뒤의 身에는 其가 없다. 앞의 身은 육체적인 몸(其身)이라 보고 뒤에 것은 내면의 몸(身), 즉 내면의 자아, 자신의 근원이라 생각한다. 而도 역접이 아니라 순접으로 읽어야 한다. 따라서 첫 구절은 육체적인 자신을 뒤로 하고 내면의 자신을 앞에 두라는 것이다. 즉 너의 육체적인 몸에 전전긍긍하지 말고 내면의 자기를 우선하라는 것이다.

이어서 한 걸음 더 나아가고 있다. 육체적인 몸(其身)에서 벗어나(外) 참 몸(身)에 있어라(存) 하면서 先後(앞과 뒤)의 표현이 外(벗어남)과 存(존

재)로 진일보한다. 이는 그 몸이 '나'라는 생각을 벗어 버리고 내면의 자아에 있으라는 것이다. 내면의 자아는 나의 근원을 이름이며, 근원은 無이고 無는 없어지는 법이 없다. 껍질인 육체에 머무르지 말고 내면의 '참나'를 찾으라는 것이다. 백서본의 芮(예)는 9장에서와 마찬가지로 退(퇴)가 본(本) 글자이다.

不以其無私與(불이기무사여)의 私가 앞서 身과 구별되어야 하는데 이에 대해서는 구체적으로 언급하지 않고 간단히 넘어가는 경우가 허다하다. 하상공과 왕필 모두 '사사로움'으로 주석을 하고 대부분의 우리나라 번역서도 이에 따르고 있다. "사심(사사로움)이 없어 그런 것이 아니겠는가?", "작은 사사로움을 버리기에 가능한 것이 아니겠는가?" 등으로 번역하고 있으며 이 석명은 이 부분을 "'나'를 주장함이 없기 때문이 아닌가? '나'를 주장하지 않기에 '나'를 이룰 수 있다"고 번역을 하고 있다. 사사로움이든 '나'든 앞 문장에서 없다(無)라고 말하고 바로 뒤에서 그것을 이룬다고 말하니 앞뒤의 논리가 맞지 않는다. 그리고 앞에서는 私를 사사로움으로 읽고 바로 뒤 문장에서는 '나'로 번역하고 있는데 이 또한 글자 사용에 일관성이 없다.

私는 앞의 身(몸)이란 말이 별도로 있기 때문에 '자기(몸)'를 가리키는 것은 분명 아니다. 私는 눈에 보이는 자기 몸뚱이(其身)를 자기 자신이라 생각하는 그런 '나'를 의미한다. 其는 앞에서도 육체적인 것을 나타낼 때 사용한 글자이다. 따라서 이 구절은 "육체라는 것(其)이 아니기 때문에 (不以) 그 육체를 '나'라고 생각하는 내가(私) 없는 것(無)이 되지 않겠느냐(與)?"는 것이다. 다시 말하면 내 몸을 육체적인 차원에서 보지 않기 때문에 육체를 나라고 생각하는 '나(私)'라는 것이 없다는 것이다. 與(여)은 문장 끝에서는 의문형 어조사로 쓰이고 있다.

故能成其私(고능성기사), 그렇기 때문에 그 '나(其私)'가 있게 된다고 설명한다. 역설적인 표현이다. 여기서 其私는 지금, 현재의 실제의 육체적인 '나'를 말한다. 육체적인 것을 자기라고 생각하는 '나'가 없다는 것이 결과적으로 육체적인 '나'를 오랫동안 있게 만든다는 것이다. 즉 生을 육체차원에서 보지 않는다는 것이 결과적으로 육체라는 '나'를 존재하게 만드는 것이라고 하면서 그러한 존재가 천장지구같이 오래갈 수 있다는 것을 말하고 있다.

그렇다고 노자가 사람들에게 몸을 함부로 다루라고 말하는 것은 아니다. 죽음에 초연하라는 것이 아니라 가급적 몸을 소중히 하면서 오래 살아야 한다고 생각하는 사람이다. 76장에서 살아있음을 부드러움과 약함(柔弱)으로, 죽은 것을 뻣뻣하고 굳어 있는 것으로 표현하기도 하였으며, 74장에서는 어떠한 경우라도 사람을 인위적으로 죽여서는 안 된다고 주장하고 있다. 그리고 도덕경 군데군데 오래 사는 것에 대해 많은 이야기를 하고 있다. 따라서 이 장을 육체를 등한시하며 정신만을 소중히 여기라고 말하는 것으로 받아들이면 안 된다. 육체적인 고행을 통한 수양은 노자가 원하는 것이 아니다. 육체 그 자체보다 내면을 중히 여기면서 가꾸는 것이 결과적으로 육체를 더 오래 보존하는 길이라고 알려주고 있다. 육체만을 생각해서 인위적으로 오래 살려고 집착하는 하는 것은 바람직하지 않다고 말하는 것과 같다.

이러한 주장으로 노자가 후세에 황로학(黃老學), 도교(道敎)로 발전되면서 장생불사(長生不死)의 양생술(養生術)이 주된 관심사가 되었는지도 모르겠다.

제8장

上善如水, 有靜 无尤

善은 물과 같다. 고요함으로 허물이 없다

上善如水, 水善利萬物而有靜 居衆之所惡, 故幾於道矣.

居善地, 心善沖肅, 予善信, 正善治, 事善能, 動善時.

夫唯不(有)靜 故无尤.

靜(정): 고요하다

幾(기): 얼마, 몇, 기미, 거의, 낌새, 위태롭다

沖(충): 비다, 공허하다, 가운데, 깊다

肅(숙): 엄숙하다, 정제하다(정돈하여 가지런하다), 엄하다

治(치): 다스리다, (질서가) 바로 잡히다, 수양하다, 왕성해지다, 견주다

予(여): 나, 주다, 허락하다, 용서하다, 함께하다, 미리[예]

尤(우): 한층, 더욱 더, 허물, 원한, 멀리 떨어지다

道에 바탕을 둔다는 것은 물과 같다.

물은 만물을 이롭게 하지만 고요하다.

사람들이 싫어하는 곳에 거한다.
그래서 물(善)은 道에 가깝다.

도에 바탕을 둔 거주함은 땅 위여야 하며,
도에 바탕을 둔 마음은 텅 비고 가지런하다.
도의 정신으로 사람과 어울린다는 것은 신뢰가 있으며
도에 바탕을 둔 올바름이란 질서가 바로잡힌다는 것이며,
도의 정신으로 일을 하면 모든 일이 잘 될 것이며
무위의 움직임은 때를 놓치지 않는다.

오직 고요함만 있을 뿐이니
허물이 있을 수 없다.

老子하면 누구나 上善若水(상선약수)라는 글귀를 떠올릴 정도로 익숙하며 아는 체하는 사람은 "만물을 이롭게 하지만 다투지 않는다."라는 내용까지 읊조린다. 그런데 갑본과 을본에서 중요한 한 글자가 서로 다르게 되어 있다. 위의 원문은 갑본인데 靜(정: 고요함)이라는 단어가 두 번 나온다. 앞의 것은 有靜(유정)으로 되어 있고 뒤의 것은 不靜(부정)으로 되어 있다. 앞의 有靜은 문제가 없지만 뒤의 不靜은 고요함이 없다는 것이 되어 문맥상이나 노자의 사상과도 맞지 않는다. 한편 을본은 갑본의 '靜'이라는 글자가 모두 '爭(쟁: 다투다)'로 되어 있다. 이 경우에는 뒤의 것은 문제가 없으나 앞의 구절이 '다툼이 있다'는 것이 되어 앞뒤 문맥상 맞지가 않다. 어느 쪽을 택하더라도 오류는 있다. 문제는 갑본의

靜이냐 을본의 爭이냐 하는 문제다. 이 장은 죽간본에는 없어 어느 쪽이 맞는지 확인할 기회가 없다는 것이 아쉽다.

왕필은 爭이 맞다고 보고 앞의 '有爭'을 '不爭'으로 바꾸었지만 필자는 爭이라는 글자보다 백서갑본의 靜이라는 단어가 이 장에 더 잘 어울린다고 생각한다. 그러면 뒤의 靜은 '不靜'이 아니라 '有靜'을 착오로 잘못 쓴 것이라 봐야 한다.

上善如水(상선여수)는 을본을 인용하였다. 갑본은 如(여) 대신 治(치)로 되어 있으나 治에도 '비교하다', '견주다'라는 의미도 있어 그대로 사용해도 무방하나 치수(治水)라는 단어와 혼동할 수도 있고 좀 더 편한 표현인 을본의 如을 채택하였다. 물론 如와 若은 번역상 큰 차이가 없다.

上善如水, 水善利萬物而有靜, 居衆之所惡, 故幾於道矣.
상 선 여 수　수 선 이 만 물 이 유 정　거 중 지 소 오　고 기 어 도 의

대부분이 上善(상선)을 '최고의 선', '최상의 선'으로 번역하고 있다. 노자는 2장에서 선과 악은 상대적인 개념일 뿐 우리 인간의 주관적인 분별에 불과하다고 말했는데, 여기서 善에 대해서 다시 '최고'라고 형용사를 갖다 붙이는 것은 적절하지도 않을 뿐 만 아니라 논리적으로도 맞지 않다. 善에 무슨 높은 善이 있고, 낮은 善이 있는 것처럼 하는데 노자의 입장에서는 善을 다시 세부적으로 구분한다는 것은 말이 안 된다. '上'은 상하(上下)의 구분을 나타내는 의미가 아니다. 뒤의 38장에도 상덕(上德), 하덕(下德) 이라는 단어가 나오는데 거기서 상세히 설명하겠지만 이 경우 上과 下는 위아래의 계급의 개념이 아니라 어떤 상황이나 지위에 '오르다', '내려오다'의 동사로 읽어야 한다. 선이라는 것에 오른다는 것을 말하며 이는 선의 경지에서 이른다는 것이다.

그럼 이 善이라는 것이 무엇인지에 대해 살펴 볼 필요가 있다. 善이라는 글자는 뒤이어 27장, 49장, 54장 등 여러 군데에서 자주 출현하는 단어이다. 善을 자전에 찾아보면 착하다, 좋다, 잘하다, 아끼다, 친하다(사이좋다)의 뜻이 있으며 보통 우리가 추상명사로 '착하고 정당하며 도덕적 기준에 맞는 것'이라는 개념도 있다. '상선여수'의 경우 일반적인 善(착함)이라 번역해도 문맥상으로는 통할 수 있을지 모르지만, 뒤이어 나오는 6가지의 善에 대해서도 같이 '착함'이라는 뜻으로 보면 번역이 이상해지고 그 의미도 명료하지 않다. 그렇다고 '잘한다', '좋다'의 뜻으로 해석하면 앞의 상선여수의 善의 번역이 이상해진다. 이러한 문제는 27장에서 善行(선행), 善言(선언), 善數(선수), 善閉(선폐) 등 善이 동사(動詞)앞에서 붙여 사용되는 것을 보면 우리가 일반적으로 알고 있는 '착하다'라든가 '잘한다'는 단순한 의미가 아니라는 생각이 든다.

　　도덕경에서는 두 번째로 중요한 개념인 德(덕)이라는 단어가 14개 章에 걸쳐 42번 출현하고 있지만 善(선)이라는 단어는 이보다 많은 16개 章에 걸쳐 총 48번이나 등장한다. 더욱이 4개의 장에서는 德과 善이라는 단어가 같이 나온다. 이러한 사실은 노자는 '善'이라는 글자에 특별한 의미를 부여하고 있다고 봐야 한다. 필자는 善에 대해서 道와 德과 같은 차원에서 접근하며 그 의미를 찾아야 한다고 생각한다. 노자에게 道는 無로서 우주 삼라만상의 창조자이며, 德은 이러한 道가 사물에 나타난 본성(품성)으로 무위, 겸양과 퇴양, 부드러움, 고요함 등의 품성을 말한다. 이러한 道와 德을 체득한 사람을 성인이라 하고 있다. 이러한 맥락에서 필자는 善이라는 것을 道와 德에 바탕을 둔 마음가짐이나 행동하고 실천하려고 하는 것을 표현한 것이라고 생각한다. 다시 말하면 道의 품성인 무위, 고요함, 부드러움, 겸양 등의 마음가짐을 갖고 그렇게 행동하는 것을 善이라 정의하고 있다. 즉 도덕경에서는 道 → 德 → 善의 과정으로 道를 실천하는 개념으로 이해할 수 있다. 德은 道의 품성 자체를 가리키는 것이며 그 품성을 밖으로 드러내면서 행동하는 것을 善이란 개념으로 정의할 수 있다. 그래서 善에는 항상 행위를 나타내는 단어와 같이 사용되고 있으며 그러한 마음가짐으로 행동하는 것을 의미한다. 2장에 후미에 있는 "居无爲之事 行不言之敎.(모든 것에 무위로 임하며, 말없이 행하며 전달한다)"가 바로 善의 지향점이라고 생각하면 된다. 따라서 첫 구절은 道의 마음가짐으로 무엇을 행한다는 것은 마치 물과 같다는 것이다. 하상공은 물의 '성질'에 빗댄 것이라고 주석을 달았지만, 물의 '움직이는 행동' 측면에서 이해하는 것이 善의 개념과 부합된다.

2장의 善과 不善의 경우에는 아름다움, 추함과 같이 善과 不善을 대비 시킨 것으로 '착함'과 '착하지 않음'으로 보았지만 앞으로 나오는 善은 모두 본문과 같은 개념으로 사용되고 있다.

다음 구절도 간단하게 물이라고만 표현하지 않고 水善이라고 했다. 물도 道와 같은 성정으로 움직인다는 것을 애써 나타냄이다. 즉 물(水)도 선(善)과 같이 만물(萬物)을 이롭게(利) 하지만(而) 고요함(靜)에 있으며(有) 사람들(衆)이 싫어하는 낮은 곳(所惡)에 거(居)한다고 하였다. 물은 만물의 생명의 근원이며 생을 유지하는 데 필수불가결한 것이라는 점에서 모든 생명체나 만물에도 이로움을 주는 것은 굳이 설명할 필요도 없다. 그러면서도 온갖 더러움을 다 씻어내 주고 자신은 항상 낮은 곳으로 흘러간다. 道의 작용을 설명할 때 자주 나오는 生而不有 長而不宰(낳아주었지만 소유하지 않고 길러주지만 주재하지 않는다)와 같은 성정이다. 물론 낮은 곳에 머문다는 것도 道의 겸양, 퇴양의 품성을 나타낸다.

서두에서 이야기했지만 왕필은 정(靜)을 부쟁(不爭)으로 바꾸어 "이롭게 하지만 다투지 않는다."라고 되어 있다. 그런데 만물을 이롭게 한다고 하면서 다투지 않는다는 것이 무슨 의미인지 잘 이해가 안 된다. 무엇과 다툰다는 것인가? 만물과 다투는 것은 분명 아닐 터이고, 51장에 나오는 행하지만 자랑하지 않는다(爲而不恃)라는 구절과 같이 그 공로를 다투지 않는다고 봐야하는 것인가? 그리고 곧이어 낮은 곳에 거한다고 했는데 다툼을 이야기하는 것도 어울리지도 않다. 이롭게 해주고 조용히 가만히 있는 것과 무언가와 다투지 않는다는 것 중 어느 쪽이 道를 설명하는 자리에 어울리겠는가? 전체적인 문맥의 내용을 볼 때 有靜(유정)이 더 어울린다. 결론적으로 필자는 왕필본의 不爭은 잘못 필사한 것이거나 다른 장(22장, 68장, 81장)에 등장한 부쟁이란 것과 동일시한 것이라 생각되지만, 백서본의 有靜이 맞다. 만물을 이롭게 하지만 無爲(무위)로 그렇게 하였기 때문에 항상 고요하다는 것이다.

마지막 구절에서 그래서 물은 道와 가까운 것이라 했다. 왕필은 道는 물을 지칭하는 것이라며 "道는 無이고 물은 有이기 때문에 가깝다(道無水有 故曰幾也)."라고 했다.

居善地, 心善沖肅, 予善信, 正善治, 事善能, 動善時.
거 선 지 심 선 충 숙 여 선 신 정 선 치 사 선 능 동 선 시

이 부분도 혹자는 물의 성질을 표현한 것으로 보기도 하나, 앞에서 물은 善의 개념을 설명하기 위해 가져다 쓴 것으로 여기에까지 물을 끌어들일 필요는 없다. 6개 항목의 내용을 비추어 볼 때 道에 바탕을 둔 사람의 여러 가지 활동이나 행위가 어떠한지에 대한 설명이다.

居善地, 心善淵……에 대해 善을 기존의 번역들은 다음과 같이 되어 있다. 첫 글자인 居를 동사로 읽어 '좋은 땅에 거하고, 좋은 연못에 마음

을 두며……'의 식으로 번역한 경우도 있으며, 가운데 글자인 善을 동사로 보고 읽으며 '거함에 있어 땅을 좋아하고 마음 씀에는 연못을 좋아하고……'라는 식으로 번역하고 있다. 시중의 대부분의 번역들이 善을 '좋다'라든가 '잘한다'의 뜻으로 읽고 있다. 그러나 앞에서 말한 바와 같이 善은 道에 바탕을 둔 행동이나 마음가짐을 말한다. 다시 말해 道의 품성에 따라 거한다는 것은 땅이라는 것이다. 즉, 사람이 살아가는 곳은 땅이 가장 자연스럽고 편안하다는 것이다. 일부러 공중에 집을 짓거나 물 위에 살거나 땅 밑에 굴을 파서 사는 것은 道의 성정에 맞지 않는다는 것이다. 마찬가지로 道에 바탕을 둔 마음은 텅 비어 있으면서 가지런하다고 말한다. 沖肅(충숙)은 텅 비어 있으면서 가지런하다는 뜻이다. 백서을본도 왕필본과 같이 충숙(沖肅)이 淵(연못)으로 표기되어 있으나 본문의 표현이 명확하고 뜻이 잘 통해 갑본을 그대로 인용하였다.

세 번째 항목인 予善信이 좀 모호했던 모양이다. 을본과 왕필본에서는 이 항목을 予善天(왕필본 與善仁)과 言善信으로 두 개로 나누어 총 7개 항목으로 만들었다. 아마 여(予)를 '주다', '베풀다'라는 의미로 보았기 때문에 信(신)이라는 글자와 연관시키기가 좀 무리라고 생각해서인지 予와 信이라는 글자에 어울리는 나름대로의 새로운 문장을 만든 것이 아닐까하는 생각이 든다. 필자가 보기에는 갑본의 표현에 전혀 문제가 없다. 道에 바탕을 둔 사람들이 다른 사람들과 어울릴(予) 때에 신뢰(信)가 있다는 것이다. 사람들이 함께한다는 것은 서로의 믿음과 신뢰가 가장 중요한 것이 아닐까? 마음을 비우고 상대를 존중하는 가지런한 마음으로 함께하여야만 진정한 함께함이다. 그렇지 않으면 그 함께함은 불신과 싸움의 장(場)밖에 되지 않을 것이다. 아주 중요한 이야기인데 왕필은 노자와 어울리지 않는 어짊(仁)이라는 용어까지 등장시켜 가며 억지로 말을 만들었던 것 같다. 5장에서도 道는 어질지 않다(不仁)고 했지 않는가?

네 번째 항목(正善治)도 주관에 따라 여러 가지로 해석할 수도 있다. 백서갑본과 을본에는 명확하게 바를 정(正)으로 나와 있는데 왕필본은 뒤의 治(치: 다스리다)를 보고 正을 정치라는 의미의 政(정)으로 되어 있다. 그러나 이 단락을 살펴보면 지금 사람들의 일상적인 생활이나 활동과 관련하여 이야기하고 있다. 거주하고(居), 마음가짐(心)이나 함께 사는 것(予), 일하는 것(事) 그리고 어딘가 움직이는 것(動)에 대해 어떻게 하는 것이 좋은지 말하고 있는데 뜬금없이 갑자기 정치 이야기를 하는 것은 전체 흐름에서도 어울리지 않는다. 正과 治은 그 의미의 폭이 넓어 노자의 의도를 정확히 파악하기는 쉽지가 않다. 백서본에 正이라는 단어가 몇 번 등장하는데 57, 58장에서는 같은 章 내의 正이 政(정치) 또는 定(정해짐)이라는 뜻으로 쓰이기도 하고, 正 그대로의 뜻으로 사용되기도 하는 등 혼용이 매우 심하다.

아무튼 여기서는 正을 원래의 뜻으로 풀이하는 것이 바람직하다. 그러나 노자는 옳고 그름에 구분하는 것에 부정적이다. 그래서 道에 바탕을 둔 正이라는 것(正善)은 사람이나 사회가 만들어낸 어떤 기준에 따른 올바름이 아니고 자연적, 저절로 그리되는 것이 올바름이다. 이렇게 할 때 治(치)는 '질서가 바로 잡힌다'라고 읽으면 된다. 다시 말하면 어떤 사회적 기준이나 자기 주관에 따른 올바름이 아니라 본성에 따라 저절로 그리되는 것이 올바름인데 그렇게 될 경우 질서가 잡힌다는 것이다. 서양 정치철학에 자유방임주의라는 것이 사람들이 이를 매우 혼란스럽고 무질서할 것이라 걱정하지만 모두가 본성에 따라 스스로 저절로 그리하더라도 그 나름대로의 새로운 질서가 잡힌다고 주장하는 것과 비슷하다고 생각할 수 있다.

나머지 두 개 항목도 마찬가지다. 道의 정신에 따라 일하는 것이 결과적으로 일이 잘 풀리게 되며(事善能), 움직임도 시기를 놓치지 않고 결과적으로 때에 맞게 된다(動善時)는 것이다.

夫唯有靜 故无尤.
부 유 부 정 고 무 우

夫는 특별한 뜻이 없는 발어사이다. 夫唯有靜(부유유정)은 위에서 언급한 6개의 항목에 대한 행위에 모두 오로지 고요함만이 있다는 것이다. 道에 바탕을 두고 하는 것들이라 모든 것이 저절로 그리되는 것이니 고요함이 있을 뿐이다. 물론 고요함은 내용상 다른 것과 절대 충돌하거나 다툴 일이 없다는 것과 같기 때문에 不爭과 같은 결과라고 할 수도 있지만 앞서 말 한대로 善의 개념에 靜의 분위기가 더 어울린다. 고요함은 당연히 다툼의 소지가 있더라도 모두 받아들인다. 평온하다. 그래서 허물이라는 것이 있을 수 없다.

노자는 道나 德을 설명할 때 통나무, 갓난아기 등과 함께 물에 많이 비유하고 있다. 물은 우리 생명과 삶에 가장 큰 영향을 끼치고 있다. 아니 물 자체가 없으면 우리의 생명은 물론 지금의 지구 자체가 존재할 수 없다. 우리가 사는 지구를 우주에서 바라보면 온통 물의 색인 파란색으로 보인다. 그래서 지구를 물의 혹성(惑星)이라고도 부르고 있다. 평생을 물에 관한 일에 종사해 온 필자로서 여담삼아 나름대로 이 장과 관련하여 물의 공학적 성질에 대해 잠시 이야기해보고자 한다.

지구상에는 약 14억㎦의 물이 존재한다. 이 중 97%가 바닷물의 형태

로 있고 염분기가 없는 담수(淡水)는 나머지 3%인 3,300만㎦에 불과한
데 이조차 3/4가 빙하 형태로 존재하며 나머지가 지표수, 지하수 등이
다. 우리가 일상적으로 마시고 씻고 생활하는 데 대부분 이용하는 호수,
하천수는 고작 2,300㎦에 불과하다. 전체 담수량의 0.007%도 안 된다.
이렇게 적은 물에 70억 명의 인류가 생명을 유지하고 있는 셈이다. 이러
한 물은 한 자리에 머물러 있지 않고 끊임없이 순환한다. 육지에서 바다
로 흘러가고 육지에서 증발되어 대기로 올라가고, 바다에서도 증발되어
대기로 올라가고 대기의 수증기는 다시 비나 눈의 형태로 지표면에 내린
다. 육지에 내린 물은 사람의 입으로, 식물의 뿌리에 의해 흡수되고 다
시 배설되고 증산되면서 다시 바다로, 대기로 돌아간다. 道는 되돌아감
의 운동이라고(16, 40장)했으니 물의 순환과 같고, 道는 너무 커서 가름
할 수 없어 감히 이름을 붙이면 大라고 했으니(25장) 지구상의 물이 엄청
많음을 노자는 이미 알고 있었고, 또한 道를 염담(恬淡)으로 표현했으니
(35장) 물의 담백한 맛에 비유한 것이 아닐까? 물의 부드러움과 유연한
성질이야말로 道를 대변하기에 더 이상 적합할 수가 없고 道의 겸양의
품성은 하천, 호수의 30배가 넘는 물이 낮게 땅속으로 흘러들어가 지하
수의 형태로 고요히 존재하고 있다는 사실이 이 장에서 말한 내용과 같
지 않은가?

　다소 억지 같을 수도 있지만 여담으로 보아주면 좋겠다. 갑자기 지구
상의 빙하가 다 녹으면 어떻게 될까 직접 대략 계산을 해봤다. 놀랍게도
지금의 바다수면이 70미터 이상 높아지는 것으로 나왔다. 필자가 있는
서울도 대부분 바다로 변한다. 지금이 서해안 같이 남산이나 관악산이
섬으로 둥둥 떠 있을 서울의 모습이 되기 전에 물을 아끼고 사랑하여야
한다.

제9장

不如其已, 功遂身退

과함은 그만둠만 못하다, 이루고 물러남

【揎】(殖)而盈之 不如其已
【捯】(揣)而兌(銳)之 不可長葆.
金玉盈室 莫之能守也, 貴富而驕軼 自遺咎也,
功遂身退 天之道也.

殖(식): 번성하다, 자라다, 기르다

已(이): 이미, 그치다, 버리다, 그만두다

揣(췌): 헤아리다, 시험하다, 탐색하다, 가지다, 때리다, 뭉치다

兌(태): 교환하다 빛나다, 곧다, 기뻐하다, 구멍. 지름길

銳(예): 날카롭다, 예리하다. 재빠르다

葆(보): 풀이 더부룩하다, 뿌리, 칭찬하다, 보전하다, 보배

軼(한): 사나운 말

敲(교): 두드리다, 후려치다

咎(구): 허물, 근심거리, 재앙, 책망하다

번성해 있는데 가득 채우려 하는 것은
그만두는 것보다 못하다.

쇠를 쪼아 날카롭게 하여도 오래가지 않는다.

금은보화가 집에 가득 차면 잘 지킬 수 없고,

명예나 복됨으로 악랄해지면 그 허물만 남긴다.

일을 끝냈으면 몸이 물러나는 것이 하늘의 道다.

殖而盈之 不如其已, 揣而銳之 不可長葆
식 이 영 지 불 여 기 이   췌 이 태 지 불 가 장 보

백서본의 한자 【揃】, 【揌】는 현재 없는 글자라 백서정리조에서 판독한 殖(식), 揣(췌)를 인용하였다. 왕필본은 殖이 持(지)로 되어 있어 '굳게 잡아 가득 채우는 것'으로 번역되나 번성하다는 뜻의 殖(식)이 더 잘 어울린다. 번성하고(殖) 있는데(而) 자꾸 더 채워 넘치게(盈之) 하는 것은 그것(其)을 그만두는(已) 것보다 못하다(不如)라는 뜻이다.

다음 구절인 揣而銳之(췌이예지)은 일반적으로 "쇠를 두드려 날카롭게 하여도 오래도록 보존하지 못한다."로 번역되고 있는 구절이다. 하상공은 揣(췌)를 다스림(治)로 해석했으나 왕필은 두들김으로 풀이하고 있다. 이렇게 볼 경우 백서본의 兌(태)도 백서정리조의 의견대로 銳(예)로 바꾸어 주는 것이 적절하다. 백서본이 알 수 없는 글자로 되어 있어 현재로서는 왕필본을 따르는 수밖에 없다.

그런데 왕필은 뒤 단락의 金玉盈堂(금옥영당)과 貴富而驕(귀부이교)에 대해 주석을 달면서 殖而盈之(식지영지)와 揣而銳之(췌이예지)를 설명한 不若其已(불약기이)와 不可長保(불가장보)라는 구절을 그대로 사용하였다. 이는 이 구절의 殖(식)과 다음 단락의 金玉(금옥)이, 揣(췌)와 貴富(귀부)가 서로 대응하면서 같은 의미로 사용되고 있다고 볼 수 있다. 殖은

무성하게 모으는 것으로 금옥과 쉽게 대응되지만 揣(췌)는 貴富와 연관시키기가 쉽지 않다.

이 구절이 죽간본에는 湍而群之(단이군지)로 되어 있는데 이를 기준으로 번역하면 물살이 빠른 여울에서 무리를 지으면 오래 보존되지 않는다는 것이 된다. 여울에서 무리를 짓는다는 것은 여울에 물의 양이 많다는 것은 뜻하는데 그럴 경우 여울의 그 기세를 오래 지속하기 어렵다. 이러한 취지와 비슷한 의미로 귀함과 부유라는 측면에서 갑본의 《揣》이라는 글자의 뜻을 유추해보면 신분상승이나 축재를 위해 이리저리 재면서 빠르게 기웃거리는 행위를 말하는 것이 아닐까하는 생각이 든다. 잽싸게 움직이면서 끝없이 요량하고 탐색하면서 명예와 부유함을 함께 쫓는 모습을 빠른 여울에 비유할 수 있을 것도 같다. 이럴 경우 兌(태)도 바꿀 필요도 없이 "이리저리 통박을 굴려 출세해서 기뻐하지만 오래가지 않는다."로 번역할 수 있을 것 같지만 필자의 엉뚱한 생각으로 감히 내세우지는 못하겠다.

金玉盈室 莫之能守也, 貴富而驕敵 自遺咎也,
금 옥 영 실 막 지 능 수 야 귀 부 이 한 교 자 유 구 야

功遂身退 天之道也.
공 수 신 퇴 천 지 도 야

이 부분은 앞서 이야기한 바와 같이 이것저것 손에 넣으며 끝없이 재화를 모은 상황이다. 앞 단락의 殖而盈之(식이영지)의 결과라고 볼 수 있다. 그러나 부자가 걱정이 많다고 많은 재산은 지키기는 쉽지 않다.

다음의 貴富而驕敵(귀부이한교)는 왕필본에서 우리가 익숙하게 쓰는 富貴로 순서가 바뀌어 있지만 富는 바로 앞 구절의 금옥(金玉)과 중복되

는 느낌이다. 죽간본에는 貴福(귀복)으로 되어 있어 당초에는 富가 들어 있지 않음을 알 수 있다. 따라서 이 대목은 富에 대한 내용을 삭제하고 죽간본대로 귀하고 복됨으로 읽어주는 것이 맞지만 그냥 참고하기만 하였다.

馯齩(한교)는 사나운 말에게 채찍을 때린다는 뜻이다. 이러한 행위를 대부분 교만하다는 의미로 해석하고 있다. 을본과 왕필본은 아예 驕(교: 교만하다)로 되어 있고 죽간본도 喬(교: 높다, 교만하다, 악랄하다)로 되어 있다. 그러나 한교라는 단어는 나중에 30장에서도 등장하여 선뜻 마음대로 바꾸기가 주저된다. 사나운 말에 채찍을 가하는 것을 교만하다는 뜻으로 읽어도 무방하나 여기서는 악랄하다는 번역이 더 어울리는 것 같다. 고귀하고 높음(貴)을 가지고 있으면 사람들을 악랄하게 대하기 쉬운데 그러면 많은 허물이 남는다.

功遂身退(공수신퇴)에서 功은 공적이나 업적으로 읽기보다는 단순히 '일'이라고 해석하는 것이 공적에 연연하지 않는 노자의 사상에도 어울리는 번역이 될 것 같다.

그리고 앞에서도 이미 설명했듯이 하늘의 道(天之道)라는 표현은 하늘의 본성이라 생각하고 이는 道를 지칭하는 것으로 이해하면 된다.

사람은 물러날 때를 잘 알아야 한다고 옛날부터 많이 회자되곤 했는데 주위에 보면 그렇지 못한 사람들이 태반이다. 최근 사법부의 수장인 대법원장이 거짓말을 한 것도 부족해서 대통령이나 국회의 눈치를 살피는 처신에 많은 국민들이 3권 분립의 민주주의에서 사법부가 죽었다며 국민들이 수백 개의 근조화환을 대법원 정문 앞에 보내고 있는데 정작 그 사람은 아무 대꾸도 없이 버티고 있다. 그래도 지식인이고 교양인이라 생각되는 법관이 후안무치를 넘어 좀 불쌍해 보인다. 나이도 적지 않은데 저렇게까지 그 자리를 지키고 싶을까? 그렇게 앉아 있는 것을 큰 명예라고 생각하는 모양이다. 그 사람뿐이겠느냐마는 요즈음 모두가 그런 것 같아 노자가 보면 놀랄 것 같다.

제10장

至柔, 玄監, 括國

부드러움에 이름, 마음 수양, 세상 구제

戴營柏(魄)抱一能母離乎?

槫氣至柔 能嬰兒乎?

修除玄監 能母有疵乎?

愛民栝國 能母以知乎?

天門啓闔 能爲雌乎?

明白四達 能母以知乎?

生之 畜之, 生而弗有 長而弗宰也 是謂玄德.

戴(대): (머리에) 이다, 들다, 받들다, 생각하다

柏(백): 측백나무, 잣나무, 크다, 닥치다(迫)

抱(포): 안다, 품다, 가슴

槫(단): 둥글다, 영구차, 상여

嬰(영): 갓난아기

監(감): 보다, 살피다, 겸하다

疵(자): 흠, 허물

栝(괄): 도지개(활이나 휜 물건을 바로 잡는 틀), 부지깽이

啓(계): 열다, 문짝

闔(합): 문짝, 거적, 전부의, 통할하다

육신을 '하나'로 가다듬어

그 '하나'에서 멀어지지 않도록 할 수 있겠는가?

호흡을 둥글게 하여 부드러움에 이르기를

갓난아기 같이 할 수 있겠는가?

마음을 수행하여 마음 거울에 비치어도

한 점 티끌도 없게 할 수 있겠는가?

사람을 아끼고 세상을 구제한답시고

자신의 앎(知)을 펼치지 않을 수 있겠는가?

하늘의 문(道)이 열리고 (만물을) 통할함에

암컷처럼 처신할 수 있겠는가?

모든 이치에 밝고 사방에 통달해도

그 사실(知)에 연연하지 않을 수 있겠는가?

도가 만물을 낳고 키웠다.

낳았지만 소유하지 않고 키웠지만 주재하지 않는다.

이를 일러 현덕이라 말한다.

戴營魄抱一能毋離乎?
대 영 백 포 일 능 무 리 호

필자는 이 장을 道를 체득하기 위한 수양법에 관한 것으로 보았다. 도덕경에는 道의 생성, 운동, 작용 등 그 성질과 효과에 대해 많은 설명을 하고 있지만 정작 道에 이르기 위한 방법에 관한 이야기는 의외로 없다.

하상공을 비롯한 많은 통행본들이 營魄(영백)을 혼백(魂魄)으로 보고 혼백을 하나로 안으라고 번역하고 있는데 좀 엉뚱하다는 생각이 든다. 혼백은 영적이든 육체적이든 넋임에는 마찬가지다. 사람이 죽으면 魂(혼)은 하늘로 가고 魄(백)은 시체와 함께 무덤에 가서 흙으로 돌아간다고 하지만 살아 있을 동안에는 둘이 같이 있음이 확실한데 다시 하나로 합치라는 것은 이상하다. 그리고 노자는 사후 세계를 인정하지 않는다. 營(영)은 '경영하다', '짓다' 등의 뜻이 있어 魄(백)은 살아있는 육체에 깃들여 있는 어떤 영(靈)이라 생각하고 그 魄(백)를 운영, 경영함이라 할 수 있는데 이는 곧 육체를 의미한다. 그러나 사물 차원의 육체가 아니라 정신적인 차원에서 육체로 이해하여야 한다. 왕필이 영백에 대해서는 사람이 항상 머무르는 곳(營魄: 人之常居處也)라고 했는데 그 의견에 따랐다. 군영(軍營)이 군대가 머무는 곳이라는 뜻이듯이 영백은 백(魄)이 머무르는 곳, 즉 육체라 할 수 있다. 戴(대)는 왕필본의 載(재: 싣다, 머리에 이다, 행하다)와 의미상 큰 차이는 없다. 즉 '營魄(육체)를 생각하며'라는 번역이 된다.

그리고 육체라는 측면에서 무엇인가 '하나'를 안으라고 한다. 여기서 '하나(一)'가 무엇인가에 대해서도 해석이 분분하다. 하상공은 營魄(영백)을 혼백(魂魄)으로 보면서 '하나(일)'에 대해서는 '道'가 시작되는 곳이며 '정기가 크게 조화되는 곳(道始所生 太和之精氣也)'이라고 주석을 달고 있고, 왕필은 영백을 육체로 보면서 하나(일)는 사람의 참됨(眞)이라고 했다. 영백에 대한 시각이 다르기 때문에 그 뒤에 나오는 '하나(一)'에 대한 관점도 당연히 다르겠지만 그 외에도 神, 양기의 정수, 집중 등으로 해석하는 사람들도 있어 해석은 주관적일 수밖에 없다. 필자는 이 章을 道를 향한 수양에 관한 것이라 생각하고 가장 먼저 육신이라는 것을 어떻게 보고 관리해야 하느냐는 측면에서 '하나'를 생각하였다. 우선 일(一)을 그냥 '하나'라고 놔두고 싶다. 노자는 인위적인 양생(養生)에 대해서는 부정적이기 때문에 단순히 몸을 소중히 관리하라는 이야기는 아니다. 우리는 무언가 한 가지에 몰두하면 순수해지고 진지해진다. 물론 어떤 '하나'가 깨끗함이나 튼튼함을 의미하는 몸의 외형적인 것일 수도 있고, 앞에서 말한 道라든가 神 등의 형이상학적인 것이 대상일 수도 있지만 어찌되었든 한 가지 시점에서 몸을 바라보아야 한다. 오욕칠정에 노출된 육체에 대한 생각을 어떻게 정리할 것인가에 대한 과정이다.

떨어질 수 있겠느냐(能毋離乎)고 반문하는 것은 그 '하나'를 계속 유지하여야 한다는 것이다. 우리가 자신을 수양하거나 수행을 할 때 내면을 성찰하고 인식하기 전에 바로 눈앞에는 있는 육체라는 것을 어떻게 바라보아야 할 것인가에 대한 입장을 먼저 정해야 한다.

槫氣至柔 能嬰兒乎?
단 기 지 유 능 영 아 호

그 다음 단계가 단기지유(槫氣至柔)이다. 도덕경에는 '氣'라는 단어가 여기를 포함해 3번 나오는데(42, 55장) 노자 당시의 시대 상황을 고려해 읽어야 한다. 무엇보다 우리가 일반적으로 생각하는 단전호흡이라든가 기체조 등에서 말하는 氣의 개념이라는 것이 노자 시대에는 없었다. 노자가 살았던 춘추시대에는 氣라는 것이 단순히 호흡하는 숨(息)이나 바람이 부는 기상(氣象)현상 등을 의미하는 것에 불과하였다. 중국에서 서기 100년경에 만들어진 가장 오래된 한자 사전격인 『說文解字(설문해 자)』에 氣를 구름(雲氣)이라 정의하고 있다. 노자가 처음으로 우주생성을 道라는 개념을 설정한 후 道를 일종의 어떤 기운이라 생각하기도 하였지만 천기(天氣), 지기(地氣) 정도의 개념에 머물렀다. 전국시대 말기에 음양론(陰陽論)이 등장하면서 음기와 양기의 개념이 나오기 시작했으며 사람의 생명을 氣와 연결시키는 것은 한참 후의 일이라고 알고 있다. 따라서 여기서의 氣를 우리가 생각하는 음양오행의 氣나 양생차원이 그런 氣가 아니고 단순한 기운으로 이해하여야 한다. 이 장에서는 그냥 단순히 숨 쉬는 호흡을 지칭하고 있다. 호흡을 둥글게 하라는 것은 들숨, 날숨이 끊어짐이 없이 자연스럽게 이어지도록 하며 숨을 온몸에 빙 돌게 하라는 뜻이다. 인위적으로 숨을 내쉬고 들이마시는 것이 아니고 자연스럽게 숨을 쉬어 호흡이 아주 부드럽다고 느낄 정도에 이르게 하라(至柔)는 것이다. 이러한 숨쉬기가 갓난아기와 같으냐고 묻고 있다. 아기들의 호흡은 아주 평온하다. 숨을 어떻게 쉬려고 하지 않는다. 저절로 자연스럽게 쉰다. 그러면서도 배가 들락날락하는 것이 보일 정도로 깊게 쉰다. 성인이 되면 모두 허파로만 숨을 쉬는데 아기들은 복식호흡이다. 그러면서도 아기들의 호흡은 아주 부드럽고 유연하다. 얼굴도 평온하다. 단전호흡이라는 것을 배운 적도 없는데 자연스럽게 복식호흡을 한다. 사람은 호흡에 의해 생명이 유지되면서 그 사람의 현재 상태가 호흡에 그대로 나타난다. 화가 났을 때, 누군가를 속이려 할 때, 슬플 때, 기쁠 때, 그때마다 호흡 모양이 달라진다. 거꾸로 호흡을 조절하면서 사람들의 기분을 가라앉히거나 분노나 슬픔의 정도를 완화시킬 수도 있다. 마음의 안정과 고요함이 호흡에서 나온다. 이 구절에서 말하고자 하는 것은 호흡을 부드럽게 해 마음을 안정시키라는 것이다. 어떠한 수련법도 대부분 가장 먼저 호흡을 중시하는 이유도 여기에 있다.

修除玄監 能毋有疵乎?
수 제 현 감 능 무 유 자 호

세 번째는 마음에 관한 수양이다. 앞에서 말한 대로 호흡을 통해 마음이 안정되었으면 그 이후의 마음을 닦으라는(修) 것이다. 監(감: 보다)은 눈을 동그랗게 뜨고 대야에 물을 바라보는 모양이다. 거울의 역할이다. 그런데 여기도 玄(현)이 있다. 玄은 무언가 중요한 것이 있지만 거무스레하고 가물거리듯이 확실하게 보이지 않는 상황을 나타내는 글자라고 했다. 마음속에 있는 거울이라는 뜻이다. 일 초에도 몇 백 번씩 바뀌는 것이 마음이다. 마음의 거울은 유리 거울같이 명료하게 그대로를 비춰주지를 못한다. 마음속이 복잡하고 시시각각으로 변하는 마음을 그대로 비추기가 힘들다는 것을 현감이라고 표현한 것이다. 마음의 거울을 보면서 마음의 이런저런 작용을 제거하는 것이다. 마음에는 오욕칠정뿐 아니라 수양한다는 것에 대한 회의, 道의 실체에 대한 의심 등의 생각도 있을 것이다. 제거한다는 것은 마음을 텅 비우라는 것이다. 모든 마음의 작용을 없애 마음을 無의 상태로 만드는 것이다.

이 구절이 왕필본은 滌除玄覽(척제현람)으로 되어 있다. 마음을 비워 하나의 티끌도 없도록 깨끗이 닦아내라는 의미에서 같이 보아도 무방하지만 씻고 제거한다는 것보다 수양해서 제거한다는 백서본의 표현이 더 적절하다.

백서본은 "티끌이 있다는 것(有)을 없다고(毋)할 수 있겠느냐"는 식으로 문장이 다소 복잡하게 되어 있다. 왕필본같이 단순히 能毋疵乎?라고 간단히 표현할 수도 있는데 굳이 이렇게 쓴 것은 아무리 제거해도 티끌이라는 것이 있을 수(有疵) 있다는 것을 강조하려 함이라 생각한다. 그만큼 마음의 청소가 어렵다는 것을 말하고 있다.

愛民栝國 能无以知乎?
애 민 괄 국 능 무 이 지 호

수양의 네 번째 과정이다. 대부분 모두 栝을 治(치: 다스리다)이라는 쉬운 말로 치환하여 백성을 사랑하고 나라를 다스리는 통치술의 일환으로 번역하고 있다. 그러나 필자는 이 구절도 내면의 마음공부를 하고 난 후의 바깥, 즉 세상에 대한 인식이나 처신에 관한 내용으로 보았다. 栝(괄)은 활이나 휘어져 물건을 바로잡는 틀 기구인 '도지개'를 뜻하는 글자이며 아궁이에 불을 땔 때 불을 다독거리거나 불을 지펴주기 위해 사용하는 부지깽이의 뜻도 있다. 民을 백성이라기보다는 같이 어울려 사는 주변 사람들이고 國(국: 나라, 세상)도 나라가 아니고 주변 세상이라고 보는 것이 번역이 매끄럽다. 그래서 栝國(괄국)은 세상일에 대해 도지개같이 바로잡거나 세상일을 불 살피듯이 부지깽이로 이리저리 다독거리는 것을 말한다. 크게 보면 다스린다는 의미로 볼 수도 있어 治로 바꾸어도 무방하지만 가급적 원문을 지키는 것이 번역자의 올바른 자세다. 이 구절에서 하고자 하는 것은 사람들을 사랑하고 세상일을 재단한답시고 공부 좀 했다는 지식으로 왈가왈부하지 말라는 것이다. 많은 공부를 했고 마음 수양을 했다고 자신을 내세우거나 우월감이나 선민의식 같은 것이 당신 내면에 작용하고 있으면 안 된다는 것이다. 그리고 이 구절은 바깥 세상에 초연하라는 의미로도 확대 해석할 수도 있다.

天門啓闔 能爲雌乎?
천 문 계 합 능 위 자 호

지금까지 육체를 단정하게 하고 호흡을 통해 부드러움과 안정됨을 찾아 마음을 텅 비게 하고, 앎을 내세우며 세상 일에 나서지 말라고 했다.

이렇게 되면 다음 단계인 天門(천문)이 열리고 통괄하게 된다. 여기 천문에 대해서도 여러 가지 해석들이 있다. 하상공은 숨을 들이마시고 내쉬는 콧구멍이라 했고 왕필은 천하가 말미암아 따르는 바(天下之所從由也)라 하면서 만물의 모든 변화가 나오는 곳이라고 했다. 『장자』 경상초에서 "삶과 죽음이 있고 나가고 들어옴이 있다. 들어오고 나가지만 그 모습을 볼 수 없는 것을 천문(天門)이라 한다. 천문이란 무(無) 자체이며 만물은 이 無에서 생겨난다."라고 하였다. 필자도 장자의 의견에 동의하며 천문을 근원으로 들어가는 문이라고 생각한다. 이 근원은 사물의 본성이고 더 나아가 道이며 無이다.

啓闔(계합)을 일반적으로 천문을 열고 닫는 것으로 번역을 하고 있는데 이는 적절하지 않다. 천문은 열고 닫는 것이 아니라 천문이 열리는 것이다. 그리고 기껏 열어 둔 천문을 왜 닫아야 하는가? 闔(합)은 문짝이라는 뜻이지만 '문을 닫는다'라는 뜻은 없다. 모두 거두어 다스린다는 '통할(統轄)한다'로 읽어야 한다. 따라서 이 구절은 천문이 열리어 만물을 통할할 수 있다는 것으로 읽어야 한다.

비유가 적절한지는 모르겠지만, 힌두교에서는 사람이 깨치게 되면 이마 가운데 '샤크라'라고 하는 지혜의 눈이 열리고 이 눈을 통해 사람의 마음도 읽을 수 있고 미래도 예견할 수 있으며 삼라만상의 조화를 알 수 있다고 한다. 노자도 깨우치게 되면 즉 성인이 되면 빛이 난다는 식으로 표현하고 있지만(56장, 和其光) 여기서 천문은 샤크라를 연상하면서 이해해도 좋을 것 같다.

이렇게 되어 능히 암컷이 될 수 있느냐고 한다. 암컷의 자궁은 근원과 연관되기도 한다. 이러한 근원으로 들어가는 문이 열리는 것은 만물의 낳음과 연관되며, 또 암컷의 퇴양성(退讓性)과 인순성(仁順性)을 닮게 스스로 낮추면서 지극히 고요함을 지키라는 것이다.

明白四達 能毋以知乎?
명 백 사 달 능 무 이 지 호

마지막에서 이제 道를 체득해 모든 사물이 밝게 보이고 사방에 통달했다하더라도 그것이 알기 때문이 아니라고 할 수 있느냐고 반문한다. 깨침은 어떠한 앎의 대상이 아니다. 그리고 여기는 知는 자기가 道에 도달했다는 그 사실을 안다는 것이다. 그러나 내가 통달했다고 생각하는 순간 진정한 통달에 이르지 못했다는 것이 되어버린다. 통달이라는 그 자체가 의식되지 않아야 한다. 통달은 無일 뿐이다. 내가 해탈했다고 말하는 자체가 아직 해탈이라는 번뇌에 갇혀있다는 불교의 이야기와 같은 맥락이다.

'以知'라는 구절이 4번째도 같이 들어 있어 왕필은 중복을 피한다는 의도에서 인지 마지막 구절은 '能無爲乎(능무위호)'로 바꾸었는데 필자와 같은 번역이라면 이건 명백한 잘못이다. 천문이 열리는 순간에 벌써 무위의 개념에 도달했는데 이제 와서 새삼 무위가 되었냐고 반문하는 것은 맞지 않다.

生之畜之 生而弗有 長而弗宰也 是謂玄德
생 지 축 지 생 이 불 유 장 이 불 재 야 시 위 현 덕

이 구절은 51장에도 등장하는데 많은 사람들이 편집 과정에서 잘못 끼어든 것이라고 주장하기도 하지만 앞부분을 수양에 대한 것으로 볼 때 같이 있어도 크게 어색하지는 않다고 생각한다.

수양을 통해 도를 체득한 후 다시 한번 道의 성질에 대해 강조하고 있

다. 즉, 道가 만물을 낳게 하고 키워주는 등 道가 만물의 근원이라고 말
한다. 앞부분에서 통달하였다고 안다고 하지 않듯이 道도 만물을 낳았
지만 소유하지 않고 키워 주었지만 주재하지 않는다고 다시 강조하는 것
으로 받아들여도 무리가 없다. 玄德(현덕)에 대해서는 이 구절이 다시
등장할 51장에서 설명하기로 한다.

제11장

有之以爲利 无之以爲用

有의 이로움은 無의 쓰임에 있다

卅(三十)楅(輻)同一轂 當其无 有車之用也,
然埴以爲器 當其无 有埴器之用也,
鑿戶牖 當其无 有室之用也,
故有之以爲利 无之以爲用.

楅(복): 뿔막이, 화살통, 단으로 묶다, 다발을 짓다

輻(폭): 바퀴살

轂(곡): 수레바퀴

然(연): 그러하다, 듯하다, 동의하다, 불태우다

埴(식): 찰흙, 점토

鑿(착): 뚫다

牖(유): 창문, 들창

서른 개의 바퀴살이 하나의 바퀴통으로 모이는데,
바퀴통의 빈 곳에 그 쓰임이 있다.
찰흙을 구워 그릇을 만드는데,

그릇의 비어 있음에 그 쓰임이 있다.

문과 창문을 뚫어 방을 만드는데,

방의 비어 있음에 그 쓰임이 있다.

따라서 有가 이롭다는 것은

無가 그 쓰임으로 사용되어지기 때문이다.

三十輻同一轂 當其无 有車之用也,
삼 십 폭 동 일 곡 당 기 무 유 차 지 용 야

然埴以爲器 當其无 有埴器之用也,
연 식 이 위 기 당 기 무 유 식 기 지 용 야

鑿戶牖, 當其无 有室之用也, 故有之以爲利 无之以爲用.
착 호 유 당 기 무 유 실 지 용 야 고 유 지 이 위 리 무 지 이 위 용

　無와 有의 관계에 대해 설명하고 있다. 옛날에 바퀴가 둥근 것은 달(月)을 의미하고 수레바퀴살이 30개인 것은 한 달의 날짜 수를 맞춘 것이라 한다. 모든 수레바퀴살은 수레 중심부를 향하고 있고 그 중심부는 텅 비어 있는 공간이다. 텅 비어있기 때문에 많은 바퀴살을 받을 수 있고 수레가 굴러갈 수 있게 해 준다. 을본의 福(복)은 옛날에 輻(복)과 같은 글자라고도 하는데 이해를 돕기 위해 왕필본과 같이 輻으로 대체하였다.

　그릇도 가운데 빈 공간이라는 것이 있어 무엇을 담을 수 있는 그릇으로서의 기능을 하게 만들어 주며, 문과 창문을 내고 방을 만들어도 방의 빈 공간이 방으로서의 역할을 수행하게 한다는 것이다. 然埴(연식)이 왕필본에서는 埏埴(연식)으로 표기되어 찰흙을 반죽으로 이기는 것으로

되어 있으나, 然에 '불로 태우다'라는 뜻을 그대로 이용하여 그릇을 굽는 것으로 표현하는 것이 당시의 그릇 만드는 모습에 가깝다.

수레바퀴, 그릇, 방은 有, 즉 사물인데 이러한 有는 사물의 無(빈 공간)과 밀접하게 관련되어 있으며 상호간의 작용으로 有를 이롭게 한다고 하지만 노자가 有를 무시하고 無만을 강조하고 있는 것으로 보아서는 곤란하다. 바퀴살(有)이 없는 바퀴통 공간(無)만으로 수레를 굴러가게 할 수 없을 것이다. 無가 없는 有가 있을 수 없듯이 有가 없는 無라는 것도 의미가 없기 때문이다.

제12장

爲腹不爲目

외부에 현혹되지 말고 내면에 충실하라

五色使人目盲, 馳騁田臘(獵)使人心發狂,
難得之貨使人行仿, 五味使人口爽, 五音使人耳聾,

是以 聖人之治也 爲腹不爲目, 故去彼取此.

馳(치): 달리다, 지나가다, 제멋대로 하다, 방자하다

騁(빙): 말을 달리다, 내키는 대로 하다, 극도에 이르다

臘(랍): 납향(臘享), 섣달, 승려의 한 해

獵(렵): 사냥하다, 잡다

仿(방): 헤매다, 비스름하다, 본뜨다, 모방하다

爽(상): 시원하다, 마음이 맑고 즐겁다, 망가지다, 어그러지다

聾(롱): 귀머거리, 귀가 멀다, 어둡다. 어리석다

화려한 색은 사람 눈을 멀게 하고,

말 타고 사냥하는 것(과도하게 노는 것)은 사람 마음을 발광케 한다.

얻기 어려운 재화는 사람의 행실을 나쁘게 한다.

맛있는 음식은 사람 입을 상하게 하며,

현란한 소리는 사람 귀를 멀게 한다.

이 때문에 성인은 내면을 위할 뿐 눈을 위하지 않는다.

저것(눈: 외부의 현상)을 버리고 이것(배: 내면)을 취한다.

五色使人目盲, 馳騁田獵使人心發狂,
오 색 사 인 목 맹   치 빙 전 렵 사 인 심 발 광

難得之貨使人行妨, 五味使人口爽, 五音使人耳聾
난 득 지 화 사 인 행 방   오 미 사 인 구 상   오 음 사 인 이 롱

오색, 오미, 오음은 현란한 색, 여러 가지 맛, 아름다운 소리의 의미이
다. 외부의 화려함이나 구분에 유혹되지 말라는 의미다. 이러한 오색(黑
白赤靑黃), 오미(酸苦甘辛鹹), 오음(宮商角徵羽)은 인간이 편의에 따라 구
분을 하여 나누어 놓은 것으로 인위적인 차이에 불과하다는 것으로 이
해해 분별(分別)에 현혹되지 말라는 뜻으로 받아들일 수도 있지만 나머
지 두 개 구절의 내용에 비추어 볼 때 외부의 현상에 대해 마음을 뺏기
지 말라는 뜻으로 이해하는 것이 좋다. 눈에 비치는 휘황찬란함에 사람
의 감각을 건드려 우선 마음은 즐거울 수 있지만 그것은 단지 여러 가지
색깔로 만들어진 허상일 뿐이다. 그러한 허상에 머무르게 되면 허상은
환상으로 이어지고 그 환상은 자신을 망가뜨릴 수도 있다. 환상에 마음
을 빼앗기게 되면 그 내면의 실체를 알 수 없다. 눈에 비치는 빛깔의 실
체는 단순히 반사된 파동의 차이에 불과하다. 빛은 무색이다. 원래 無라
고도 볼 수 있다. 따라서 이 구절들은 감각에 비치는 현상에 머무르지

말고 그 근본을 생각하라는 이야기다. 근원을 알지 못하는 것을 맹인과 귀머거리로 표현하고 있다.

오색, 오미, 오음이 비슷한 내용이고 문장구조도 같아 연이어 기술하는 것이 문장 배열이 좋을 것 같은데 왕필본과 달리 백서갑·을본 모두 본문과 같이 중간에 다른 구조의 아래 두 문장이 끼여 있는데 무슨 의도인지 모르겠다.

馳騁田獵(치빙전렵)이나 難得之貨(난득지화)는 사람의 마음 씀씀이에 대한 것이다. 치빙은 말을 힘차게 달리는 것이다. 사냥 등의 취미(즐기는 것)를 의미하는 것이 아니고 과격하거나 과한 행동(움직임)을 의미한다. 이러한 과한 움직임은 사람의 마음을 들뜨게 만든다는 뜻에서 치빙을 도입했고 難得之貨는 마음의 이기심, 욕심을 대표하는 소재로 이는 사람의 자연스런 행동을 저해하는 요인이다.

臘(납)은 착간으로 판단되어 왕필본의 獵(렵)으로 대체하였다.

是以 聖人之治也 爲腹不爲目, 故去彼取此.
시 이 성 인 지 치 야 위 복 불 위 목   고 거 피 취 차

왕필본에는 '之治也'가 빠져 있는데 이 章의 내용으로 보아 백성의 다스림과 연결시키기는 다소 무리가 있어 왕필본이 적절하다고 생각한다. 그러나 백서본과 같이 이 구절이 있다 하더라도 治를 백성의 다스림으로 보지 않고 자신에 대한 다스림으로 간주하면 아무런 문제가 없다.

앞에서 耳(귀)·目(눈)·口(입)·心(마음)·行(행동) 등 5가지에 대해 이야기하였지만 여기서 대표적으로 눈(目)을 예시로 들었다. 여기는 배(腹)는 배를 채우는 것이라 보면 너무 일차원적이다. 배(腹)는 3장에서(實其腹)와 마찬가지로 내면의 실질적인 것을, 즉 근원, 道를 채우는 공간으로

본 것이다. 그래서 외형적으로 보이는 것에 연연하지 말고 그것의 근원을 보는 데 힘쓰라는 것이다. 彼(저것)은 눈을, 此(이것은) 배(腹)를 가리킨다.

제13장

寵辱若驚, 貴大患若身

자존심을 지키고 몸을 소중히 하라

龍(寵)辱若驚 貴大患若身,

何謂 龍(寵)辱若驚? 龍(寵)爲下, 得之若驚 失之若驚
是謂 龍(寵)辱若驚.

何謂 貴大患若身? 吾所以有大患者爲吾有身也,
及吾無身, 有何患?

故貴以身於爲天下, 若可以橐(託)天下矣,
愛以身爲天下, 女(安)可以寄天下?

寵(총): 사랑하다, 괴다, <u>유난히 귀여워하다</u>, (임금의) 애첩

辱(욕): <u>욕보이다</u>, 수치

患(환): <u>걱정</u>, 근심, 고통, 병(病)

驚(경): <u>놀라다</u>, 두려워하다, 떠들다.

橐(탁): 전대, 호주머니, 풀무, 절구질 하는 소리

託(탁): 부탁하다, 당부하다, <u>맡기다</u>, 붙이다

寄(기): 부치다, 주다, 맡기다

安(안): 편안하다, 즐기다, 어찌?

총애나 욕됨을 놀라움으로 대하고
큰 근심을 자기 몸처럼 소중히 여기라.

총애와 욕됨을 놀라움으로 대하라는 것은 무슨 뜻인가?
총애는 (상대가 나를) 아래로 보는 것이니
그것을 받았을 때도 놀라워하고 잃을 때도 놀라게 된다.
그래서 총애와 욕됨을 놀람으로 바라보라는 것이다.

큰 근심을 자기 몸같이 소중히 여기라는 것은 무슨 말인가?
내게 큰 근심이 있다는 것은
내게 몸이 있다는 말이다.
내게 몸이 없다면 어찌 내게 근심이 있겠는가?

그러므로 천하를 위하는 것보다 제 몸을 더 위한다면
가히 (그 사람에게) 천하를 맡길 수 있다.
(그러나) 자기 몸으로써(몸을 바쳐) 천하를 위하는 사람이라면
어찌 천하를 맡길 수 있겠는가?

寵辱若驚 貴大患若身,
총 욕 약 경 귀 대 환 약 신

寵(총)은 백서 갑본에는 龍(용)으로 되어 있고 을본에는 弄(롱: 희롱하다, 가지고 놀다)으로 되어 있다. 죽간본에는 【慂】로 되어 있지만 지금은 사용되지 않은 글자이다. 龍(용)은 비범한 사람, 출중한 사람을 가리키는 말로도 많이 사용되고 있고, 당시에는 寵(총)과 구별 없이 사용되었다고 하여 寵(총)으로 대체하였다.

총애라는 것은 남달리 유난히 귀여워하고 사랑하는 것을 말한다. 어찌 보면 다른 사람보다 특정 사람을 편애한다는 것과도 통한다. 그런 총애를 욕됨과 똑같이 놀라듯이 대하라는 것이다. 왕필도 총애에는 반드시 굴욕이 있으며 영화에는 반드시 근심이 있다(寵必有辱 榮必有患)고 해석하고 있다. 총애와 욕됨은 정반대의 상황이지만 총애가 언젠가 욕됨으로 바뀔 수 있기 때문에 욕됨을 받은 것처럼 총애도 달가워하지 말라는 의미이다. 즉 총애와 욕됨은 동전의 앞뒤와 같다.

두 번째 구절인 "貴大患若身(귀대환약신)"에 대해 하상공은 앞의 구절에 연이은 내용으로 파악하고 있는데 이는 잘못된 주석이다. 하상공은 貴(귀)를 두려워함(畏, 외)으로, 若(약)을 이름(至)로 보고 큰 근심이 몸에 닥치게 된다고 읽고 있다. 즉 총욕이 큰 걱정거리라는 것이다. 그러나 이 두 구절은 뒤에서 따로따로 부연 설명하고 있는 것을 보면 두 개의 다른 주제로 보는 것이 맞다. 그래서 큰 걱정이나 근심을 몸과 같이 소중히 여기라는 것으로 번역함이 옳다. 이후 두 개의 화두에 대해 그 이유를 각각 설명하고 있다.

何謂 寵辱若驚? 寵爲下, 得之若驚 失之若驚,
하 위 총 욕 약 경   총 위 하   득 지 약 경   실 지 약 경

是謂 寵辱若驚.
시 위 총 욕 약 경

먼저 두 개의 화두(話頭) 중 총욕약경에 대한 설명이다. 왜 총애와 욕됨을 놀라워하라는 것인가? 어떤 사람이 누구를 총애한다는 것은 그 대상자가 자기보다 낮거나 못한 사람이라는 것이 전제된다. 아랫사람이 윗사람을 총애할 수는 없는 않는가? 寵爲下(총위하)의 爲(위)는 '여기다', '만들다'의 의미로 읽어야 한다. 즉 "나를 낮게 여기거나 낮게 만든다."라는 것이다. 그래서 누군가로부터 총애를 받게 되면 좋아할 일이 아니고 상대가 나를 아래(下)로 보고 있구나 하는 식으로 받아들여야 한다. 많은 사람들이 이 구절은 "총애는 하찮은 것이다."라고 번역하고 있는데, 이럴 경우 뒤 문장들과 연결이 되지 않는다. 하찮은 것을 얻거나 잃을 때 놀란다는 표현도 상식적으로 맞지 않다. 하찮은 것은 얻거나 잃어도 아무렇지도 않은 것이 보통이다. 그래서 하상공은 이 구절을 '辱爲下(욕위하)'라고 고쳤는데 이 또한 본문의 뜻을 이해하지 못한 소치이다. 욕됨이 하찮고 사람들이 싫어함은 당연한데 이를 글로써 새삼 설명하는 것도 어색하다. 여기서는 욕됨에 대한 것보다 총애 이야기에 초점이 맞추어져 있다. 욕됨을 받고 놀라는 것은 당연한데 총애를 받는다고 얼씨구나 하고 좋아하지 말고 놀라는 듯이 경계하라는 교훈이다. 총애를 받는다는 사실이 나를 얕잡아 낮게 보는 것이니 놀랍게 여겨야 하고, 그것을 잃게 되면 총애를 잃었다는 상실감에 또 놀라게 된다(失之若驚)는 것이다. 그 상실감은 바로 욕됨으로 이어진다. 그래서 총애와 욕됨은 같다. 총애를 경계하는 것은 자기 자신에 대한 자존심을 가져야 한다는 것이라고 이해하여야 한다. 이러한 주제는 다음 단락에서도 계속된다.

何謂 貴大患若身? 吾所以有大患者爲吾有身也,
하 위 귀 대 환 약 신　오 소 이 유 대 환 자 위 오 유 신 야

及吾无身, 有何患?
급 오 무 신　유 하 환

두 번째 화두에 대한 설명이다. 앞에서는 자기의 자존심을 살피라고 한 것에 이어 이 단락에서는 몸(육체)의 소중함을 이야기하고 있다. 왜(何) 큰 근심(大患)을 몸(身)과 같이 소중히 여기라(貴)고 말하는가(謂)? 에 대해 설명하고 있다. 所以(소이)는 까닭이다. 즉, 나에게(吾) 큰 근심(大患)이라는 것(者)이 있는(有) 까닭은(所以) 나에게(吾) 몸이(身) 있다(有)는 것이 된다(爲). 몸이 없으면 어떻게 근심이라는 것이 있을 수 있겠느냐며 반문하고 있다.

일부에서는 爲吾有身(위오유신)의 구절을 앞 구절에서 띄어 爲를 '때문이다'라고 번역하여 내게 큰 걱정이 있다는 것은 내가 몸이라는 것이 있기 때문이라는 식으로 번역을 하고 있다. 큰 차이가 없는 것 같지만 이러한 해석은 사람의 정신적인 면만 고귀한 것이라 강조하면서 몸을 하나의 사물에 불과한 것으로 폄하하는 것으로 오해를 불러일으킬 수가 있다. 이러한 사람들은 그렇기 때문에 몸을 괴롭히는 육체적인 고행을 통해 道를 구해야 한다고 주장하기도 한다. 노자의 생각과 맞지 않다. 노자는 삶을 중요시하는 현실주의자이다. 다만 그 삶을 인위적으로 운용하지 말고 무위에 맡기는 것이 더 행복하고 모든 것이 잘 풀린다고 말하고 있다. 육체가 없어지는 죽음을 안타깝게 여기는 반전(反戰)주의자이기도 하다. 그리고 무위이치(無爲而治)의 통치를 주장하면서 항상 백성의 몸을 편하게 해주는 것을 으뜸으로 삼고 있다. 또한 노자는 사람을 정신과 육체를 분리해서 보지 않는다. 사람이란 道에 의해 창조된 만물과 평등한 하나로 그 존재가 어디에 예속되어서도 안 되며, 어느 누구에게도 의미 없는 존재로 취급받아서는 안 된다는 사상이 근저에 깔려 있다.

앞 단락에서 나를 하찮게 생각하는 총애라는 것을 놀라워하듯 경계하라는 말도 이런 연유이다. 몸이라는 것은 이미 존재하는 엄연한 현실이다. 내 몸이 있어야 천하, 만물도 존재하는 것이다. 존재의 실체인 몸이 망가지면 사람은 고통을 받는다. 고통은 욕심보다 사람을 힘들게 한다. 몸을 소중하게 여기라는 것을 왜 큰 근심(大患)에 비유하였을까? 우리를 힘들게 하는 것은 '욕망'과 '고통'이라 할 수 있다. 욕망, 욕심은 마음먹기에 따라 어느 정도 자유로울 수도 있지만 고통은 우리의 의지와 관계없다. 몸이 아프거나 다치는 것을 사람들이 두려워하는 이유는 아프다(고통)는 외에 그것이 자신의 의지와 전혀 관계없기 때문이다. 여기서 大患(큰 걱정)은 정신적인 고통이 아니라 육체적인 고통, 즉 몸이 아프거나 다치는 것으로 봐야 할 것이다. 석가모니를 출가하게 만든 생로병사(生老病死)의 문제 중의 하나도 病(병) 즉, 大患(대환)이 차지하고 있는 것만 봐도 우리에게 그것이 얼마나 큰 문제이며 관심사인지 알 수 있다. 이러한 차원에서 몸을 소중히 간수하라는 것이다. 따라서 두 번째 문장은 본문과 같이 '吾~者'의 구절이 주어가 되고 爲를 '되다'라는 동사로 봐야 한다.

당연히 나에게 몸이라는 것이 없으면(及吾无身) 큰 걱정거리나 병이 있을 까닭이 있겠는가(有何患)?

故貴以身於爲天下 若可以託天下矣,
고 귀 이 신 어 위 천 하　약 가 이 탁 천 하 의

愛以身爲天下 安可以寄天下?
애 이 신 위 천 하　안 가 이 기 천 하

판본마다 자구(字句)도 다르고 해석도 제각각으로 논란이 많다. 특히 왕필본에는 첫 구절의 비교격 어조사 於(어)가 없을 뿐 아니라 마지막 구절도 긍정문으로 바꾸어 놓아 엉뚱한 방향으로 번역되고 있다. 이 장은 백서 갑·을본 모두 훼손되지 않고 잘 보존되어 있고 내용도 거의 일치하여 원본의 진위에 대한 의심은 적다고 볼 수 있다.

갑본의 【迊】는 현재는 알 수 없는 글자이고, 을본의 橐(타)은 천하를 풀무질하는 것으로 말로 번역을 할 수 있지만 죽간본에는 이 글자가 乇(책: 치다, 펼치다)으로 되어 있어 이와 비슷한 왕필본의 託으로 대체하였다.

앞에서 자신의 자존심을 지키고 육체를 소중히 대하라는 말을 했다. 첫 구절의 於는 비교격 조사이다. 즉 천하를 위하는(爲天下) 것보다(於) 자기 몸(身)을 소중히(貴) 여기는(以) 것을 말한다. 천하보다 내 몸이 먼저라는 것이다. 이러한 사람에게는 천하를 맡길 수 있다. 자기 몸을 소중히 여기는 사람은 백성들의 몸도 소중히 여기기 때문이다. 이 부분에서 若(약)은 則(즉)으로 번역하는 것이 매끄럽다. 하상공본에는 아예 若이 則으로 바뀌어 있기도 하다.

두 번째 구절은 천하를 위해서(爲天下) 자기 몸(身)으로써(以) 사랑하는(愛) 사람이다. 여기에는 앞 문장과 달리 어조사 於가 없다. 천하를 위해 자기 몸을 바치는 사람을 말한다. 그런 사람에게 어찌 천하를 줄 수 있느냐고 반문한다. 그 사람의 관심사는 몸이 아니라 천하이다. 천하를 위해서는 자기 몸은 물론 백성들의 몸도 기꺼이 바칠 수 있다고 생각하는 부류의 사람이다. 이런 사람들은 백성의 목숨보다는 나라를 강대하게 하여 천하를 통일하는 것에만 욕심을 낼 터이니 백성의 입장에서는 용납해서는 안 된다. 마지막 구절의 女는 의문조사 安(안: 어찌)으로 보았다. 백서본에서는 女가 安으로 사용되고 있다(15, 67장).

그동안 이 구절이 엉뚱하게 번역된 이유는 앞서 말한 대로 첫째 구절에서 어조사 於(어)를 빼버린 데 첫 번째 원인이 있고 두 번째는 마지막 구절은 의문형으로 보지 않고 긍정문으로 본 것에 있다. 왕필본은 "故

貴以身爲天下 若可寄天下, 愛以身爲天下 若可託天下"로 되어 있어 다음과 같이 번역된다. "내 몸을 천하처럼 귀하게 여기는 사람에게 천하를 맡길 수 있고, 내 몸을 천하처럼 아끼는 사람에게 천하를 위탁할 수 있다." 앞부분과 뒷부분을 모두 긍정적으로 보아 모두 다 천하를 맡길 수 있다는 것이 되어버렸다. 貴와 愛, 寄와 託의 사소한 차이만 있을 뿐 두 문장은 같은 내용이다. 내용면에서도, 문장의 구성이나 표현방식 면에서도 어색하기 짝이 없다. 좀 이상한 생각이 들었는지 어떤 사람은 72장의 '자신을 아끼지만 귀하게 여기지 않는다(自愛而不自貴)'라는 구절을 예로 들면서 貴는 부정적으로 봐야 한다며 앞 구절을 억지로 부정적으로 보기도 한다. 그렇게 해서 앞의 寄는 잠시 맡기는 것이고 託(탁)은 영원히 맡기는 것이라고 억지 논리를 갖다 붙이고 있다. 그러나 필자의 생각에는 여기서의 貴(귀)는 하상공도 해설에서 畏(외: 두려워하다)라는 의미라고 이야기했듯이 '조심스럽게 소중하게 다루다'라는 뉘앙스가 있다.

따라서 마지막 구절은 백서본과 같이 의문형 문장으로 보아야 이러한 논란에서 벗어날 수 있다. 백서갑본에는 이 구절이 女何以寄天下(여하이 기천하)로 의문조사인 何(하)가 들어 있지만, 을본은 女可以寄天下(여가이 기천하)로 何 대신에 可(가)로 되어 있다. 여기서 女는 백서정리조에 의하면 安(안)이 본 글자이다. 이때의 安은 '이에(焉)' 혹은 '어찌(何)'라는 조사의 용도로 사용된다. 이렇게 볼 경우 갑본의 何는 의문형 단어가 중복되게 되는데 아마 可을 何로 잘못 쓴 것으로 추정된다. 따라서 이 구절은 "어찌(安) 천하(天下)를 맡길(寄) 수 있겠는가(可以)?"로 부정의문형으로 읽어야 한다. 지금까지 왕필본에서 많은 논란이 있었던 이 구절은 백서본 그대로 읽으면 뜻이 훨씬 명쾌해지고 논리도 맞다.

이 장의 주제와 잘 어울리는 유명한 일화가 『장자』 추수편에 실려 있다. "장자가 낚시를 하고 있는데 초나라 왕이 보낸 두 사람이 찾아와 왕의 뜻을 전달하기를 「부디 나라 안의 정치를 맡기고 싶습니다.」라고 했다. 장자는 낚싯대를 쥔 채 돌아보지도 않고 말했다. 「내가 듣기에 초나라에는 신구(神龜)가 있는데 죽은 지 3천 년이나 되었다더군요. 왕께선 그것을 헝겊에 싸서 상자에 넣고 묘당 위에 소중히 간직하고 있다지만, 그 거북은 차라리 죽어서 뼈를 남긴 채 소중하게 받들어지기를 바랐을까요, 아니면 오히려 살아서 진흙 속에 꼬리를 끌며 다니기를 바랐을까요?」 두 사람이 대답했다. 「그야 오히려 살아서 진흙 속에 꼬리를 끌며 다니기를 바랐을 테죠.」 그러자 장자가 대답했다. 「돌아가시오. 나도 진흙 속에 꼬리를 끌며 다닐 테니까!」"

'개똥밭에 굴러도 이승이 좋다.'라는 속담이 있다. 몸이 없어지면 그게 바로 저승이다. 내 몸에 있어야 세상도 있고 천하도 있는 법이다. 천하보다 내 몸이 먼저다. 그래서 내 자존심을 지켜야 하고 내 육체를 소중하게 생각해야 한다. 그런 사람만이 인간의 존엄성을 지킬 수 있어 천하를 맡길 수 있다.

제14장

无狀之狀, 无物之象, 忽望, 道紀

물질과 형태 없음, 홀망, 道를 아는 실마리

視之而弗見 名之曰微, 聽之而不聞 命(名)之曰希,
抿之而弗得 名之曰夷,
三者 不可至計 故【囷】(混)而爲一,
一者 其上不【做】(收) 其下不忽.

尋尋呵 不可名也, 復其於无物.
是謂无狀之狀 无物之象 是謂忽望.
隋(隨)之不見其後, 迎之不見其首.

執今之道 以御今之有 以知古始 是謂道紀.

微(미): 작다, 자질구레하다, 숨기다

希(희): 바라다, 드물다, 성기다

抿(민): 어루만지다, 닦다, 훔치다, 입을 오므리다

夷(이): 오랑캐, 평평하다, 편안하다

混(혼): 섞다, 합치다

收(수): 거두다, 쉬다, 그만두다, 그치다

忽(홀): 소홀히 하다, 돌연, 갑자기, 다하다, 어지럽다, 어두운 모양,

밝게 깨닫지 못한 모양, 형체가 없는 모양

尋(심): 찾다, 생각하다, 사용하다, 거듭하다, 생각하다, 높다, 깊다, 길다

迎(영): 맞이하다, 마음으로 따르다, 헤아리다, 추산하다

御(어): 경칭, 거느리다, 다스리다. 통솔하다, 거동하다

紀(기): 벼리, 실마리, 법칙

보려고 해도 보이지 않는 것을 미(微)라고 하고

들으려 해도 들을 수 없는 것을 희(希)라 말하고

만져도 느낄 수 없는 것을 이(夷)라고 한다.

이 세 가지는 헤아려 셀 수도 없어,

이를 다 합쳐 그냥 하나(一)라고 하자.

이 하나(一)는 그 위를 봐도 모이는 끝이 없고

아래를 봐도 다함이 없다.

(그 끝을) 찾으려 해보지만 (형체가 없어) 이름을 붙일 수도 없다.

결국 물체가 없음(無物)으로 되돌아간다.

이것이 어떤 성질이 없는 성질이며, 무물(無物)의 모습이다.

이를 일러 홀망(형체 없는 것을 멀리 바라봄)이라 한다.

그 뒤를 쫓아도 후미를 볼 수 없고

앞에서 맞이하려 해도 머리를 볼 수 없다.

지금 道를 체득함으로서 지금 道라는 것이 있다는 걸 안다.

그렇게 되면 태초에도 道가 있었다는 것을 알 수 있다.

이를 일러 道를 알 수 있는 실마리(道紀)라고 한다.

視之而弗見 名之曰微, 聽之而弗聞 名之曰希,
시 지 이 불 견 명 지 왈 미   청 지 이 불 문 명 지 왈 희

抿之而弗得 名之曰夷.
민 지 이 불 득 명 지 왈 이

道의 모습에 대해 이야기하고 있다. 보려고 해도 보이지 않는 것, 들으려 해도 들리지 않는 것, 만져도 느낌이 없는 것이라 하며, 이러한 것을 각각 미(微), 희(希), 이(夷)라고 이름을 붙였다. 微(미)는 아주 작은 것이다. 당시에는 소수점 이하 개념이 크게 없었을 것으로 생각하지만 현재 통용되는 한자 소수단위로 볼 때 소수점 6째 자리를 微(미)라고 한다.(참고로 1/10를 푼(分), 1/100을 리(厘), 이후 모(毛), 사(糸), 홀(忽), 미(微), 섬(纖) 사(沙)……등으로 불리고 있음). 따라서 微(미)는 백만분의 일의 크기다. 사람의 눈으로 볼 수가 없다. 希(희)는 소리가 아주 작은 것을 의미한다. 그리고 민(抿)은 '어루만지다'라는 뜻인데 어떤 물체를 만지더라도 그 형태를 얻을 수 없다는(得) 것이다. 무슨 모서리가 있든가 둥근 느낌이라든가 하는 것이 감촉으로 느껴져야 하는데 너무 작아서 그냥 평평하게만 느껴진다는 의미에서 이(夷)라고 했다. 왕필본은 微(미)와 夷(이)가 서로 바꾸어 있는데 한자의 뜻을 보면 백서본이 더 훨씬 잘 어울린다.

三者 不可至計 故混而爲一,
삼 자 불 가 지 계 고 혼 이 위 일

一者, 其上不收 其下不忽, 尋尋呵 不可名也 復其於无物.
일 자   기 상 불 수 기 하 불 홀   심 심 아 불 가 명 야 복 기 어 무 물

이 세 가지는 앞 단락에서 말한 微(미), 希(희), 夷(이)이다. 그런데 이 세 가지는 너무 작고 희미해서 헤아리거나 셀 수가 없는 지경(不可至計)이다. 그래서 이 세 가지를 따로따로 설명하는 것이 곤란하여 이를 모두 합쳐서 그냥 하나(一)라고 했는데도 마찬가지로 차이가 없다. 백만분의 1의 크기를 몇 개 합쳐 놓아도 결국 백만분의 일 단위일 뿐이다. 其上弗收(기상불수)는 收는 갑본의 글자가 현재 사용하지 않는 글자라 백서정리조의 의견에 따랐다. 收(수)는 하나로 모인다는 의미로 그 위(上)가 하나로 모여 꼭대기를 이루어야 하는데 그렇지 않다는 것이다. 그리고 그 밑(下)도 다함이 없다. 不忽의 忽(홀)은 동사로 '다하다', '멸하다'로 읽어야 한다. 보통 사물은 아래에서 모습이 드러나기 시작하여 위에서 그 모습이 수렴하여 나타나는 법인데 이 하나(一)는 그런 것이 없고, 사물의 아래도 어디가 끝인지 알 수가 없다. 이러한 표현은 그 하나(一)가 아주 작다는 것일 수도 있지만 끝이 없을 정도로 무한대로 클 수도 있다는 것을 암시한다.

이러한 상황을 尋尋呵!(심심아)라는 감탄사로 표현하고 있다. "참으로 깊고 깊구나!"라고 읽어도 무리는 없으나 단순히 그 끝을 찾고 찾으려는 모습을 묘사하는 것으로 보는 것이 문맥상 적절하다. 그 사물이라는 것은 어떤 크기가 되었든 위나 아래가 있어야 하는데 아무리 꼼꼼하게 찾아보아도 그 끝을 찾을 수가 없다는 것이다. 끝이 보여야 전체 모양이 무엇인지 알 수 있는데 그 모습조차 가름할 수 없으니 당연히 이름을 붙일 수 없고(不可名)이고 결국 사물이라는 것이 없다는 것, 즉 무물(無物)으로 되돌아가는 꼴이다. 道라는 것이 사람의 감각으로 인식할 수 없을 정도로 아주 작다는 것이다. 이와는 반대로 25장에서는 道를 사람의 인지 범위를 벗어날 정도로 크다(大)라는 측면에서 설명하고 있다. 따라서 道

라는 것은 엄청 작으면서도 엄청 큰 것이라 할 수 있다. 아주 간단한 내용이고 쉬운 논리이다.

그런데 왕필은 어이가 없을 정도로 엉뚱한 번역으로 몰고 가고 있다. 버젓이 상황에 맞는 글자가 있음에도 불구하고 미리 그 뜻을 자기가 상상하는 방향으로 글자를 맞춘 것 같다. 여기서 收(수)라는 글자를 曒(교: 밝다, 옥돌)로, 忽(홀)을 昧(매: 희미하다)로 바꾸었다. 그래놓고 "위에는 밝지 않고 아래는 어둡지 않다" 라고 번역한다. 이것이 무슨 말인가? 밝지 않음이 어둠이고 어둡지 않음이 밝음일 텐데 말도 안 되는 소리다. 그리고 여기에 심오한 뜻이 있는 양 이리저리 현학적인 설명으로 합리화시키고 있다. 지금 여기서는 道의 모습을 설명하고 있다. 너무 작다는 것에 초점이 맞추어져 있다. 그래서 너무 작아 사물이 없는 것 같다고 아주 논리적으로 설명하고 있는데 갑자기 형체나 크기에 관계없는 밝고 어둠의 이야기가 왜 나와야 하는지 당최 이해가 안 된다. 그 말도 안 되는 밝음과 어둠이 왜 이름이 없으며 그것이 사물 없음(무물)로 귀결되는지에 대한 설명도 되지 않는다.

꼼꼼히 찾아본다는 심심(尋尋)도 새끼줄을 뜻하는 승승(繩繩)으로 바꾸어 "이어질 듯 이어질 듯이 하구나"로 번역하고 있다. 사물 자체가 보이지도 않고 아예 없는 정도인데 이런 표현은 지금 상황에 맞지 않다. 찾으려 한다는 것을 강조하는 표현으로 봐야 한다.

是謂无狀之狀 无物之象 是謂忽望.
시 위 무 상 지 상 무 물 지 상 시 위 홀 망

隨之不見其後 迎之不見其首.
수 지 불 견 기 후 영 지 불 견 기 수

위 단락에 이어 이야기가 계속된다. 너무 작아서 사물이 없음(無物)으로 되돌아간다고 했다. 그러나 처음에 微(미)·希(희)·夷(이)라는 것이 있었으니 아무리 無物이라 하지만 분명이 무언가 있는 것은 확실하다. 다만 우리의 감각으로 인식할 수 없을 뿐이다. 우리가 인식할 수 없으니 당연히 그 사물의 모습(形態)은 물론 그 사물이 어떠한 성질(形狀)을 가졌는지도 알 수 없다. 그래서 성질이 없는(無狀) 성질(狀)이라고 하면서 형체가 없는(無物)의 모습(象)이라고 했다. 그리고 이러한 상황을 홀망(忽望)이라고 표현했다. 忽은 자전을 찾아보면 '어두운 모양', '밝게 깨닫지 못하는 모양', 또는 '형체가 없는 모양'이라는 뜻이 있다. 望(망)은 세세하게 분석적으로 보는 것이 아니고 멀리서 관조하듯이 바라보는 것을 말한다. 그래서 홀망은 '형체 없는 모양을 멀리서 바라봄'이다. 그렇지만 거기에 분명 무언가가 있다. 보이지 않는 것을 본다는 것이다. 이는 마음, 즉 직관으로 본다는 의미다.

그런데 여기서도 왕필은 예단하는 습관에서 벗어나지 못하고 '홀망(惚望)'을 '황홀(恍惚)'로 바꾸어 놓고 "황홀하고 황홀하다"로 번역하고 있다. 형체도 없는 것을 보는데 무엇이 황홀하다는 말인가? 황홀이란 단어에 희미하게 본다는 뜻도 있지만 글자 그대로 표현하면 뜻이 더 명확하게 전달되는데 이렇게 어렵고 오인하게 만들 이유가 없다. 그리고 '홀망'이라는 단어가 여기만 등장한다면 행여 백서본이 잘못 쓰인 것이라고 생각할 수도 있겠지만, 20, 21장에서도 같은 단어가 계속 등장한다. 물론 거기서도 왕필본은 홀망이 전부 황홀(恍惚)로 되어 있다. 더구나 20장에서는 같은 글자인 望(망)을 恍(황)이 아닌 또 다른 엉뚱한 황(荒)과 飂(요)로 바꾸기까지 했다. 필사자가 자기가 상상한 대로, 자기 입맛에 맞게 글자를 맞춘 것이라고밖에 생각되지 않는다.

執今之道 以御今之有 以知古始 是謂道紀.
집 금 지 도 이 어 금 지 유 이 지 고 지 시 위 도 기

그렇다면 확실하게 보이지 않은 것이 실제 존재한다고 했는데 이를 어떻게 알 수 있는가에 대한 설명이다. 지금(今) 道를 체득(執: 잡다)하면 지금(今) 道라는 것이 있다(有)는 것을 거느릴 수 있기 때문이다(以御). 지금 내가 道를 체득한다면 당연히 '道'라는 것이 있다는 것이 스스로 증명되지 않겠는가? 이렇게 道의 실재(實在)를 알게 되면 그전부터 道는 계속 있어 왔다는 것을 알게 되고 더 나아가 우주의 시작(근원)의 시점에도 당연히 道가 있었다는 것을 알 수 있다는 것이 以知古始(이시고시)의 표현이다. 이를 道紀(도기)라고 한다. 도기라는 의미를 굳이 붙이자면 '도를 알 수 있는 실마리'라고 설명할 수 있다. 다시 덧붙이며 우리는 관념적으로 道가 이럴 것이라고 생각하며 道를 있다고 말하지만 道는 말이나 논리로 그 실재를 규명할 수 없는 것이며 자기가 스스로 그것을 가슴으로, 직관으로 그 존재를 직접 체득하는 수밖에 없다는 것을 말하고 있다.

왕필은 여기서도 '執今之道'를 '執古之道'로 정반대로 바꾸어 놓는 용감함(?)을 저질렀다. 그리고 "옛날의 道를 잡음으로써(지킴으로써) 현재 일을 다스린다(처리한다)."는 식으로 읽었다. 아마 머릿속에 깊이 틀어박혀 있던 공자의 온고지신(溫故知新)을 떠올렸는지도 모르겠다. 道가 옛날 道가 어디 있고, 지금의 道가 별도로 있단 말인가? 그리고 설령 옛날의 道가 있다 하더라도 그 옛날의 道를 지금 이 시점에서 어떻게 터득한다 말인가? 말도 안 되는 논리이고 번역이다. 어떤 사람은 古之道와 今之道는 道는 영원불변이기 때문에 전체 노자의 사상에서 보면 별 차이가 없다고 설명한다.[주3] 대부분의 해석들이 이런 식으로 합리화시킨다. 그러

나 지금은 형체도 없는 것을 道라고 노자가 말했지만 이것을 어떻게든 증명해야 하는데 논리적으로 설명이 안 된다. 노자가 제시하는 방법은 지극히 간단하다. 지금 당신이 道를 체득하면 道가 있다는 것을 확실하게 믿게 될 것이다. 그것이 사실로 인정되면 당신이 태어나기도 훨씬 전인 태곳적 無의 상태를 설명하는 微(미)·希(희)·夷(이)의 실체도 알 수 있고 그것은 우주의 생성 시점부터 道가 존재했다는 것을 증명하는 것이 아니겠느냐? 이 얼마나 논리적인 접근 방법인가! 그런데 노자의 道를 공자의 온고지신 수준으로 추락시켜 놓고도 노자를 심오한 사상가라며 떠들고 다니는 사람들을 보면 늙은 할아버지(노자)가 자다가 일어나 "허허" 하고 웃겠다. 노자는 그럴 분도 아니지만……

　이 장은 내용이 어렵거나 번역이 까다롭지도 않다. 글자대로 조금만 생각하면 아주 상식적으로 풀 수 있다. 그런데 이렇게 잘 정리되어 있는 문장들이 어떻게 이렇게까지 바뀌게 되었을까? 그냥 생각 없이 이 책 저 책 둘러보면서 짜깁기를 하거나 글자에 미리 자기 선입감을 입히어 견강부회(牽强附會)로 해석한 결과다. 왕필이 도덕경을 주해한 것이 겨우 18세 때라고 한다. 아무리 천재라 하더라도 아직은 어린 나이인데 후세 사람들이 1,500여 년 동안 그 왕필본을 도덕경의 바이블 같이 취급해왔다. 왕필도 오류가 있을 수 있고 도덕경을 100% 이해하지 못할 수도 있다는 생각을 왜 하지 않았는지 모르겠다. 고전이라면 무조건 옳다고 생각하는 동양학자들의 자세도 문제라고 생각한다. 물론 필자의 번역이 절대 옳다고 할 수 없지만, 최소한 본문의 번역과 해석이 상식적인 논리에 더 가깝다고는 자신 있게 말할 수 있다. 이 章의 내용을 전체적인 시각에서 이해하기 위해서는 이 장에 이어 바로 25장과 21장으로 넘어가 읽을 것을 권한다.

어느 고문서가 있으면 그것을 정리하는 것은 좋다. 잘 보이지 않는 글자를 규명해내고 현재 사용되지 않는 고문자들을 현재 문자로 추정하는 것까지는 좋다고 하자. 그런데 확실치도 않으면서 자기 판단대로 원본의 글자까지 바꾸어 놓아서는 안 된다. 원문은 그대로 보존하여야 한다. 같은 글자를 보고 그 뜻을 판독하는 것은 사람마다 다를 수가 있기 때문이다.

수자원관련 일로 직장생활을 시작하면서 가장 많이 접하는 것이 과거 수문자료(강우, 하천수위, 유량, 지하수위 등 물의 순환과 관련되는 기초자료)이다. 홍수방지나 이수(利水)관리를 위해서는 이러한 과거 자료를 분석하여 홍수의 규모나 댐의 크기 등을 결정한다. 이러한 수문자료는 사람이 직접 현장에서 계기(計器)를 가지고 측정하기 때문에 잘못된 데이터일 가능성도 있다. 당시 측정하는 기기가 잘못되었을 수도 있고, 측정하는 사람의 소홀이나 실수로 잘못된 데이터가 생성되었을 수도 있다. 데이터를 분석하는 사람은 이런 사정을 감안해서 여러 가지 방법으로 데이터를 보정하거나 수정하게 된다. 그런데 그렇게 보정·수정된 데이터가 진짜 데이터인 양 자료 원본에 실려 있는 수치를 고쳐서는 절대 안 된다. 데이터를 수정하는 방법도 여러 가지일 뿐 아니라 보는 사람의 시각에 따라 그 보정 결과가 다를 수도 있기 때문이다. 공학을 하는 사람들도 이러한 점을 확실하게 인식하고 있는데 하물며 여러 가지의 뜻이 있는 한자(漢字)를 자기 판단대로 원본의 글자를 바꾸는 것은 학자로서의 기본자세가 아니라고 생각한다.

지금의 노자 도덕경이 여러 가지 많은 판본으로 누더기가 된 것도 이 때문이라고 생각한다. 물론 고대에는 지금과 같은 종이나 필사체가 많지 않아 구전(口傳)의 내용을 글로 옮기면서 많은 착오들도 있었을 것이다.

제15장

靜之徐淸, 重之徐生, 裳斃不成

고요함으로 맑아지고 느긋하게 살아 감,
화려함을 덮고 끝까지 이루려 하지 않음

古之[善]爲道(士)者, 微眇玄通 深不可志,
夫唯不可志 故强爲之容曰.

與呵 其若冬涉水, 猷呵 其若畏四【翌】(隣),
嚴呵 其若客, 渙呵 其若凌澤, 沌呵 其若樸,
湷呵 其若濁,【湉】(曠)呵 其若浴(谷).

濁而靜之徐淸 女(安)以重之徐生, 葆此道不欲盈,
夫唯不欲盈 是以能裳斃而不成.

眇(묘): 애꾸눈, 한쪽 눈을 지그시 감고 상세히 보다

與 (여): 같이 하다, 머물다, 의심하다, 친하다, 베풀어 주다

涉(섭): 건너다, 이르다

猷(유): 꾀, 모략, 꾀하다, 그리다, 같다

猶(유): 마땅히, 원숭이, 태연하다, 망설이다, 움직이다

畏(외): 두려워하다, 경외하다

嚴(엄): 엄격하다, 엄하다

渙(환): 흩어지다, 풀리다, 찬란하다. 헤어나다

凌(릉): 업신여기다, 능가하다, 심하다, 범하다, 얼음

澤(택): 못, 늪, 풀리다(=釋:석)

沌(돈): 엉기다, 둔탁하고 어지럽다, 어리석다

湷(춘): 물 깊은 소리

曠(광): 밝다, 공허하다, 황야, 비다

葆(보): 풀이 더부룩하다. 보전하다(=保), 칭찬하다, 뿌리, 보배

安(안): 어찌, 이에(焉), 평안하다

盈(영): 가득 차다

裳(상): 치마, 아랫도리, 화려하고 아름다운 모양

斃(폐): 넘어져 죽다, 넘어지다, 엎어지다

예로부터 도에 바탕을 두어 행하는 사람(善爲士)은

없는 듯 가물가물하여 그 깊이를 알 수가 없다.

비록 알 수가 없지만 그 모습을 억지로 말하면 다음과 같다.

머무름(與)은 얼음 위를 건너는 듯이 신중하고

무언가 하고자 할(猷) 때는 사방을 두려워하는 듯이 조심하고

공손하고 삼가는 것이 마치 손님 같으며

(마음을) 푸는 것이 마치 얼음이 녹는 것 같고

어리숙해 보이는 것은 마치 통나무처럼 질박하고

(마음이) 텅 비어 있는 것은 마치 골짜기 같다.

깊은 물소리같이 둔탁하며 흐린 듯(濁)하다.

흐릿함이 고요함을 거치면 서서히 맑아지고

그 맑아짐을 중히 여김으로써 느긋하게 살아간다.

이러한 道를 가지고 (무언가를) 가득 채우려 하지 않는다.

무릇 채우려 하지 않는다 함은

화려하고 아름다운 것을 능히 덮어버릴 수 있고

그것이 끝까지 이루어지는 것도 바라지 않는다.

古之善爲士者 微眇玄通 深不可志,
고 지 선 위 사 자 미 묘 현 통 심 불 가 지

夫唯不可志 故强爲之容曰.
부 유 불 가 지 고 강 위 지 용 왈

善(선)은 8장에서 말한 대로 道에 바탕을 두고 행하는 것을 말한다. 첫 구절이 갑본은 훼손되어 알 수 없고 을본에 善爲道者(선위도자)로 되어 있는데 道와 善이 중복되어 적절치 않다. 아마 善의 개념을 이해하지 못한 결과이다. 죽간본도 道가 빠져 있고 대신 士者로 되어 있어 이에 따랐다. 士는 일반적인 관직을 가진 사람이나 선비로 보기보다는 그냥 구도(求道)을 위해 공부하는 사람이라고 간주하고 싶다. 그렇게 할 경우 士(사)와 者(자)가 모두 사람을 뜻하는 것으로 둘 중 하나를 빼버리는 것이 깔끔할 것 같기는 하지만 원본대로 그냥 두기로 한다. 예로부터 道에 바탕을 두고 행하는 사람으로 간단히 번역했다.

미묘현통(微眇玄通)의 표현 속에 그동안 道에 대해 설명할 때 사용하던 단어들이 한꺼번에 나온다. 微(미)는 앞의 14장에서 道의 모습을 보려고 해도 볼 수 없는 것을 微라고 표현하였으며, 眇(묘)와 玄(현)은 1장에서 우주탄생에서 無(道)의 모습과 관련된 말이다. 다시 말하면 道는 無이기 때문에 직관(直觀)에 의해 보아야 하며 그렇게 하더라도 눈을 지그시 감았을 때처럼 거무스레하면서 가물가물 보인다는 것이다. 즉 이 구절은 道에 바탕을 두어 행하는 자는 道의 성질인 미(微), 묘(眇), 현(玄)과 통했다는 것은 道의 품성을 이해하고 있다는 것이다. 그런 사람도 道와 마찬가지로 명확하게 설명하기 어렵다. 志(지)는 '기록하다'라고 읽을 수도 있지만 '안다'라고 보는 것이 매끄럽다. 왕필본에는 아예 '識(식)'으로 되어 있다. 백서본에서 志(지)는 대부분 '작위적인 의도'라는 의미로 사용되고 있음(2장, 31장, 33장)을 감안할 때 왕필과 같이 識으로 보는 것이 적절한 것 같다. 그러나 죽간본에도 志로 되어 있어 원문을 고수하였다. 道을 바탕을 두어 행하는 사람들은 미세하고 가물거리듯 보이지만 그 깊이를 헤아릴 수 없을 만큼 심오하다. 보통 사람들에게 道에 대해 설명해도 잘 이해하지 못하기 때문에 노자가 道를 체득한 사람들의 생활하는 모습(容)을 통해 간접적으로 道가 어떤 것인지를 이해시키려 한다. 노자가 善爲者의 행동을 나름대로 표현해보지만 사실 이것도 정확하게 묘사하기가 어렵다는 것을 알기 때문에 억지로(强) 말한다고 표현했다.

與呵 其若冬涉水, 猷呵 其若畏四隣, 嚴呵 其若客,
여 아 기 약 동 섭 천 유 아 기 약 외 사 린 엄 하 기 약 객

渙呵 其若凌澤, 沌呵 其若樸, 曠呵 其若谷, 湷呵 其若濁.
환 아 기 약 능 석 돈 아 기 약 박 광 아 기 약 곡 춘 아 기 약 탁

여기서 道에 바탕을 둔 사람(善爲者)들의 생활 모습이 어떠한가에 대해 7가지의 사례를 들고 있다. 이들 문장은 그 모습을 한 글자의 형용

감탄사로 표현한 후 그것이 무엇과 같다는 식의 구조로 되어 있다.

전체적으로 7개의 형용사 즉, 여(與), 유(猶), 엄(嚴), 환(渙), 돈(沌), 광(曠) 그리고 춘(湷)이라는 글자로 善爲者의 행동 모습을 표현했다. 한 글자로만 되어 있어 그 의미를 정확히 파악하기가 쉽지 않지만 최대한 유추해 번역했다.

첫째, 여(與)라고 표현했다. 그것이 겨울에 물을 건너는 것 같다고 한다(其若冬涉水). 이 상황은 무슨 의미일까? 추운 겨울에 누구도 바지를 걷고 물을 건너려 하지 않을 것이다. 선뜻 나서지 않음을 말하는 것으로 볼 수도 있고, 얼음 위를 건너는 것으로 읽는다면 조심하고 신중하다는 의미로도 생각할 수도 있다. 여(與)는 도덕경에서 대부분 '머물다' 혹은 '같이 있다'의 용도로 쓰이고 있어 여기서도 '머묾'이라는 뜻으로 읽었다. 머물러 있을 때는 겨울의 개울을 건너는 일같이 선뜻 나서지 말고 신중하라는 의미로 받아들이고 싶다. 살얼음을 밟을 때 이리저리 함부로 뛰어다니면 물에 빠지고 만다. 움직임을 최소화하며 조심스레 발걸음을 옮겨야 한다. 그래서 같이 있을 때는 함부로 무언가를 하려하지 말고 신중하다는 것을 말하는 것이 아닐까 생각한다. 죽간본에는 與(여)가 夜(야: 밤)로 되어 있고, 왕필본은 豫(예)로 되어 있다. 그래서 일반적으로 豫(예)를 머뭇거린다는 뜻으로 하여 '겨울에 물을 건너듯이 머뭇거리다'라는 뜻으로 번역하고 있다. 豫는 코끼리(象)와 같이 사용되는 글자이며, 코끼리가 겨울에 얼음이 언 개울을 건널까 말까 조심하는 의미라고 해설하고 있다. 아무튼 이 구절은 머뭇거리면 조심하다는 의미로도 볼 수도 있지만 道에 바탕을 둔 사람의 행동을 머뭇거림에 비유한 것이 적절한지에 대해서는 고개가 좀 갸우뚱거린다. 누군가 더 나은 해석을 내놓기를 기대해 본다.

두 번째로 그 모습을 형용하는 단어가 猷(유)이다. 갑본은 글자가 훼손되어 알 수 없지만 을본에는 猷(유: 꾀하다, 도리, 그리다, 같다)로 되어 있다. 죽간본에도 猷(유)로 되어 있는데 대부분 통행본들은 猷를 猶(유: 원숭이)로 바꾸어 원숭이처럼 사방을 경계하며 조심한다는 의미로 번역하고 있다. 그리고 뒤 구절의 【𡟒】은 죽간본도 같은 글자로 되어 있으나 현재 사용하지 않는 글자로 그 뜻을 알 수 없다. 왕필은 이를 隣(린: 이웃)으로 대체해 놓았는데 그 이유는 모르지만 일단 확인할 방법이 없어 왕필본에 따랐다. 왕필본대로 번역하면 "사방(四隣)을 두려워하는 듯하다."가 된다. 첫 번째와 마찬가지로 道에 바탕을 둔 모습을 왜 두려워하는 것으로 묘사했는지 납득이 안 된다. 조심하고 신중하다는 긍정의 의미로 받아들일 수도 있지만, 그렇게 해도 첫 번째와 내용이 중복된다는 점이 마음에 걸린다.

좀 엉뚱한 생각인지도 모르지만 필자는 백서본의 여(與)와 유(猷)를 '같이 머묾'과 '움직임'으로 보고 싶다. 與(여)는 머문다는 뜻이고, 猷(유)는 무언가를 꾀하려 한다는 것이다. 즉, 靜(정)과 動(동)의 차원이다. 猷(유)는 무언가하기 위해서는 움직여야 한다. 움직일 때는 주위 사방을 주의하며 경계하여야 한다는 것이다. 다만 백서본의 猷(유)는 다른 장에서 猶(유)로 자주 해석되고 있다는 점이 조금 걸린다. 어쨌든 필자의 번역 또한 확실하게 단정하기는 힘들어 앞으로 더 나은 해석을 기대해야 할 것 같다.

세 번째의 모습이 嚴(엄)이다. 嚴은 儼(엄: 의젓하다, 공손하다, 삼가다)과 같이 통하는 글자라고 한다. 그 태도가 손님 같다고 한다. 客(객)은 주인 집에 잠시 머무르는 사람이다. 내 집같이 맘대로 편하게 지내기가 어렵다. 그래서 손님은 항상 공손하고 모든 것에 삼가는 마음을 가져야 한다는 의미로 비유된 것 같다. 즉 있는 듯 없는 듯 머물라는 것이다. 그리고 손님은 그 집에서 일어나는 일에 이러쿵저러쿵 나서도 안 된다. 조용히 뒤에 물러나 있어야 한다.

네 번째의 환(渙)은 '흩어지다', '풀리다'라는 뜻이다. 이렇게 흩어지고 풀리는 것이 其若凌澤(기약능석) 같다고 한다. 凌(릉)은 여기서 '얼음'을 뜻한다. 澤(늪 택)은 '풀리다'의 뜻도 있으며 이때는 '석'으로 읽어야 한다. 따뜻한 봄날에 얼음이 물에서 서서히 녹듯이 풀리는 것을 표현하고 있다. 자기를 주장하거나 고집하지 않고 물과 일체가 되는 유약하고 부드러운 모습으로 표현하고 있다.

다섯 번째인 沌(돈)은 만물생성의 근거가 아직 나누어지지 않은 모습을 나타내는 글자로 玄(현)과 같은 의미로 볼 수 있다. 이는 태초의 거무스레하면서도 가물가물하게 보이는 것이 마치 어리숙해 보인다는 것이다. 이러한 모습을 통나무와 비유하였다. 통나무는 다른 장에서도 자주 등장하는 용어로 여러 가지 그릇(有, 사물을 의미)으로 만들어지기 전의 처음 상태로 투박함, 질박함의 비유로 사용되고 있다.

여섯 번째로 曠(광)이라는 형용사로 골짜기의 모습을 제시하고 있다. 여기서 광(曠)은 '공허하다', '텅 비어있다'로 번역하여야 한다. 죽간본에는 없는 내용인데 백서본 편집과정에서 삽입된 것 같다. 道의 모습을 이야기하는 중인데 문득 골짜기 이야기가 빠진 것을 알고 아마 추가한 것 같다. 그런데 거기까지는 좋았는데 전체 맥락을 이해하지 못했는지 이 구절을 제일 마지막에 갖다 놓았다. 다음 구절의 춘(溏)이 다음 단락의 濁(탁)과 연결되어 부연 설명하고 있는 것을 볼 때 이 구절이 마지막에 위치하는 것이 옳다고 생각한다. 본문에서는 전체적인 흐름을 감안하여 앞으로 옮겼다. 왕필본도 춘(溏)의 구절이 마지막에 위치해 있다.

마지막으로 湷(춘)은 깊은 물에서 나는 소리다. 물이 얕은 개울은 졸졸거리며 큰 소리를 내지만 깊은 물이 흐를 때 소리는 둔탁하다. 또 깊은 물은 바닥이 보이지 않고 시퍼렇게만 보여 물이 흐리고 더럽게 보일 수도 있다. 이 구절은 앞서 형용한 道의 모든 모습을 총칭하는 것으로 볼 수 있다. 이 장의 첫 부분에서 선위자(善爲者)는 매우 깊다는 표현을 썼다는 것에서도 이 구절을 모두를 합쳐 놓은 결론 부분으로 볼 수 있다. 즉, 道는 겉으로 보기에는 어설프고 흐릿하게 보이지만 그 의미는 매우 깊다는 것을 결론적으로 말하고 있다.

지금까지의 이야기를 요약하면 1, 2번째의 與(여)와 猶(유)는 道의 靜(정)과 動(동)의 모습을, 3, 4번째의 嚴(엄)과 渙(환)은 退讓(퇴양)과 柔(유)의 모습을 그리고 있으며, 5번째의 沌(돈)은 도의 본성인 질박함(樸)을, 그리고 7번째는 도의 텅 빔(虛)을 보여주려고 한 것으로 보이며, 6번째의 湷(춘)은 앞서 말한 대로 이러한 모습을 망라한 것이다.

이 장의 서두에서 성인(선위자)의 모습을 억지로(强) 형용한다는 표현도 있고, 그리고 '~와 비슷하다'라는 형식으로 말하는 것을 보면 노자도 선위자에 대한 이러한 표현들이 정확하지 않을 수 있다고 양해를 구하고 있는 것 같다. 이런 상황을 감안할 때 형용사의 뜻에 대해 너무 꼼꼼하게 따진다는 것은 유의한 의미가 없을 수도 있다.

濁而靜之徐淸, 安以重之徐生, 葆此道不欲盈,
탁 이 정 지 서 청　안 이 중 지 서 생　보 차 도 불 욕 영

夫唯不欲盈, 是以能裳獘而不成.
부 유 불 욕 영　시 이 능 상 폐 이 불 성

앞의 마지막 항목에서 선위자의 종합적인 모습을 깊음(湷)와 둔탁함

(濁)으로 표현했다. 여기서 부연 설명을 하고 있다. 깊은 물은 탁해(濁)보이지만 고요(靜)하기 때문에 서서히 맑아진다(徐淸). 물론 여기서 탁(濁)은 더러운 물이 아니라 道의 거무스레하며 흐릿해 보이는 모습을 비유한 것이다.

다음 구절인 安以重之徐生(안이중지서생)의 安은 백서 갑·을본 모두女로 되어 있다. 앞의 13장에서도 女를 어조사 安으로 취급했다. 사람들이 지금까지 安이라는 글자를 보통의 뜻인 '평안함'으로 읽어 왔다. 그러나 백서본에서 평안함의 뜻으로서의 쓰인 64장과 80장에서는 安으로표기되어 있는 점을 감안할 때 여기서도 평안함의 뜻이라면 원본에 女가 아닌 安으로 적혀 있어야 한다. 그리고 앞 구절인 濁而靜之~와 같은구조가 되어야 하는데 이 구절은 접속사 而 대신에 어조사 以로 되어있는 점도 安이 형용서술어가 아니라는 것을 말해 준다. 따라서 이 구절은 安을 '이에(焉)'라는 어조사로 읽어 "이에(安) 그것을(之)을 중히 여김(重)으로써(以) 삶을 느긋하게 살아간다고(徐生)"라고 번역할 수 있다. 여기서 之는 앞 구절의 淸(맑음)이다.

왕필은 두 번째 문장을 孰能安以久動之徐生(숙능안이구동지서생)'의반어문 형식으로 바꾸면서 重(중)을 動(동)으로 하여 "누가 능히 오랫동안 평안함을 움직여 살아나게 할 수 있겠는가?"로 번역하고 있다. 문제는 평안함을 움직인다는 것과 무엇을 살아나게 한다는 표현이다. 탁한것을 일껏 고요하게(靜) 만들어 놓았는데 그 평안함을 다시 움직이게 한다는 것은 무슨 의미인지 잘 이해가 되지 않는다. 평안해진 깊은 물을다시 움직이게 하면 다시 더러워질 뿐이다. 그리고 무엇을 살아나게 하는 것인지 대해서도 아무런 설명이 없다. 생기 있게 하는 것이라고도 번역하는데 이 또한 그 대상이 무엇인지 애매하다. 이석명은 이 대목을 動

靜의 양면성에 대해 말하는 것이라며 動이 극치에 이르면 혼탁해지는데 이때는 靜으로써 가라앉히고 죽은 듯 고요함(安)은 靜의 극치로 서서히 죽어가게 되는데 이때는 動으로써 서서히 살린다고 설명한다. 그러나 이러한 해석은 앞 단락의 7가지 모습과 직접 연계시키기 힘들고 虛靜恬淡(허정염담)을 강조하는 노자의 사상에 갑자기 움직임(動)이 중요한 역할을 하고 있는 것으로 오해할 소지가 있다.

지금 이 章은 道에 바탕에 두고 살아가는 사람의 모습을 묘사하고 있는 장면이다. 선위자(善爲者)는 보통 사람들이 볼 때는 앞 단락의 7가지 모습처럼 흐릿하고 멍청하게 보일 수도 있지만 고요함(靜)으로 그 어리숙함을 깨끗하게(淸) 만들고 그 깨끗함을 소중하게 여기면서 느긋하게 살아간다는 것으로 읽어야 한다. 특이한 점은 고요함(靜)의 다음 단계로 맑음이라는 淸의 단계가 추가되어 있다. 도덕경에는 '淸(맑음)'이라는 용어가 39장에 한 번 등장하는데 단지 하늘이 맑다는 평범한 의미(天得一以淸)로 사용되었을 뿐이다. 이러한 사실은 여기서 淸을 靜(고요함)과 같은 어떤 개념적인 용어가 아니라 단순한 형용사로 보는 것이 맞다.

葆此道(보차도)는 이러한 道를 가짐이다. 이러한 道는 앞 구절의 내용인 고요함과 느긋함을 지키는 것을 가리킨다. 이 구절의 주어도 善爲者이다. 즉 선위자는 이러한(此) 道를 가지고(葆) 채우려(盈) 하지(欲) 않는다(不). 채우는 대상이 재화일 수도 있고 명예가 될 수도 있지만 앞 단락에서 말한 7가지 모습인 고요함, 비움, 겸양 등을 보는 것이 좋다. 이러한 道의 품성들이 저절로 그러할 뿐 일부러 채우려 하지 않는다. 채우지 않는다는 것은 앞서 말한 그러한 행동이나 품성에 대해 일부러 그렇게 하지 않는다는 것이다.

오로지 채우려 하지 않는다는 것을 강조하면서 能裳獘而不成(능상폐

이불성)이라 했다. 裳(상: 치마)이 애매하다. 어떤 사람들은 常(상)이 원래 치마 상(裳)의 본 글자(本字)로서 常으로 보아야 한다고 하나, 백서본에 서는 명사로서의 常(상)과 부사로서의 恒(항)이 명확하게 구분하여 표기 하고 있다는 점을 생각할 때 裳을 常으로 보는 것이 주저된다. 常이라 하더라도 여기서는 '항상'이라는 뜻인 恒으로 썼을 것이라 것을 생각하 면 더욱 받아들이기 어렵다. 그래서 혹자는 아예 애매한 이 글자는 큰 의미가 없으므로 삭제해도 무방하다 하여 왕필본에는 아예 이 글자가 빠져있다.

裳(상)은 치마라는 보통의 의미 외에 '화려하고 아름다운 모양'을 지칭 하는 의미로도 사용된다. 그래서 무엇이든 채우려고 하는 마음이 없다 는 것은 화려하고 아름다운 것들을 아무렇지 않게 엎어버릴(弊) 수가 있 을 뿐 아니라 그것이 끝까지 완성(成)되는 것도 바라지도 않는다. 텅 빔 을 중시하는 선위자의 당연한 생활 습관이다. 아름답고 좋은 것이 있으 면 그것을 가지고 싶은 것이 보통 사람들의 인지상정일 텐데 그런 것에 개의치 않는 태도라고 보면 裳(상)이라는 글자가 중요한 의미를 가지고 있다고 생각한다. 사실 이 문장에서 엎어버린다(弊)와 이룬다(成)라는 동 사의 목적어가 있어야 매끄럽다는 점도 裳(상)이 있는 것이 문장 구조상 맞다. 불성(不成)도 마찬가지다. 채우려 하는 생각조차 없는 사람에게 어 떤 일이든 끝까지 그것을 완수한다는 것이 무슨 의미가 있겠는가? 중간 에 일이 이상하게 흘러가도 작위적으로 그것을 살리려 한다든가 또 그 것을 완성한다든가 성공시키려는 생각이 없다는 것이다. 그저 흘러가는 대로 저절로 그러함에 맡길 뿐이다.

그런데 왕필본은 이 구절은 裳(상)을 제외한 후 新(신)이라는 글자를 더하여 '能蔽不新成'으로 바꾸어 "낡아져도 새롭게 이루지 않는다.", "덮어둘 뿐 새롭게 이루지 않는다." 등으로 번역하고 있다. 아마 앞에서 生을 '살아나게 만든다.'라고 번역을 해 놓고 나니 이루어지지 않다(不成)의 번역이 애매하여 새로이 만들지 않는다는 문장으로 고친 것이 아닐까하는 생각도 들지만 이렇게 해도 앞의 내용과 잘 연결되지 않는다. 갑자기 도덕경이 이렇듯 이리저리 누더기가 되어 오늘날에 전해져 온 것 같은 생각이 든다.

제16장

復命 常也, 知常 明, 容, 公, 乃道

자연섭리로 돌아감, 깨달음, 수용, 무분별. 道에 이름

至虛極也 守靜篤也,

萬物旁作 吾以觀其復也,

天物雲雲 各復於其根, 曰靜.

靜, 是謂復命.

復命, 常也, 知常 明也, 不知常芒, 芒作凶,

知常容, 容乃公, 公乃王, 王乃天, 天乃道,

道乃沒身不殆.

篤(독): **두텁다**, 신실하다, 인정이 많다

旁(방): **두루**, 널리, 가깝다, 혼합하다, 튼튼하고 힘이세다, 의지하다

復(복): **돌아가다**, 회복되다, 고하다, 중복되다, 채우다, 다시[부]

常(상): 항상, 법, **불변의 이치**, 사람으로서 행하여야 할 것

芒(망): 까끄라기, 털, 바늘, **어둡다**, 희미하다

凶(흉): 흉하다, **재앙**, 젊어서 죽음

容(용): 얼굴, 모습, 몸가짐, **받아들이다**, 수용하다

乃(내): **이에**, 너, 접때

沒(몰): 가라앉다, 잠기다, 숨기다, 다하다, 없어지다

殆(태): 위태롭다, 해치다, 가깝다

철저히 비우고 고요함을 지키는 것을 두텁게 하라.

만물이 여기저기서 생겨나고

나는 그들의 돌아가는 자리를 본다.

무릇 만물이 이곳저곳에서 살아가지만

모두가 각각 그 뿌리(근원)으로 돌아간다.

뿌리로 돌아감은 靜(고요함)이라 하고

고요함은 자연의 理法(命)으로 다시 돌아가는 것을 말한다.

자연의 이법으로 돌아감은 절대 변하지 않음(常)이라 하는데

이러한 常을 아는 것이 밝음(明:깨우침)이다.

常을 잊어버리면 어둠에 이르게 된다.

깨우침을 얻으면 모든 것을 받아들일 수(容) 있고,

모든 것을 포용한다는 것은 사물에 대한 분별심이 없어짐(公)이며,

분별이 없어지면 만물의 으뜸(王)이라 할 수 있고,

이 으뜸은 세상만물의 하늘(天)이 되고,

이 하늘이 바로 道다.

道가 내 몸에 스며들면 위태로움이 없다.

至虛極也, 守靜篤也,
지 허 극 야   수 정 돈 야

이 章은 道에 도달하는 과정과 상태에 대해 설명하고 있다. 가장 먼저 비움과 고요함(虛靜)을 확고하게 하라는 것이다. 비움에 이르는 것을 끝까지 하라는 것은 철저하게 비우라는 의미이며, 고요함을 지키는 것을 돈돈히 하라는 것도 미세한 움직임도 허용하지 말라는 것이다. 고요함(靜)과 비움(虛)은 노자의 핵심사상 중 하나이다. 허정(虛靜)의 상태를 직접 경험해보지 못한 필자의 처지에서 그것을 글로 표현한다는 것 자체가 말도 안 되지만 이성적인 사고로 나름대로 추정해보는 수밖에 없다. 비움(虛)이란 것은 모든 생각을 비운다는 것으로 나의 판단, 기준도 없고 나아가 '나'라는 객체조차 없어지며, 이것과 저것이라는 구별 자체가 없어지는, 말 그대로 무심(無心)의 상태를 의미할 것이다. 고요함이란 사물에 마음이 어지러워지거나 동요가 없는 평안함을 의미할 것이라고 생각할 뿐이다. 하상공은 "감정을 없애고 욕심을 버리며 다섯 가지 장기(五臟) 안을 깨끗이 하면 비움(虛)에 이를 수 있다."고 해설을 하고 있다. 노자는 허정(虛靜)에 이르는 방법에 대해 구체적으로 언급하지 않고 있다. 다만 56장에서 오관의 감각과 욕망의 문을 닫고 주관이라는 날카로움을 죽이고 각종 번뇌를 풀어 없애라고 이야기하고 있을 뿐이다. 道라는 것을 말로 설명할 수 없듯이 虛靜(허정)이라는 것도 스스로 수행을 통해 터득할 수밖에 없을 것이다.

따지기를 좋아하는 사람의 입장에서는 허(虛)와 정(靜) 중에 어느 쪽이 먼저인가에 대해 의문을 가질 수도 있다. 여기서는 비움이 먼저 나오고 뒤이어 고요함이 나왔는데 필자의 단견으로는 고요함 뒤에 비움의 단계에 도달하는 것이 맞을 것 같다는 생각도 해보지만 역시 虛와 靜은 서로 분리하기가 곤란하며 두 가지 상태가 함께한다고 보는 것이 좋을 것 같다.

萬物旁作 吾以觀其復也, 天物雲雲 各復於其根, 曰靜.
만 물 방 작 오 이 관 기 복 야 천 물 운 운 각 복 어 기 근 왈 정

백서정리조에 의하면 旁(방)을 竝(병: 아우르다, 함께하다)으로 해석하고 있으나 백서본 그대로 읽어도 무리가 없다. 作(작)은 生(생)이다. 만물이 두루두루 살아감이다. 내가 바라보니 그것들이(만물) 되돌아가는 것을 본다고 했다. 여기서 觀(관)이란 동사는 도덕경에서는 단순히 보는 것이 아니라 직관으로 본다(觀)는 것이라 했다.

天物(천물)은 왕필본 등 통행본에는 모두 夫物(부물)로 되어 있어 백서본의 착간이라 생각한다. 만물을 총칭하는 뜻에서 하늘을 사용한 것으로 볼 수도 있지만 夫物이 문맥상 간단하고 명료하다. 운운(雲雲)은 구름처럼 흘러 돌아다니는 것이다. 다시 말해 대저 만물은 구름처럼 이리저리 흘러 다니며 살다가 각각 그 뿌리(근원)으로 다시 돌아간다. 만물의 순환사상을 이야기하고 있다. 순환은 원(圓)운동이다. 원은 움직이지만 그 궤도에서 이탈하지 않고 결국 제자리로 돌아온다. 앞으로 나아가거나 뒤로 물러나는 직선적인 움직임(動)이 없다는 것은 우리가 앞으로만 전진(발전)하려고 발버둥쳐도 결국은 모두 제자리로 돌아온다는 것을 말하고 있다. 이렇게 근원으로 돌아가는 것을 '靜(정)'이라 정의하고 있다. 만물의 근원은 무(無)이니 靜은 無로 되돌아감이다. 되돌아감은 결국 움직임이 없었다는 것으로도 볼 수 있다. 삼라만상이 이러한 움직임에서 벗어날 수 없으며 결국에는 無로 회귀한다는 성질을 이해하는 것을 고요함(靜)으로 명명하고 있다.

靜, 是謂復命. 復命常也, 知常明也, 不知常芒, 芒作凶,
정 시 위 복 면 복 명 상 야 지 상 명 야 부 지 상 망 망 작 흉

앞서 정의한 고요함(靜)이라는 것을 복명(復命), 즉 命으로 돌아가는 것이라고 말하고 있다. 앞에서는 뿌리(根)로 돌아감이라 했다. '명(命)'은 자연의 법칙, 혹은 이법(理法)이라고 이해된다. 만물이 생겨나고 나중에는 예외 없이 모두 그 뿌리, 즉 고요함으로 돌아가는 것은 자연이 정해놓은 이치라는 것이다. 이러한 자연의 정해진 理法은 절대 변하지 않는다며 이를 '常(상)'으로 표현했다. 여기서 常은 부사로 쓰인 것이 아니고 절대 변하지 않는 어떠한 속성 또는 이치 등을 뜻하는 명사로 사용되고 있다. 1장에서 설명했듯이 왕필본에는 모두 常(상)으로 표현되어 있지만 백서본에는 恒(항; 항상이라는 부사)과 常이라는 것이 엄연히 구분되어 있다.

사람도 제아무리 발버둥치고 거부하더라도 결국 죽게 마련이며 이러한 죽음은 태어나기 전의 상태, 근원인 뿌리로 돌아간다. 그 뿌리는 無이며 고요함(靜)이며 또한 후반부에 나오지만 만물을 탄생케 한 道이다. 이러한 순환의 자연 섭리(命)는 인간의 의지나 어떠한 과학이나 기술로도 바꿀 수 있는 것이 아니다. 절대 변함이 없는 성정이며, 이러한 일련의 과정과 순환을 진정으로 이해하며 가슴으로 받아들이는 것을 '明(밝음)'이라 했다. 즉 만물의 순환 이치를 환하게 깨우친다는 것으로 번역할 수 있다. 그러나 우리는 죽을 때까지 그것을 깨우치지 못하고 있고 현실 세상에 급급할 뿐이며 죽는 순간까지도 자기의 근원으로 돌아가지 않으려 발버둥 친다. 이러한 섭리를 인지하지 못하는 것을 어리석음(芒)이라 하면서 어리석음은 결국 재앙(凶)을 만든다. 우리의 대부분이 이렇게 어리석은 상황(芒)에서 벗어나지 못하고 있음이리라. 왕필은 망(芒)을 망(妄: 망령되다, 허망하다)로 하여 망령되고 헛된 상황이라 설명하고 있으나 앞 구절의 밝음(明)의 상대어로 백서본의 어둡다는 芒(망)이 더 낫다. 우리들은 자기의 근원에 대해 고민하기보다는 눈에 보이는, 귀에 들리는 것들에 현혹되어 외부의 유혹이나 공명심에 휘둘리며 살아가고 있는 것이 노자의 눈에는 흉함(凶)으로 보일 것이다.

知常容, 容乃公, 公乃王, 王乃天, 天乃道,
지 상 용　용 내 공　공 내 왕　왕 내 천　천 내 도

道乃沒身不殆.
도 내 몰 신 불 태

그러한 이치를 깨닫게 되면(明) 그 다음이 어떻게 되는지 설명한다.

먼저 容(용)이다. 수용한다는 의미다. 모든 것들이 결국에는 본성으로 돌아간다는 사실을 염두에 두면 지금 본성에 어긋나거나 반하는 것을 맞닥뜨리더라도 크게 볼 때는 결국에는 모두 본성으로 돌아감을 알기 때문에 모두 이해하고 포용한다는 것이다. 2장에서 예시를 들었던 착한 것이든 나쁜 것이든, 아름다운 것이든 추악한 것이든 근본적인 차이가 없으니 모두 받아들인다는 것이다. 길면 긴 대로 짧으면 짧은 대로 높고 낮음도 있는 현 상태를 그대로 다 받아들인다는 것이다.

이러한 수용심은 공평함(公)으로 이어진다고 한다. 공(公)은 어떠한 기준이나 자기 판단이 개입하지 않고 똑같이 본다는 의미다. 다시 말해 구별이나 분별이 없어진다. 아름답다는 인식이나 추하다는 인식 자체가 없어지는 단계를 의미한다. 장단, 고저, 선후의 개념이 없어지고 모두 있는 그대로 인식하고 더 나아가 '나'와 '너'라는 이원적인 개념조차도 없어진다. 또한 公은 평등함을 의미하기도 한다. 분별이나 구분이 없기 때문에 평등할 수밖에 없으며 그리고 인위적으로 무엇을 한다는 作爲(有爲)도 아무 의미가 없게 된다.

이렇게 되면 왕(王)이 되고 하늘(天)이 된다고 설명하고 있는데 크게 의미를 두지 않아도 좋을 것 같다. 보통 속세의 임금으로 보고 이 장을 통치술 차원에서 해석하는 경우도 있지만 지금까지의 내용과 전혀 연관이 없다. 억지로 번역을 하자면 왕은 만물의 으뜸, 최고라는 의미로 받아들이고 이러한 사람이 최고의 진정한 주인공이라고 생각하면 충분하다. 하늘도 같은 맥락에서 만물의 으뜸이라는 것을 가리키는 것이 되고, 이것이 바로 道라는 것이다. 왕이나 하늘이니 하는 용어들은 道를 다스림(정치)에 연관시키려 억지로 인용한 듯 보이는데 이 장은 道에 이르는 각 단계의 상황을 말하고 있는 점을 감안하면 차라리 없는 편이 훨씬 깔끔할 것 같다.

다음 구절의 몰신(沒身)을 대부분 죽을 때까지라고 번역을 하는데 그렇게 될 경우 '道와 죽음이 乃(내)로 바로 연결되어 道가 곧 몰신이 되어(道乃沒身)' 이상한 번역이 된다. 殁身은 道가 내 몸에 잠기듯 들어온다는 뜻이다. 즉 道가 내 몸에 스며들게 된다는 것이고 이것이 도를 체득(體得)한다는 의미이다. 그러면 위태롭지 않다(不殆).

이 章은 도를 체득하는 과정에 대해 구분하여 설명하고 있다. 사실 이러한 단계를 칼로 자르듯이 명확하게 구분될 수 있으리라고는 생각하지 않지만 관념적으로나마 道를 이해하는 데 도움이 될까하여 『장자』 경상초(庚桑楚)편의 내용을 소개한다.

"… 뜻(志)이 흔들려 움직이는 것을 없애고, 마음(心)의 속박을 풀어헤치며, 德을 번거롭게 하는 것을 제거하고 道를 가로막는 것을 뚫어야 한다. 고귀, 부유, 유명, 존경, 명예, 이득의 여섯 가지는 뜻(志)을 어지럽힌다. 용모, 동작, 낯빛, 情理, 말씨, 생각의 여섯 가지는 마음(心)을 묶는다. 미움, 욕망, 기쁨, 노여움, 슬픔, 즐거움의 여섯 가지는 德을 번거롭게 한다.

　벼슬자리에 앉거나 떠남, 남의 것을 갖거나 줌, 사물을 앎, 일의 잘함의 여섯 가지는 道를 가로 막는다. 이상 스물네 가지 것이 가슴속에서 마음을 흔드는 일이 없으면 그는 올바르게 스스로를 간직할 수 있다(正). 옳게 스스로를 간직하는 자는 편안해지고(靜) 모든 일이 분명해진다(明). 분명해지면 스스로 공허하게 할 수 있다(虛), 스스로 공허하게 되면 새삼스레 어떤 일도 하지 않게 되고(無爲) 그러면서 [자연의 대도와 하나가 되어] 하지 않은 일이 없게 된다(…富貴顯嚴名利 六者勃志 容動色理氣意 六者謬心 惡欲喜怒哀樂 六者累德, 去就取與知 能 六者塞道 不盪胸中則正, 正則靜, 靜則明, 明則虛, 虛則無爲而無不 爲…)"

※ 勃 밀칠 발, 다툴 박 / 謬, 그릇될 류 / 盪 움직일 탕

　道에 이르는 단계를 군이 요약하자면 노자는 虛 → 靜(復命, 常) → 明 (容, 公) → 道로 되어 있는 반면 장자는 正 → 靜 → 明 → 虛 → 道로 설명하고 있다. 노자는 虛靜(허정)의 단계를 거쳐 깨달음(明)에 이른다고 하는 데 반해 장자는 비움(虛)은 明의 다음에 오는 것으로 말하고 있다. 깨달음이라는 것이 이성이나 논리에 의해 순차적으로 이루어진다고는 생각되지 않고, 한 순간의 찰나에 번뜩 깨우친다는 말도 있는 것을 생각하면 이러한 과정을 글로 표현한다는 자체가 좀 어불성설일 수도 있다. 결국 자기의 문제이고 그 방법 또한 스스로 찾아야 할 것이라고 생각한다. 단지 노자가 힌트를 조금 주고 있을 뿐이다.

제17장

太上 下知有之, 我自然

임금 존재조차 모르는 최고의 다스림, 내가 저절로 그리됨

大(太)上 下知有之, 其次 親譽之, 其次 畏之,
其下 母(侮)之,

信不足, 案(安)有不信
猷呵 其貴言也 成功遂事 而百城謂我自然

譽(예): 칭찬하다, 바로 잡다

畏(외): 두려워하다, 협박하다

侮(모): 업신여기다, 깔보다

최상의 다스림은 백성이 임금이 있다는 것만 아는 것이며
임금을 친하게 여기며 찬양하는 것이 두 번째이고.
임금을 두려워하는 것이 그 다음이며,
최하위의 다스림은 백성들이 임금을 경멸하는 것이다.

믿음이 부족하면 이에 불신이 있기 마련이다.

(무슨 일을)도모할 때 그에 대한 말을 아껴야 한다.

그래야 일이 잘 이루어지더라도

백성들은 자기들이 저절로 그리된 것이라 여긴다.

太上 下知有之, 其次 親譽之, 其次 畏之, 其下 侮之.
태 상 하 지 유 지   기 차 친 예 지   기 차 외 지   기 하 모 지

임금의 다스림의 수준에 대한 언급이다. 백서본은 물론 죽간본에도 大上으로 되어 있는데 大와 太는 고대에는 통용되었다고 하니 왕필본에 준해서 太로 대체하였다. 태상은 중국 고대의 훌륭한 가상의 임금을 가리키는 말로 자주 이용되는 단어로 여기서는 최고의 임금이라고 해도 무방하다. 下는 아래 백성을 가리키는 것으로 백성들이 임금(之)이 있다는 것(有)만 안다는(知)는 것이다. 다시 말해 나라에 임금이 있다는 것을 알지만 임금이 무엇을 하고 있으며 자기들에게 어떻게 영향을 미치지는 전혀 느끼지 못한다는 것이다. 임금이 無爲(무위)로 다스리고 있음이다. 따라서 정치의 고마움을 알게 하는 정치가 아니라 백성들이 전혀 그것을 느끼지 못하게 하는 정치가 최고라고 한다. 이러한 임금으로 고대의 요(堯)임금을 꼽으며 격양가를 예시로 들고 있다(노자가 생각하는 이상적인 임금은 복희씨, 신농씨라고 하기도 함).

해가 뜨면 일하고(日出而作),

해가 지면 쉬고(日入而息),

우물 파서마시고(鑿井而飮),

밭을 갈아 먹으니(耕田而食),

임금의 힘이 내게 무슨 소용이 있으랴(帝力于我何有哉)

그 다음으로 평가받는 임금은 백성을 위해 선한 정치를 펼치면서 백성들과 친하고 백성들은 진심으로 그 고마움에 임금을 공경하는 것이라고 한다. 그 다음이 백성들이 임금을 두려워하는 것이라 했다. 이는 법이나 형벌로써 나라를 위엄으로 다스림을 말한다. 최하위가 백성들이 업신여기고 경멸하는 임금으로 원칙도 없는 폭정이거나 무능한 임금이 여기에 해당될 것이다. 백서본에 母로 되어 있지만 그 의미가 뚜렷하지 않아 왕필본의 侮(모)를 인용하였다.

信不足, 安有不信, 猷呵 其貴言也,
신 부 족 안 유 불 신 유 아 기 귀 언 야

成功事遂 而百姓謂我自然.
성 공 사 수 이 백 성 위 자 자 연

이렇게 된 이유로 노자는 믿음을 들고 있다. 믿음(信)이 부족하면(不足) 이에(安) 불신이 있게(有不信) 마련이다. 하상공은 임금에게 믿음직한 것이 없으면 아래 백성들도 불신으로 응대하여 임금을 속인다고 설명하고 있다. 갑본의 案은 을본에서는 安으로 되어 있으며, 安은 '이에(於是)'라는 뜻으로 어조사 焉(언)과 같다. 앞의 15장에서는 어조사 安이 백서본에는 女로 표기되었는데 여기서는 案으로 표기되어 있다. 다소 일관성이 없다고 생각되는데 아마 女와 安이 같이 혼용되어 쓰이고 있었던 것 같다.
일반적으로 대부분 猷(유)를 옛날에 猶(오히려 유)와 같이 사용하였다고 하면서 원숭이가 머뭇거리는 모습에서 '조심하다'라는 의미로 번역하고 있다. 그러나 뒤이어 나오는 말을 아끼라(貴言)는 내용과 의미가 중복되는 면이 있다. 필자는 15장에서와 같이 猶(꾀할 유)는 무언인가를 꾀하려고 하는 것으로 보는 것이 뒤의 내용과 잘 어울린다. 무언가를 하려고 할 때 미리 함부로 떠들며 소란스럽게 하지 말고 말없이 조용히 아무도 모르게 하라(其貴言). 그렇게 해서 일이 잘 이루어지더라도 백성들은 임금이 한 줄 모르고 자기들이 저절로 그렇게 한 것이라 생각한다는 것이다. 임금이 어떤 정책이나 사업을 한답시고 말부터 앞서면 그 일이 잘 되더라도 백성들은 그것을 임금이 한 줄 알아 그런가보다 생각할 것이고, 성공하지 못할 경우에는 그 책임을 임금에게 돌리게 마련이다. 어떤 경우든 임금과 백성 간의 신뢰는 쌓일 수 없다는 것이다. 그래서 함부로 말하지 말고 백성들이 저절로 그리되었다고 느낄 정도가 되어야지 신뢰가 쌓이는 법이다.

제18장

道廢有仁義, 智出有大僞

도가 없어지자 인의가 생기고 지혜가 있어 거짓이 나옴

故大(太)道廢, 案(安)有仁義, 知(智)慧出 案(安)有大僞,
六親不和, 案有孝玆(慈) 邦家【闇】(昏)亂 案(安)有貞臣.

廢(폐): 폐하다, 그만두다

安(안): 편안하다, 어찌, 이에, 곧

玆(자): 이, 이에, 흐리다, 검다(=慈)

昏(혼): 어둡다, 저녁 무렵

貞(정): 곧다, 바르다

태초의 道가 없어지면서

어짊(仁)과 의로움(義)이라는 것이 생겨났고

지혜라는 것이 나오면서 큰 거짓이 생겨났으며

육친이 화목하지 못하기 때문에

효도와 자비라는 말이 있다.

나라가 혼란스러우니까 충신이라는 것이 나타나는 것이다.

故太道廢 安有仁義, 智慧出 安有大僞,
고 태 도 폐 안 유 인 의 　 지 혜 출 안 유 대 위

六親不和 安有孝慈, 邦家昏亂 安有貞臣.
육 친 불 화 안 유 효 자 　 방 가 혼 란 안 유 정 신

　이 章은 앞의 17장과 직접 연결되어 있다. 백서본과 죽간본은 이 두 章이 하나의 章으로 되어 있다. 따라서 앞 장에서 백성이 모든 것들이 저절로 그리한 것이라고 말할 만큼 신뢰가 중요하다고 한 이야기에 이어 여기서는 작금의 정치가 망가진 이유를 설명하고 있다.

　백서본은 물론 죽간본, 왕필본에도 모두 大道(대도)라고 되어 있다. 道는 그 자체가 엄청 크다고 했는데(25장) 그 큰 道가 없어진다는 것이니 말이 안 된다. 앞의 17장에서도 大上(대상)을 태곳적을 의미하는 太上(태상)으로 바꾸었다면 여기서도 같이 太로 바꾸는 것이 맞다. 앞에서 太上(태상)을 고대의 가상 임금이 道에 바탕을 둔 무위의 정치를 한 것을 최고라고 하였는데, 그 이후 정치부터 道가 없어졌다는 것이다. 그때가 太古이다. 따라서 太는 크다는 의미가 아니고 아주 옛날이라는 의미다. 옛날 요임금 이후 작금의 임금들의 다스림이 세속화 되었다는 것이다.

　격양가를 부르던 그 시절의 道(太道)가 없어지자 이에(安) 인의(仁義)라는 것이 생기게 되었고, 지혜라는 것이 나오면서 서로를 속이는 큰 거짓(大僞)이 판을 치기 시작했다. 무위의 道에 따라 다스리면 모든 것이 저절로 그리될 터인데 지금은 어짊(仁)이나 의로움(義)이라는 것을 내세우며 백성을 힘들게 하고 있을 뿐 아니라 거짓이라는 지혜가 판을 치게 되어 임금과 백성 간의 신뢰라는 것이 없어졌다고 말한다.

　정치만 그런 것이 아니라 지금 효도라든가 자비라는 것이 강조되고 있다는 것은 거꾸로 지금 육친이 화목하지 않다는 것을 의미한다. 충신도

마찬가지다. 나라가 혼란스러우니까 충신이라는 말이 생겨나게 된 것이다. 효자나 충신이 존경받고 있다는 것은 그만큼 불효자, 간신들이 많이 있다는 반증이기도 하다.

무위(無爲)라는 것에는 믿음이라는 단어 자체가 있을 수 없다. 믿음이라는 것도 불신이라는 것이 있기 때문에 성립된다. 이 장에서는 道가 없는 세상에서 인간이 작위적으로 만든 인의예지(仁義禮智), 충효라는 것들이 득세하게 된다고 이야기하고 있다. 유교를 비판하는 것이라 보는 시각이 많지만 노자와 공자는 사상의 바탕이 다르다. 노자와 공자가 같은 시대의 사람이라고 하는데 노자가 직접 공자를 의식하며 그렇게 하지는 않았을 것으로 생각된다. 백서본 집필시기가 공자보다 훨씬 이후인 점을 감안하면 필사자가 유교를 의식했을 수도 있다는 시각은 배제할 수 없을 것 같다. 그러나 사실이 어떻든 거기에 너무 매몰될 필요는 없다. 고전을 책상에서 연구하는 학자들의 소일거리일 뿐이다. 노자의 입장에서는 무위와 '인의'라는 것은 태생부터 다르다. 뒤의 38장에서 '仁義禮智(인의예지)'에 대해 좀 더 구체적으로 언급하고 있다.

玆(자) 慈(자)와 같이 쓰였다고 하여 왕필본에 따라 慈(자)로 대체하였으며 갑본의 案(을본은 安)도 17장과 마찬가지로 安(안)으로 보완하였다. 갑·을본의 【閔】은 현재 알 수 없는 글자이고 죽간본에는 緡(민)으로 되어 있으나 백서정리조의 의견에 따라 昏(혼)으로 대체하였다.

제19장

絶聖棄智, 見素抱樸, 少私寡欲

지혜를 버리고 소박함과 질박, 사사로움과 욕심

絶聖棄知(智) 民利百倍,

絶仁棄義 民復孝玆(慈),

絶巧棄利 盜賊无有,

此三言也 以爲文未足,

故令之有所屬 見素抱樸 少私寡欲.

聖(성): 성인, 거룩하다, 기술, <u>뛰어나다</u>, 약삭빠르다

棄 (기): 버리다, 그만두다, 꺼리어 멀리하다

巧(교): 공교하다, 예쁘다, <u>교묘한 물건</u>

屬(속): 무리, 붙다, <u>부착하다</u>, 복종하다

素(소): 희다, <u>꾸미지 않고 수수한 것</u>

樸(박): 통나무, <u>본디 생긴 그대로</u>

성현의 가르침을 끊고 지혜를 버리면

백성에게 백배로 이로울 것이며,

어질음(仁)이나 의로움(義)이라는 것을 버리면

백성들은 다시 효성과 자비를 회복할 것이며.

교묘한 물건들을 끊고 이기심을 버리면

훔치거나 해치는 것이 없을 것이다.

이 세 가지는 사람들의 본보기로 삼기에는 어려우니

거기에 다음의 말을 덧붙이는 것이 좋다.

바탕(본성)을 바라보며 통나무의 질박함을 잘 간직하라

사사로움을 적게 하고 욕심을 줄이라.

絶聖棄智 民利百倍, 絶仁棄義 民復孝慈,
절 성 기 지 민 리 백 배   절 인 기 의 민 복 효 자

絶巧棄利 盜賊无有.
절 교 기 리 도 적 무 유

앞 장에 이어지는 내용이다. 첫 구절인 "聖(성)을 끊어라"라는 것에 대하여 그동안 논란이 많았다. 도덕경에는 聖人(성인)이라는 말이 30여 회나 등장하는데 모두 道를 체득한 사람을 지칭하고 있다. 그러한 聖과 단절하라는 것에 좀 어리둥절할 수밖에 없다. 그러나 백서본 이전에 쓰인 죽간본에는 이 구절이 "지혜를 끊고 달변을 버려라"라는 뜻의 절지기변(絶智棄辯)으로 되어 백서본의 말하고자 하는 진의가 무엇인지 검토해 볼 필요가 있다. "성인을 끊어라"라는 말은 『장자』에서도 등장한다. 백서 갑본 집필 당시(B.C 250년 전후)보다 먼저 쓰여졌을 것으로 추정되는 『장자』재유편에 "절성기지이천하대치(絶聖棄知而天下大治)"라는 구절이 등장한다. 물론 현재의 우리가 읽고 있는 『장자』는 서기 4세기 곽상(郭象)이 정리한 것이라 장자가 살아있던 시기에도 이 구절이 있었는지에 대해

서는 확인할 길이 없지만, 백서본 집필자가 『장자』에서 이 구절을 인용해 온 것이 아닌지 의심되기도 한다. 그런데 『장자』에서도 道를 체득한 사람을 성인으로 표현하기도 하지만 재유편에서의 성인은 유가(儒家)나 묵가(墨家)의 입장에서 본 성인을 말한다. 다시 말하면 공자나 증삼(曾參) 같은 사람을 聖人으로 표현하면서 천하를 훔치려는 큰 도둑으로 묘사하고 있다. 거기에 비하면 도둑의 대명사로 불리는 도척(盜跖)은 작은 도둑일 뿐이라고 하였다. 장자는 공자보다 약 150여 년 늦은 시대의 사람이다. 장자는 노자와 마찬가지로 공자의 인의에 대해 작위적이고 위선적이라는 부정적인 시각을 가지고 있다. 이러한 상황을 감안하면 백서본의 聖(성)은 도덕경의 무위자연에 바탕을 둔 聖이 아니라 세상을 현혹시킬 수 있는 그럴싸한 말과 이론으로 무장한 이론 사상가의 가르침으로 보아야 한다. 우리는 보통 공자를 성인이라 말하는데 본문의 絶聖(절성)은 공자와 같은 제자백가의 聖이라고 생각하면 된다.

지혜를 버리라고 한 것도 지혜에는 무언가 작위적인 기만의 성질이 있는 것으로 인식하고, 이는 사람을 현혹시키는 것이라 했다. 그렇다고 노자가 지혜나 지식에 대해 완전히 거부한다고 생각해서는 곤란하다. 노자는 다만 속세에서 만들어지고 행해지는 지혜나 지식에 가식이 있으며 어떤 의지(작위적)가 있는 점을 비판하는 것이지, 道나 자연에 대한 참다운 지식이나 지혜를 거부할 까닭이 없다. 어쨌든 일반적으로 사람들이 알고 있는 성스러움(聖)이나 지혜(智) 같은 것은 백성들에게 아무런 도움 안 된다는 것을 말하고 있다.

仁과 義에 대해서도 마찬가지다. 앞 장에서는 道가 없어지자 인의가 생겨났다(安有仁義)고 완곡하게 표현했는데 여기서는 仁義(인의)를 아예 끊고(絶) 버리라(棄)고 과격하게 표현하고 있다. 그래서 이 구절이 유교사

상에 익숙한 사람들로부터 많은 비난을 받은 것도 사실이지만 앞서 이
야기한대로 무위자연의 입장에서 볼 때는 그럴 수 있다고 생각한다. 이
대목도 죽간본에는 絶仁棄義가 絶僞棄廬(거짓을 끊고 잔꾀를 버린다)로 되
어 있어 仁義(인위)를 직접적으로 비판하고 있지는 않다. 백서본이 이렇
게 강하게 비판적인 것은 백서본이 쓰인 전국시대 말경 황로학(黃老學)이
유행하면서 유교를 경쟁자로 여겨 이를 폄하하기 위해서라는 주장이 설
득력 있다. 필자가 생각하기에는 노자는 반유교적으로 인의예지(仁義禮
智)를 근본적으로 부정한 것은 아니라고 생각한다. 단지 그 품성이 자연
스러운 것이 아니고 사회라는 제도 아래에서 만들어진 인위적이고 계약
적인 성격이라는 점이 문제라고 지적하고 있다. 道의 정신에 바탕을 두
고 행하면 그러한 모든 품성이 저절로 나타나는데 굳이 그런 품성들을
인간이 작위적으로 설정하고 그것을 사람들에게 강요(교육)하는 것이 마
음에 들지 않았으리라. 이러한 인의를 끊으면 효성과 자비로움이 회복될
것이라고 말하고 있는데 혈연 간의 자연스러운 감정인 孝(효)와 자애로
움(慈)까지 인의의 잣대로 평가한 것은 다소 심하다는 느낌이 들지만 道
의 입장에서 효도와 자애라는 것의 의미를 다시 깊이 생각해 볼 필요도
있다.

絶巧(절교)에 대해 하상공은 거짓으로 속여서 참됨을 어지럽히는 것을
끊는 것이라고 설명하고 있다. 이러한 주석은 앞 첫 구절인 지(智)와 내
용이 중복된다. 巧(교)는 잔꾀라는 의미보다 아름답고 귀한 물건, 예를
들면 진기한 보물이라든가 예술품 등을 말한다. 진귀함(巧)에 대한 관심
을 끊고 이익(利)을 추구하는 마음을 버려라. 그래야 도적과 자연스럽게
연결된다. 무유(無有)는 있는 것(有)이 없다(無)는 것으로 존재하지 않는
다는 뜻이다.

此三言也 以爲文未足, 故令之有所屬, 見素抱樸 少私寡欲
차 삼 언 야 이 위 문 미 족   고 령 지 유 소 속   견 소 포 박 소 사 과 욕

三言(삼언)은 앞 단락에서 이야기한 세 구절의 내용이다. 文未足(문미족)의 文의 뜻에 대해선 의견들이 나뉜다. 이를 "글로써 나타내기에는 부족하다"는 것으로 읽는 경우도 있는데 앞의 내용이 크게 추상적이거나 관념적인 것도 아닌데 글로 표현하기 어렵다고 하는 것은 상식에 맞지도 않고, 또 앞에서 글로서 이미 표현했음에도 이를 다시 글로 표현하기가 어렵다고 말하는 것도 이상하다. 하상공은 文에 대해서는 백성을 가르치기에는 부족하다고 주석을 달고 있고, 어떤 사람은 文을 법문으로 읽어야 한다고 하고 또는 문식(장식)으로 이해하여야 한다고 주장하기도 한다. 필자는 전체 맥락을 고려해 무언가 본보기로 삼아 따르게 하기는 부족하다는 뜻으로 받아들이고 싶다. 그래서 다음 구절인 令之有所屬(영지유소속)에서 무언가를 덧붙인다고 했다. 所屬(소속)은 '붙이는 바'이다. 일반적으로 令을 '하게 하다', '명령하다'라고 번역할 수도 있으나 '아름답다', '좋다'라는 뜻도 있어 "거기에 말을 덧붙이는 것이 좋다"라고 번역하였다. 令를 명령하다로 번역하는 사람들은 之가 백성을 가리킨다고 하는데 본문과 같이 번역할 경우는 앞에서 언급한 삼언(三言)을 가리키는 것이 된다. 이 구절은 앞에서 언급한 세 가지 일은 보통 사람들이 속세를 살아가면서 현실적으로 실천하기가 매우 어렵다는 점을 감안한 것이라고 본다. 즉 일반 사람들더러 성인의 말씀을 거부하고 이익을 버리고 거짓도 하지 말라고 하는 것은 너무 직접적이라 살아가면서 받아들이며 실천하기 힘들 수 있다. 그래서 사람들에게 현실적으로 직접적으로 영향이 없을 것으로 느껴지는 부담 없는 슬로건 같은 것을 제안하는 것이다.

앞에서 말한 세 가지 말 대신에 제안하는 것이 見素抱樸(견소포박)과 少私寡欲(소사과욕)이다. 素(소)는 아무 무늬가 없는 흰 바탕이란 뜻으로 본성, 근본, 시초라는 의미로 비유되고 있다. 통나무(樸)는 투박하고 볼품도 없지만 그것으로부터 그릇이나 여러 가지 가구도 만들고 집을 짓는 데도 사용된다. 즉 통나무는 질박하지만 모든 有(物)가 나오는 근원이다. 노자는 이 통나무를 질박, 겸양, 근원 등의 성질을 인용해 道에 많이 비유하고 있다. 앞서 15장에서도 나왔지만 28, 32, 37장 등에도 나온다. 따라서 이 구절은 풀어 말하면 자기 자신의 근원을 살펴보고 질박한 성질을 가지라는 것이며 사사로움을 적게 하고 욕심을 적게 하라는 것이다. 이 정도의 두리뭉실한 구호는 사람들이 크게 거부감을 느끼지 않으면서도 자기를 스스로 성찰할 수 있는 계기가 될 수 있다고 기대한 것이다.

노자는 사람은 그 근원이 道와 같기 때문에 자기 본성에 대해 성찰하는 기회를 가지게 하면 그만큼 道에 가까워질 수 있다고 판단하여 이 구절을 덤으로 추가한 것이라고 생각할 수도 있다.

제20장

俗人昭昭 · 察察, 我獨若昏 · 悶悶

세상 사람과 달리 나 홀로 어둡고 어리석구나

絶學无憂?

唯與訶(阿) 其相去幾何? 美與惡 其相去何若?

人之所畏 亦不可以不畏(人삭제).

望呵! 其未央才(哉)!

衆人熙熙 若鄕於太牢 而春登臺

我泊焉未佻 若嬰兒未咳.

累呵, 如无所歸.

衆人皆有餘 我獨遺 我愚人之心也,

蠢蠢呵, 鬻(俗)人昭昭 我獨若【閽】(昏)呵,

鬻(俗)人察察 我獨閔閔(閔閔)呵.

忽呵 其若海, 望呵 其若无所止.

衆人皆有以, 我獨門元而鄙,

吾欲獨異於人 而貴食母.

訶(가): 꾸짖다, 야단하다, 책망하다

阿(아): 언덕, 물가, <u>건성으로 대답하는 소리</u>

幾(기): <u>어느 정도</u>, 거의, 어찌, 기미, 위태하다

畏(외): 두려워하다, <u>꺼려하다</u>, 협박하다

央(앙): <u>가운데</u>, 다하다, 끝장내다, 시간적으로 멀다

熙(이): 아름답다, 즐거워하다[희], <u>기뻐하다[=熙]</u>

牢(뢰): 우리, 가축을 가두는 곳, <u>희생</u>, 둘러싸다

臺(대): <u>돈대</u>, 물건을 놓은 편편한 곳

佻(조): 경박하다, <u>가볍고 빠르다</u>, 고달프다

嬰(영): 갓난아기

咳(해): <u>어린아이 웃음소리</u>, 기침

遺(유): 남다, <u>버리다</u>, 빠지다

蠢(준): <u>어리석다</u>, 꾸물거리다, 조잡하다

鬻(죽): 죽, 속이다[육], 팔다[육]

昭 (소): 밝다. 환히 나타나다

閔(민): 위문하다, 마음아파하다, <u>가엽게 여기다</u>

鄙(비): 인색하다, 천하다, <u>질박하다</u>

(道를) 공부하는 것을 끊으면 근심이 없어질까?

공손하게 대답(唯)하는 것과 건성으로 대답(阿)하는 것과 그 차이가 얼마나 될까?

아름다운과 더러운 것이 어떻게 다른가?

세상 사람이 꺼려하는 하는 것을

(나라고) 꺼려하지 않을 수 없다.

멀리서 바라보니 (내가) 세상 사람들 가운데 있질 않구나!

세상 사람들은 큰 잔치에 먹고 마시며 봄을 즐기는데

나는 아무것도 않으면서 (그들 속에) 잽싸게 끼어들지 못하는 것이 웃지 않는 갓난아기 같구나.

피곤하구나!

어디 돌아갈 곳이 없는 것 같구나.

사람들은 모두 여유가 있는데 나 혼자 버려진 듯하구나.

내 마음이 어리석은 게 아닐까?

어리석도다. 어리석도다!

속세 사람들은 다들 (이해타산에) 밝은데 나 혼자 어둡구나.

속세 사람들은 꼼꼼하게 잘 따지는데 나 홀로 우매하구나.

형체가 없는 듯한데, 문득 보니 그것(道)이 바다 같구나.

멀리서 다시 보니 그 끝이 없구나.

세상 사람들 모두 무언가 함으로써 그 존재가 있지만

나는 홀로 질박함(道)의 문 앞에 서 있네.

나는 뭇 사람들과 다르게 혼자이기를 바라며

道(母)를 봉양하는 것을 소중하게 여긴다.

絶學无憂?
절 학 무 우

唯與阿 其相去幾何? 美與惡 其相去何若?
유 여 가 기 상 거 기 하   미 여 오 기 상 거 하 약

人之所畏 亦不可以不畏.
인 지 소 외 역 불 가 이 불 외 인

구도자(求道者)의 외로운 심경을 토로하면서도 결국 구도자의 길을 계속 갈 것이라고 하는 내용이다.

"배움을 끊으면 걱정이 없다(絶學无憂)"는 첫 구절이 이 章과 내용과 어울리지 않는다고 판단하여 백서본 필사과정에서 잘못 끼어든 것이라고 이야기하는 사람들이 많다. 이와 비슷한 내용을 이야기한 앞 장에 있어야 할 구절이라든가, 48장으로 옮겨야 한다고 주장하기도 한다. 그러나 죽간본에도 버젓이 이 구절이 앞에 나와 있어 함부로 그렇게 생각할 것만 아니다. 대부분의 사람들은 여기서 배움이라는 것은 우리가 일반적으로 생각하는 세속적인 학문, 사람이나 사회가 만들어놓은 예의와 분별에 대한 것을 배우는 것이라고 보고, 이러한 지식(분별)은 사람을 속박하기 때문에 그러한 배움을 끊으면 걱정이라는 것이 없어진다고 번역하고 있다. 그러나 필자는 이 장에서의 배움(學)은 그런 세속적인 배움이 아니라 도(道)에 대한 배움이라고 생각한다. 물론 道를 공부한다는 표현이 부적절할 수도 있다. 그러나 뒤이어 나오는 내용들이 道에 머물려고 하는 구도자가 세상 사람들과 같이 편하고 쉽게 어울리지 못하고 있는 점을 한탄조로 기술하고 있다는 사실을 감안하면 도를 배운다는 표현이 맞다고 생각한다. 그래서 이 구절은 긍정문이 아닌 반어적 의문문으로 읽는 것이 뜻의 전달이 훨씬 명확하다. 즉, 道라는 것을 아예 배우지 않았더라면 보통 세상 사람들과 같이 평범하게 희희낙락하며 쉽게 살아갈 수 있었을 터인데 道를 배웠기 때문에 도리어 더 외롭고 힘들게 사는 것은 아닌지를 역설적으로 표현하고 있다.

갑본의 유여가(唯與訶)는 왕필본에는 유여아(唯與阿)로 되어 있다. 唯(유)는 공손한 대답을 할 때 내는 소리이며, 阿(아)는 윗사람에게 공손치 못한 대답의 표현이라 하여 우리말로 하면 "예"와 "응" 같은 뉘앙스의 차이다. 그러나 백서갑본과 을본은 '꾸짖다'는 뜻을 가진 訶(가)로 되어 있다. 그래서 백서본이 발견된 후부터는 이 구절을 뒤 구절의 美(미), 惡(오)와 같이 상반어로 봐야 한다며 수긍(唯)과 부정(訶)의 단어가 옳다고 주장하기도 한다. 그러나 唯(유)는 아랫사람이 윗사람에게 공손히 대답하는 것임에 반해, 訶(가)는 윗사람이 아랫사람을 향해 꾸짖는다는 의미이기 때문에 상대어로 보기에는 상황이 다르다. 그리고 뒤이어 나오는 표현이 이러한 상황을 분명하게 해 주고 있다. 唯(유)와 가(訶)의 경우에는 幾何(기하)라고 쓰면서 "그 차이가 얼마나 되느냐"로 묻고 있는 데 반해, 美·惡의 경우에는 何若(하약)으로 쓰면서 "무엇과 같으냐?"고 묻고 있다. 비슷하지만 미묘한 차이가 있다. 즉 전자는 비슷하지만 좀 거리가 있다는 것이고, 후자는 전혀 다르지만 그게 어떠냐는 표현이다. 이러한 점을 종합적으로 고려할 때 왕필본과 같이 "예"와 "응"으로 보는 것이 적절하다. 즉, "예"나 "응"이나 모두 수긍한다는 점에서는 같고 공손하느냐 공손하지 않느냐는 것 뿐인데 거기에 애써 무슨 차이를 두느냐는 것으로 이해할 수 있다. 참고로 죽간본은 유여가(唯與可)로 되어 있어 可가 어느 뜻으로 쓰였는지 알 수가 없다.

다음 문장에서는 美와 惡의 확연한 상반되는 의미를 대치시키고 있다. 아름다움(美)과 더러움(惡)의 대구는 2장에서도 나왔던 것으로 상반되는 것들에 대한 분별이라는 것은 서로 상호 작용으로 나타난 현상으로 내실 어떠한 차이도 없는 것이라고 이미 설명했다. 구도자인 자기의 입장에서는 그러한 구분이 아무 의미가 없는데 세상 사람들은 그렇게 생각하지 않는 것을 보고 도대체 그게 어떻다는 것이냐고 반문하고 있다.

그러나 보통 사람들은 '예'와 '응'을 확실하게 구분하며 사람을 평가하고 아름다운 것을 좋아하고 더러운 것을 싫어한다는 의사를 분명하게 한다. 사람들이 꺼려하는 것(人之所畏)는 공손치 않은 대답(응)과 더러움 (惡)이다. 세상을 같이 사는 한 사람으로서 현실적으로 난들 역시 꺼려 하지 않겠느냐고 되묻고 있다. 일반적으로 대부분의 우리말 번역자들이 畏(외)를 두려워하다는 것으로 번역하는데 앞의 사례가 두려워할 정도 의 사안은 아니고 꺼리는 정도로 번역하는 것이 매끄럽다.

백서원문의 '亦不可~人' 구절에 사람(人)이라는 글자가 있을 경우 번역 이 되지 않는다. 왕필본에도 인(人)자는 빠져 있어 필자도 거기에 따랐 다. 백서 필사자의 착오라는 견해가 지배적이다.

望呵, 其未央哉!
망 아   기 미 앙 재

衆人熙熙, 若鄕於太牢 而春登臺,
중 인 희 희   약 향 어 퇴 뢰 이 춘 등 대

我泊 焉未佻? 若嬰兒未咳.
아 박 언 미 조   약 영 아 미 해

도덕경은 감탄문만 나오면 복잡해지는 것 같다. 옛날의 글자 뜻이 지 금과 다를 수도 있지만 나름대로 분명한 의도가 있어 적합하다고 생각 되는 형용사를 사용했을 터인데 후세의 판본마다 제각각 달리 표기하여 더 혼란을 야기하고 있는 것 같다. 왕필은 '망(望)'이라는 단어를 14장에 서는 '恍(황: 황홀하다)'으로 바꾸더니 여기서는 다시 '荒(황: 황량하다)'이라 는 새로운 단어로 바꾸었다. 그리고서 "황량함이여! 그 끝이 없구나(其 未央哉)!"라는 식으로 번역을 하고 있다. 바로 앞에서 "사람들이 꺼리는 것을 나도 꺼린다"라고 한 내용과 연결되지 않을 뿐 아니라 뒤이어 나오 는 사람들이 즐겁게 살고 있는 장면과도 연관지지 않는다. 망(望)은 그냥 말 그대로 멀리서 바라보는 것으로 쉽게 읽어도 아무 문제가 없다. 그리고 其未央哉(기미앙재)의 央(앙)은 '끝'이 아니라 '가운데'라고 번역해야 한다. 다시 말해 이 구절은 멀리서 바라보니 "내가 그 보통 사람들 가운데 있지 않구나!" 라고 읽어야 한다. 보통 사람들과 같이 '응'이란 대답을 싫어하고 예쁜 것을 좋아하며 평범하게 생각하면 좋을 텐데 道를 배운 처지라 자기는 그렇지 못함을 말하고 있는 것이다. 물론 지금의 이 장면은 구도자가 세속적인 시각에서 자신을 바라보며 쓴 글이다. 그런데 무슨 황량함이 끝이 없다는 건지? 자칭 노자의 대가라는 사람도 이 구절을 "텅 빈 곳에 아무것도 드러나지 않는다."고 번역하는데 도대체 앞뒤와 연결도 안 될 뿐 아니라 뜬금없이 자다가 봉창 두드리는 것 같다. 사람들이 노자의 글, 왕필의 글에는 무슨 엄청난 심오한 뜻이 있는 양 지레 겁을 먹고 접근한 것은 아닌지 모르겠다. 그렇다고 하더라도 최소한 전후 문맥이나 논리는 맞아야 할 것이 아닌가? 노자는 함축적이지만 절대 어렵게 표현하지도 않고 내용이 간단하다.

다음 구절부터 구도자의 이러한 처지를 "세상 사람들은 ~하는데, 나만 ~하다"라는 식으로 예를 들어가며 이야기하고 있다. 配(희)는 아름답다는 의미일 때는 '이'라고 읽지만 즐겁다는 뜻일 경우에는 '희'로 읽어 熙(희)와 같다고 봐도 좋다. 중인희희(衆人配配)는 세상의 뭇 사람들은 모두 희희낙락하며 즐거워하며 살고 있다는 것이다. 太牢(태뢰)는 나라에서 지내는 아주 큰 제사를 의미하며 보통의 제사 때 사용하는 소(牛) 외에 돼지와 양(羊)도 추가하여 제물을 준비하는 것을 말하는데 여기서는 아주 큰 잔치로 보면 된다. 鄕에 대해서 대부분 饗(향: 잔치, 연회)이나 享(형: 제사를 올리다)으로 바꾸어 번역하는데 鄕飮酒禮(향음주례: 시골의 사원 등에서 높은 선비를 모시고 같이 먹고 마시는 잔치를 즐기는 것)에서와 같이

鄕에도 접대한다는 뜻이 있기 때문에 백서본을 그대로 인용해도 문제가 없다. 즉, 큰 잔치에서와 같이 먹고 마신다는 뜻이다. 그리고 봄(春)에 망대(臺)에 오른다(登)고 했는데 하상공은 봄이라는 계절은 음양이 서로 통하는 시기라 이러한 행위는 음란함을 의미한다고 했지만, 굳이 거기까지 확대할 것 없이 그냥 상춘(賞春)을 즐기는 행위로 봐도 충분하다. 그리하여 "보통 사람들은(衆人) 큰 잔치에서 먹고 마시며 봄을 즐기며 같이 희희낙락하는데"라고 번역된다.

다음 구절인 我泊焉未佻(아박언미조)은 세상 사람들의 처지와 다른 구도자의 심경을 말하고 있다. 泊(박)은 '아무것도 하지 않다', '고요히 움직이지 않다'는 의미이다. 세상 사람들은 희희낙락 즐기는데 나는 아무것도 하지 않고 가만히 있다는 것이다. 다음의 佻(조)가 문제다. 왕필본등 대부분의 사람들이 이를 兆(조: 조짐)라고 생각하는 바람에 번역이 어렵고 이상하게 되어 버렸다. 이를 '조짐이 없다', '덤덤하다', '기척도 없다' 등으로 번역하는데 이 상황에서 어울리지는 않는 표현들이다. 지금 이 단락은 세상 사람들과 다른 구도자의 처지에 대해 한탄하는 장면이다. 佻(조)는 백서본대로 '가볍고 빠르게 움직이는 것'이다. 재빨리 그 사람들과 함께하지 못함을 애석해 하고 있다. 문제는 焉(언)을 泊(박)에 붙여 감탄조사(~구나)로 볼 수도 있고 未佻 앞에 붙여 의문사(어찌)로 볼 수도 있는데 필자는 의문사로 보아 "어찌 나는 잽싸지 못하는가?"로 읽고 싶다. 이러한 자기 행동이 마치 웃음 없는(未咳) 갓난아기(嬰兒)같다고 말한다. 갓난아기는 항상 웃고 있는데 웃음이 없는 아기는 자연스럽지 않은 것이 어딘가 어색하다. 함께 어울리고 싶으면서도 애늙은이 같이 점잔을 떨고 있는 것은 아닌지를 비유해서 말하고 있다.

累呵, 如无所歸.
누아 여무소귀

衆人皆有餘 我獨遺 我愚人之心也,
중인개유여 아독유 아우인지심야

蠢蠢呵, 俗人昭昭 我獨若昏呵, 俗人察察 我獨悶悶呵.
준준아 속인소소 아독약혼아 속인찰찰 아독민민아

누(累)는 그 어원이 물질적, 정신적으로 입은 손해를 의미하는 것으로 고달프다, 피곤하다는 뜻으로 읽을 수 있다. 나는 이렇지도 못하고 저렇지도 못해서 돌아갈 곳(所歸)이 없는(无) 것 같다(若). 계속 道를 공부하기도 그렇고, 그렇다고 다 포기하고 사람들과 같이 어울리기도 그렇다는 애매한 자신의 입장을 토로하고 있다.

계속해서 세상 사람들과의 다름에 대해 이야기하고 있다. 세상 사람들은(衆人) 모두 여유가 있는데(有餘) 자기(我)만 홀로(獨) 버려져 있고(遺) 나는 마음이 바보 같은 사람(愚人)이 아닌지 자조하고 있다.

준(蠢)도 왕필본은 돈(沌)으로 바뀌어 있으나 준(蠢)에도 '어리석다'라는 뜻이 있기 때문에 잘 사용하지 않는 한자이지만 백서원본에 충실하기로 하였다. 蠢蠢阿(준준아)는 자기가 어리석다는 감탄문이다.

그리고 다음 구절의 俗은 백서본에는 鬻(죽)으로 되어 있고 이 글자도 '어리다'의 뜻이 있는데 왜 '俗'이라는 글자로 바뀌었는지 이유는 모르겠으나 한자가 너무 어려워 대부분의 통행본들과 같이 俗人(속인)으로 대체하였다.

昭昭(소소)는 세상이치에 밝음이다. 이에 대한 반대어로 지금은 사용되지 않은 【閻】(을본은 【閹】)로 되어 있으나 이는 18장에서도 昏(혼: 어둡다)으로 대체한 바가 있어 여기서도 같이 昏으로 보완하였다. 세상 사람들은 이해에 밝은데(俗人昭昭) 나(我) 혼자(獨)만 어두운(昏) 것 같다(若)고 한탄한다.

察察(살필 찰)은 꼼꼼하고 자세하다는 것인데 이에 대응어로 【悶】(을본은 閩)을 인용되어 있으나 을본에 대한 백서정리조의 의견에 따라 민민(閔閔)으로 보완하였다. 갑본의 【悶】이라는 글자가 여기 을본에서는 閩(민)으로 되기도 하고 백서정리조도 이 글자를 장소에 따라 昏(혼)으로 읽기도 하고 悶(민)으로 해석하기도 하는 등 일관성이 없다. 도덕경에 門 안쪽 변에 여러 가지 글자들이 들어간 지금은 사용하지 않는 한자들이 많이 등장하는데 고문학자들의 이에 대한 정리가 시급하다고 생각한다.

여기서 눈에 띄는 것은 지금까지 세상 사람들을 衆人(중인)으로 표기했는데 이 부분에서 와서 俗人(속인)으로 변했다. 노자가 볼 때도 앞의 잔치에 마시고 봄을 즐기는 것까지는 어느 정도 용납을 했지만 이해타산을 꼼꼼하게 따지는 장면에 와서는 그냥 俗人이라 표현하면서 은연중에 더 부정적인 시각을 드러낸 것은 아닌가 하는 생각을 해본다.

忽呵, 其若海, 望呵 其若無所止
홀 아 　 기 약 해 　 망 하 　 기 약 무 소 지

衆人皆有以 我獨門元以鄙, 吾欲獨異於人 而貴食母.
중 인 개 유 이 　 아 독 문 원 이 비 　 오 욕 독 이 어 인 　 이 귀 식 모

앞서 14장에서 하나의 용어로 정의된 홀·망(忽·望)을 왕필이 황홀(恍惚)로 바꾸더니 여기서는 또 다른 글자인 澹(담: 담박하다)와 飂(요: 높은 바람)로 바꾸었다. 바로 앞 단락에서의 望은 荒(황: 거칠다, 황량하다)로 바꾸어 놓았던 것을 바로 뒤 단락에서 다시 飂(요)로 바뀌어져 있다. 이 정도면 그동안 최고의 통행본으로 여겨져 온 왕필본의 진위에 대한 회의

까지 든다. 노자가 사용한 홀망(忽望)이라는 용어가 자주 등장한다는 것은 무언가 어떤 뚜렷한 의도가 있을 터인데 이렇게 함부로 이리 저리 바꾸어도 괜찮은지 모르겠다(물론 왕필도 아마 당시 어떤 판본을 보면서 주해서를 썼기 때문에 자기가 임의로 바꾸었다고 단정할 수는 없지만 필자 표현 방편이라 이해해주면 좋겠다).

지금까지 세상 사람들과의 다름에 따른 소외감을 피력했다면 이 단락에서는 다시 구도자의 입장으로 돌아와 결론을 이야기하고 있다. 忽(홀)은 14장에서 설명했듯이 형체가 없는 모양을 이르는 말이며, 형이상학적으로 표현하면 뚜렷하게 깨닫지 못하는 모양을 상징하는 형용사이다. 忽呵 其若海는 형체가 없는 듯한데 언뜻 보니 그것은 마치 바다와 같다는 것이다. 여기서 그것(其)는 道를 가리킨다. 다시 멀리서 쳐다보니(望呵) 그것은 끝이 없는 것 같다(無所止). 14장에서도 道를 설명하면서 형질도 없는 성질이며 형태도 없는 모습을 홀망이라고(無狀之狀 無物之象 是謂忽望) 한 상황과 비슷하다.

衆人皆有以(중인개유이)의 以는 무엇인가를 함을 말한다. 세상 사람들은 무엇인가 하는 것이 있다. 元(원)은 근본, 근원을 의미한다. 鄙(비)는 대부분 천하다는 뜻으로 번역하고 있지만 여기서는 질박함이라 읽어야 한다. 따라서 이 구절은 세상 사람들은 모두 무엇인가를 함으로써 존재하지만 나는 홀로(我獨) 질박함(鄙)을 가지고(以) 근원(元)의 문(門) 앞에 서 있다는 것이 된다. 하상공본에도 이 부분에 대해 '나 홀로 무위에 머무른다(我獨無爲)'라고 주석을 달고 있다. 그런데 왕필은 이 구절을 我獨頑以鄙(아독완이비)로 바꾸어 놓고 "모든 사람들은 쓸모가 있는데 나 홀로 완고하고 쓸모가 없다."고 번역을 한다. 지금까지 자기가 속세 사람들과 달리 외롭고 비참한 것 같다고 앞 단락에서 실컷 이야기하고 왔는데 다시 결론부에서 같은 말을 또 하는 것은 스토리 전개상 적절치 않다. 지금 이 단락은 속세에서와 달리 구도자의 입장으로 돌아와 있는 상황이다. 그리고 홀망(忽望)이라는 단어는 항상 道의 모습을 설명할 때 인용되는 단어이다. 따라서 이 구절을 속세 사람들과 비교하는 내용으로 보는 것은 적절치 않고 본문과 같이 지금 내 앞에 있는 道에 관한 이야기로 봐야 뒤의 문장과도 문맥상 어울린다.

뒤이어 吾欲獨異於人(오욕독이어인)에서 나는 보통 사람들과 홀로 다르고 싶다며 道에 대한 의지를 나타내고 있다. 지금까지는 계속 '나'를 我(아)로 표현해 왔는데 여기서는 道를 체득한 성인이 자신을 지칭할 때 사용하는 吾(오)라는 용어로 바뀌어 있음을 유의해야 한다. 앞에서는 세상 속에서 살아가는 한 인간으로서의 '나'라는 것을 표현하기 위해 我(아)를 사용하였지만 이제 속세의 이런저런 상황에 휘둘리지 않고 道의 경지에 들어와 있는 '나'를 표현한 것이다. 그러나 앞 구절의 我獨門元은 아직 道의 문 앞에 있기 때문에 굳이 我(아)라도 표현한 것 같다.

而貴食母(이귀식모)은 하상공의 주석대로 食(식)은 用(용)이고 母(모)는 道를 가리킨다. 구도자의 마음가짐을 표현하는 데 굳이 왜 식모(食母)라고 했는지 정확히 알 수는 없지만 대부분의 번역자들이 음식을 먹여주는 중요한 역할을 나타내려고 한 것이라고 설명하고 있다.

이 장은 크게 세 단락으로 되어 있는데 대부분의 도덕경이 그렇듯이 기승전결(起承轉結)의 구조를 잘 갖추고 있다. 첫 단락은 도를 꼭 공부해야 하는 이유가 무엇이냐며 묻는 것으로 도입부가 되고, 두 번째 단락은 구도자인 내가 세상 사람들과 다르다는 것이 외롭고 잘하는 짓인지 약간의 한탄을 표현하고 있으며, 마지막인 이 단락에서 세상 사람들이 어떻든 나는 구도자의 자세를 계속 견지할 거라고 하는 결론 부분으로 되어 있다.

결론적으로 구도자는 속세 인간의 관점에서 볼 때 고독하고 어리숙해 보일지 모르지만 구도자는 질박함이라는 道의 근원 앞에서 머물며 다른 사람들이 뭐라 하더라도 도를 섬기면서 살아간다는 것이다.

제21장

道, 唯望唯忽, 有精, 甚眞

道는 어스름하지만 매우 참된 정기가 있다

孔德之容 唯道是從.

道之物 唯望唯忽,

忽呵 望呵, 中有象呵,

望呵 忽呵, 中有物呵,

幼(幽)呵 鳴呵, 中有請(精)呵,

其請(精)甚眞, 其中有信(道).

自今及古 其名不去, 以順衆父

吾何以知衆父之然? 以此.

孔(공): 크다, 구멍, 비다. **통(通)하다**, 지나가다

幼(유): 어리다, 어린아이, 사랑하다

鳴(명): **울다**, 음향이 나다

精(정): 자세하다, 면밀하다, (쌀을) 찧다, **정수(精髓)의 준말**

德이 나오는 모습은 오로지 道를 따른다.

道라는 것은 오로지 望하고 忽할 뿐이다.

형체가 없구나(忽)! 멀리서 바라보아라(望)!

그 안에 모습(象)이 있다.

멀리 바라보아라(望)! 희미하구나(忽)!

그 안에 사물(物)이 있다.

그윽하구나! 울음소리가 나는구나!

그 안에 정기(精)이 있다.

그 정기는 참으로 진실하며, 그 속에 미더움(道)이 있다.

지금의 (도를 깨친) 상황을 좇아 옛날에 이른다.

그 이름(道)는 (중간에) 사라지지 않는다.

이런 방법을 따라 만물의 근원(衆父)에 다다를 수 있다.

내가 어찌 만물의 근원의 모습을 알겠는가?

이러한 방법에서이다.

孔德之容 唯道是從.
공 덕 지 용 유 도 시 종

아주 쉬운 글자로 되어 있는데 해석이 분분하다. 먼저 孔(공)에 대해 하상공은 '크다(大)'라고 하고 왕필은 '비다(空)'라고 주석을 달았다. 이에 따라 대부분의 번역서는 '큰 덕'이나 '텅 빈 덕'으로 번역하고 있으나 필자는 이를 거부하고 싶다. 道나 德에 수식어를 붙여 큰 덕이니, 작은 덕이니 하면서 구분을 하는 것은 적절치 않다. 아름다움(美)과 더러움(惡)의 구분조차 용납하지 않은 노자가 德을 세분하여 구분한다는 것은 말이 안 된다. 텅 빈 德이라는 것도 마찬가지다. 德은 道가 외부로 나타난 품성이라고 이해할 때 德은 道의 하위개념이 아니라 道와 같이 바라보아야 한다. 道나 德이 원래 텅 비어 있는 것이라고 수차례 언급하였는데 다시 일부러 '텅 빈 덕(孔德)'라고 새삼스럽게 정의할 필요가 없다. 10장에서 현덕(玄德)이라는 것도 있지 않았냐고 반론을 제기할 수도 있지만 현덕은 51장, 65장에서도 사용된 용어로 어리숙한 듯 가물거려 보이는 명확하게 인식되지 않는다는 특별한 성질을 묘사하려고 일부러 정의한 것이다. 38장의 상덕, 하덕이라는 것도 있다고 할 수 있지만 거기서 上, 下는 형용사가 아니라 동사로 사용된 것으로 전혀 다른 문제이다.

이 구절은 德의 모습을 표현하고 있다. 공(孔)은 그냥 구멍으로 보아야 한다. 어떤 구멍인지는 모르지만 관념상의 어떤 구멍을 통해서 德의 모습을 본다는 것이다. 그 모습은 오직 道을 따른다는 것이다. 노자는 자주 보통 사람들이 인지하기 어려운 道에 대해 직접 설명하기보다 사람들이 실제로 느낄 수 있고 인지할 수 있는 德이라는 개념을 곧잘 끌어다 道라는 것을 설명하고 있다.

道之物 唯望唯忽,
도 지 물 유 망 유 홀

忽呵 望呵, 中有象呵, 望呵 忽呵, 中有物呵,
홀 아 망 아 중 유 상 아 망 아 홀 아 유 중 물 아

幽呵鳴呵, 中有精呵, 其精甚眞, 其中有信(道),
유 아 명 아 중 유 정 아 기 정 심 진 기 중 유 신

여기서 도지물(道之物)을 왕필본과 같이 道之爲物(도지위물)로 해서는 안 된다. 왕필과 같이 道가 사물로 되어가는 것이라 하면 뒤의 내용과

맞지도 않고, 특히 뒤이어 나오는 중유물(中有物)의 物과 중복되어 번역 자체가 안 된다. 도지물(道之物)의 물(物)은 道라는 물건, 즉 '도라는 것'으로 번역해야 한다. 앞에서 우리가 인지할 수 있는 德이라는 것이 道를 따른다고 하였는데 이 道라는 것은 어떤 것인가를 설명하고 있다. 앞 단락의 공덕지용(孔德之容)은 道라는 것이 있다는 것을 이해시키기 위해 살짝 인용한 것에 불과하며 이 章의 주제는 道의 모습이다.

14장에서도 道의 모습에 대해 이미 설명을 하였는데 여기서는 좀 더 형이하학적으로 道의 모습을 더 구체적으로 묘사하고 있다. 14장에서 道는 극히 미세하여 道를 무물(無物)이라 하면서 성질도 알 수 없고 형상도 없는 것이라 하면서 이를 忽望(홀망)이라 표현했다. 이 표현이 이 장에서 다시 나타났다. 같은 道에 대한 서술이기 때문에 당연하다. 왕필은 14장에 이어 여기서도 줄기차게 홀망(忽望)을 황홀(恍惚)로 바꾸어 버렸다. 홀망에 대해 14장에서 이미 설명했지만 이 구절을 번역하면서 다시 한번 언급 안 할 수 없다.

道라는 것은 오로지 望(망)하고 오로지 忽(홀)할 뿐이라고 했다(唯望唯忽). 뒤이어 순서가 바뀌면서 이 용어가 반복된다. 望은 글자 그대로 멀리서 바라본다는 것이다. 가까이서 보는 차원이 아니고 멀리서 바라본다는 차원이다. 忽은 '다하다', '멸하다'의 뜻도 있지만 어떤 형체가 없는 희미한 모양을 의미한다. 그래서 忽望(홀망)을 형체가 없는 것을 멀리서 바라본다는 것을 상상하면서 그 의미를 이해하여야 한다. 의역하면 "명확하게 인지할 수 없는 가물가물한 상태"라는 것을 의미한다.

14장에서는 道를 형상도 없는 물체(無物之象)라고 표현한 것에서 그쳤지만 여기서는 이 無物之象이 어떻게 상(象)으로 발전하며, 또 그것이 어떻게 사물(物)이 되는지 설명하면서 나아가 그 사물 안에 정기(精)라는 것이 있다는 것도 부연 설명하고 있다.

홀망을 포함하여 이 구절을 직역하면

"형체가 없는 듯 가물가물하구나! 멀리서 바라보아라! 그 안에 어떤 모습(象)이 보인다!"

"멀리 바라보아라! 형체가 없는 듯 가물가물하구나! 그 안에 어떤 사물(物)이 있구나!"

이를 풀어서 읽으며 형체가 없는 것 같은데 멀리서 바라보니 희미한 실루엣 같은 형상(象)이 보인다는 것이고, 다시 멀리서 바라보니 아무것도 없는 듯 흐릿하지만 무언가의 형상이 어떤 사물이라는 것이다. 이러한 상황은 1장의 우주 생성 때의 모습과 유사하다. 無가 있고 有가 있는 혼돈의 상황을 眇(묘), 玄之又玄(현지우현)이라 표현했다. 가물거리듯 흐릿한 모습이다. 사람이 눈으로는 직접 볼 수 없고 오로지 직관(眇)을 통해서만 알 수 있다고 했다. 그런데 여기서는 추상적인 道를 묘사하는 데 사물(物)이라고 표현하고 있다. 이는 道에 대한 이해를 돕기 위해 사람들이 인식할 수 있는 事物에 비유하고 있다.

만물은 형상이나 물체 그 자체로 끝나지 않는다. 그 다음에 나타나는 것이 精이다. 만물탄생의 순간이 그윽하다는 의미에서 幽(유: 그윽하다, 아득하다, 멀다)를 사용하고 있고 그 속에서 뭔가 울음소리(鳴)가 나는 것이 있다고 말한다. 울음소리는 무언가 지금 살아있다는 것을 상징한다. 그 사물에 살아있는, 움직이는 어떤 생명력, 정기가 있다는 것으로 이어진다. 사물에 어떤 생명력이 더해진 것이다. 그 精은 참됨(眞)이라고 했다.

다음이 좀 이상하다. 백서 을본에 其中有信(기중유신)으로 되어 있고 왕필본에도 그렇게 되어 있으나 백서 갑본은 이 부분이 훼손되어 알 수 없다. 그래서 信(신)을 그대로 채택할 수밖에 없는데 이럴 경우 바로 앞 구절에서 지극히 참됨(眞)이라고 이야기해놓고 다시 그 안에 미더움(信)이 있다고 이야기하는 꼴이 되어 버린다. 참됨은 미덥다는 의미를 이미 충분히 내포하고 있어 너무나 당연한 말이고 의미가 중복되는데 절제된 함축적 표현을 좋아하는 노자의 문체와 어울리지도 않는 것 같다. 그래서 나는 감히 이 信이 혹시 道라는 글자가 잘못 옮겨진 것이 아닌지 생각해본다. 언뜻 보기에 두 글자가 모양이 비슷해 착각할 수도 있다. 이 장은 道의 생성 과정에 대해 이야기하고 있다. 道가 만물을 창조하면서 그 안에 어떤 정기(精)가 있다는 것인데 그것이 바로 道라는 것으로 번역이 되면 아주 자연스럽고 이해가 쉽다. 사물의 본성(精)이 道이고 德이라는 노자의 사상에도 잘 부합된다.

을본의 幼(유)는 갑본에서는 【灣】로 되어 있지만 현재는 사용하지 않은 글자로 백서정리조의 의견에 따라 幽(유)로 대체하였다. 백서 갑·을본의 請(청)도 백서정리조의 의견에 따라 精(정)으로 바꾸었지만 55장에서 정기라는 의미의 '精'이라는 글자가 그대로 사용되었다는 것이 마음에 걸린다.

自今及古 其名不去, 以順衆父 吾何以知衆父之然? 以此.
자 금 급 고 기 명 불 거   이 순 중 부 오 하 이 지 중 부 지 연   이 차

자금급고(自今及古)는 14장의 마지막 부분과 같은 내용이다. 道가 아주 오랜 옛날 천지창조 때의 만물을 창조하였다고 하는데 그것을 지금 어떻게 알 수 있느냐에 대한 설명이다. 왕필은 14장에서와 같이 여기서도 현재와 옛날(今古)을 옛날과 지금(古今)으로 순서를 바꾸었다. 自今及古의 自를 '~로부터'로 해석한 것부터가 잘못이다. 그러면 '지금부터 옛날까지'라고 번역이 되는데 시간의 전진성을 생각하면 좀 표현이 매끄럽지

않아 아무 생각 없이 '옛날부터 지금까지(自古及今)'로 바꾸어 버린 것 같다. 귀에 익숙한 '자고로'라는 말과 같다고 생각한지도 모르겠다. 그러나 여기서 自는 '좇다', '따르다'라는 동사로 읽어야 한다. 지금의 것(今)을 좇아서(自) 옛날 것(古)에 이른다(及)는 것이다. 다시 말하면 앞 문장의 精이나 信(道)에 대해서 지금 네가 도를 체득한다면 그것이 사실이라는 것을 알게 된다는 말이다. 왜냐하면 道는 중간에 사라지거나 바뀌지 않으니까(其名不去). 매우 합리적이고 논리적인 방법을 제시하고 있는데 지금까지 모두 엉뚱하게 해석을 해 온 것 같다. 무슨 별 차이가 있겠냐고 할 수도 있지만 14장에서도 설명했듯이 노자의 아주 과학적이고 합리적인 논리가 여기에 있다. "옛날부터 그러했으니 지금도 그러하다"와 "지금 이러이러하니 옛날에도 이러이러했을 것이다"와는 전혀 다른 접근방법이다. 전자의 경우는 어떤 불변의 진리(법칙)이 있다는 전제하에 옛날의 상황도 지금도 같았을 것이라고 단언하는 것이다. 그러나 불변의 진리라는 것을 어떻게 증명할 것인가에 대한 문제가 남는다. 우리가 가장 논리적이라 생각하는 과학의 경우도 불변의 진리라는 것은 없을 수 있다. 단지 현재의 상황에서 진리라고 생각할 뿐이다. 우주 생성 때 道가 있었다고 하니 우주의 기원이라는 측면에서 이를 설명해보자.

지금의 우리는 우주의 나이를 약 150억 년 전으로 추정한다. 이것도 현대 과학의 이론적 계산에서 나온 추정일 뿐으로 그것이 진실인지는 아무도 모른다. 지금의 추정방법으로 그렇다는 것이다. 고대나 중세 사람들에게 우주란 지구를 중심으로 태양이나 별들이 돌아가고 있는 드넓은 하늘이라고만 생각했고 그 기원은 모두 신화(神話)로 얼버무리곤 했다. 당시로서는 그렇게 상상으로 그릴 수밖에 없었을 것이다. 지동설이

나오고 16세기 뉴턴의 운동방정식과 중력이론이라는 당시로는 획기적인 과학이론이 나왔지만 그 때도 우주는 만유인력법칙에 의해 항성이나 행성들이 타원운동을 하는 역학적으로 안정된 공간만이라고 생각했다. 그러나 그때도 우주의 기원에 대해서는 어느 누구도 명확하게 제시하지 못했고 단지 지구라는 행성은 속해있는 태양계의 운동을 이해하는 데 그쳤다. 1916년 아인슈타인의 일반상대성이론이 나오면서 시간과 공간은 불변이라는 그때까지의 진리가 단숨에 깨지면서 빛의 속도라는 개념은 태양계 밖인 항성 간의 운동을 규명할 수 있게 되었다. 그러한 우주는 동적(動的)이면서 안정된 것이라고 추측하였지만 아인슈타인의 이론도 우주의 기원에 대해서는 명확한 근거를 제시하지 못하였다. 최근 허블 망원경으로 지금 이 순간에도 우주가 팽창하고 있다는 사실이 알려지면서, 우주의 기원에 대한 이론적 접근이 가능하게 되었다. 무엇이 지금 팽창하고 있다는 것은 지금의 운동에 대해 시간을 거꾸로 거슬러 올라가면 시간이 0일 때인 최초의 상황을 유추할 수 있다는 것이 된다. 그렇게 해서 나온 것이 우주의 기원에 대한 빅뱅 이론이다. 팽창하고 있다는 것은 시간을 거꾸로 돌리면 축소한다는 의미이고 이를 끝까지 가면 언젠가 아주 작은 한 점에 불과하다는 것이다. 초밀도(超密度), 초고온(超高溫)의 이 한 점이 순간적으로 대폭발을 일으키며 양성자, 중성자, 중수소, 헬륨 등의 물질이 생기고 그 물질들의 상호 작용으로 많은 다른 원소들이 만들어지고 결국 물체(사물)로 발전하면서 항성이 생기고 행성이 생겨 현재의 우주가 되었다는 현재의 이론이다.

이러한 이야기는 태초의 우주 모습은 당시의 과학 수준에 따라 추정할 수 있을 뿐이다. 당시의 과학수준에 걸맞은 우주를 그릴 수밖에 없다. 우리가 아주 오래전의 우주를 어떻게 알 수 있는가? 너무 오래전이라 아무도 그것을 정확히 알 수 없다. 현재의 시점에서 나름대로 상상하거나 과학이론으로 유추할 수밖에 없다. 지금의 우주 팽창론이나 빅뱅이론도 하나의 가설에 불과할 수도 있다. 우주의 기원은 이러한 방법으로밖에 알 수 없다는 것을 노자가 말하고 있는 것이다. 지금 道가 있다는 것을 알아야(과학이론의 증명) 시간을 거슬러 아주 오래전에도 道가 있었다는 것을 알 수 있다는 것이다. 여담 같지만 현재의 우주론은 이 장의 내용과 비슷하다는 생각이 든다. 최초에 우주에는 아무것도 없었는데 어떤 하나의 알갱이, 즉 道(초밀도 초고온의 한 점)라는 것으로부터 만물이 생성하게 되었다고 주장하는 노자는 2,500여 년 전에 이미 현재의 우주론을 알고 있었던 것은 아닐까?

그 다음 문장도 번역이 자연스럽다. 이러한 방법(순서)을 따라 가면 중부(衆父)까지 간다는 이야기다. 중부는 글자 그대로 만물의 아버지다. 지금까지 노자는 만물의 근원을 암컷, 어머니라는 단어를 많이 활용했는데 왜 갑자기 아버지를 들고 나오느냐고 이의를 제기할 수도 있을 것이다. 이 장에서는 精에 대해 이야기하는 중이라 태어남(출산)이라는 개념보다 사물의 씨앗(정자)라는 개념에 더 가까운 것 같아서 아비 父를 사용한 것이라 생각된다. 그런데 왕필은 중부를 衆甫로 글자를 바꾸어 버렸다. 물론 이 단어도 만물의 근원이라는 의미로 해석할 수도 있지만 백서본의 원문이 보다 더 명확하게 표현하고 있는 것 같다.

마지막 구절에서 그 이유를 명확하게 하고 있다. 내가 어떻게 만물의 근원이 그러함을 알겠는가? 이렇게 해서 안다는 것이다. 즉, 道를 인식하고 체득했으니 만물의 始原를 알 수 있다는 이야기다.

曲則全

굽히면 온전해진다

曲則全 枉則定, 洼則盈 敝則新, 少則得 多則惑,
是以聖人執一爲天下牧.

不自視故明, 不自見故章, 不自伐故有功, 弗矜故能長,
夫唯不爭 故莫能與之爭,

古之所謂 曲全者, 幾語才(哉), 誠全歸之.

枉(왕): 굽히다. 복종하다, 능멸하다, 억울하다

洼(와): 웅덩이, 깊다

弊(폐): 해지다, 낡다 넘어지다, 나쁘다

牧(목): 기르다, 다스리다, 수양하다, 경계를 정하다, 목장

章(장): 글, 본보기, 법식, 큰 재목, 크다, 밝다, 드러나다

伐 (벌): 치다, 베다, 찌르다, 비평하다, 모순되다, 자랑하다, 치료하다

幾(기): 얼마, 어찌(=豈), 기미, 위태롭다

굽히면 온전해질 것이며,

복종하는 것이 안정에 이를 것이다.

웅덩이는 채워질 것이며

낡아진 것은 새로워지는 법이다.

적어지면 얻어지며. 많아지면 미혹하게 된다.

성인은 이 하나(一)를 세상일의 다스림으로 삼는다.

스스로 분별하지 않기 때문에 깨달을 수 있고(明)

스스로 드러나지 않기 때문에 더 드러나게 되며

스스로 비난하기 않기에 功을 인정받는 것이며

스스로 잘난 척 않기에 오래갈 수 있는 법이다.

무릇 오로지 다투지 않음이 있을 뿐이니

다른 사람들과 세상일로 싸울 일이 없다.

예로부터 전해오는 굽히면 온전하다는 것이 말뿐이겠는가?

진실로 온전하고자 하며 그것(하나)에 귀의하여야 한다.

曲則全 枉則定, 洼則盈 敝則新, 少則得 多則惑,
곡 즉 전 왕 즉 정　와 즉 영 폐 즉 신　소 즉 득 다 즉 혹

是以聖人執一爲天下牧.
시 이 성 인 집 일 위 천 하 목

노자의 정언약반(正言若反)표현이다. 구부리면(曲) 온전하다(全). 자기를 내세우며 나대는 것은 항상 상대로부터 공격을 받게 되고 결국 상하

게 된다. 구부러진 나무가 오래간다는 말은 자주 회자된다. 구불구불하고 속이 갈라져 쓸모가 없는 나무는 누구에게도 잘리지 않고 오래간다. 『장자』 산목편에 "곧은 나무가 먼저 벌목되고 달콤한 우물이 먼저 말라버린다.(直木先伐 甘井先竭)"라는 표현도 이러한 상황을 설명하고 있다.

枉(왕)은 曲(곡)과 비슷한 뜻을 가진 글자다. '굽다(휘다)', '굽히다'의 뜻으로 중복된다. 문제는 定(정)이다. 갑본의 定이 을본에는 正으로 되어 있고, 왕필본에는 直(직)으로 되어 있다. 그래서 통상적으로 "휘어진 것은 바로 펴진다."로 번역되어 왔다. 그러나 바로 앞에서 구부린 것이 온전하다고 말하고 연이어 휘어져 있는 것이 바르게 펴진다고 말하는 것은 서로 상반되는 표현으로 혼란스럽다. 필자는 백서갑본의 定(정)으로 보고 枉(왕)을 '복종하다', '억울하다'의 뜻으로 읽고 싶다. 좀 손해 같고 억울한 것 같지만 복종한다는 것이다. 이렇게 하면 더 이상 잃을 것도 없기 때문에 차라리 안정될 것이다.

洼(와)는 물이 모이는 움푹 파인 웅덩이다. 이 때 웅덩이는 모든 것을 받아들이는 수용의 뜻이 아니고 어떤 흠결(움푹 파임)이 있다는 의미로 봐야한다. 웅덩이는 채워지게(盈) 마련이고 낡은 것은 새로워진다(敝則新). 이 부분은 사물이 극에 이르면 반대로 돌아간다는 物極必反(물극필반)을 이야기하고 있다.

少와 多에 대해서 하상공은 재물이나 학식을 예를 들었지만 모든 일이나 현상에 적용되는 일반적인 것이라 봐도 좋다. 적어서 궁해지면 어떤 것이든 얻을 수 있는 기회가 될 것이며(少則得), 거꾸로 너무 많아지면 그로 인해 미혹된다(多則惑). 지금까지 든 여러 가지 사례는 모든 것은 극에 달하면 반대로 돌아가니 지금 자신의 처지가 좋지 않더라도 유념하지 말라는 것이다. 때가 되면 저절로 모든 것이 잘 풀린다는 것이다.

塞翁之馬(새옹지마)의 고사와 같은 의미다.

그래서 성인은 하나(一)를 잡고 천하의 牧(목)으로 삼는다고 한다. 여기서 하나(一)는 대부분 道를 지칭한다고 말한다. 도덕경에는 '하나(一)'라는 표현이 여기 외에 4군데서 등장한다. 14장 '混而爲一(모두 섞어서 하나가 된다)'의 경우 하나(一)는 道가 확실하다. 그러나 10장, 39장, 42장의 '하나(一)'는 道를 가리킨다고 보기 어렵다. 각각의 상황에 따라 그 하나를 적절하게 유추하여야 한다. 여기서도 포괄적으로 道를 가리키는 것이라 해도 틀린 것은 아니지만 이 장의 내용에 비추어 앞에서 강조한 물극필반(物極必反)과 겸양의 품성으로 보는 것이 문맥상 어울린다. 왕필도 일(一)은 매우 적음(少之極也)로 주석을 달며 겸양으로 간주하는 듯하다.

그런데 이러한 추상적인 개념에 집(執)이라는 동사를 사용하고 있다. 10장의 '戴營魄抱一(대영백포일)'에서는 '하나(一)'에 대해 抱(포: 가슴에 품다)를 사용하였는데 이 장에서는 執(집)으로 되어 있다. 하상공, 왕필본은 모두 10장과 같이 抱(포)로 바뀌어 있다. 필자가 보기에는 10장에서는 수양을 위한 마음가짐에 관한 것인데 반해 여기서는 이 '하나'가 천하를 다스리는 데 꼭 필요한 하나의 기구(牧: 회초리)으로 보았기 때문에 보다 직접적인 의미의 執(집)을 사용한 것이라고 생각한다.

牧(목)은 하상공본과 왕필본에서는 式(식)으로 되어 있으며 하상공은 이를 法이라 하고 왕필은 "마땅히 그것에 따르는 것(猶則之也)"이라 주석을 달고 있다. 이에 따라 대부분의 사람들이 모범, 기준, 법칙 등의 의미로 번역하고 있다. 牧(목)의 어원은 소를 모으기 위해 회초리를 든 모습이다. 처음에 '가축을 기르다'는 의미에서 발전해 '다스리다', '통치하다'라는 뜻으로 많이 쓰이고 있다. 필자는 牧을 "천하의 다스림으로 삼는다."라고 번역하였다. 여기서 천하는 통치 대상의 천하가 아니라 그냥 세상 모든 일이라는 의미로 봐야 한다. 즉 살아가면서 모든 일을 그러한 품성(退讓)에 따라 처신한다는 것이다. 세상만사 차면 기우는 법이고 궁하면 통하니 너무 나대지 말고 겸손하게 뒤로 물러나 있으라는 것이다.

不自視故明, 不自見故章, 不自伐故有功, 弗矜故能長,
부 자 시 고 명　　부 자 현 고 장　　부 자 벌 고 유 공　　불 긍 고 능 장

스스로 보지 않기 때문에 밝다. 본다는 것(視)는 자기가 무언가에 대해 분별하고 판단한다는 것이다. 밝음(明)은 16장에서 언급한 바와 같이 道에 이르는 깨달음이다. 사람은 분별로 선악과 미추(美醜)가 생기고 그것에 따라 대상을 평가하는 이분법적인 사고에 갇혀 산다. 앞 구절에서 언급한 曲(곡), 枉(왕), 洼(와), 弊(폐), 少(소), 多(다)에 대해 아예 크게 의미를 두지 말라는 뜻이다. 즉 구부러졌거나 곧거나, 혹은 낡은 것과 새로운 것, 많은 것과 적은 것에 대해 분별하거나 好·不好에 연연하지 말라고 한다. 구부러진 것은 구부러져 있어 좋은 점도 있을 수 있으며, 낡아진 것은 언젠가 다시 새로워지는 것이 자연의 이치이다. 모두 각자의 본성을 따르게 되는 것을 깨닫게(明) 된다.

見(현)은 보여주는 것이다. 스스로 보여주려고 하지 말라는 것이다. 거목이 자기의 웅장함을 보여주었기 때문에 목수에게 잘려버리는 것과 같다. 분별이 생기는 원인 중의 하나도 자기를 드러내기 위한 것인지도 모른다. 자신이 아름답다든가, 많이 안다는 것을 보여주려는 것은 벌써 그 자체에 분별이 있고 뒤이어 자기 존재를 인정받으려는 이기심이 도사리고 있다고 할 수 있다. 동양학이 전공도 아닌 필자가 이렇게 번역을 하고 있는 이 자체가 자신을 드러내고 싶은 욕심에서 시작한 것이 아닌지 모르겠다. 사람이 자기를 일부러 드러내는 행위는 상대방도 쉽게 간파한

다. 그를 부러워하기보다는 속으로는 비웃거나 폄하하는 게 세상의 인심이다. 그러면 章(장)이 된다고 했다. 章은 왕필본의 彰(드러날 창)과 같은 의미의 '드러내다', '나타나다'의 뜻으로 읽을 수 있다. 선행을 하고도 남들로부터 따가운 시선을 받는 사람이 많다. 무슨 의도가 있거나, 자기를 부각시키려는 이기적인 행동이라는 것을 사람들은 알고 있다. 상대방 이전에 자신을 속이는 것이다. 스스로 드러내지 않는 것이 곧 겸양의 품성이기도 하며 결과적으로 더 잘 드러난다는 것이다.

다음의 伐과 矜에 대해서 대부분의 사람들이 자랑하거나 자만한다는 식으로 번역을 하고 있다. "스스로 자랑하지 않기에 공이 있고, 자만하지 않기에 오래 간다."는 식으로 번역하고 있지만 비슷한 말이 중복된다. 이에 대해 어떤 사람은 伐(벌)은 자랑거리가 있으면서 뽐내는 것이고 矜(긍)은 실제 자랑거리도 없으면서 잰 척하는 것으로 차이가 있다고 말하지만 그러한 미미한 차이를 설명하기 위해 노자가 두 구절을 썼다고는 생각되지 않는다. 앞에서 분별을 갖지 말고 자기를 드러내려고 하지 말라는 이야기에 이어 필자는 伐(벌)을 스스로 찌르는 것, 즉 자신을 비난하는 뜻으로 읽고 싶다. 자기를 비난한다는 것은 지금까지의 자신의 행동이 잘못되었다는 것을 말하는 것이며 이는 결국 사물의 본성에 따르지 않고 작위적으로 했다는 것을 의미한다. 그러나 이미 지나간 일이다. 비난하는 것도 일종의 유위(有爲)이다. 지나간 것을 지금 따지며 자책하는 것은 아무런 도움이 되지 않는다. 앞으로의 행위를 더 구속할 뿐이다. 따라서 스스로 비난하지 않아야 앞으로 일들이 잘 된다는 것이다. 功(공)은 어떤 두드러진 업적이나 성과를 의미한다고 보기보다는 그냥 일이 잘되고 풀렸다는 정도의 해석으로 봄이 적절하다.

矜(긍)은 일반적으로 뽐내거나 자랑하는 것을 말한다. 矜에는 '공경하다, '숭상하다'의 뜻도 있어 단순한 자랑이 아니라 오만, 거만하다는 의미를 내포하고 있다. 사실 이렇게 잘난 척하는 사람은 절대 오래가지(長) 못하는 법이다. 長(장)을 '우두머리', '으뜸'으로 번역하는 사람도 있지만 너무 통치술 차원에서 접근한 것이라는 생각이 든다.

이 단락은 판본마다 차이가 많다. 우선 自(자)에 대해서 '자기'라고 번역할 수도 있고, '스스로'라고 부사로 읽을 수도 있다. 24장에도 위의 구절이 그대로 나오는데 거기서는 自視者不章, 自見者不明……식으로 사람을 뜻하는 者가 들어 있는 것을 볼 때 본문과 같이 '스스로'라고 번역하는 것이 적절하다고 생각한다. 그리고 본문의 自視(자시)가 왕필본에서 自是와 自見으로 되어 있다. 여기까지는 본문과 크게 차이가 없는데 뒷부분의 明과 章이 서로 바뀌어 있다. 즉 見이 明과 연결되어 있고 是가 章(왕필본은 彰)으로 이어지고 있다. 그러나 필자는 백서갑본을 기준으로 본문과 같이 번역하는 것이 더 적절하다고 생각한다.

그리고 특이한 점은 앞의 세 문장은 自가 들어 있는 데 반해 마지막 문장인 弗矜은 自가 빠져 있으면서 不이 아닌 弗자로 되어 있다. 弗은 형용사의 부정어로 사용할 수 없다는 점 외에는 不과 弗은 의미상 차이는 없는데 왜 이렇게 되어 있는지 알 수가 없다. 그러면서 24장에서는 다시 自矜者不長으로 自와 不이 부활되어 있다. 아무래도 백서본의 착오라고 생각된다.

夫唯不爭 故莫能與之爭,
부 유 부 쟁 고 막 능 여 지 쟁

古之所謂 曲全者, 幾語哉, 誠全歸之.
고 지 소 위 곡 전 자 기 어 재 성 전 귀 지

대저 오로지 다툼이 없을 뿐이라고 말한다. 앞에서와 같이 분별을 억제하고 자기를 내세우거나 자기를 비판하지 않을 뿐 아니라 잘난 척하지도 않은데 어떻게 다툼이 있을 수 있겠는가? 어느 누구와도 다툼이 일어나지 않는다는 것은 너무 당연한 결론이다.

첫 단락에서 6가지 사례를 들었는데 여기서 대표적으로 하나에 대해 이야기하고 있다. 예전부터 곡전(曲則)이라는 말(격언)이 있었다고 한다. 어찌 말뿐이겠냐고 반문하는 것은 실천하라는 의미이다. 그리하여 진실로 온전함(全)으로 돌아가는 것이다. 그 온전함은 때가 되면 모든 게 저절로 그렇게 되는 것이니 지금 눈에 비치는 현상이나 상황에 연연하지 말고 항상 자기를 낮추고 앞서 나서지 않음으로써 이루어진다는 것이 이 장의 주제이다.

제23장

同於失者 道亦失之

일을 즐겁게 한다는 것은 그 안에 도가 함께함이다

希言自然, 飄風不冬(終)朝 暴雨不冬(終)日, 孰爲此,
天地而不能久, 又兄(況)於人乎.
故從事而道者, 同於道, 德者 同御德, 失者 同於失.
同於德者 道亦德之,
同於失者 道亦失之.

飄(표): 회오리바람, 질풍

孰(숙): 누구, 어느, 익다, 삶다

失(실, 일): 잃다, 어긋나다, (일을) 놓다[일], 달아나다[일], 즐기다[일]

(모든 현상은) 말이 없이 저절로 그리된다.

회오리바람이 아침 내내 불지 않고

폭우도 하루 종일 내리지 않는다.

누가 이렇게 하는가?

하늘과 땅조차 오랫동안 그렇게 계속할 수가 없다.

하물며 사람이야 말해 무엇 하랴!

일을 하면서 道라는 것은 道와 함께 일하는 것을 말한다.

일을 하면서 德라는 것은 덕과 함께 일함을 말하며,

일을 하면서 즐긴다는 것은 즐김이라는 것이 일 안에 있다는 것이다.

덕과 함께한다 함은 역시 道가 함께함을 이르며

즐김과 함께함은 역시 그 안에 道가 함께함이다.

이 장도 왕필본은 너무 많이 개작되어 해석하기가 더 어려워졌다. 아무래도 뒷부분의 해석이 곤란하여 자기 의도대로 임의 추가하거나 글자를 고쳐버린 것 같다. 백서본이 문장 구조가 훨씬 뚜렷하고 번역도 명쾌하다.

希言自然, 飄風不終朝 暴雨不終日,
희 언 자 연　표 풍 부 종 조　폭 우 부 종 일

孰爲此, 天地而不能久, 有況於人乎.
숙 위 차　천 지 이 불 능 구　유 황 어 인 호

희언(希言)의 希(희)에 대해 말을 아끼거나 적게 하는 것으로 번역하는 경우가 많은데. 아예 말이 없다는 것으로 번역하는 것이 뒤이어 나오는 스스로 그러함(自然)과도 어울리고, 또 14장에서 들으려 해도 들을 수 없는 것을 '희(希)'라고 정의한 것에도 부합된다. 모든 현상들은 말없이 저절로 그리된다는 뜻이며 이러한 예로 회오리바람과 폭우를 들었다. 회오리바람이나 폭우도 아침나절 내내 혹은 하루 종일 계속되지는 않는다. 시간당 100㎜의 강한 비는 그 지속시간이 짧고 엄청나게 강한 태풍도 며칠 동안 계속될 순 없다. 이러한 자연현상도 오랫동안 지속되지 않는다는 것을 말하고 있다. 누가 그렇게 만드는가? 孰爲此의 此(차)는 그침(終)을 가리킨다.

다음 구절인 天地而不能久(천지이불능구)도 지금까지 잘못 해석되어 왔다. 왕필본의 이 구절은 天地, 天地尙不能久(천지상불능구)로 되어 있는데 이는 논리상 추론에 오류가 있다. 왕필은 회오리바람이나 폭우가 종일 계속되지 않는 것은 하늘과 땅이 그렇게 만든 것이라고 단정하고(天地), 그 하늘과 땅(天地)도 오래가지 못한다(不能久)는 식의 문장이 되었다. 우선 하늘과 땅이 그침(終)을 만들었다는 것도 첫 구절인 말없이 저절로 그리됨(希言自然)에 반하는 것이며, 또한 사물인 하늘, 땅이 오래 가지 않는다는 것은 그침(終)과 무관하다. 누가 그렇게 만드는가(孰爲此)에서 '누구'는 당연히 自然(저절로 그러함)이며 이는 道를 말한다. 천지가 그렇게 만든 것이 아니다. 이 장의 주제는 무슨 일이든 오랫동안 지속할 수 없다는 것이며 모든 것은 말없이 저절로 그리될 뿐이라는 것이다. 따라서 백서본의 표현이 정확하다. 天地뒤의 而(이)는 어조사로 읽어야 한다. 가장 큰 사물인 하늘과 땅조차 폭우를 맘대로 오랫동안 내리게 하지 못한다는 것이다. 사물이 어떤 현상을 만들거나 조정하는 것이 아니라 모든 현상은 저절로 그리된다.

하늘과 땅도 그렇게 하지 못하는데 하물며 사람의 경우야 말해 무엇 하냐고 묻는 것은 사람도 어떤 것을 인위적으로 오래 지속할 수 없다는 것을 말하고 있다.

冬(동)은 終(종)의 본 글자이므로 왕필본과 같이 고치고, 兄(형)도 백서 정리조의 의견을 좇아 況(황)으로 대체하였다.

故從事而道者, 同於道, 德者 同御德, 失者 同於失.
고 종 사 이 도 자 동 어 도 덕 자 동 어 덕 실 자 동 어 실

同於德者 道亦德之, 同於失者 道亦失之.
동 어 덕 자 도 지 덕 지 동 어 일 자 도 역 일 지

이 구절은 언뜻 보면 앞부분과 연결이 어색할 수도 있지만 지속성이라
는 차원에서 보면 이해가 된다. 즉 어떤 현상이라도 오래 계속될 수 없
는데 道와 함께라면 즐겁게 할 수 있다는 것이 이 구절의 내용이다. 그
런데 대부분의 번역이나 해석이 전혀 엉뚱한 방향으로 되어 있다. 기존
의 번역들이 사람마다 각양각색이라 앞부분과 연결은 아예 생각지도 못
할 정도다.

첫 구절인 從事而道者 同於道(종사이도자 동어도)에 대해 대부분의 사
람들이 "道에 힘쓰는(종사하는) 사람은 道와 같아진다."라든가 "일은 道
라는 것에 따르는데 이는 道와 함께함이다."라고 난해한 말들로 번역을
한다. 도자(道者)가 道와 같이한다는 것은 무슨 말인가? 너무나 당연한
이야기를 하고 있다.' 산은 산이요 물은 물이로다.'라는 식인가? 말이 안
된다. 이렇게 하니 뒤에 德까지는 어찌어찌 논리를 갖다붙일 수는 있지
만 失(잃음)에 가서는 그 뜻의 의미가 무엇인지조차 알 수 없는 문장이
되어 버린다. 이러한 원인은 물론 왕필에 있다. 왕필은 백서본의 말 이을
而(이)를 어조사 於(어)로 바꾸어 從事於道者(종사어도자)로 하였기 때문
에 이런 번역들이 나온 것이라 생각한다. 道에 종사하는 사람이 어디 있
고 덕에 종사한다는 말이 가당키나 한가?

종사(從事)을 어떤 일을 한다는 것으로 쉽게 번역해야 한다. 者(자)는
놈 자가 아니고 '道라는 것'으로 봐야 한다. 풀어서 이야기하면 "어떤 일
을 하면서(從事而) 道라는 것"으로 읽어야 한다. 우리가 일상생활에서도

자주 사용하는 표현이기도 하다. 저 사람은 칼을 쓰는 데 道가 트였다고 말하는 등 어떤 일을 자주 잘하는 것을 이렇게 표현하곤 한다. 그러면 뒷부분도 자연스럽게 연결된다. 일을 하면서 道라는 것은 그 일에(於) 道가(道) 함께한다는(同) 것이다. 다시 말하면 동어도(同於道) 앞에 '종사(從事)'가 생략되어 있다고 봐야 한다. 덕(德)도 같은 형식의 문장으로 앞 문장과 같이 德者(덕자)와 同於德(동어덕)의 앞에 각각 종사이(從事而)가 생략되어 있다. 어떤 일을 하면서 덕이라 하는 것은(從事而**德者**) 그 일을 함에 德이라는 것이 함께한다(從事而**同於德**)는 뜻이다. 아주 두터우면서 주위를 배려하고 은혜를 아낌없이 베풀며 일을 하는 모습에 대해 우리는 덕이 있다고 이야기한다.

문제는 失이다. 우리나라의 거의 모든 사람들이 이것을 '잃음(失)'으로 번역하고 있다. 백서본대로 번역하더라도 "일을 하면서 잃음이라는 것은 일을 함에 잃음과 같이한다"는 것인데 이게 말이나 되는가? 여기서 失은 잃어버림의 '실'로 읽을 것이 아니라, '즐기다', '좋아하다'라는 뜻의 '일'로 읽어야 한다. 失者 同於失은 앞의 문장 구조와 같이 (從事而)失者 (從事而)同於失로 보고 "일을 하면서 즐긴다는 것은 일을 함에 항상 즐거움이 함께한다."는 것이다. 즐기면서 일을 하는 것이다. 무슨 일이든 억지로 하면 그 일이 엄청 힘들지만 스스로 즐기면서 일을 하면 일이 훨씬 수월하고 일 자체로 인한 어떠한 스트레스도 받지 않는다는 것은 누구나 다 알고 있다. 아무리 일을 잘하는 사람도 즐기며 하는 사람을 따라잡을 수 없다는 말도 있지 않은가? 노자는 사람들이 다 알고 있는 이야기를 함축적으로 표현하고 있을 뿐이다.

다음 문장에서 '덕과 같이함(同於德)'이나 '즐김과 같이함(同於失)'이라는 것이 무엇인지를 설명해주고 있다. 德스럽게 일하는 거나 즐기면서 일하는 것도 내실 道가 함께하는 것이라고 말하고 있다. 德은 道와 같은 개념이므로 道와 함께한다는 것이 너무 당연한 일이고, 여기서는 일 자체를 진짜 즐기면서 하는 것이 道가 그 안에 같이 있다는 것을 강조하고 있다. 즉 즐기면서 한다는 것은 道와 함께하고 있다는 것이다. 道는 모든 것을 저절로 그러하게 만들기 때문에 일을 함에 있어 빨리 해야 한다든가 잘해야 한다든가 하는 목표나 강박에 매이지 않고 즐겁게 일을 할 수 있다는 것이다. 道와 德이라는 것을 잘 모르더라도 일을 함에 진정 즐긴다면 그 일에 항상 道가 같이 하고 있다는 것이며 이는 일이 저절로 잘 풀린다는 것을 말하고 있다. 앞 단락에서 하늘과 땅도 오래 지속시키지 못하는데 하물며 사람은 말해 무엇 하랴? 라는 표현의 의도가 여기에 있다. 무슨 일이든 오래 하거나 잘 할 생각을 하지 말고 일 자체를 즐기라는 것이다. 그러면 道가 알아서 다 해줄 것을 말하는 것이다.

이 부분도 왕필본은 '同於失者 失亦樂得之'로 백서본의 '道亦失之'와 전혀 딴판으로 되어 있다. 왕필본대로 직역하면 '잃음과 함께하는 사람은 잃음 또한 그것을 얻어 즐거워하는 것'이라고 번역되는데 도대체 무슨 말인지 모르겠다. 도리어 해석을 난해하게 만들어 버렸다. 왕필이 원본을 가장 심하게 훼손해 놓은 대표적인 章의 하나라고 생각한다.

이 장의 이야기는 包丁解牛(포정해우)라는 유명한 예로 설명할 수 있다. 이 말은『장자』양생주편(3-3)에 나오는 일화로 임금이 소를 잡는 포정(백정)을 보고 감탄하자 포정은 기술이나 재주로 소를 잡는 것이 아니고 道로써 일에 임한다며 자기는 정신으로 소를 대하고 있고 눈으로 보지 않는다고(以神遇 而不以目視)하면서 자연의 이치에 따라 소가죽과 고기, 살과 뼈 사이의 틈새와 빈 곳을 따라 칼을 놀리고 움직여 소의 몸이 생긴 그대로 따라 갈 뿐이라고 설명한다. 솜씨 좋은 백정이라도 1년 정도 지나면 칼을 바꾸어야 하지만 자기의 칼은 19년 동안 수천 마리의 소를 잡았지만 칼날은 방금 숫돌에 간 것 같다고 이야기 한다. 천리(天理: 소의 생긴 이치)에 따라 일하는 것이 즐김이며 道와 같다고 이야기한다. 즉 백정의 일에도 道가 함께할 수 있다는 것을 말하고 있다.

제24장

企者不立, 餘食贅行

발을 돋우고 오래 서지 못함, 군더더기

炊(企)者不立.
自視者不章(明) 自見者不明(章) 自伐者无功 自矜者不長,
其在道曰【粽】(餘)食贅行 物或惡之 故有欲者 不居.

炊(취): 불을 때다, 밥을 짓다

企(기): 꾀하다, 도모하다, 발돋움하다

章(장): 모범, 본보기, 성하다, 밝다, 드러내다

贅(췌): 혹, 군더더기, 회유하다

발꿈치를 들고 오래 서 있을 수 없다
스스로 분별하는 사람은 깨달을 수(明) 없고
스스로 드러나게 하는 사람은 도리어 드러나지 않고
스스로 비난하는 사람은 차라리 공이 없다는 것이며
스스로 잘난 척하는 사람은 오래가지 않는 법이다.
그래서 道에 있어서 이런 것들을 일러 군더더기라 한다.
만물은 이런 것을 싫어하기 때문에

무언가 하려고 사람은 그런 곳에 머무르지 않는다.

企者不立.
기 자 불 립

自視者不明 自見者不章 自伐者无功 自矜者不長,
자 시 자 불 명 자 견 자 불 장 자 벌 자 무 공 자 긍 자 불 장

백서본의 炊(취)는 언어학적 관점에서 企와 음이 같아 서로 통용될 수 있다고 있다고 하니 번역이 모호한 炊 대신 왕필본의 企(기)로 보완하였다. 企는 '발돋움하다'라는 뜻으로 남보다 위에 서려고 하는 것을 의미한다. 까치발로 서 있는 것은 오래 서 있을 수 없다는 것은 남보다 앞서고자 하여도 오래가지 않는다는 것을 말함이다. 다음에 이어지는 4구절이 서로 대구를 이루어 있는데 첫 구절인 '기자불립'만 짝이 없다하여 왕필본에서는 문장 구조를 맞추기 위해 비슷한 의미의 跨者不行(과자불행: 가랑이를 벌리고는 오래 걸을 수 없다)의 구절을 추가하였지만 여기서는 백서본에 따른다.

다음에 두 대구(對句)는 22장에서도 등장한 바 있다. 다만 22장에서는 不自視者明와 같이 앞에 부정사(不)가 있었는데 여기서는 부정사가 뒤에 위치하는 것만 다를 뿐이다. 그리고 이 장에서는 明(명)과 장(章)의 낱말이 서로 바뀌어 있는데 일관성을 유지하기 위해 22장과 같은 순서로 하였다. 22장에서 모든 일은 물극필반(物極必反)이라는 주제에서 이 구절을 사용하였으나, 이장에서는 자기를 내세우지 말라는 화두에 대해 이 구절을 인용하고 있다. 필자가 볼 때는 같은 주제인 것 같은데 두 장에 걸쳐 중복되어 있다는 것은 도덕경답지 않은 편성이라는 생각이 든

다. (해설은 22장 참조)

其在道曰 餘食贅行, 物或惡之 故有欲者不居.
기 제 도 왈   여 식 췌 행   물 혹 오 지   고 유 욕 자 불 거

其在道(기재도)의 其는 앞서 이야기한 사람, 즉 퇴양(退讓)의 덕목을 실천하는 사람들이다. 그런 사람들은 이미 道의 위치에 있기 때문에 자기를 내세우고 자랑하는 것을 가리켜 먹고 남은 음식(餘食)이고 불필요한 행동(贅行)으로 쓸데없는 군더더기라고 말한다는 것이다. 그리고 사람뿐만 아니라 사물(物)들도 그런 것을 싫어하다고 이야기한다. 마지막에 有欲者를 욕심 있는 사람이라 읽지 말고 무언가 하려는 의지가 있는 사람으로 읽어야 한다. 노자에서 欲이 이와 같이 긍정적인 의미로 많이 사용되고 있기 때문에(20장, 57장, 77장 등) 道를 향한 의지일 것임에 의문의 여지가 없다, 그래서인지 왕필본에서는 아예 유도자(有道者)로 바꾸어 놓았다.

불거(不居)는 여식췌행에 머무르지 않는다는 것이다. 자기를 자랑하고 내세우는 것들이 모두 불필요한 것이다.

제25장

道大, 道法自然

道는 크다. 道는 저절로 그러함을 따른다

有物昆成 先天地生,
繡呵! 繆呵! 獨立而不【玹】(垓) 可以爲天地母
吾未知其名 字之曰道 吾强爲之名曰大.

大曰筮(逝) 筮(逝)曰遠 遠曰反,
道大 天大 地大 王亦大,
國中有四大 而王居一焉,
人法地 地法天 天法道 道法自然.

昆(곤): 맏이, 먼저, 나중에, 같다, 뒤섞이다(=混, 渾)

繡(수): 오색을 갖추다, 비단, 수놓다

繆(무):얽다, 묶다, 어그러지다[류], 꿈틀거리다[료], 두드다(료)

垓(해): 경계, 끝, 숫자(천억)

筮(서): 점(占), 점치다

逝(서): 가다, 지나가다, 날다, 달리다

어떤 사물이 처음으로 만들어졌는데

천지보다 먼저이다.

휘황찬란한 수를 놓듯이 꿈틀거리는구나!

그것은 홀로 있으면서 그 경계가 없으니

가히 천지의 어머니라 할 수 있다.

나는 그 이름을 모르지만 글자로 표현하자니 道라고 한다.

억지로 이름을 붙이자니 '큼(대)'이라 한다.

큼(大)는 움직임이며

움직인다는 것은 멀어짐이며

멀어지게 되면 다시 돌아오게 된다.

그래서 道는 크고, 하늘, 땅도 크며 사람 역시 크다.

우주공간에는 네 개의 큼이 있는데

사람이 그중 하나이다.

사람은 땅의 법칙을 따르고.

땅의 하늘의 법칙에 따르며

하늘은 道의 법을 따른다.

道는 스스로 그러함을 따른다.

有物昆成 先天地生,
유 물 곤 성 선 천 지 생

繡呵 繆呵 獨立而不垓 可以爲天地母,
수 아 요 하 독 립 이 불 해 가 이 위 천 지 모

1장, 21장에 이어 道의 탄생에 대한 이야기다. 1장이 우주최초의 상황에 대한 기술이라면 21장은 道가 아주 미세하다는 면에서 묘사하였고, 여기서는 道가 크다는 측면에서 설명하고 있다.

어떤 물질이 있어 맏이(처음)로 만들어졌는데 하늘과 땅이 생기기 전이라고 한다. 어떤 물질(有物)은 道를 가리킨다. 道를 추상적인 말 외에 표현할 마땅한 수단이 없어 일단 어떤 물질이라고 했다. 여기서 有(유)는 '있다'라는 의미가 아니고 '어떤'이라는 용도로 사용되었다. 왕필은 昆(곤)을 混(섞일 혼)이라 바꾸어 놓아 대부분 사람들이 물질들이 혼합되어 생겨났다고들 번역한 경우가 많은데 적절치 않다. 道는 하나(一)이며 시작점인데 여러 물질이 미리 있어 섞여져 만들어진다는 것은 논리적으로 맞지 않다. 그리고 '섞인다(混)'라고 번역할 때 동사 뒤에 또 동사(成)가 나와 문법상으로도 맞지 않다. 하늘, 땅보다 먼저라 하니 처음이라는 昆(곤)으로 표현된 백서본의 표현이 정확하다. 어떤(有) 물질이라는 것(物)이 처음으로(昆) 만들어졌다(成)이라는 분명한 문장이 된다. 道는 오로지 하나(一)일 뿐이다. 그냥 하나의 점일 수도 있고 현대 과학으로 비유하자면 우주탄생인 빅뱅 직전의 엄청난 초고밀도, 초고중량 하나의 點에 비유할 수 있을 것이다. 이 점이 대폭발을 하면서 우주가 탄생되고 많은 물질이 생성되기 시작하여 지금의 우주를 만들었고 현재도 팽창하고 있다.

繡(수)아! 繆(요)아!

道의 탄생모습을 표현한 형용 감탄문인데 백서갑본과 을본이 서로 다르고 왕필본도 다르다. 어느 표현이 우주태초의 전경과 어울리는지 사람마다 생각하기 나름일 것이다. 일단 판본마다의 차이는 다음과 같다.

백서갑본	繡(수): 비단수를 놓다, 오색을 갖추다	繆(요): 꿈틀거리다, 얽다, 깊이 생각하는 모양
백서을본	蕭(소): 쓸쓸하다, 바쁘다, 시끄럽다	漻(류): 맑고 깊은 모양, 쓸쓸하다, 높고 먼 모양
왕필본	寂(적): 고요하다, 평온하다	寥(료): 텅 비다, 공허하다, 넓다

세 가지의 경우를 요약해보면 백서갑본은 '휘황찬란한 수를 놓듯이 꿈틀거리다'로 할 수 있을 것 같고, 을본의 경우는 '시끄러우면서 쓸쓸하다'는 이미지이며, 왕필본은 道의 탄생 전경을 '고요하고 텅 비어 있다'라고 표현하고 있다. 필자는 무언가 탄생의 순간은 경이로움이나 신비한 기운으로 가득 찬 분위기가 잘 어울릴 것 같은 생각에 백서갑본의 표현을 택하였다. 최초의 한 점, 우주탄생의 기원, 기점, 얼마나 신비스럽겠는가. 그래서 그 물체를 수놓은 비단에 화려하게 감겨 꿈틀거리는 것으로 표현하고 싶다. 그리고 이는 뒤이어 나오는 '크다'라는 성정(性情)과도 잘 어울린다. 노자의 원래 생각이 무엇인지는 모르지만 앞에서 말한 대로 태초에 대한 상상력은 사람마다 달라도 문제 삼을 것은 아니다.

獨立而不垓(독립이불해)의 垓(해)는 갑본은 훼손되어 알 수 없고 을본은 현재 사용하지 않는 【㧬】로 되어 있다. 왕필은 이를 改(개: 고치다, 바뀌다)로 보고 '혼자 서있지만 변함이 없다'고 번역하고 있다. 道가 변화가 없음은 당연하다. 그런데 지금 이제 막 道가 태어난 시점으로 아직 이름도 모르고 성정이 어떠한지도 모르는데 '변함이 없다'라고 표현하는 것은 좀 성급한 것 같다. 필자는 백서본의 글자를 모양이 비슷한 垓(해: 경계, 끝)로 보고 싶다. 즉, "혼자서 있는 것 같은데 그 경계가 없다."는 것이다. 이렇게 되어야 뒤이어 나오는 '크다(大)'라는 것과도 잘 상응된다.

그러한 모습이 가히(可) 천지의 어미(天地母)라고 할 만하다고 한다(以爲). 여기서 천지의 어미는 당연히 道를 말한다. 그러나 우주의 생성을 기술한 1장에서는 無(道)는 '시작(始)'이며 有가 만물의 어미가 된다고 정의한 바 있다. 천지의 어미를 有라 했는데 여기서는 道를 지칭하는 것으로 되어 상충한다고 볼 수도 있지만 이 장은 이해가 쉽도록 道를 추상적인 개념이 아니고 형이하학적으로 물질에 비유해서 설명하고 있기 때문에 道를 사물(有) 차원에서 표현한 것이다.

吾不知其名 字之曰 道, 吾强爲之名曰 大.
오 불 지 기 명 자 지 왈 도 오 강 위 지 명 왈 대

나는 아직 그것의 이름을 모르지만 우선 글자로 표현하자면 임의로 '道'라고 쓴다고 했다. 제1장에서 道라고 이름을 붙였지만 이름을 꼭 道라고 고집할 필요가 없다는 것(道可道 非恒道)이 여기서도 재차 확인된다. 노자가 처음에 '道'라는 이름 대신에 '理'라고 붙였으면 우린 지금도 道 대신 理라는 용어를 사용하고 있을 것이다. 이름이라는 것에 구속되거나 매몰되지 말라는 것이다.

그렇지만 내가 그 성질(용모)을 보고 억지로(强) 다시 이름을 붙이라고 하면(爲之名) '대(크다)'라고 할 것이다. 혼자 있어도 그 경계가 없고, 하늘과 땅을 만들어 낸 어머니이니 얼마나 크겠는가!

大曰逝 逝曰遠 遠曰反, 道大 天大 地大 王亦大.
대 왈 서 서 왈 원 원 왈 반 도 대 천 대 지 대 왕 역 대

國中有四大 而王居一焉,
국 중 유 사 대 이 왕 거 일 언

백서본의 筮(서)는 당시에는 무슨 뜻인지 모르지만 현재의 의미로는 도저히 번역이 되지 않는 글자로 되어 있다. 죽간본도 무슨 글자인지 모를 한자【澧】로 되어 있어 하는 수 없이 왕필본의 逝(서: 가다)를 인용하였다. 중요한 단어인데 고어(古語)판독을 할 수 없다는 것이 아쉽다.

전체적으로 14장에서 道를 미세하거나 거대하다는 공간적 차원에서 설명하였다면 이 장에서는 시간적 차원에서 설명하고 있다. 공간적으로 크다는 것은 시간적인 차이가 발생할 수밖에 없다. 한국과 미국 간의 이 억 만 리라는 공간적 거리는 그것을 인식하기 위해서는 시간이라는 개념이 도입될 수밖에 없으며, 크다는 것은 어디엔들 안 가는 곳(미치지 않은 곳)이 없다. 그래서 간다(逝)는 것은 점점 멀어짐(遠)을 의미한다. 왕필도 遠(원)을 極(극)이라 했다. 그리고 노자의 '간다(逝)'는 의미는 직선이 아니라 곡선이다. 그래서 멀어지면 다시 돌아온다(反)고 말하고 있다. 40장에서 "되돌림이 도의 운동이다(反者 道之動)"라고 한 것과 같다.

서(逝)와 遠(원)은 가면서 자꾸 멀어진다는 의미로 어떤 물체든 형질이든 팽창하고 있다는 것을 말한다. 노자의 우주생성론이 현대 우주학의 주장하는 내용과 매우 흡사하다는 생각이 든다. 현대에서 우주는 150억 여 년 전에 아무것도 없는 상태(無)에서 초고온, 초밀도의 한 점이 있었다는 것은 첫 구절에서 어떤 물체가 있었다는 내용과 같을 뿐 아니라 21장에서 道의 모습을 묘사하면서 그 가운데 정기(精)이 있었다고 한 대목과 같다. 이어 빅뱅이 일어나면서 온갖 미립자, 원자 등의 최초 알갱이가 생기고 이들이 우연히 결합, 혼합하여 각종 물질을 만들어졌다고 한 것도 사물, 즉 有(유)의 탄생과 같다. 그러나 지금의 우주팽창이 위에서 말한 서(逝)와 원(遠)으로 설명된다고 하면, 노자의 주장에 따르면 이 우주도 언젠가는 극에 달하면 다시 근원(최초의 빅뱅을 야기한 초밀도의 한 點)

으로 돌아와야 한다는 것이 된다. 지금의 우주의 크기를 갈음하기도 힘들지만 그것이 다시 원래대로 된다는 것은 현재의 인식으로는 상상이 안 되지만 어떤 형태로든 우주도 영원할 수는 없으리라!

다시 道가 크다는 성질을 만물에 적용하고 있다. 가장 먼저 만든 하늘이 크고, 다음에 땅이 크며 왕도 역시 크다고 한다. 도덕경에는 王이 자주 등장한다. 도덕경을 제왕학(帝王學), 통치술을 다루는 책이라고 보는 사람들은 글자 그대로 임금으로 해석하고 있지만 필자는 단순하게 사람, 道를 체득한 사람이라고 보고 싶다. 사람은 그 크기는 왜소하지만 道를 체득하면 그 道와 같이 무한정 커진다는 것이리라.

세상에 4가지 큰 것이 있다고 하면서 그중 하나가 王이라고 했다. 백서갑본은 지금까지 나라를 邦(방)으로 표기하였는데 여기서는 기휘자(忌諱字)로 처리를 안 했는지 國으로 되어 있다. 그렇지만 나라라고 한정하기보다는 우리가 사는 세상이라고 보는 것이 좋다. 물론 王을 임금으로 읽을 경우에는 당연히 나라로 번역하여야 할 것인데 국가라는 한 단체에 4가지 큰 것으로 도, 하늘, 땅 그리고 왕을 열거한 것은 아무래도 적절치 않은 것 같다. 당시 국가의 가장 중요하고 큰 것으로 4가지를 들라면 땅은 나라의 중요한 구성요소니까 그럴 수 있다 하더라도 하늘까지 국가의 주요 구성요소에 포함한다는 것은 상식적으로 납득하기 어렵다. 그래서 國를 나라로 보지 않고 단순히 세상이라고 생각하면서 세상에 가장 큰 것이 道라는 것을 강조하기 위해 하늘과 땅을 인용한 정도로 보는 것이 좋다. 그리고 뒤 문장은 사람(人)으로 표기되어 있는 것을 감안할 때 王을 사람(人)으로 보아야 한다는 주장도 많다.

人法地 地法天 天法道 道法自然.
인 법 지 지 법 천 천 법 도 도 법 자 연

法은 동사로 '본받다'라고 번역해야 한다. 道는 만물에 작용하는데 작용하는 道 자체가 다를 수는 없다. 그러나 사물이 생길 때 각각 그 성질에 맞게 道가 작용하여 사물의 성정이나 기능을 형통하게 해주기 때문에 이는 결과적으로 사물의 본성으로 자리매김하게 된다. 노자는 이러한 사물에서 나타나는 道의 품성을 德(덕)이라고 표현하고 있다.

사람은 땅에서 곡식을 기르고 살기 때문에 땅의 직접적인 영향(德)을 받는다. 마찬가지로 땅도 하늘의 영향을 크게 받는다. 그 영향(베풂, 덕)은 서로 다를 수 있지만 그 근원인 道는 똑같다. 온갖 만물에 작용하는 道는 어떠한 동기나 목적의식을 가지고 작용하는 것이 아니라 '저절로 그러함(自然)에 따른다는 결론이다. 결국 땅이나 하늘도 어떤 특별한 자기만의 법칙이 아니라 근본적으로는 '저절로 그러함'에 따라 작용하고 거기에 살고 있는 인간도 저절로 그러함에 따라야 한다는 것을 강조하고 있다.

제26장

輕則失本 趮則失君

가벼우면 근본을 잃고 조급하면 군주자리를 잃는다

重爲輕根 靜爲趮君.
是以君子 冬(終)日行 不離其甾(輜)重,
雖有環官燕處則昭若,
若何萬乘之王而以身輕於天下?
輕則失本 趮則失君.

趮(조): 조급하다(=躁), 움직이다, 동요하다

甾(치): 꿩, 장군, 재앙[재]

輜(치): 짐수레

環(환): 고리, 돌다

燕(연): 제비, 편안하다

昭(소): 밝다. 분명하게 하다, 돕다, 인도하다, 분명한 모양

무거움은 가벼움의 뿌리이며
고요함은 조급함의 주인이다.
군주는 종일 다녀도 치중에서 멀어지지 않는다(가볍게 움직이지 않는다).
비록 신하와 후궁들에 둘러싸여 있더라도 분명함을 지킨다.

어찌 만승의 주인인 임금이 자신을 천하에 가볍게 하리오?

가벼우면 근본을 잃고 조급하면 임금(자리)을 잃는다.

重爲輕根 靜爲趮君. 是以君子 終日行 不離其輜重,
중 위 경 근 정 위 조 군   시 이 군 자 종 일 행 불 리 기 치 중

임금, 즉 군주가 갖추어야 할 성정을 말하고 있다. 임금이 무겁지 않으면 펼침이 어려우며 조용해야 위엄을 잃지 않는다. 이 구절에 대해『한비자』「해로」편에서 다음과 같이 설명하고 있다. "통제권이 자신 안에 있는 것을 무겁다 하고, 지위를 떠나지 않음을 조용하다고 한다. 무거우면 곧 능히 가벼움을 부릴 수 있고 고요하면 곧 시끄러움을 부릴 수 있다."

치중(輜重)은 임금이 나들이나 전쟁에 나갈 때 따라가는 무거운 짐수레로 여기에 중요한 보급품이 다 실려 있으니 한창 싸움중이라 하더라도 이 수레에서 멀리 떨어지면 위태한 사태가 올 수도 있다. 즉 지휘본부라는 개념으로 볼 수 있다. 이런 치중을 놔두고 이리저리 함부로 다니지 말라는 것으로 가장 중요한 것을 항상 잘 간수하라는 뜻으로 받아들이면 된다. 군주에게 중요한 것으로 무거움과 고요함을 거론하며 이를 무겁게 관리하라고 말한다.

백서본의 冬(동)은 23장에서와 마찬가지로 終(종)의 본 글자이며, 甾(치)는 輜(치)가 본 글자라고 한다.

雖有環官燕處則昭若, 若何萬乘之王而以身輕於天下?
수 유 환 관 연 처 즉 소 약   약 하 만 승 지 왕 이 이 신 경 어 천 하

輕則失本 趮則失君.
경 즉 실 본 조 즉 실 군

왕필본은 첫 구절이 "雖有榮觀(수유영관) 燕處超然(연처초연)"으로 되어 있어 "비록 호화로운 궁궐에 있더라도 조용히 머물고 초연하게 지낸다." 라고 번역된다. 백서본을 근간으로 번역한 일부 사람들도 이 구절을 수유환관, 연처즉소약, 두 문장으로 나누어 읽는데 필자는 이를 한 문장으로 보고 則(즉)을 동사 위(爲)의 뜻으로 읽었다.

비록(雖) 신하(官)들과 연처(燕處)에 둘러싸여 있다(有環) 하더라도 처신을 분명(昭)한 것 같이(若) 하라(則)로 번역하였다. 하상공은 연처(燕處)를 후궁이 거처하는 곳이라 하면서 임금이 멀리해야 할 것으로 주석을 달고 있다. 주위의 신하와 후궁들에게 둘려 싸여 있더라도 그들의 감언이설이나 유혹에 현혹되지 말고 자신 처신의 분명함을 견지하라는 의미이다. 昭(소)는 '빛나다'라는 뜻 외에 무엇인가 '분명히 하는 것'을 의미하기도 한다.

왕필본의 표현은 앞서 군주의 무거운 처신(행동거지)에 대해 언급하였는데 갑자기 물러나와 한가로이 거처한다는 것으로 문맥상 전후 내용과 어울리지 않는다.

승(乘)은 네 마리 말이 끄는 병거(兵車)를 말한다. 이러한 수레가 만 개가 되는 왕은 매우 강력한 나라의 군주를 말한다. 이러한 임금이 어찌 천하에 함부로 가볍게 몸을 놀리겠느냐며 반문하는 것이다.

마지막 구절은 임금이 가벼우면 그 근본을 잃고 조급하면 임금의 지위를 잃게 된다는 것으로 서두의 내용을 다시 한번 강조한다.

제27장

善行无轍, 下善者, 曳明, 眇要

道에 바탕을 둔 걸음이 흔적이 없음, 道를 모르는 보통 사람,
깨달음으로 인도, 반쪽만 이해한 善

善行者 无【篿】(轍)跡, 善言者 无瑕適(謫),
善數者 不以檮(籌)菥(策), 善閉者 无關籥而不可啓也,
善結者 无繩約而不可解也,

是以聖人 恒善悚人而无棄人, 物无棄財, 是謂曳明.

故善人 善人之師, 下善人 善人之齎也,
不貴其師 不愛其齎
唯知乎, 大眯 是謂眇要

轍(철): 바퀴자국, 궤도, 차도

跡(적): 자취

瑕(하): 옥에 티, 허물, 멀다

適(적): 가다, 이르다, 따르다, 조우하다

謫(적): 꾸짖다, 귀양 가다, 결점, 허물

檮(도): 등걸, 그루터기

秮(석): 굵은 냉이

籌(주): 투호, 살, 세다, 산가지로 셈을 치던 일

籥(약): 피리, 자물쇠

啓(계): 열다, 가르치다, 인도하다

繹(묵): 노, 두 가락

悆(구): 원수, 원망하다, 어리석다, 구하다(=求)

曳(예): 끌다

齎(재): 가져오다, 주다, 갖추다(=資), 탄식하다[자], 탄식하는 소리[자]

眯(미): 눈에 티가 들어가다, 가위눌리다, 애꾸눈

眇(묘): 애꾸눈, 희미하다, 작다, 멀다, 이루어지다.

道에 바탕을 두고 걷는 사람은 흔적을 남기지 않으며

道에 바탕을 두고 하는 말은 허물을 남기지 않으며

무위의 셈법에는 산가지(주판)가 필요치 않으며

무위의 문 닫음은 빗장이라는 것이 없어 열 수가 없고

무위로 맨 매듭은 노끈이라는 것이 없어 풀 수가 없다.

이에 성인은 항상 사람들에게 道의 행함을 바라지만

(그렇지 못하다 하여) 사람을 꺼리지 않는다.

사물에 대해서도 본래의 성질을 버리지 않는다.

이를 曳明(깨우침으로 이끎)이라고 한다

그래서 선인(善人)이라는 것은 선인이 본보기로 삼는 사람이며,

불선인(不善人)이라는 것은 선인이 (그들이 道를 몰라) 안타까워하는 사람이다.

이와 같은 선인의 본보기로 삼는 것을 귀하게 여기지 않고

불선인에 대한 안타까움을 소중히 여기지 않으면

비록 (내가 善을) 안다고 하더라도 눈에 커다란 티가 있는 것과 같다.

이를 일러 "묘요(眇要: 반쪽만 이해한 善)"라 한다.

善行者 无轍跡, 善言者 无瑕謫, 善數者 不以籌策,
선 행 자 무 철 적 선 언 자 무 하 적 선 수 자 불 이 주 책

善閉者 无關籥而不可啓也, 善結者 无繩約而不可解也,
선 폐 자 무 관 약 이 불 가 계 야 선 결 자 무 묵 약 이 물 가 해 야

일반적으로 잘 걷는 사람, 잘 말하는 사람 등으로 번역하고 있으나 8
장에서 이미 설명한 바와 같이 善은 道에 바탕을 두며 행하는 것을 의
미한다. 걷는 것, 말하는 것, 셈하는 것, 문을 닫는 것, 잘 묶는 것 등 아
주 사소해 보이는 조그마한 행동들도 모두 道(無爲)에 바탕을 두고 하라
는 것이다. 무위에 바탕을 둔다는 것은 어떤 의향이나 의도가 없는, 즉
인위적이나 작위적이 아니라 저절로 그러함을 좇아서 하는 것이 가장
자연스러우며 그 결과도 좋은 쪽으로 이어진다고 설명하고 있다.

따라서 善行(선행)은 잘 걷는 것이 아니라 걷는다는 생각 자체가 없을
정도로 道의 정신에 따라 걷는 것을 의미한다. 아무 생각 없이 걷는다는
것일 수도 있다. 【奲】은 지금은 사용하지 않는 글자이다. 왕필본에는 수
레바퀴 자국을 뜻하는 轍(철)로 되어 이에 따라 보완하였다. 굳이 구분
하자면 轍(철)은 바퀴자국을, 跡(적)은 말 발자국이라고 하며 자국을 총
칭하는 단어로 보면 된다. 아무런 흔적을 남기지 않는다는 것은 어디에
가든 그 상황에 순응할 뿐이지 자기의 존재를 내세우거나 표시를 남기
지 않는 것이다. 더 나아가 간다는 행위(行) 자체도 하지 않는다고 말 할

수도 있다. 어떤 사람들은 行을 '걷는다' 대신 '행하다'로 확대 해석하기도 하는데 뒤이어 나오는 셈하고, 잠그고 하는 것도 모두 행위에 포함되므로 그냥 단순히 걷는 것으로 번역하는 것이 좋다.

善言者(선언자)의 결과인 瑕(하)와 適(적)도 허물이라는 중복 명사의 형태이다. 適은 옛날에 謫(적: 귀양가다, 결점)와 같이 사용했다고 하여 왕필본으로 보완했다. 노자는 말을 많이 하는 것에 대해 비판적이다. 말이 많으면 궁해진다고도 하고, 모르는 사람이 말이 많은 법이라고도 했다. 말은 모든 다툼과 원한의 씨앗이 될 수 있으니 항상 세 치 혀를 조심하라는 경구도 많다. 그래서 말을 하더라도 道의 정신인 겸양, 부드러움, 고요함의 품성을 견지하면서 말을 하게 되면 허물이 생기지 않는다.

무위에 따라 셈을 한다는 것은 더하고 빼는 셈 자체가 없다는 것으로 이해하면 좋을 것 같다. 셈은 이해타산이라는 것이 따르기 마련이다. 주책은 주판인데 셈 자체가 없는데 무슨 주판이 필요하겠는가? 80장의 이상향 국가에서 백성들이 셈을 할 때 노끈을 묶어 사용한 이야기도 셈이라는 것이 크게 필요치 않다는 것을 말하고 있다.

관약(關籥)은 자물쇠이다. 둘 다 자물쇠를 의미하는 빗장이라는 말이지만 關은 가로로 지르는 빗장을, 籥은 세로로 지르는 빗장을 가리킨다고 한다. 그렇지만 善으로 무언가를 잠근다는 것은 빗장이 없지만 누구도 열 수 없다고 설명한다. 잠금이라는 것이 없는데 어찌 그 잠금을 풀 수 있겠는가? 왕필본은 關鍵(관건)으로 되어 있는데 籥(약)은 당시 산해관 동쪽에서 사용하던 글자이며 서쪽에서는 籥(약) 대신에 鍵(자물쇠 건)이라 불렀다고 한다. 이것이 사실이라면 왕필본과 백서본이 쓰인 장소가 다르다는 것을 짐작할 수 있다.

繹(묵)과 約(약)은 모두 실, 삼, 종이 따위를 가늘게 비비거나 꼬아서 만든 노끈이다. 80장에서 나오는 새끼(繩: 승)보다는 조금 가늘다. 노끈 없이 묶은 매듭이 풀어질 리가 없다. 무위로 묶었기 때문이다. 무엇을 잠그거나 묶는다는 것은 어떤 일을 단단히 혹은 확실히 하기 위해 취하는 행동으로 이는 자기의 이해가 결부된 인위적인 행위이다. 그러나 이를 위한 노끈이 없다는 것은 어떤 인위적인 어떤 행위가 취해진 것이 아니고 당초부터 그러한 의도, 의향조차 없다는 말이다. 이를 사람의 마음에 적용하면 사람이 무언가를 결심할 때 이런저런 벌칙이나 제약을 만들어 강제하여도 쉽게 망가지는 경우가 많지만 나의 내면이 무위에 따른다면 어떠한 외부의 유혹에도 무너지지 않는다. 마음이 무위에 따른다는 것은 무엇인가? 무엇을 하겠다든가 해야 한다든가 하는 그런 생각조차 하지 않는다는 것이다. 저절로 그러함을 따를 뿐이다.

是以聖人 恒善恘人而无棄人, 物无棄財, 是謂曳明.
시 이 성 인 항 선 구 인 이 무 기 인　물 무 기 재　시 위 예 명

필자가 보기에는 이 구절도 왕필본은 아주 엉뚱하게 되어 있다. 첫째, 善(선)을 단순히 '잘 한다'로 해석한 것에 원인이 있고 두 번째는 중요한 단어인 백서본의 恘(구)라는 글자를 하상공, 왕필 등 대부분의 판본들이 구원한다는 救(구)로 본 것에 있다. 왕필본은 常善救人 故無棄人(상선구인 고무기인)으로 되어 있어 대부분의 사람이 "항상 사람을 잘 구원하기 때문에 버려지는 사람이 없다"로 번역한다. 성인이 사람들을 구제하는데 능숙하기 때문에 구제받지 못하는 사람이 없다는 식이다. 지금까지 어떻게 행동하여야 좋은지에 대해 여러 가지 예를 들어 설명했는데 이러한 내용과 전혀 연결이 되지 않는다. 왜 다들 잘하고 있는데 뜬금없이 사람을 구제한다는 등 사람을 버린다는 등 하는 이야기가 왜 나오는지

당최 모르겠다. 다음 구절인 物无棄財(물무기재)는 더 가관이다. 번역이 곤란해서인지 한 구절을 별도로 추가해 앞 구절과 같은 형태인 "常善救物 故無棄物(상선구물 고무기물)"로 아주 친절하게 만들어 놓고 "항상 물건들을 잘 구제하여 버리는 사물들이 없다."라고 번역하고 있다. 중요한 단어인 財(재)가 온데간데없이 빠져버렸다. 왜 갑자기 성인을 예수같이 사람들을 구원한다고 하고 더구나 사물까지 구원한다고 하는데 사물을 어떻게 구원하는 건지, 그것이 무엇을 의미하는지 이해가 안 된다. 지금까지 성인은 사람을 구제한다든가 사물에 대해 간섭하는 등 적극적인 의지가 없는 것으로 묘사되어 왔다. 사람을 풀 강아지로 보고 있으며, 말을 하지 않고 그 뜻을 전달하는 소극적인 방법으로 사람들을 가르칠 뿐이다.

필자는 백서본의 悇(구)를 '요구하다'는 求(구)의 뜻으로 읽었다. 그리고 善은 앞서 말한 대로 道에 바탕을 둔 행위를 말한다. 그래서 恒善求人(항선구인)은 항상 사람에게 善(무위의 마음가짐 또는 행위)을 구한다(요구한다)는 것이다. 즉 앞에서 道에 바탕을 둔 善行, 善言, 善數 등의 행위가 진정 가장 좋은 것이라고 이야기했는데 사람들에게 그러한 행위를 요구할 뿐이라는 것이다. 그러나 설령 사람들이 성인이 원하는 무위의 행위를 하지 않더라도 그 때문에 그 사람들을 꺼리거나 피하지도 않는다는 것이다(而无棄人). 棄(기)를 대부분 '버리다'로 번역하는데 그냥 사람을 '꺼리다' '피하다'는 정도로 번역하는 것이 부드럽다.

다음 구절인 물무기재(物无棄財)도 마찬가지다. 백서본은 중복을 감안하여 한 구절로 줄여 놓았는데 왕필본과 같이 "항선구물 이무기재(恒善求物而无棄財)"로 풀어 번역하여도 무방하다. 즉 성인은 사물에 대해서도 마찬가지로 善만을 구한다는 것이다. 사물의 경우 善은 사람과 같이 어떤 동작이나 행위에 적용할 수 없기 때문에 이 상황에서는 사물의 본성을 가리킨다. 백서본을 근간으로 번역한 사람들도 이 구절의 財(재)를 대부분 재물이라고 생각하고 있는 것 같다. 사물에 재물을 버릴 것이 없다는 식이다. 말이 안 된다. 財(재)는 재산, 재물로 볼 것이 아니라 재능, 기능이라는 뜻으로 읽어야 한다. 그 기능이라는 것이 사물의 본성이다. 그래서 이 구절은 "성인은 사물에 대해서도 善만을 원할 뿐 그 사물의 기능(본성)을 버리는 일은 없다."라 번역된다. 어떠한 사물이든 본래의 성질은 가지고 있기 마련이고 이러한 성질은 道가 사물을 생성할 때 부여한 것이기 때문에 사물이 그 성질을 제멋대로 변화시키든 성인은 최초의 그 본성을 부정하지는 않다는 것이다. 예를 들면 할미꽃에게 허리를 꼿꼿이 세우는 것을 요구하지 않고 처음부터 가지고 있던 꾸부러진 그 성질을 중히 여긴다는 것이며, 독(毒)이 만물에 좋지 않다하여 독충의 성질을 부정하지 않는다. 모든 사물은 나름대로 제각각의 천부의 성질을 가지고 있는데 이를 거절하거나 버리지 않는다는 것이다. 그런데 대부분의 번역들은 성인이 물건을 아끼는 정도의 유치원 수준으로 해석하고 있다.

이러한 것을 노자는 曳明(예명)이라고 이름을 지었다. 그런데 왕필본을 이를 '襲明(습명)'이라고 이름을 바꾸었다. 뒤의 52장에 '襲常(습상)'이라는 용어가 있는 것을 보고 이것도 그렇게 바꾸어 버린 것 같다. 그러나 52장은 백서본에도 명백하게 '습상'이라고 되어 있고 이 장에서는 曳라고 분명히 다르게 표기되어 있는데 무슨 이유로 같다고 예단한 건지 모르겠다. 단순하게 고유명사라고 생각해 무시할 수도 있지만 이름에는 작명가의 어떤 뜻이 담겨져 있다. 여기서 굳이 그 뜻을 추측하자면 曳는 예인선 같이 큰 배를 앞에서 끄는 것을 말한다. 즉 明으로 끌어내는 것이라는 의미다. 明은 무엇인가? 16장에서 靜 → 復命(常) → 知常(明, 容)

이라 하면서 이것이 결국 道와 이어진다고 했다. 모든 것이 근원인 고요함, 無로 돌아간다는 것을 아는 것이 明(깨우침)이다. 明은 또 모든 것을 분별없이 수용하는 容이기도 하다. 따라서 예명(曳明)이라는 이름의 뜻은 "밝음(명)으로 이끈다."이다. 성인이 모든 사람이나 사물이 道의 정신에 따라 행동하고 존재하는 것을 원하는 그 자체가 깨우침으로 이끄는 것이다. 왕필이 백서본과 달리 붙인 襲(습)이라는 글자에 대해서는 해당 장인 52장에서 언급하겠지만 明(명)과 襲(습)은 그 뜻이 여기서는 어울리지 않는 조합이다.

故善人 善人之師, 不善人 善人之齎也,
고 선 인 선 이 지 사   하 선 인 선 이 지 자 야

善의 이야기는 계속 이어진다. 대부분의 사람들이 善人(선인)을 착한 사람, 不善人(불선인)을 착하지 않은 사람이라고 쉽게 읽어버린다. 앞에서는 善을 '잘 한다'라는 부사로 번역해 놓고 여기서는 같은 글자인 善(선)을 '착하다'는 형용사로 읽는 것도 일관성이 없다. 그리고 선한 사람, 착하지 않은 사람으로 읽어버리니까 첫 문장이 "착한 사람은 착한 사람의 스승이 된다."고 번역되어 이상한 말이 된다. 그래서인지 왕필은 善人之師(선인지사)를 不善人之師(불선인지사)로 바꾸어 "착한 사람은 착하지 않은 사람의 스승이 된다." 라는 초등학교 수준의 교훈으로 만들어 버렸다. 노자가 세 살 먹은 아이들도 알 만한 뻔한 이야기를 했을 것이라고 생각하는 것 자체가 참으로 의외다. 우리는 우리의 뼛속 깊이 박혀 있는 기존의 가치관과 어릴 때부터 길들여진 공맹(公孟)사상의 틀 속에서 노자를 해석하려고 하는 경향이 있다. 그래서 노자의 도덕경이 여기저기서 엉뚱하게 받아들여지고 또는 왜곡되면서 지금에 전해온 것이 아닌지

모르겠다.

앞에서 설명한 바와 같이 不善人은 선인과 반대로 道를 바탕에 두며 행동하는 사람이 아니라는 것이다. 즉 보통 사람을 말한다. ~之師, ~之 賷에서 之을 소유격으로 보지 않고 '~에 이르다', '~도달하다'라는 동사로 읽어야 한다. 師는 모범, 스승이라는 의미이다. 賷(재)는 '가져오다', '증여 하다' 등의 뜻도 있지만 '탄식하는 소리'라는 뜻도 있으며 이때는 '자'라고 발음한다. 그리고 이 구절은 善人이 '善人', 不善人'에 대해 어떻게 생각하 고 있는지를 설명하는 것이다. 즉 선인이라는 것이 무엇인가? 선인이 본 보기(師)로 삼고자 하는 사람이다. 不善人은 어떤 사람인가? 선인이 안 타까워하는 사람이라는 것이다. 다시 말하면 불선인이 아직도 道의 진 리를 깨닫지 못하고 있는 것에 대해 선인이 안타까워하며 긍휼히 여긴 다는 것을 표현한 것이다. 그런데 주변의 번역가들은 "착하지 않은 사람 은 착한 사람의 밑천(資)이 된다."는 식의 어이없는 번역을 하고 있다. 선 인이 불선인을 밑천 삼아 도를 닦는다는 것이란 말인가?

不貴其師 不愛其賷, 唯知乎, 大眛, 是謂眇要.
불 귀 기 사 불 애 기 자　유 지 호　대 매　시 위 묘 요

옆의 선인의 모습을 보면서 그를 스승으로 삼으면서 그를 귀하게 여기 고, 不善人인 일반 사람들에 대해서도 안타깝게 여기는 것을 소중하게 생각한다는 것이다. 愛(애)는 사랑하거나 아낀다는 뜻보다는 '소중히 여 기다'로 읽는 것이 문맥이 매끄럽다. 唯知乎(유지호)의 문장은 반어문으 로 필자가 보기에는 知(지)의 목적어인 善이 생략되어 있다고 생각한다. 그래서 선인의 본보기를 귀하게 여기지 않고 불선인에 대한 안타까움을 소중히 여기지 않으면, 비록(唯) 善(선)이라는 것을 알고(知) 있다 하더라

도 눈에 커다란 티가 들어있는 것(大眜)과 같다고 했다. 그리고 이러한 상황을 묘요(眇要)라고 했다. 眇(묘)도 1장에서도 등장한 애꾸눈이라는 의미다. 要(요)는 '적중하다', '맞히다'의 뜻으로 묘요(眇要)는 정상적이며 완벽하게 딱 들어맞는 것이 아니고 애꾸눈같이 반만 들어맞는 것이라는 것이다. 요약해서 말하면 선인이 자기의 善에만 몰두하고 다른 선인들의 모습을 귀하게 여기지 않고, 특히 불선인에 대한 안타까운 긍휼의 마음이 없다면 그 선인은 진정한 선인이 아니고 애꾸눈, 절음발이의 반쪽 善人이라는 것이다.

왕필본은 이 단락에 대해 글자를 새로 추가하거나 임의대로 바꾸었는데 본문과 비교해 보기 바란다.

"착한 사람은 착하지 않은 사람의 스승이고,
착하지 않은 사람은 착한 사람의 바탕(밑천)이 된다.
스승을 귀하게 여기지 않고 밑천을 아끼지 않으면
비록 지혜가 있더라도 크게 미혹될 것이다.
이를 미묘한 요체라고 한다(善人 不善人之師, 不善人 善人之資, 不貴
其師 不愛其資 雖智大迷 是謂要妙)."

밑줄 친 부분은 삽입되거나 한자가 바뀐 부분으로 眇(묘)를 妙(묘)로 바꾼 것은 1장이나 다른 장에서도 그랬으니 그런가 보다 생각할 수도 있고 寶(자)의 해석이 매끄럽지 못해 자(資)로 교체한 것까지 설령 이해한다 하더라도, 不善人之師에 不이라는 글자를 끼워 넣은 것이나 智(지)로 바꾸어 갑자기 지혜라는 말을 등장시킨 것은 정도를 넘어선 것이라는 생각이 든다. 요묘(要妙)에 대해 하상공은 微妙要道(미묘요도)라고 주석을 달면서 이를 道를 지칭하는 것으로 보고 있는데 착하지 않은 사람의 스승이 된다는 등 지극히 통속적이며 이기적인 내용인데 무엇이 미묘하다는 것인지 이해가 안 된다.

이 章의 주제는 부처가 성불한 후 혼자만의 득도에 안주하지 않고 생로병사에 허덕이는 가여운 중생들을 구제하려 평생을 설법을 했듯이, 노자도 선인(도를 바탕에 둔 사람)이라면 혼자만의 만족에 머물지 말고 이를 그렇지 못한 많은 사람들과 함께 할 수 있어야만 진정한 선인(善人)이라고 할 수 있다는 것이다.

제28장

知其雄 守其雌

강함이라는 것을 알면서 부드러움을 지켜라

知其雄 守其雌 爲天下溪,
爲天下溪 恒德不离, 恒德不离 復歸於嬰兒.

知其白 守其辱 爲天下浴(谷),
爲天下浴(谷) 恒德乃足, 恒德乃足 復歸於樸.

知其白 守其黑 爲天下式,
爲天下式 恒德不貳, 恒德不貳 復歸於天極.

樸散則爲器 聖人用則爲官長 夫大制无割.

溪(계): 시냇물, 골짜기, 텅 비다

离(리): 떠나다(=離), 산신, 흩어지다

嬰(영): 갓난아기

樸(박): 통나무, 본디대로, 생긴 그대로, 다스리다

貳(특): 빌리다, 구하다, 틀리다(=忒), 어긋나다

강함을 알면서도 부드러움에 머무르면 천하의 계곡물이 된다.

계곡물은 (샘물처럼) 항상 덕이 마르지 않고

다시 갓난아기로 돌아감과 같다.

깨끗함이라는 것을 알면서도 더러움(욕됨)에 머무르면 천하의 골짜기가

된다.

골짜기는 항상 덕이 풍족하여

다시 통나무(소박함)으로 돌아간다.

(사물의) 분별이 있다는 것(白)을 알면서도 묵묵함에 머무르면

하늘의 법식(이치)이 되고

이는 항상 어긋남이라는 것이 없으며

다시 무궁한 경지로 돌아간다.

통나무는 쪼개지면 그릇이 된다.

성인이 통나무를 사용하면 세상의 우두머리가 될 것이다.

대저 아주 큰 재단은 자름이라는 것이 없다.

知其雄 守其雌 爲天下溪, 爲天下溪 恒德不離,
지 기 웅 수 기 자 위 천 하 계 위 천 하 계 항 덕 불 리

恒德不離 復歸於嬰兒.
항 덕 불 리 복 귀 어 영 아

이 단락을 포함한 뒤의 두 단락도 모두 "~을 알고(知) ~을 지키라(守)"

라는 형태로 시작하는 문장 구조다. 지(知)의 목적어인 수컷(雄), 청렴(白), 흰색(白)은 긍정적인 내용으로 되어 있는 반면, 수(守)의 목적어는 암컷(雌), 욕됨(辱), 흑색(黑)은 앞과 대칭되는 단어로 되어 있다. 그러면서 긍정적인 것을 알고 그 반대를 지키면 모두 덕(德)에 이르게 된다고 설명하고 있다.

하상공은 첫 구절의 자웅(雌雄)을 강함(强)과 부드러움(柔)을 의미한다고 했고, 왕필은 수컷은 앞서 있는 무리(先之屬)이며 암컷은 뒤에 있는 무리(後之屬)라며 천하의 앞(先)을 먼저 알아야 한다고 해석을 했는데 결론이 갓난아기로 귀착되는 것을 감안할 때 하상공의 해설이 적절하다. 其(기)는 수컷, 암컷의 성정을 가리키며, 守(수)는 '지키다'보다 '머무르다'의 표현이 더 매끄럽다. 따라서 이 구절은 수컷의 강함이라는 성정을 알고 암컷의 부드러움에 머무르라는 뜻이다. 다시 말하면 강함을 의식하고 이해하지 못한 상태에서 부드러움에만 머무는 것은 그저 단순한 연약함에 불과하며 그러한 부드러움(柔)는 노자가 이야기하는 강함을 이기는 부드러움(柔)이 아니다(友弱克强).

부드러움에 머무르면 계곡물이 된다고 했다. 溪(계)는 골짜기라고 읽을 수도 있지만 다음 단락의 골짜기(谷)과 구분하기 위해 계곡물이라 번역하였다. 계곡의 시내는 땅속의 샘물들이 모여 흐른다. 물은 부드러움의 대명사이며, 샘은 땅속 깊은 곳에서 끊임없이 나오는 것을 상징한다. 이것이 德이 된다고 하면서 이러한 샘물은 마르지 않고 끊임없이 나온다는 의미에서 떨어지지 않는다고 했다(不離). 이러한 샘물은 다시 갓난아기로 돌아간다고 했다. 갓난아기는 샘물이 계곡물의 시작이듯이 사람의 시작이면서 부드러움을 상징한다. 이 구절에서의 덕은 부드러움(柔)의 성정이다.

知其白 守其辱 爲天下谷, 爲天下谷 恒德乃足,
지 기 백 수 기 욕 위 천 하 곡 위 천 하 곡 항 덕 내 족

恒德乃足 復歸於樸.
항 덕 내 족 복 귀 어 복

여기서 백은 깨끗함, 청렴함을 가르친다. 마찬가지로 깨끗한 것이 있다는 사실을 알고 있으면서도 욕됨에 머무르라고 말하고 있다. 다시 말하면 청렴이라는 개념 자체를 아예 모르고 단지 욕됨에 머무르는 것은 그냥 욕됨일 뿐 아무 의미가 없다. 깨끗함은 높고 고귀함이요, 욕됨은 낮고 비천함이다. 골짜기는 다른 곳에서도 많이 인용되듯이 노자에게 낮음, 수용, 근원 등의 상징으로 비유되고 있다. 골짜기는 모든 것을 받아들이면서 항상 낮은 곳에 위치한다. 모든 것을 받아들이기 때문에 德이 풍족함에 이르며, 이를 통나무(樸)에 비유하고 있다. 통나무는 투박하고 볼품도 없지만 그것을 가지고 그릇이나 여러 가지 가구도 만들고 집을 짓는 데도 사용된다. 이러한 통나무를 노자는 질박(소박), 겸양, 근원 등의 상징으로 많이 사용하고 있다. 결론적으로 이 구절에서의 德은 질박함과 겸양이다.

知其白 守其黑 爲天下式, 爲天下式 恒德不貳,
지 기 백 수 기 흑 위 천 하 식 위 천 하 식 항 덕 불 특

恒德不貳 復歸於天極.
항 덕 불 특 복 귀 어 천 극

이 단락은 표현도 명확치 않고 앞의 두 단락과 상통하는 부분이 적어 누군가 첨가한 것이라는 의견이 많다. 앞 단락은 노자가 즐겨 사용하는 雌雄(자웅)이나 청렴·욕됨과 달리 처음으로 黑과 白이라는 상대어를 인

용하고 있는 점이 우선 낯설다. 그리고 비유하는 단어도 앞의 골짜기, 영아, 통나무와 달리 사물이 아닌 관념명사인 式(식), 貳(특)이라는 단어를 사용하고 있다는 점도 앞부분과 다르다. 『장자』 천하편에서 노담(노자)이 말한 것이라며 "知其雄 守其雌 爲天下谿 知其白 守其辱 爲天下谷"라는 구절을 소개하고 있는데 여기에도 흑·백이란 단어는 없다. 아무래도 앞 단락과 어울리지 않은 면이 있어서인지 대부분의 번역서는 이 부분에 대해 명확하게 설명하고 있지 않다. 단순히 단어 그대로 '밝음'과 '어둠'이라고만 하면서 그것이 무엇을 의미하는지에 대해서는 언급이 없다. 하상공은 백에 대해 매우 밝음(昭昭)이라 하고 흑에 대해서는 고요한 어둠(默默)이라 하였지만 이를 천하의 법식(法式)이라는 것과 연결시키는 설명이 없다. 필자도 하상공 의견에 따르지만 소소(昭昭)을 어떤 사물에 대해 매우 분명하게 하는 것으로 하고 묵묵(默默)은 입을 다물어 버린 것으로 번역하고 싶다. 필자는 이 부분을 사물에 대한 분별을 이르는 말이라고 보았다. 노자는 모든 것이 상반되지만 그 근원은 차이가 없기 때문에 어떤 사물에 대한 분별을 지양하라고 자주 강조하고 있다. 2장에서도 아름다움과 추함, 선과 악의 분별에 대해 항상 상대적인 것으로 절대적인 기준이 없음을 말하고 있다. 즉, 이 구절은 서로 다르다는 것을 알고는 있지만 조용히 입을 다물어 분별을 하지 말라는 것으로 받아들이면 된다. 식(式)에 대해 하상공은 법식(法式)이라 했다. 필자는 식(式)을 수레손잡이로 해석한다. 수레를 앞으로 나아가게 위해서는 수레바퀴가 어긋나지(貳) 않아야 하며, 또한 수레바퀴의 한가운데의 비어있음으로 이는 최종적으로 비어있음이 하늘의 끝, 태고의 우주를 설명하는 것이라고 볼 수도 있을 것 같다. 어찌 되었든 여기서는 일반적인 번역에 따라 법식을 천하의 법, 도리, 이치라 인용하였다. 이러한 천하의 법식은

덕과 어긋남이 없다는 것이고 이는 곧 하늘의 끝에 돌아가는 것이라고
했다. 하늘은 끝이 무엇인지는 정확하게 알 수 없으나 궁극(최고)의 법식
은 무(無)라고 생각한다. 이 단락은 사물을 대할 때 분별을 없애라(虛)는
교훈이라고 생각한다.

종합적으로 말하면 앞의 세 단락에서 노자의 柔弱謙虛(유약겸허)의 사
상을 이야기하고 있다고 생각된다. 그러나 문장의 구조가 너무 친절하게
도 중복적이라 함축적인 노자의 문체와는 사뭇 다르게 느껴지는 것도
이 장은 후대의 누군가가 추록(追錄)한 것일 것이라는 생각이 든다.

樸散則爲器 聖人用則爲官長 夫大制无割.
박 산 즉 위 기 성 인 용 즉 위 관 장 부 대 제 무 할

앞에서 갓난아기, 천극도 있었는데 통나무(樸)를 예를 들어 결론을 유
도하고 있다. 원목 상태의 통나무가 나누어지면 곧 그릇이 된다는 것은
앞서 이야기한 바와 같이 만물은 소박, 질박함에서 나온다는 것이다. 道
를 체득한 성인이 통나무를 사용하게 되면 관장이 된다는 것이다. 관장
은 대부분 백관의 우두머리, 임금, 세상의 우두머리 등으로 번역되고 있
다. 이는 성인은 통나무같이 소박하고 투박하게 세상을 다스릴 거라는
이야기다.
　마지막 구절은 보통 통나무를 자르고 켜고 하는 것은 여러 개로 각각
나눈다는(재단) 것인데 성인의 그 재단한 자국이 없다는 것은 무위(無爲)
의 자름(cut)이다. 하늘에서 입는 옷은 바느질 자국이 없다는 천의무봉
(天衣無縫)과 같은 의미다. 왕필본이 없을 無 대신 아닐 不을 쓴 大制不
割는 이러한 의미에도 적절치 않다고 판단한다.

제29장

物或行或隨

사물은 앞서기도 뒤따르기도 함

將欲取天下而爲之, 吾見其弗得已,
夫天下 神器也, 非可爲者也, 爲者敗之, 執者失之.

物或行或隨 或熱或[吹], [或强]或硊(剉) 或陪或墮.
是以聖人 去甚 去大 去楮.

隨(수): 따르다, 허락하다, 수행하다

吹(취): 불다

硊(좌): 부서진 돌

剉(좌): 꺾다, 쪼개다

陪(배): 쌓아올리다, 보태주다, 더하다

墮(타, 휴): 떨어지다[타], 무너지다[휴], 훼손하다

楮(저): 닥나무, 종이, 지폐

만일 천하를 취하려 억지로 행하면
나는 그것을 얻을 수 없다는 것을 안다.

무릇 천하란 영묘하고 큰 물건(神器)이라

어떠한 행함이 가능한 것이 아니다.

(무언가) 하려는 자는 그르칠 것이고,

(무엇을) 잡으려 하는 자는 잃을 것이다.

사물이나 일이라는 것은

앞서가기도 하고 뒤 따르기도 하며,

혹은 뜨겁거나 차가운 것도 있으며

혹은 강하기도 하지만 혹은 꺾이기도 하며

길러주는 것도 있지만 떨어뜨리는 것도 있다.

그래서 성인은 아주 심하거나 과도하게 큰 것,

그리고 지혜를 멀리한다.

將欲取天下而爲之, 吾見其弗得已,
장 욕 취 천 하 이 위 지   오 견 기 불 득 이

夫天下 神器也, 非可爲者也, 爲者敗之, 執者失之.
부 천 하 신 기 야   비 가 위 자 야   위 자 패 지   집 자 실 지

將(장)은 장차라는 것보다 무릇, 만일이라고 번역하는 것이 매끄럽고
부득이(弗得已)의 已(이)는 '~뿐이다'라는 어조사이다. 천하를 취한다는
표현은 48장에도 나오는데 거기에서는 천하를 취하기 위해서는 항상 일
삼는 바가 없어야 한다(无事)라고 하였다. 따라서 여기서 爲(위)는 '억지
로 ~하다'의 의미로 읽어야 한다. 무릇 천하를 취하려 그것을 억지로 강
행한다는 것이다. 爲之(위지)의 之는 대명사로 천하를 취하는 것을 가리

킨다. 그러나 노자는 그런 것을 아예 본 적이 없다고 한다. 다시 말하면 무위(無爲)에 의하지 않고 어떤 의지를 가지고 인위적으로 그것을 달성하려고 하기 때문에 절대 이룰 수 없다는 것이다.

무릇 천하는 神器(신기)라고 했다. 하상공은 신기를 사람이라 했으며 왕필은 형태도 없고 방향도 없는 것이 합하여 이루어진 것이라고 했다. 특별한 구체적인 어떤 사물을 지칭하는 것이 아니고 천하는 만물이 같이 공존하며 상호 작용하는 거대한 사물로 영묘하다는 의미의 이해하면 된다. 이러한 천하는 억지 행함(爲者)으로써 마음대로 할 수 있는(可) 대상이 아니(非)라는 것이다.

그래서 천하를 대상으로 무언가 억지로 하려고 하면(爲者) 실패하고 (敗之), 그 천하를 대상으로 무언가 집으려 해도(執者) 잃게 된다(失之)고 설명한다. 여기서 之(지)는 천하를 가리키는 것이 아니고 어떤 일이나 사물을 지칭한다고 보는 것이 적절하다.

物, 或行或隨 或熱或吹, 或强或剉, 或陪或墮.
물　혹행혹수혹열혹취　혹강혹좌　혹배혹타

是以聖人 去甚 去大 去楮.
시 이 성 인　거 심　거 대　거 저

백서을본은 갑본과 달리 이 단락이 별도의 장(章)으로 나누어져 있다. 그래서 서로 주제가 연결되지 않는다고 하는 사람들도 많다. 그러나 필자가 보기에는 갑본과 같이 같은 章에 있어도 문제가 없다.

物(물)은 사물로만 한정하지 말고 세상의 모든 현상이나 사물로 확대 해석하는 것이 좋다. '或A或B'의 형태로 A와 B가 상반된 대구(對句) 형식의 문장이 4개 나열되어 있다. 첫째가 행(行)과 수(隨)로 가는 것이 있으며 혹은 따라가는 것도 있다. 하상공도 行은 앞에서 가는 것을 말하며 隨은 뒤에서 따라가는 것이라 설명하고 있다. 吹(취)는 '(입으로)불다'라는 뜻이지만 뜨거운 것을 입으로 분다고 하여 차가운 것으로 의미를 확대할 수 있다. 하상공도 呴(구: 숨을 내쉬다)로 되어 있지만 주석에서는 이 글자가 차가운 것을 의미한다고 설명한다. 즉 뜨겁기도 하고 차갑기도 하다는 것이다. 뒤이어 강함(强)과 꺾임(剉), 더해줌(陪)과 떨어트림(墮)에 대한 것으로 사물의 양면성을 이야기하고 있다. 모든 사물이나 일이라는 것은 어떨 때는 앞서기도 하고 어떨 때는 뒤따르기도 하고 또는 강할 때도 있고 꺾일 때도 있는 법이라 일률적으로 단정할 수 없다. 약간 속된 말로 세상만사 저절로 알아서 돌아간다는 것이다. 왕필은 '或(혹)'이라는 글자에 사물이나 일이 거스르고 순종하며 돌이켜 뒤집기도 하는데 거기에는 베풂음, 꾸밈, 집착, 나눔 등이 없다는 것이라 설명한다(汎此諸惑 言物事逆順反覆 不施爲執割也). 사물이나 일들이 모두 이러할진대 하물며 더없이 너른 천하는 말해 무엇 하랴? 천하의 모든 사물이나 일들이 제각각의 본성에 따라 움직이면서 조화되어 저절로 그렇게 굴러가는데 여기에 인위적인 억지 행위를 가한다고 해서 바뀌지 않는다.

그래서 성인은 이러한 사물의 성정을 잘 이해하여 甚(심), 大(대), 저(楮)를 경계하며 멀리한다고 이야기한다. 甚(심)은 한쪽으로 크게 치우쳐 있음이다. 大와 太(태), 泰(태)는 서로 통하는 글자로 지나치게 크다는 의미이다. 楮(저)를 닥나무, 종이라는 단어로 당시 종이는 지식, 지혜를 가리키는 것으로 유추할 수 있다. 종이는 A.D 105년에 채륜이 발명한 것으로 알려져 있었으나 근래(1986년 간쑤성 고분, 2002년 둔황 고분) 고고학에서 한나라 고조(유방) 시대의 것으로 보이는 대량의 종이가 발견되었는데 백서본 당시에도 종이라는 것이 있었을 지도 모른다. 그러나 당시 종이는 지금과 같이 흔한 물품이 아니며 극히 상류층, 지식층에서만 사용되었을 것이다. 왕필본에는 이 글자가 奢(사)로 되어 있어 대부분 사치를 버리라는 것으로 번역하고 있다. 사치라는 것은 甚(심)과 같은 의미일 뿐 아니라 앞에서 이야기한 내용과도 잘 연결되지 않는다. 앞에서 사물이나 일이라는 것은 항상 이러기도 하고 저러기도 한다며 저절로 그리된다고 말했는데 뜬금없이 결론부분에서 사치를 버리라는 말은 문맥상 어울리지도 않고 성인의 중요한 덕목으로 취급하는 것도 적절치 않다.

甚(심), 大(대), 楮(저)는 모두 과도하거나 지나침, 그리고 무언가를 하려는 지혜를 경계하라는 것으로 풀이하고 싶다. 왕필은 앞서 或(혹)에 대한 설명에 이어 이 부분에 대하여 "성인이 스스로 그러함에 이르게 되고, 만물의 실정에 잘 통하였기 때문에 억지로 행함에 기인하지 않고 순종하면서도 베풀지 않는다, 그러한 미혹한 바를 없애고 의심나는 까닭을 없애기 때문에 마음이 어지럽지 않으면서 사물의 본성을 스스로 얻게 된다."라고 설명한다. 즉 세상 만물의 있는 성정을 그대로 인정하고 어떠한 분별(分別)이나 어느 극단에 치우치는 것을 경계하라는 뜻이다. 분별은 지식과 지혜에서 나오는 결과물이다.

제30장

不以兵强於天下, 物壯而老

천하에 무력을 사용치 않음, 강해진다는 것은 늙는 것

以道佐人主 不以兵强於天下,
其[事好還], [師之]所居 楚朸(棘)生之.

善者果而已矣 毋以取强焉.
果以毋骫敲 果而勿矜 果而勿伐 果而毋得已居.
是謂果而不强 物壯而老, 是謂之不道 不道蚤已.

佐(좌): <u>돕다</u>, 도움, 권하다

楚(초): 초나라, 회초리, <u>가시나무</u>, 아프다

朸(력): 나이테, 연륜

棘(극): 가시, 가시나무

果(과): 결과, 과연, 끝내, 만약, 과감하다, <u>이루다</u>, 실현하다

已(이): 너무, 뿐, 따름, 조금 있다가, <u>말다</u>, <u>그치다</u>, 버리다, 불허하다

骫(한): 사나운 말

敲(고): 두드리다, <u>채찍질하다</u>, 후려치다

矜(긍): <u>자랑하다</u>, 불쌍히 여기다, 삼가다, 위태하다.

伐(벌): <u>치다</u>, 정벌하다. 찔러죽이다

蚤(조): 벼룩, <u>일찍(=早)</u>, 손톱

道로써 군주를 보좌하는 사람은

세상에 대해 무력을 사용하지 않는다.

그러한 무력은 다시 자기에게 되돌아온다.

군대가 머문 곳에는 가시덤불만 생긴다.

道에 바탕을 두어 행하는 사람은

최소한의 것만 이루면 그만 그칠 뿐

강함을 취하려 하지 않는다.

전쟁에 임하면서 악랄하지 않으며,

작은 이룸에 대해 뻐기지도 않고,

상대를 추궁하거나 비판도 하지도 않으며

상대에게 무엇을 요구하지도 않고 (전리품) 그침에 머무른다.

이를 일러 (원하는 바를) 이루지만 강함을 내세우지 않는다고 한다.

사물이 융성해지고 강해진다는 것은 늙는다는 것이다.

이것은 道가 아니다.

道가 아닌 것은 일찍 끝난다.

以道佐人主 不以兵强於天下, 其事好還,
이 도 좌 인 주　불 이 병 강 어 천 하　기 사 호 환

師之所居 楚棘生之.
사 지 소 거　초 극 생 지

노자는 반전론자이지만 도덕경에서 통치술이나 병법(兵法)에 대해 일
부 章을 할애하고 있다. 그러나 사정이 불가피하여 전쟁을 하게 되더라

도 그 방법은 통치와 마찬가지로 道에 바탕을 두고 이루어져야 한다고 주장한다.

어떤 사람은 이 문장의 주체가 군주(主)라고 보기도 하나 군주를 돕는 신하의 입장에서 읽어야 한다는 의견이 대다수인 것 같다. 필자도 동의한다. 신하가 임금을 보좌하는 데 있어 道에 입각해서 하라는 것이다. 이렇게 道에 입각하게 되면 무력, 즉 병력의 강함을 천하에 사용해서는 안 된다. 以는 사용하다(用)는 동사로 쓰였다.

好還(호환)은 내가 한 행위가 나중에 같은 걸로 나에게 다시 돌아온다는 의미다. 내가 남을 죽이면 언젠가 상대측에서 나를 죽인다는 것이다. 쉽게 말하면 원수가 원수를 낳는다. 여기서 其事(기사)은 앞의 문장인 세상에 강병(무력)을 쓰는 것을 말하며 이는 또 다른 무력을 초래할 뿐이다.

師는 전쟁이야기인 점을 감안하면 軍師(군사) 즉, 군대라고 보는 것이 일반적이다. 여기서 師(사)는 군대를 통솔하는 원수(元帥)가 아니고 당시 중국 군제(軍制)의 한 단위로 旅(여)의 5배인 2,500명의 군 조직을 말한다 (현재 사단으로 한국은 1만여 명으로 구성되어 있음).

백서갑본의 朸(력)은 棘과 발음이 비슷하다고 하며 을본에는 棘(력: 가시)으로 되어 있어 을본에 따랐다. 군대가 머문 자리에는 많은 가시가 생긴다. 가시는 남을 찌르는 것이니 많은 원한이 생긴다는 것을 의미한다. 왕필본은 이 문장에 "군대가 물러간 뒤에는 흉년이 생긴다(大軍之後 必有凶年)"는 구절을 추가하여 당사자가 아닌 백성들도 어려움을 겪게 된다는 것도 말하고 있다.

善者果而已矣 毋以取強焉.
선 자 과 이 이 의 무 이 취 강 언

果而毋骭敵 果而勿矜 果而勿伐 果而毋得已居.
과 이 무 한 고 과 이 물 긍 과 이 물 벌 과 이 무 득 이 거

여기서도 善者는 단순히 잘 싸우는 사람이 아니다. 뒤이어 나오는 내용에서도 알 수 있듯이 善은 道(무위)에 바탕을 두어 행하는 것을 말한다. 문제는 果(과)를 어떻게 해석하느냐이다. 하상공과 왕필은 전쟁이 일어나서 과감하게 행동하는 것으로 해석하고 있다. '전쟁을 이기는 것(勝)'으로 번역하는 사람도 있다. 그러나 73장에서 "감히 ~ 하는데 용감하면 죽는다(勇於敢則殺)."라고 했듯이 노자는 무슨 일이든 과감하게 나서지 말라고 자주 언급하고 있다. 전쟁에 이기는 것으로 해석하는 것도 퇴양(退讓)을 강조하는 노자의 생각과 다르다. 다음 장인 31장에서도 전쟁을 상례(喪禮)로 임하며, 승리를 기뻐하지 말라고 말한 것에 비추어 보더라도 果(과)를 勝(승)으로 보는 것도 적절치 않다. 노자는 전쟁에 대해 가급적 피하고, 피치 못할 경우에도 최소한의 방어 위주로 하라고 주장한다. 전쟁은 상대를 굴복시키고 지배하기 위해 하는 것이 아니다. 따라서 필자는 果를 (무언가를) '이루다', '실현하다'라는 뜻으로 읽어야 한다고 생각한다. 즉 전쟁이 일어난 사유를 해소할 정도로 전쟁에 임하는 것을 말한다. 이러한 소극적인 승리는 방어 위주의 전쟁이며 그 전쟁으로 내가 침탈당하지 않았으면 그것으로 전쟁의 역할은 다 한 것이라고 본다. 이러한 자세는 68장, 69장에서도 잘 나타난다. 요약하면 道에 바탕을 두고 전쟁을 하는 사람(善者)은 전쟁의 원인이 해소되어 원하는 바가 이루어졌으면(果而) 전쟁을 그만둔다(已)는 것이다. 그리고 강함(强)을 취하지(取) 않는다(毋)고 했다. 여기서 강함은 상대를 굴복시키고 점령하기 위한 적극적인 의미에서의 무력이다. 많은 번역서들이 已(이)를 '~뿐', '~따름'의 조사로 보고 "용병을 잘하는 사람은 이길 따름이다."라고 하거나 "과감하게 행할 뿐이다."라고 하는데 전쟁의 승리를 갈구하는 노자의 공격적인 모습이라 전혀 어울리지 않는다. 已(이)는 '그만두다', '그치다'의 동사이다. 접속사 이(而)로 연결되어 있는 문장 구조도 已(이)가 동사라는 것을 말해주고 있다.

다음의 네 구절이 전쟁을 임하는(果)의 자세에 대해 구체적으로 설명하고 있다. 첫째가 駭敲(한고)이다. 9장에서도 등장했던 단어로 사나운 '말(駭)'에게 채찍을 휘두른다(敲)'는 것이다. 즉 전쟁에 임하면서 악랄하게 하지 말라는 것이다. 아군이든 적군이든 전쟁은 많은 사람이 죽게 마련인데 이를 최소화하기 위해 악랄하고 교활한 방법을 사용하지 말라는 것으로 이해하여야 한다. 이 구절을 왕필은 9장에서와 마찬가지로 果而勿驕(과이물교)로 바꾸어 놓았다. 그래서 대부분의 모든 번역서들이 驕(교)를 '뻐기고 으스대다', '자랑하다', '교만하다'로 번역하여 과감하되 교만하지 말고, 혹은 좋은 성과(승리)가 있어도 교만하지 말라는 식으로 번역하고 있다. 그러나 뒤이어 비슷한 의미의 긍(矜)이라는 단어가 재차 나오는 것은 의식해서인지 윗사람에게 거만한 것이 驕(교)이고 아래 사람에게 자랑하는 것을 矜(긍)이라면 억지로 구분하지만 궁색한 변명이고 내용이 중복된다는 것은 피할 수 없다. 그리고 승리를 권장하는 것으로 보여 받아들이기 어렵다. 이 구절은 죽간본에 喬(교)로 되어 있지만 喬(교)에도 '높다', '교만하다'의 뜻 외에도 '교활하다', '악랄하다'의 뜻도 있다. 그래서 백서갑본 필사자가 사람들이 이 부분을 '교만하다'로 읽을까봐 아예 본문같이 풀어 놓은 것이 아닌가하는 생각이 든다.

과감하되 교만하지 않거나 승리하고도 교만하지 말라는 왕필본의 번역은 겸양의 의미로 받아들일 수도 있지만 도덕경 전체에 흐르고 있는 전쟁에 대한 인식과 동떨어져 있다. 그리고 이러한 번역은 너무 뻔한 훈계라는 느낌까지 들어 노자가 그런 말을 했다고는 생각되지 않는다.

다음 구절에 등장하는 矜(긍)과 伐(벌)은 22장, 24장에서도 나왔던 단어로 최소한의 목적(방어)을 이루었지만 성공했다고 뻐기거나 잘난 척할 일도 아니며, 더욱이 나를 공격한 상대를 비방하거나 욕하지도 않는다. 伐(벌)을 상대방을 쳐서 정벌하는 것으로 번역할 수도 있지만 노자의 전쟁관에 맞지도 않을 뿐더러 바로 뒤이어 나오는 내용과도 상반되어 적절치 않다.

마지막 구절인 '果而毋得已居(과이무득이거)'에 대해서도 왕필본은 '果而不得已'로 되어 있어 과감함이나 좋은 성과(승리)가 있어도 그것이 부득이한 것이라고 번역하고 있다. 물론 이러한 번역도 가능할 수 있으나 이는 첫 구절인 果而已矣(과이이의)와 비슷한 내용이 되어 버린다. '부득이(不得已)'라는 말이 자주 쓰는 말이라 그대로 '부득이'로 번역해버린 탓이다. 지금까지 전쟁을 하면서 너무 잔인하게 하지 말며, 자랑하지도 말며, 공격한 상대방을 비난하지도 말라고 했다. 그 다음은 전후 처리에 대한 이야기가 나오는 것이 자연스럽다. 따라서 이 구절은 최소한의 전쟁 원인이 해결된 후에 상대에게 무언가를 얻지 않고(毋得) 그침(已)에 머문다(居). 상대에게 책임을 물어 무언가의 보상이나 전리품을 요구하지도 않는다는 것이다.

종합하면 이 단락에 대해 지금까지의 번역은 노자가 기발한 병법(兵法)을 제안한 것으로 보고 해석해 왔다. 그리고 노자를 승리를 갈구하는 사람같이 취급하고 있다. 노자를 처음으로 해석한 한비자가 도덕경의 무위나 허정염담의 사상 등을 통치술에 많이 인용한 것에 영향을 받아서인지 사람들은 군사, 전쟁이야기만 나오면 무작정 병법(兵法) 쪽으로만 몰고 가는 경향이 있는 것 같다. 사실 도덕경에 군사나 전쟁에 관해 직접적으로 언급된 곳은 이 장을 포함한 31장, 68장, 69장에 불과하다. 그 내용도 善에 바탕을 두면서 전쟁을 수행하라는 내용밖에 없다. 그런데도 사람들은 한비자, 손무 등에 앞서 노자가 기발한 병법을 제안한 것으로 간주한다. 앞에서 언급한 자랑하지 않고 뻐기지 않는 것이 무슨 대단한 병법이라도 된다 말인가? 퇴양이나 부드러움의 정신이라고 우길 수도 있다. 실컷 죽여 놓고 무슨 퇴양이고 부드러움이란 말인가? 그러다 보니 36장의 사물의 성정에 관한 이야기를 아예 권모술수의 병법으로까지 확대 해석하기까지 한다. 道와 無爲를 주장하는 노자가 전쟁에서 이기는 방법을 제안했다고 보는 것 자체가 참 신기할 정도다. 전쟁에 관한 4개의 장을 한꺼번에 읽어보면 노자의 전쟁에 대한 인식을 쉽게 알 수 있다. 통치술 차원으로 해석하려는 사람들도 많다. 노자는 백성의 편에 서서 군주의 통치가 어떻게 되어야 한다고 이야기할 뿐이지 군주를 강한 제왕으로 만들려고 하는 내용은 거의 없다.

그런데도 도덕경은 이천여 년 동안 그런 식으로 많이 읽혀 왔다.

是謂果而不强 物壯而老 謂之不道, 不道蚤已.
시 위 과 이 불 강 물 장 이 로 시 위 지 하 도   하 도 조 이

앞에서 설명한 대로 전쟁을 피할 수 없게 되더라도 그 원인이 해소되는 최소한의 목적을 이루었으면 즉시 전쟁을 그만두라고 하면서, 이러한 목적이 이루어졌어도 이겼다고 뽐내지 않으며 상대를 비방하거나 상대에서 어떤 전리품 같은 것을 요구하지 않는 것, 이것을 '果而不强'이라고 표현했다. 즉 침략당하지 않는 자신의 목적만 이루면 그것으로서 만족할 뿐 상대를 정복하기 위한 강함을 추구하지 않는다는 것이다.

왜 이래야 하는지에 대해 설명하고 있다. 사물(物)이라는 것은 장성해지면(壯) 곧(而) 늙는다(老). 늙는다는 것은 약함을 의미한다. 壯(장)은 '성하다', '억세게 되다'의 뜻으로 앞의 强을 말한다. 남의 나라를 침략하고

전쟁에서 이기는 것은 언젠가 약해진다는 것이다. 역사적으로 무력으로 점령해서 오래간 적이 얼마나 있었는가? 영원한 제국은 없다.

謂之不道(위지부도)에서 之는 앞의 내용을 가리키는 대명사로 이러한 物壯而老(물장이로)는 道가 아니며 道가 아닌 것은 일찍 끝난다고(蚤已) 했다. 강함을 추구하면 오래가지 못한다는 것을 말하고 있다. 蚤(조)는 早(조)와 같은 '일찍'이라는 뜻이다. 마지막 세 구절은 55장에서도 그대로 등장한다. 내용상으로 볼 때 이 구절은 55장에서 잘 어울리는 것 같기도 하지만 여기서 다시 있다고 해서 이 장의 주제와 크게 벗어나지 않는다. 그리고 갑본에는 是謂之不道(시위지불도)로 되어 있는데 문장구조가 깔끔하지 않아 是가 빠져 있는 을본의 謂之不道(위지불도)를 인용하였다.

제31장

兵者 不祥之器, 以喪禮處之

병기는 상스럽지 못한 물건, 상례로서 대함

夫兵者 不祥之器也, 物或惡之 故有欲者弗居.

君子居則貴左 用兵則貴右,

故兵者 非君子之器也, 兵者 不祥之器也 不得已而用之,

銛襲爲上 勿美也, 若美之 是樂殺人也,

夫樂殺人 不可以得志於天下矣,

是以吉事上左 喪事上右.

是以偏將軍居左 上將軍居右

言以喪禮居之也,

殺人衆 以悲依立之, 戰勝 以喪禮處之.

祥(상): 상스럽다. 복, 좋다

銛(섬): 가래(농기구), 작살, 날카롭다, 날이 예민하다

襲(습): 엄습, 불의에 쳐들어가다, 계승하다, 받다

立(립): 서다, 세우다, 확고히 하다, 정해지다, 임하다, 즉위하다

대저 병기라는 것은 상스럽지 못한 물건이라

사람들은 그것을 싫어한다.

그래서 道를 행하려는 사람은 거기에 마음을 두지 않는다.

군자는 거함에 좌측을 귀하게 여기며,

용병에서는 우측을 귀이 여긴다.

따라서 병기라는 것은 군자의 물건이 아니며,

상스럽지 못한 물건이라

어쩔 수 없이 쓸 경우에만 사용하여야 한다.

(전쟁에서) 번쩍이는 날카로운 창과 칼이 최고라며 아름답다고 하지 말라.

그것을 아름답다고 말하는 것은 살인을 즐긴다는 것이 된다.

무릇, 살인을 즐기는 사람이 어찌 천하에 뜻을 둘 수 있겠는가?

길례(吉禮)에서는 왼쪽을 높은 자리로 하고,

상례(喪禮)에는 오른쪽을 높은 자리로 친다.

그래서 편장군이 좌측에 위치하고

상장군이 우측에 자리하는 것은

전쟁을 상례로써 대한다는 것이다.

(전쟁은) 많은 사람이 죽기 마련이다.

슬픔으로써 서로 의지해 그 자리(싸움터)를 찾아가며,

전쟁에 이겼더라도 상례로써 마무리한다.

夫兵者 不祥之器也, 物或惡之 故有欲者弗居.
부 병 자 불 상 지 기 야   물 혹 오 지   고 유 욕 자 불 거

君子居則貴左 用兵則貴右,
군 자 거 즉 귀 좌   용 병 즉 귀 우

노자의 반전(反戰)사상이 잘 나타나 있는 章이다. 전쟁은 슬픈 장례식과 같다는 것이다. 兵(병)은 칼(劍, 刀), 창(戟, 戈, 矛) 등의 무기를 말한다. 대저 이러한 무기라는 것은 상스럽지 못한 것으로 말하고 있다. 그래서 사람들은 그것을 싫어한다. 여기서 物은 사물이지만 넓게 사람으로 생각해도 무방하다. 有欲者(유욕자)는 24장에서와 같이 道를 행하려고 마음을 먹은 사람이다. 왕필본은 아예 有道者(유도자)로 적고 있다. 그래서 道를 행하는 사람은 兵에 관련된 것(兵者)에 머물지 않는다.

군자는 거(居)함에 있어 좌측을 귀하게 여기고 병사(兵事)를 운영함에 있어서는 우측을 귀하게 여긴다. 동양철학의 음양(陰陽), 좌우(左右)에 대한 인식이다. 동양에서는 임금이 북쪽에 앉아 남쪽을 볼 때 해가 떠오르는 동쪽이 좌측이 되고 해가 지는 서쪽인 우측이 된다. 좌측(동쪽)은 해가 뜨는 곳이라 陽(양)이 되고 서쪽은 음침한 陰(음)이 된다. 여기에 동양의 문관을 숭상하는 崇文(숭문)사상이 깔려있다. 여담이지만 서양은 보통 오른쪽을 더 소중하게 여기는 것 같은데 나름대로 이유를 갖다 붙이자면 동양인들은 오른손잡이가 많고 서양은 왼손잡이가 많다. 그래서 동양에서는 맨날 힘들게 많은 일을 하는 오른손보다는 항상 가만히 앉아서 놀고먹는 왼손을 부러워한 것은 아닐까? 서양에서는 반대로 편한 오른손이 부러웠을 것이다. 지금이야 아무 의미가 없는 이야기인데도 아직도 제례 등의 각종 행사에 좌우 개념을 고집하는 사람들이 있는데, 그렇게 함으로써 자신이 군자이며 뼈대 있는 가문인 양 으스대기도 한다.

故兵者 非君子之器也, 兵者 不祥之器也 不得已而用之,
고 병 자 비 군 자 지 기 야　　병 자 불 상 기 기 야　부 득 이 이 용 지

이 구절은 앞과 다소 중복된다. 백서본의 필사자의 착간이거나 일부러 부연 설명하기 위해 다시 강조한 것이라고 생각할 수 있으나 반복적이라 매끄럽지 않다. 죽간본에는 본문의 앞부분이 아예 없다.

'不得已而用之(부득이이용지)'에서 병기는 부득이 할 경우에만 사용한다는 의미다. 그런데 여기서 '不得已'이라 쓰여 있는 것은 앞장인 30장에서는 '毋得已'라 기술된 것과 뚜렷하게 구별된다. 30장에서 "부득이한 것에 머문다."라고 해석하는 것은 잘못이라는 것을 여기서도 알 수 있다.

銛襲爲上 勿美也, 若美之 是樂殺人也,
섬 습 위 상 물 미 야   약 미 지 시 락 살 인 야

夫樂殺人 不可以得志於天下矣,
부 락 살 인 불 가 이 득 지 어 천 하 의

銛襲(섬습)은 왕필본에서 恬淡(염담)으로 되어 되어 있다. 염담은 평온하고 담담하다는 뜻으로 전쟁이야기에 어울리는 단어가 아니다. 『장자』천도편에 "무심의 고요함으로 안정을 지키고 그윽한 적막에 있으면서 作爲가 없다(虛靜恬淡 寂寞無爲)"라는 표현이 있다. 道를 체득한 경지를 말한다. 도대체 무슨 이유로 섬습을 전혀 정반대의 분위기인 염담으로 바꾸었는지 이해가 안 된다. 아마 최고가 된다(爲上)이라는 표현이 있어 이에 걸맞은 단어를 찾은 것이 염담이 아닐까하는 생각이 들기도 하지만 너무 엉뚱하다.

섬(銛)은 칼이나 창의 날카로움을 나타내고, 襲(습)은 불의에 쳐들어가는 것을 의미한다. 전쟁에서는 햇살에 번쩍이는 창칼을 들고 전광석화같이 움직이는 것이 최고(爲上)라고 하며, 그것을 아름답다고 하지는 마라(勿美之)는 것이다. 왕필본 대로 번역하면 전쟁을 하더라도 고요하고

담담하게 하는 것을 최고로 치고, 전쟁에 이겼더라도 그것을 아름답다고 하지 말라는 것이 된다. 뒤의 내용과도 맞지 않는 억지다. 이 장은 전쟁의 슬픔에 대해 이야기하고 있다. 만약에 번쩍이는 칼날들이 아름답다고 말한다면 그건 살인을 즐긴다는 것이다(是樂殺人也). 살인을 즐기는 사람이 감히 어찌 천하에 뜻을 둘 수 있겠는가? 불가하다고 단정한다. 30장에서도 선자(善者)는 천하에 대해 무력을 사용하지 않는다고 말한 바도 있다.

是以吉事上左 喪事上右, 是以偏將軍居左 上將軍居右,
시 이 길 사 상 좌 　상 사 상 우 　시 이 편 장 군 거 좌 　상 장 군 거 상

言以喪禮居之也, 殺人衆 以悲依立之, 戰勝 以喪禮處之.
언 이 상 례 거 지 야 　살 인 중 　이 비 의 립 지 　전 승 　이 상 례 처 지

그래서 좋은 일에는 좌측을 위로 하고 초상 같은 안 좋은 일에는 우측을 위로 친다. 편장군은 옛날 군제에서 부(副)장군, 혹은 총대장 밑의 각 부대장을 말하는 것으로 상장군보다 직책이 한참 아래다. 그래서 상장군이 우측에 위치하고 직급이 낮은 편장군은 좌측에 앉는다. 앞에서 장례 같이 슬픈 일에는 우측이 위(上)라고 말했는데 군대의 최고 지휘관이 우측에 위치한다는 것은 전쟁을 상사(喪事)로 본다는 것이다. 문관의 경우는 반대로 좌의정이 우의정보다 높듯이 좌측을 길사(吉事)로 친다. 필자도 어릴 적 세배할 때와 문상할 때의 두 손을 포갤 때 왼손이 위로 올라가거나 오른손이 위로 가야 한다고 떠들기도 했지만, 지금 생각해보면 철없는 행동이었다.

전쟁은 많은 사람을 죽이게 된다(殺人衆). 승리했다 하더라도(戰勝) 슬픔으로서 서로 의지하며 임하여야 한다고 말한다. 즉, 슬픔(悲)으로써

(以) 서로 의지하여(依) 그(之) 자리에 가다(立)로 번역된다. 전쟁에 이겼더라도 끝난 후 죽은 사람들의 영혼을 달래주기 위해 싸움이 벌어졌던 그 자리에 가서 슬픔을 달랜다. 위령비를 세우고 아군이든 적군이든 많은 사람이 죽었다는 사실에 대해 애달파 하는 것이다. 전쟁에 이겼더라도 그것을 기뻐하기보다는 많은 사람이 죽었다는 결과이므로 弔喪(조상)의 예로써 승리를 대할 뿐이다.

제32장

知止所以不殆

그침을 앎으로써 위태롭지 않다

道恒無名樸 唯小而天下弗敢臣,

侯王若能守之 萬物將自賓, 天地相谷(合) 以兪甘洛,

民莫之令 而自均焉.

始制有名 名亦旣有, 夫亦將知止, 知止所以不殆,

俾(譬)道之在天下也 猷(猶)小浴(谷)之與江海也.

唯(유): 오직, 발어사, 비록~하더라도(=雖)

賓(빈): 손님, 복종하다, 존경하다, 어울리다, 화친하다

兪(유): 대답하다, 보답하다, 수긍하다, 편안하다, 병이 낫다

旣(기): 이미, 원래, 다하다, 다 없어지다, 끝나다

止(지): 그치다, 만족하다, 도달하다, 꼭 붙잡다, 거동, 행동거지

殆 (태): 위태롭다

俾(비): 더하다, 시키다, 좇다

譬(비): 비유하다

道는 항상 이름이 없으며 질박하다.

비록 보잘 것 없이 보이지만

천하도 그것을 감히 신하로 삼을 수 없다.

군주가 道를 지킨다면 만물이 장차 스스로 친화하며 어울린다.

하늘과 땅이 서로 화합하여 단비를 내리듯

백성에게 무어라 명령을 내리지 않아도 스스로 고르게 된다.

(통나무를) 처음으로 재단할 때 (사물의) 이름이 있다.

그 이름 혹시 이미 있다면

무릇 앞으로 (본성을 바꾸려는 행위의) 그침을 알아야한다.

그침을 앎(본성을 지킴)으로써 위태롭지 않다.

道가 온갖 천하에 자리 잡고 있다는 것을 비유하면

작은 골짜기가 강이나 바다와 함께 어울린다는 것과 같다.

道恒无名樸, 唯小而天下弗敢臣.
도 항 무 명 박　유 소 이 천 하 불 감 신

樸(박)은 통나무라는 뜻 외에도 '순박하다', '질박하다', '바탕'이라는 뜻
도 있다. 28장에서는 통나무가 쪼개져서 그릇이 된다고(樸散則爲器)하면
서 통나무를 바탕 또는 근원이라는 의미로 인용하였으며, 15장에선 敦
(두터움)의 의미로, 19장에서는 질박함(見素抱樸)의 의미로 사용되기도 했
다, 통나무는 그릇(만물)이 만들어지기 직전의 재료이며 질박하고 투박
하지만 사물의 바탕이라는 것을 상징한다.

대부분 사람들은 樸(박)을 뒤 구절에 붙여 "도는 이름이 없다(道恒无名). 통나무는 비록 작지만 천하도 감히 신하로 삼지 못 한다(樸唯小~)"라는 식으로 풀고 있다. 그러나 이 경우 천하가 통나무를 신하로 삼는다는 표현이 되어 어색하다. 천하가 신하가 삼을 수 없는 대상은 당연히 道가 되어야 하는데 이럴 경우 樸은 앞 구절에 붙어야 한다. 다만 樸을 명사로 보지 않고 '질박하다'의 형용서술어로 보아야 한다. 이름 없는 통나무라 번역하면 천하가 신하로 삼는 대상이 여전히 통나무가 되기 때문이다. 즉, 도(道)는 항상(恒) 이름(名)도 없으면서(無) 질박(樸)하다의 번역이 되어야 道가 다음 구절의 주어 역할을 할 수 있다. 道가 이름이 없다는 것은 특정 사물이나 객체가 아니라는 것이다. 이름이 있다는 것은 이미 그것이 독립된 하나의 객체가 되었다는 것이며 이는 우리의 인식세계의 범위에 들어와 있다는 것이 된다. 따라서 道는 만물을 낳게 하고 또한 그것을 주재하지만 이름이라는 것이 있을 수 없다. 우리가 道라고 부르지만 편의상 임의로 부친 것이라고 했다(1장, 25장). 통나무도 마찬가지다. 통나무는 아직 원목상태의 본디 그대로의 모습으로 특정 사물을 가리키는 이름을 부여받지 못한 상태이다. 37장에서도 통나무는 이름이 없다(無名之樸)는 표현이 나온다. 이러한 이름이 없다는 것은 사물의 근원이라는 점을 암시하고 있다.

다음 구절의 주어는 당연히 앞 구절의 道가 된다. 小를 글자 그대로 작다고 번역해도 무방하지만 통나무의 이미지를 생각하여 만물의 바탕이 되지만 보기에는 보잘것없이 보인다는 의미로 보는 것으로 번역하는 것이 표현이 매끄럽다. 道가 비록(唯) 보잘것없어 보이지만(小而) 천하(天下)조차 감히(敢) 신하로 삼을(臣) 수 없다(弗)의 번역이 된다. 신하는 어디엔가 종속되어 있다는 것인데 道는 통나무같이 아주 보잘것없어 보이

지만 어디에도 종속되어 있지 않을 뿐 아니라 만물을 생성케 하는 근원
이니 하찮게 생각하지 말라는 것이다.

侯王若能守之 萬物將自賓, 天地相合 以兪甘洛,
후 왕 약 능 수 지 만 물 장 자 빈　 천 지 상 합 이 유 감 락

民莫之令 而自均焉.
민 막 지 령 이 자 균 언

　이러한 보잘것없게 보이는 道지만 이를 체득하고 다스림에 적용할 때
의 효능에 대해 이야기 하고 있다.

　군주가 道를 잘 지킨다면 만물이 저절로 賓(빈: 손님)이 된다. 많은 번
역서들이 손님은 주인을 존경하며 주인 말을 잘 듣듯이 군주를 존경하
고 따르고 복종한다는 식으로 해설한다. 그런데 주어가 만물이다. 만물
이 임금을 따르고 복종한다는 표현은 어색하고, 또한 만물은 다 평등하
다는 노자의 생각에도 부합하지 않는다. 賓(빈)에는 '복종하다', 존경하다
의 의미도 있지만 '어울리다', '화친하다'의 뜻으로 번역하는 것이 어울린
다. 임금이 道를 지킨다는 것은 만물의 바탕과 근원을 알고 있다는 것이
다. 이러한 관점에서 볼 때 만물은 모두 소박하고 바탕이 같다는 인식을
갖고 있다는 것으로 연결되기 때문에 모든 사물들이 스스로 화친하고
어울린다는 뜻으로 읽는 것이 훨씬 자연스럽다. 왕필도 통나무(樸)의 성
질에 대해 다음과 같이 주석을 달고 있다. "소박한 바탕이 사물이 된다
는 것은 어리숙함으로 어느 한쪽에 치우치고 않고, 有(사물이 있다는 것)
는 無에 가깝다(樸之爲物 憤然不偏 近於無有)"라고 하여 바탕의 평등을
지적하고 있다. 또한 이러한 통나무(樸)의 정신을 갖고 무언가 한다는 것
은 그릇이라는 사물로써 바탕의 진실을 더럽히지 않는 것이며 무언가

하려는 욕구로써 바탕의 정신을 해롭게 하지 않는 것이라고 설명하고 있다.(抱樸無爲 不以物累其眞 不以欲害其神). 이것을 賓(빈)이라고 정의하고 있는 점을 보더라도 만물은 서로 복종하거나 다스리는 대상이 아니고 서로 조화롭게 어울리는 본성을 가지고 있다는 것으로 해석함이 맞다. 37장에서도 이와 아주 유사한 구절이 나오는데 거기서는 "侯王能守之 萬物將自化(만물장자화)"로 되어 있는 점을 볼 때 賓(빈)을 化(화)의 의미와 같다고 볼 수 있다. 다만 37장에서는 道를 無名(근원)에 비유한 것이 아니고 無爲의 성정을 설명하고 있는 점이 다를 뿐이다.

이렇게 만물이 서로 화친하며 어울리게 되니 만물 중의 으뜸이라 할 수 있는 하늘과 땅도 서로 화합(相合)하여 단비를 내린다. 요약하면 만물이 서로 화친하듯 하늘과 땅도 서로 화합하여 단비로 보답하는데 백성(사람)인들 그렇지 되지 않겠는가? 그래서 백성(民)들에게 굳이 명령이나 제도를 만들어 강제(令)하지 않아도(莫) 스스로(自) 고르게 된다(均). 결국 앞서 이야기한대로 均(균)도 평등의 결과가 된다. 결론적으로 이 대목에서 노자는 만물은 근원으로 볼 때 모두 평등하다는 것을 말하고 있다.

始制有名 名亦旣有 夫亦將知止, 知止所以不殆,
시 제 유 명 명 역 기 유 부 역 장 지 지   지 지 소 이 불 태

이 단락의 해석에 대해서도 의견들이 분분하다. 始制有名(시제유명)을 시작을 제어하면서 이름이 붙이게 되었다든가 또는 군주의 다스림과 연계하여 처음에 제도나 규제를 만들 때 명분이 있었다고 번역하는 경우가 종종 있는데 앞의 내용과 연결되지 않는다. 왕필은 "시제라는 것은 통나무를 쪼개어 처음으로 그것을 관장하는 관청의 우두머리가 사물의

귀하고 천함을 정하기 위해 이름을 지을 수밖에 없기 때문이다"라고 설명하고 있다. 서두에 道가 이름이 없다는 내용과 연계하여 필자도 왕필과 같이 통나무와 관련하여 이야기를 풀어가야 한다고 생각한다. 28장에서도 통나무를 쪼개고 그것을 재단한다고 할 때 '制'라는 글자를 사용하였다. 즉, 통나무로 그릇을 만들기 위해 처음으로 이리저리 재단할 때다. 통나무의 한 토막으로 의자를 만들고 다른 토막으로는 접시를 만드는 장면이다. 통나무에는 당초 이름이 없었지만 접시가 만들어지면서 '접시'라는 이름이 붙었으며, 의자로 만들어지면서 '의자'라는 이름이 비로소 있게 된다. 왕필은 이름을 붙이는 것이 관청의 우두머리라고 했지만 현대에서는 그냥 세상 사람이라 보는 것이 자연스럽다. 이러한 '이름(名)'이라는 것은 사물의 구분을 위해 붙여진 것으로 그 때부터 독립된 객체로서 존재하게 된다.

그렇게 해서(재단해서) 혹시(或) 이름(名)이라는 것이 이미(旣) 있게 되었다면(有), 무릇(夫) 장차(將) 그치는 것(止)도 역시(或) 알아야 한다(知)고 한다. 여기서 그침(止)은 객체(名)에 대한 무언가를 가하는 작용이나 행위를 그만두는 것을 의미한다. 어떤 사물이 이미 이름을 가진 독립된 하나의 객체가 되었으며 거기에 대해 어떠한 작용을 끼치거나 행위를 가하지 말라는 것이다. 통나무에서 그릇이 만들어져 '그릇'이라는 하나의 사물이 되었으면 모양을 사각형으로 하라든가 예쁘게 장식을 더하라든가 하는 등의 간섭을 하지 말라는 것이다. 과장하면 그릇더러 의자 역할을 강요할 수 없지 않은가? 만들어질 때의 그릇으로서 객체성을 인정해주고 자기가 부여받은 본성대로 역할을 하게 하라는 것이다. 본성을 부여해 준 것이 道이지만 그 근원을 지키는 선에서 멈추어야 한다.

이렇게 그침을 아는(知止) 까닭에(所以) 위태롭지 않다(不殆)고 한다.

각각의 이름을 가진 사물들이 서로 화친하며 조화롭게 잘 어울릴 터인데 거기에 대해 자기 생각에 더 나을 것 같다며 이런저런 간섭이나 작용을 가하면 조화가 깨지게 되어 위태로운 상황을 맞을 수도 있다. 모든 사물은 각각의 본성을 가지고 있으며 그러한 측면에서 각각의 객체로서 다른 사물과의 균등한 위치에 있기 때문이다.

譬道之在天下也 猶小谷之與江海也.
비 도 지 재 천 하 야 유 소 곡 지 여 강 해 야

따라서 道가 온 천하에 내재되어 있다는 것을 비유하자면, 골짜기의 작은 시내가 큰 강이나 바다와 함께 있는 것(與)과 같다. 道가 천하 만물에 대해 차등을 두지 않고 고르게 존재한다는 것은 道의 입장에서 볼 때 만물은 모두 그 근원이 無이며 질박하다는 것이다. 하찮은 골짜기의 작은 시내도 큰 바다와 동격이라는 것을 비유하고 있다. 앞 단락에서도 언급했지만 모든 사물의 본성은 근원(道)이며, 이러한 본성은 개별적인 성정을 나타낸 것으로 다른 사물과 비교 대상이 되어서는 안 된다.

왕필본은 '~與江海'가 '~於江海'로 되어 계곡물이 흘러 강, 바다로 흘러들어가는 것이라고 표현되어 있다. 아마 66장에서 바다가 모든 계곡물의 왕이 된다는 문구를 염두에 두고 이렇게 고친 것이라 추측되지만 '與(여)'와 '어(於)'는 전혀 다른 의미가 된다. 모든 계곡물이 바다로 들어간다는 것은 바다가 모든 것을 수용하며 받아들인다는 점을 이야기한 것이며, 바다와 함께하는 것은 계곡과 바다를 포함한 삼라만상이 서로 같이 존재하며 상호 친화하며 균등하다는 점을 부각시키고 있다. 작은 계곡이지만 아주 큰 바다와 같은 바탕이며, 서로 항상 어울려 존재하는 의미로 모두가 균등하다는 지금까지의 주제와 합치한다. 죽간본에도 與

(여)로 되어 있다.

갑본의 俾(비)와 臂(비유할 비)의 본 글자라 하여 대체하였으며, 猷(원숭이 유)와 猶(오직 유)는 서로 통용된다고 하여 문맥에 맞는 猶로 대체하였다. 그런데 백서본에서 골짜기의 '谷'이란 글자를 항상 浴(욕: 목욕하다)으로 표기되어 있었는데, 이 장에서 '谷'이란 글자가 처음 등장했는데 정작 이 글자는 '合(합)'과 같은 글자라 하니 고대 한자를 모르는 필자로서는 약간 어리둥절하다.

제33장

知人者智 自知者明

남을 아는 것은 지혜롭지만 내면을 아는 것이 깨우침이다

知人者知(智)也 自知者明也,
勝人者有力也 自勝者强也,

知足者富也 强行者有志也,

不失其所者久也 死而不忘者壽也.

富(부): 부유하다, 성하다, 풍성하다, 세차다

久(구): 오래다, 변하지 아니하다, 오래 기다리다, 막다

壽(수): 목숨, 수명, 장수, 오래 살다

남을 잘 아는 것은 지혜롭다 할 수 있으나
자신을 아는 것은(내면을 깨우치는 것) 밝음(명)이라 한다.
남을 이기는 것은 힘이 있다고 하나
자신을 이기는 것이야 말로 진정 강하다.

만족할 줄 아는 것이 성(盛)함이다.

억지로 행한다는 것은 어떤 작위적인 의도가 있다는 것이다.

이러한 것을 잃지 않은 것이 오래갈 수 있고

죽어도 잊어버리지 않는 것은 영원히 살아있다고 한다.

知人者智也 自知者明也, 勝人者有力也 自勝者强也,
지 인 자 지 야 자 지 자 명 야   승 인 자 유 력 야 자 승 자 강 야

대구(對句)형식의 2구절로 되어 있다. 전체적으로 각 구절의 앞 문장은 세속의 일반 사람들을 대상으로 이야기한 것이고 뒤 문장은 道의 입장에서 언급하고 있다.

백서본에선 '知(지)'라는 글자를 구분 없이 쓰고 있는데 3장에서 설명한 바와 같이 지혜를 뜻할 경우에는 智(지)로 대체하였다. "남을 아는 것을 지혜롭다고 한다."라고 번역하는 것에는 이견이 없다. 者(자)는 사람을 가리키는 것보다 일반적인 지시대명사인 '~이라는 것'으로 보는 것이 적절하다.

그리고 자기를 아는 것(自知者)이 밝음(明)이라고 했다. 밝음(明)은 무엇인가? 16장에서 "본성으로 돌아가는 것은 절대 변하지 않은 항상심(恒常心)이며 이를 아는 것을 밝음이라고(復命常也 知常明也)" 하였으며, 55장에서도 조화라는 것은 常(상)이며 하고 그 조화를 아는 것을 밝음이라고 했다(和曰常 知和曰明). 따라서 明(명)은 道에 이르기 위해 그 근원과 삼라(森羅)의 조화로움을 아는 것이라 말할 수 있다. 즉 자기의 근원을 깨치는 것이 밝음(明)이라는 것과 통한다. 요약해 말하면 남을 안다는 것

은 단지 지혜롭다고는 할 수 있지만, 자기의 근원(根源)에 대해 안다는 것은 밝음(明)이다. 밝음은 깨달음이다.

두 번째 구절도 마찬가지다. 남(人)을 이긴다(勝)는 것(者)은 단지 힘(力)이 있다(有)는 것에 불과하지만 자신을 이긴다(自勝)는 것(者)이 진정 강하다(强). 노자는 强(강함, 뻣뻣함)에 대해 부정적인 시각을 가지고 있다. 그런데 자신을 이기는 것이 '강하다'고 표현하는 것은 용어의 쓰임이 평소와 다르다. 이러한 문제는 52장에서도 나타난다. '부드러움을 지키는 것을 강하다고 말한다(守柔曰强)'라는 표현에서도 强(강)을 긍정적인 의미로 사용하고 있다. 유연함(柔)는 道의 한 성정으로 무위(無爲)라 생각할 수 있으므로 이 장에서의 자승(自勝)도 52장의 강함과 같다고 할 수 있다. 이러한 상황에서는 强(강)을 약함(弱)의 대칭어로서가 아니라 진정으로 강하다는 것으로 의역하여야 한다. 굳이 한자어로 표기하자면 善强(선강: 무위에 바탕을 둔 강함)이라고 할 수 있다.

知足者富也 强行者有志也,
지 족 자 부 야   강 행 자 유 지 야

만족함을 아는 것이 부유하다(知足者富)고 했는데 앞 단락의 自知(자지)와 自勝(자승)과 어울리지 않게 갑자기 세속적인 富라는 말이 나온다. 많이 회자되는 표현으로 대부분 부유함이라고 그대로 번역하고 있다. 자지, 자승을 말하며 사람의 내면 자세, 정신 등에 대한 언급 중인데 갑자기 부유함이라는 표현은 앞의 내용과 호응되지 않는다. 富를 세속적이고 물리적인 부유함보다 盛(성)하다의 정도로 번역하는 것이 좋다.

강행자(强行者)에도 强이라는 단어가 나온다. 보통 사람들과 같이 "억지로 행하는 사람은 뜻이 있다."고 글자 그대로 번역하는 것은 말이 되지 않는다. 이 부분에 대해 왕필은 부지런히 잘 행하면 그 뜻을 필히 획득할 수 있다고 해석하고, 하상공은 사람이 강한 힘을 가지고 行善(행선)하면 道에 그 뜻이 있다(人能强力行善, 則爲有意於道)고 해석을 하고 있다. 해석의 내용이 어떻든 둘 다 모두 이 구절을 긍정적인 것으로 보고 있다. 여기서도 强을 앞에서와 같이 진정한 군셈이라 보며, 行을 善行이라 간주하고 道에 바탕을 두어 진정으로 군세게 행함은 (도를 향한) 뜻이 있는 것이라 번역할 수도 있지만 좀 억지스럽다. 이석명은 "억지로 행하는 사람은 의욕만 높다."라 번역하고 있으며, 김용옥은 "행함을 관철하는 사람이래야 뜻이 있는 것이다."라는 번역을 제시하고 있다. 행함을 관철한다는 것은 노자의 무위에 어울리는 않는 것 같아 선뜻 수긍이 안된다.

필자는 보기에는 아무래도 强行(강행)의 해석보다 志(지)에 대한 해석이 관건이라고 생각된다. 志를 긍정적인 의미로 생각하다보니 强行이라는 것도 긍정적 의미로 만들려고 하니 억지 번역이 되는 것 같다. 여기 志(지)는 2장에서도 나온 단어이다. 만물은 爲而弗志(위이불지)라 했다. 만물은 무엇이 되더라도 어떤 생각(의지)를 강요하지 않는다고 하였다. 3장의 弱其志(사사로운 의욕을 약하게 하라)에도 마찬가지다. 여기서도 志는 작위적인 의도라는 의미로 사용되었다. 爲와 行은 무언가를 한다는 것이니 여기서도 志에 대해서는 같은 의미로 간주하여야 한다. 즉, 억지로 행한다는 것은 작위적인 의도가 있다는 것으로 번역해야 한다. 즉 무엇을 행하든 간에 항상 작위가 있는지를 스스로 점검하라는 뜻으로 이 구절을 쓴 것으로 보아야 한다.

모든 일에 만족함을 아는 것으로 충분하기 때문에 항상 행함에 작위가 있는지 경계하라는 취지로 이해한다. 작위(志)는 스스로 만족하지 못하기 때문에 작용하는 것이다.

不失其所者久也 死而不忘者壽也.
부 실 기 소 자 구 야　사 이 불 망 자 수 야

不失其所者(부실기소자)의 其所는 앞에서 말한 자지(自知), 자승(自勝), 강행(强行)을 가리킨다. 즉 그러한 바(所)를 잃지 않는 것이야 말로 오래간다. 왕필도 그렇게 해석을 하고 있다. 속세에서 사람을 알아 지혜롭다고 하는 것이나 부자라는 것은 오래가지 못한다. 그리고 구도자의 그러한 바를 잃지 않으면 죽어서도 잊히지 않는다. 그것을 壽(수)라고 했다. 壽(수)는 수명을 뜻하지만 여기서는 '영원하다', '오래 살다'의 의미로 읽는 것이 표현이 매끄럽다.

제34장

以其不爲大 姑能成大

위대하다고 여기지 않기에 정작 위대하다

道汎呵, 其可左右也, 成功遂事而弗名有也.
萬物歸焉而弗爲主 則恒无欲也, 可名於小,
萬物歸焉而弗爲主 可名於大.
是以聖人之能成大也 以其不爲大也 故能成大.

汎(범): 물위에 뜨다, 떠돌다, 넓다, 널리

遂(수): <u>이루다</u>, 성취하다, 끝내다 다하다, 순응하다

道는 두루 펼쳐져 있구나.

좌우로 이르지 않은 곳이 없다.

만물을 낳고 키우며 이루지만 그것을 일(有)라고 말하지 않는다.

만물이 道에 귀의하여도 주인 노릇을 하지 않는다.

그 일이 일이라는 생각조차 하지 않기 때문에 작다고 부를 수 있지만,

(실상은) 만물이 귀의한다는 그 자체만으로도

가히 위대하다고 말할 수 있다.

따라서 성인이 위대할 수 있는 것은

스스로 위대하다고 여기지 않기 때문에 정작 위대한 것이다.

道汎呵, 其可左右也, 成功遂事而弗名有也.
도 범 아   기 가 좌 우 야   성 공 수 사 이 불 명 유 야

범(汎)은 물위에 뜨다, 떠돌다, 넓다 등의 의미가 있다. 道는 널리 퍼져 있다는 것이다. 其는 道를 가리키며 가(可)는 '허락하다'로 번역해 좌우에 다 걸쳐 있다며 세상 어디에 미치지 않는 곳이 없다.

成功遂事(성공수사)의 주어도 道이다. 사물이나 일(事)을 생기게 만들고(成), 그것을 성장시키며(功: 튼튼하게 장성시키다) 완수하게 만든다(遂)라고 하면서 弗名有(불유명)라고 했다. 대부분 사람들이 이름 혹은 명성을 가지지 않는다고 번역하고 있다. 그러나 문장 구조상으로 볼 때 弗은 동사의 부정사로 뒤의 名이 동사가 되고 有가 보어가 되어야 한다. 이름을 가지지 않는다고 하면 弗有名의 문장이 되어야 한다. 이름이 있는 것(名有)이 아니다(弗)의 구조라고 주장할 수도 있지만 이 경우도 弗보다는 非(비)를 사용하는 것이 맞다. 따라서 필자는 이 구절을 "有라고 이름 하지 않는다."라고 번역하였다. 有는 無와 반대되는 개념으로 유형적인 사물이 되는데 여기서는 일, 성과, 혹은 공적이라고 볼 수 있다. 道가 만물을 成功遂事했지만 그것을 일(有)이라고 명명하지 않는다. 엄청난 일을 하면서도 그것을 일이라고 생각하지는 않는다는 것이다.

萬物歸焉而弗爲主 則恒无欲也 可名於小,
만 물 귀 언 이 불 위 주   즉 항 무 욕 야   가 명 어 소

萬物歸焉而弗爲主 可名於大.
만 물 귀 언 이 불 위 주   가 명 어 대

歸(귀)는 돌아옴이다. 만물이 생기기 전인 근원으로 돌아간다는 것이다. 道가 만물을 만들었으며 그 만물이 다시 道로 돌아온다 함은 道가 만물의 주인이라는 것이 분명한데 주인행세를 하지 않는다. 그런데 같은 문장인데도 앞에서는 그 이름이 '작다(小)'라고 하고, 바로 뒤에서는 '크다(大)'라고 하는데 그 차이가 則恒无欲(즉항무욕)에 있다는 것을 유추할 수 있다. 항상 무욕이라서 그 이름을 '작다'라고 할 수 있다고 번역되고 있는데 무욕의 의미가 무엇인지 정확하게 이해가 안 된다. 그러면 뒤 구절은 有欲이라서 그 이름이 '크다'는 의미인가? 주인 노릇을 하지 않는다는 것은 이미 욕심이 없다는 것인데 다시 욕심이 없다고 말한다는 것은 문맥상 맞지 않다. 어떤 사람은 1장의 "욕심을 없앰으로써 그 오묘함을 본다.(恒无欲也 以觀其眇)"는 구절을 끌어들여 욕심을 없애면 스스로 작아져 미세한 오묘함을 볼 수 있기 때문에 작아진다고 설명하고 있지만 너무 억지 같다.

한편, 小와 大에 대해서 왕필은 "만물은 道로 말미암아 생겨나지만 생겨난 후 만물은 생겨난 근원(뿌리)를 알지 못한다. 마치 道가 만물에 베푼 것이 없는 것 같아서 '작다'고 한다(萬物皆由道而生 既生而不知所由…若道無施於物 故名於小矣)."라고 했고, 크다(大)에 대해서는 "만물이 모두 道에 귀의해서 생겨난 것인데도 道는 만물들이 그 생겨난 근원을 알지 못하게 만든다. 이러한 일은 결코 작은 일이 아니다. 그래서 다시 '크다'는 이름을 붙여 준 것이다.(萬物皆歸之以生 而力使不知其所由 此不爲小 故復可名於大矣)"라고 했다. 만물이 道의 존재를 인지하느냐 못하느냐에 따라 크고 작다고 구분한 것도 일견 설명이 그럴듯하게 보이지만 道가 일부러 그 근원을 알지 못하게 한다는 것도 상식적으로 납득이 되지 않고 근원을 알고 모른다는 사실과 주인이 된다는(爲主)는 말과도 연관 짓기도 어렵다. 이런 연유로 어떤 사람은 恒無欲(항무욕)이란 구절이 잘못 끼어든 것으로 보기도 하고(장석창), 아예 글 가운데 아무 뜻 없이 들어간 군더더기 글귀인 연문(衍文)으로 보는 사람도 있다. 그러나 백서 갑·을본에 이 구절이 모두 들어가 있는 것으로 봐서 무언가 의미가 있을 것이다.

필자는 無欲을 1장에서도 마찬가지로 여기서도 欲을 동사로 보고 '~하려고 하다', '~하려는 생각(마음)이 있다'는 것으로 번역하였다. 도덕경에는 欲이라는 동사가 이런 뜻으로 많이 사용되고 있다. 欲의 목적어는 앞 구절의 有(일)라고 생각한다. 이렇게 볼 경우 道가 만물에 대해 큰일을 하였지만 그것을 굳이 일(有)이라고 생각하려는 마음조차 없었기 때문에 그것을 소소하다(小)고 말할 수 있다. 즉 道가 만물에 대해 成功遂事(성공수사)했지만 그 자체를 일이라고 생각조차 하지 않았다는 측면에서는 그 일이 매우 하찮고 사소하다고 여길 수도 있다. 그래서 '작다'라고 부를 수 있다. 道는 만물에 작용할 때 어떤 의도나 목표를 가지고 하는 것이 아니라 무위에 의해 작용했다는 것이다.

두 번째 구절에서는 만물이 귀의하였는데도 주인 행세를 하지 않으니 이유야 어찌되었든 실상은 정말 위대하다는 것이다. 그렇게 큰일을 하면서도 주인이라는 생각, 주인이 아니라는 생각조차 하지 않으면서 무위로 하였기 때문에 道는 위대(大)하다. 왕필은 번역이 명확치 않아서인지 첫 문장을 다른 내용으로 고쳤다. 小의 경우에는 '萬物歸焉~'을 '衣養萬物~'로 하면서 도입부의 내용을 바꾸었지만 이 또한 석명치 못하다.

是以聖人之能成大也 以其不爲大也 故能成大.
시 이 성 인 지 능 성 대 야 이 기 불 위 야 야 고 능 성 대

이와 같이 성인이 위대할 수 있는 것은 스스로 위대하다고 생각지 않

기 때문에 위대하다. 필자의 엉뚱한 생각인지 모르지만 논란이 된 앞 단락의 恒无欲의 无(무)는 其(기)가 잘못 쓰인 것일 수도 있다는 생각이 든다. 그럴 경우 항상 그러한 마음이 있다면 작다고 쉽게 이해될 수 있다. 그렇게 될 경우 스스로 위대하다고 여기기 않기 때문에 진정 위대해진다는 이 구절과도 잘 어울린다고 생각하지만 글자가 잘못 쓰였다는 근거는 없다.

아무튼 이 章의 주제는 道의 크고작음이 아니라 道는 무언가를 의식하거나 의도하지 않고 무위(無爲)로 작용하기 때문에 위대하는 것이다.

제35장

執大象 安平大

도를 지키면 이에 편안함이 크다

執大象 天下往 往而不害 安平大.

樂與餌 過格(客)止 故道之出言也, 曰 淡呵 其无味也.

視之 不足見也, 聽之 不足聞也, 用之〈삭제〉[而]不可既也.

往(왕): 가다, <u>향하다</u>, 돌아가다, 옛, 이따금

餌(이): 먹이, <u>먹다</u>, 이익

淡(담): <u>담백하다</u>, 싱겁다

既(기): 이미, 원래, <u>다하다</u>

大象(道)을 지키면서 천하(세상)에 나가더라도

해(害)가 없으며 이에 평안함이 크다.

음악과 음식에는 지나가는 길손이 발걸음을 멈추지만

道에서 나오는 말은 담담하여 그 맛이 없다.

그것을 보려 해도 봄(見)이 이루어지 않으며

그것을 들으려 해도 들음(聞)이 이루어지지 않는다.

그러나 道는 (무궁무진하여) 다함이 없다.

執大象 天下往 往而不害 安平大.
집 대 상 천 하 왕 왕 이 불 해 안 평 대

樂與餌 過客止 故道之出言也.
낙 여 이 과 객 지 고 도 지 출 언 야

14장에서 道는 볼 수도, 들을 수도, 만질 수도 없으면서 무한히 큰 것이고 이를 모습이 없는 사물(无物之象)이라 했다. 41장에서도 큰 소리는 들리지 않고 큰 모습은 형태가 없다(大音希聲 大象無形)라며 대상(大象)이라는 단어가 등장한다. 『한비자』 해로편에 "인간은 대부분 살아 있는 코끼리를 본 일이 거의 없으므로, 죽은 코끼리의 뼈의 모습을 얻어 그것을 그린 그림을 근거로 살아 있는 코끼리를 상상한다. 그래서 사람들이 마음속으로 상상한 것을 모두 象이라 한다." 따라서 象(상)은 실제 확인할 수는 없지만 상상속의 엄청 큰 것이라는 의미로 사용된다. 여기서도 道의 모습을 묘사한 것이다. 執(집)은 '쥐고 있다'라고 해석해도 좋고 하상공본과 같이 '지키다(守)'라고 해도 별반 차이가 없다.

往(왕)의 번역이 좀 어색하다. 천하(天下)를 주어로 보면 "천하가 간다."로 되지만 이어 뒤 구절이 "천하가 가도 해가 없다."는 이상한 문장이 되어버린다. 하상공은 이 부분에 대해 "천하 백성이 마음을 움직여 돌아서 그에게 간다.(天下萬民移心歸往之也)"라고 천하가 돌아오는 것으로 해석하고 있다. 천하가 그에게 돌아온다는 것은 그가 천하에 나가는 것과 같다. 문법에는 좀 어긋나지만 道를 잡은 사람(執大象)이 往(가다)의 주체가 되어 "천하에 들어가다"로 옮기는 것이 자연스럽고 세상에 들어가더라도 해롭지 않다는 것과도 잘 연결된다.

다음 구절인 安平大(안평대)를 대부분 안정되고(安), 평온하고(平), 태평(太)라고 번역을 하고 있지만 세 글자가 모두 비슷한 의미로 중복이 심하

다. 백서본에서 安이란 글자는 여기 외에 17, 18장과 64, 80장에 나타난
다. 17, 18장에서의 安(案)은 명백하게 어조사 焉(언)의 용도로 쓰이고 있
으며, 64, 80장에서는 안정된다는 뜻으로 사용되고 있다. 물론 백서본의
女라는 글자도 安의 본 글자라 해서 '어찌', 혹은 '이에'라는 의문사, 어조
사로 간주하여 번역하였다. 필자는 이 장에서의 安(안)도 18장에서의 같
이 어조사 '이에(於是, 焉)'로 보아야 한다고 생각한다. 그래서 이 구절을
"道를 지키면서 천하(세상)에 들어가더라도 해롭지 않고 이에(安) 평안함
(平)이 크다(大)"로 번역하였다.

　음악과 음식이 지나가는 과객을 멈추게 한다는 것은 세상의 이런저런
유혹을 의미한다. 보통 사람들은 음악이나 음식에 발을 멈추지만 이 장
의 주인공인 道를 지키는 사람은 거기에 아무런 유혹을 받지 않는다. 이
러한 주인공의 道에서 나오는 말들은 다음과 같다고 설명한다.

日 淡呵 其无味也. 視之 不足見也 聽之 不足聞也,
왈 담 아 기 무 미 야　시 지 부 족 견 야 청 지 부 족 문 야

而不可旣也.
이 불 가 기 야

　먼저 담백하여 아무런 맛이 없다고 말한다. 앞에서 과객의 걸음을 멈추
게 한 음식(餌)과 음악(樂)에 대한 대답이다. 담백하다는 말은 어떤 성정이
뚜렷하거나 자기의 의도가 담겨있지 않다는 것이다. YES라고도 하지 않
지만 NO라고도 하지 않음이다. 유위(有爲)가 없이 모든 것이 저절로 그러
함이며 사물이나 일에 대한 분별(分別)도 없음이다. 그래서 사람들이 볼
때는 아무런 재미도 없고 이도저도 아닌 어중간하다고 생각할 것이다.
　視之(시지), 聽之(청지)의 之는 앞 구절인 其无味(기무미)을 가리킨다.

그리고 이 문장의 주어는 일반 사람들이다. 세상 사람들이 그것을 보지만 볼 수가 없다고 한다. 같은 내용의 구절이 14장에서는 視之而弗見(시지이불견)으로 알기 쉽게 표기되어 있는데 여기서는 不足(부족)이라는 단어로 표현되어 있다. 足(족)은 넉넉하다는 것이 아니고 여기서는 '이루다', '되게 하다'의 뜻이다. 이 구절은 "보는 것이 되지 않는다."가 되어 결국 볼 수 없다. 단순히 눈으로 볼 수 없다는 것이 아니라 어떤 것을 "본다는 행위 자체가 되지 않는다."는 뉘앙스로 받아들여야 한다. 視(시)와 聽(청)은 그냥 가만히 있어도 보이고 들리는 것임에 반해 見(견)과 聞(문)은 어떤 의식이나 인식을 갖고 적극적으로 보고 듣는 것이라는 차이가 있다. 다시 설명하면 道를 지키는 사람을 눈으로는 쉽게 볼 수 있지만 그 사람의 내면에 있는 道는 볼 수 없다는 것이다.

백서본의 마지막 구절인 用之(용지)가 좀 혼란스럽다. 대부분의 사람들이 이 구절을 "사용하여도 다함이 없다."로 번역을 하고 있다. 사람이 사용한다는 것인데 여기서의 之도 視之, 聽之와 같이 其无味(기무미)라고 보아야 한다. 其无味를 道를 지칭하는 것이라 볼 때 사람들이 보려고 하거나 들으려 한다는 표현은 납득되지만 일반사람들이 道를 사용한다는 것은 문맥상 맞지 않다. 다행히 이 대목이 죽간본에는 "~視之不足見 聽之不足聞 而不可旣也"로 되어 있다. '用之'라는 단어가 없고 접속사 而가 들어가 있다. 죽간본대로 번역하면 "보려 해도 볼 수 없고 들으려 해도 들을 수 없지만 (道는 실상) 다함이 없다."가 된다. 보통 사람은 道의 실재를 잘 알지 못하지만 온 세상이 이미 널리 펴져 있고 무궁무진하다는 것을 말하고 있다.

왕필본도 백서본과 같이 用之(용지)라는 구절이 들어 있는데 아마 '다함이 없다'는 구절을 보고 당연히 視之, 聽之와 구색을 갖추기 위해 생각없이 '用之'라는 말을 첨가한 것으로 보인다.

이에 필자는 백서본의 '用之'을 삭제하고 죽간본에 따라 "而不可旣也"로 보완하였다.

제36장

將欲歙之 必古張之, 微明, 友弱勝强

움츠러들려하는 것은 오랫동안 펼쳐져 있었던 것이다
미세한 작용에 대한 깨달음
약한 것을 가까이 하며 강한 것에 현혹되지 마라

將欲拾(歙)之 必古張之, 將欲弱之 必古强之,
將欲去之 必古與之, 將欲奪之 必古予之,
是謂微明 友弱勝强.
魚不脫於淵, 邦利器不可以視人.

拾(습): 줍다, 거두다, 모으다

歙 (흡): 움츠리다, 줄이다, 붙이다, 잇다

奪(탈): 빼앗다, 없어지다

予(여): 나, 주다, 손으로 건네다

友(우): 친구, 같이 하다, 가까이 하다, 따르다

勝(승): 이기다, 낫다, 지나치다, 견디다

淵(연): 연못(=沖肅)

앞으로 움츠러들려는 것은
오랫동안 펼쳐 있었던 것이 틀림없고,

앞으로 약해지려는 것은

틀림없이 오랫동안 강해져 있었던 것이다.

장차 떠나려고 하는 것은 그동안 오래 같이 있었다는 것이며

(누군가) 앗아가려 하는 것은 틀림없이

오랫동안 (그에게 무엇을) 주었다는 것이다.

이를 '미명'이라 하는데,

약한 것을 가까이 하며 강한 것에 현혹되지 마라.

물고기는 연못 밖으로 나갈 수 없다.

이러한 세상의 이로운 수단(미명)은 다른 사람에게 보여주어서는 안 된다.

將欲歙之 必古張之, 將欲弱之 必古强之,
장 욕 습 지 필 고 장 지   장 욕 약 지 필 고 강 지

將欲去之 必古與之, 將欲奪之 必古予之.
장 욕 거 지 필 고 여 지   장 욕 탈 지 필 고 여 지

노자라는 인물에 대한 평가로 의견이 분분한 章이다. 대부분의 사람들은 이 장의 내용을 병법이나 처세의 권모술수를 말하는 것으로 보고, 노자가 실상은 아주 출세 지향주의이며 적극적이고 음험한 사람이라고 말하기도 한다. 이는 본문의 구절을 "장차 ~을 하려고 하면 필히 잠시 ~ 하게 하라"의 식으로 번역하고 있기 때문이다. 두 번째 구절을 예를 들면 "장차 (상대를) 약하게 만들려고 하면, 반드시 (상대를) 잠시 강하게 만들어라."라고 번역하고 있다. 상대를 잠시 강하게 만들어 방심토록 한 후 무너뜨리는 것으로 상대의 오판, 방심을 유도하는 술책을 말하는 것으로 보고 있다.

그동안 이렇게 해석되어 온 것은 한비자의 역할이 크다고 생각한다. 도덕경에 대한 최초의 주해서로 알려진『한비자』에서 이 장의 내용을 언급하면서 "상대방에게 빼앗고자 한다면 반드시 확장시켜주고, 쇠약하게 하려고 한다면 반드시 강하게 해주어야 한다."로 설명하면서 이 장을 권모술수의 내용으로 취급하였다. 한비자는 강력한 군주론과 제왕학을 주장한 법가(法家)의 주창자로 이 구절들을 자기의 사상에 맞게 아전인수 격으로 받아들인 것이 아닐까 하는 생각이 든다. 그리고 후세 사람들도 귀에 익은 손자병법의 술책과 비슷하다고 생각하며 무심코 그에 동조한 것이 아닐까 생각한다. 그러나 병법에서 이러한 술책은 자기 능력이 있고 충분히 강한데도 상대방이 보기에 약한 것처럼 보이게 하는 전술로 본문의 의도와 전혀 다르다.

필자는 노자가 이러한 적극적인 기만책을 제안했다고 생각하지 않는다. 도덕경 전편에 걸쳐 드러난 노자의 사상과 정면으로 배치된다. 무위를 강조한 노자가 어떤 목적을 갖고, 그것도 나쁜 의도를 가지고 상대를 기만하는 행위를 하라고 권유한다는 것은 있을 수 없다.

그리고 설령 병법의 일환으로 보더라도 마찬가지다. 노자는 전쟁에 임하는 자세에 대해 30장에서 "강한 것을 취하지 않는다(毋以取强)."라고 했으며, 69장에서는 군사를 쓰는 데 있어 "자신이 감히 주인(主)이 되지 않고 손님(客)이 된다고 하면서 감히 한 치(寸)를 전진하기보다는 차라리 한 자(尺)를 물러나라."고 이야기한 것과 사뭇 다르다. 수비 위주의 병법에서 이러한 권모술수가 있을 필요도 없다.

이와는 별도로 이러한 해석은 후반부의 내용과도 어긋난다. 약한 것(弱)이 강한 것을 이긴다고 했는데(柔弱勝强, 왕필본) 왜 구태여 상대를 약하게 만들려고 하는가?

필자는 이러한 구절을 병법이나 통치 차원에서 보지 않고 일반적인 사물이나 일의 성정을 표현한 것이라 생각한다. 무한진인[주5]도 이러한 번역은 노자의 사상과 어울리지 않다며 이 문장을 의지를 나타내는 능동형이 아니라 수동형으로 읽어야 한다고 주장한다. 대부분 지(之)를 상대방이나 어떤 대상을 뜻하는 지시대명사로 간주하고 있으나 필자는 '~에 이르다', '~도달하다'의 동사의 읽어야 한다고 생각한다. 욕(欲)도 무엇을 하고자 하는 의지의 표현이 아니라 자동사(自動詞)로 '~하기 시작하다', '~하려 한다'로 읽어야 한다. 따라서 이 구절은 "앞으로(將) 약해짐(弱)에 이르려고(之) 하는(欲) 것은, 틀림없이(必) 오랫동안(古) 강함(强)에 이른다(之)."로 번역된다. 즉 장차 약해지려 하는 것은 틀림없이 그 전에 오랫동안 강함에 머물러 있었다는 것이다. 이는 사물의 어떤 성정(性情)이 반대로 바뀐다는 것은 그 성정이 오래되어 어떤 한계(極)에 도달했기 때문이다. 사물의 강한 성질이 극에 달하면 반대로 돌아간다는 物極必反(물극필반)의 사상을 지금까지는 사물의 강(强)의 위치에서 설명하였는데 여기서는 반대로 弱(약)의 위치에서 그 사상을 설명하고 있다. 지금 약해지려고 하는 것은 그동안 오랫동안 강함을 유지했던 것이 道의 섭리에 따라 약해지는 것이니 그러한 이치를 잘 이해하고 용납하라는 것이다.

나머지 구절도 마찬가지다. 歙(움츠러들다) → 張(펴다), 去(사라지다, 가다) → 與(같이 있다, 친하다), 奪(빼앗다) → 予(주다)의 상반어로 되어 있다.

앞으로 움츠러들려고 하는 것은 그동안 오랜 기간 펼쳐져 있던 것임에 틀림없고, 무엇인가 나로부터 떠난다는(去) 것은 오랫동안 나와 함께 있었던(與) 것이었다. 적절한 인용인지 모르지만 會者定離(회자정리)의 장면으로 생각할 수 있을 것이다. 奪(탈)의 경우는 무엇인가를 나에게서 앗아 가려고 하는 것은 그동안 나에게 이것저것 많이 주었다는(予) 상황이 된다.

앞부분의 歙(흡), 弱(약), 去(거), 奪(탈)은 나에게 부정적인 성정이지만 지금의 처지는 오랫동안 張(장), 强(강), 與(여), 予(여)의 상황을 걸쳐 지금에 이른 것이다. 다시 말하면 후자가 계속되기를 욕심내거나 사라짐을 아쉬워하지 말라는 것이다. 모든 사물은 서로 상반되는 것 같지만 서로 작용하면서 이루어지고(相反相成) 어떤 성정이 극에 다다르면 반대의 성정으로 되돌아간다.

갑본의 拾(습)은 거두어 모으는 것을 의미하는 글자로 그대로 사용해도 큰 무리가 없지만, 네 번째 奪(탈)과 비슷한 의미로 중복되어 왕필본의 歙(흡)으로 보완하였다.

是謂微明 友弱勝强.
시 위 미 명 우 약 승 강

이러한 것을 微明(미명)이라고 했다. 이를 '은밀한 지혜', '미묘한 데서 밝아짐'이라고 번역하는데 이는 앞의 내용을 병법이나 술수차원으로 보았을 때 그렇게 이름을 붙일 수도 있을 것이다. 그러나 도덕경에서 明(명)은 道에 대한 깨우침이라는 매우 긍정적인 의미이다. 따라서 이를 노자가 부정적으로 보고 있는 지혜라고 말하는 것은 적절치 않을 뿐 더러 기만적인 술수책략에 明이라는 단어는 어울리지 않는다.

보통 사람은 지금 자기가 弱(약)의 처지에 있으면 그 약함을 한탄하거나 자조하고, 어찌 운이 좋아 강(强)의 처지에 있으면 기고만장하며 그것이 영원히 지속될 것이라고 믿는다. 그러나 앞에서 설명한 내용은 사물의 자연스러운 움직임인데 사람들이 그것을 잘 알아차리지 못한다. 이러한 道의 움직임은 눈에 잘 띄지도 않고 아주 천천히 진행하여 미명(微明)

이라 이름을 붙였다. 따라서 微(미)는 눈에 잘 띄지 않는 미세한 변화를 잘 살피는 밝음이라는 것이다.

참고로 하상공은 희미한 明(깨달음)이지만 효과가 있다고 해설하고, 왕필은 거짓이나 형벌 등을 동원하지 않고 사물의 본성에 따라 그 사물을 제거하는 것이라 설명한다. 이 장을 병법 차원의 권모술수로 보면서도 미명에 대해서는 긍정적인 해석하는 것은 좀 어폐가 있다. 한비자도 "형태가 드러나지 않는 가운데 일을 시작해 천하에 큰 공을 세우는 것을 일컬어 미명이라고 한다."라고 설명하는데 노자의 明(깨달음)을 싸움에 이기는 것으로 타락시키고 있다.

다음의 友弱勝强(우약승강)도 대부분의 통행본들은 柔弱勝强(유약승강)으로 되어 있어 지금까지 "유약한 것이 강한 것을 이긴다."는 식으로 번역하면서 노자의 대표 사상 중 하나라고 알려져 있다. 을본도 柔弱勝强으로 되어 있고, 왕필본은 앞뒤 대구(對句)를 고려해서 柔弱勝堅强(유약승견강)으로 柔에 대응하는 堅(견)이라는 글자를 추가하였다. 그러나 앞서 언급한 바와 같이 이 구절은 앞의 내용을 왕필본대로 번역할 경우 내용상으로도, 논리 측면에서도 앞뒤 내용이 상충된다. 그리고 약한 것이 강한 것을 이긴다고 일반화하는 것은 상식적으로 맞지도 않다. 지기 때문에 약한 것이고 이기기 때문에 강하다고 하는 것이 아닌가?

물론 유(柔)의 사상을 부인하는 것은 아니다. 78장에서도 세상에서 물보다 부드럽고 약한 것이 없다고 하면서 약한 것이 강한 것을 이긴다(弱之勝强)는 표현이 나온다. 그러나 그 내용을 꼼꼼히 살펴보면 물이 견고하고 강한 것을 이기는 이유가 물이 그렇게 하는 것을 쉬운 것이라 여기지 않기 때문이라고 설명하고 있다. 이는 물이 이긴다는 의지나 욕심이 없기 때문에 저절로 그리된다는 것이지 이 章의 본문같이 이기기 위한 술책을 말하는 경우에는 해당되지 않는다. 일부러 상대방을 약하게 만들려고 하는 처지에 약한 것이 강한 것을 이긴다고 일반화시키는 결론은 타당치 않다. 더구나 앞의 예문을 본문과 같이 사물의 성정 변화에 대하여 말하고 있는 것이라면 柔弱勝强이라는 표현은 이 장에 더더욱 안 어울린다.

따라서 필자는 갑본의 友弱勝强(우약승강)의 표현이 맞다고 생각한다. 友(우)는 동사로서 '뜻을 같이하다', '가까이 하다'의 뜻이다. 즉, "약한 것을 가까이 하고(따르고) 강한 것을 이기라."라고 하는 것이다. 강함을 이긴다는 표현도 물리적으로 이기는 것이 아니라 약한 것을 항상 가까이 하면서 강한 것에 현혹되지 말고 거기에 집착하거나 굴복하지 말하는 의미로 읽어야 한다. 28장에서도 강함이라는 것을 알고 부드러움에 머무르면 (知其雄 守其雌) 천하의 계곡물(道)이 된다고 했다. 약한 것은 道의 근원이다. 그리고 강함은 언젠가 약함으로 되돌아가기 마련이고 지금 약해져 있다는 것은 그전에 오랫동안 강한 상태에 있었다는 것이니 지금의 처지가 약하다 해서 안쓰럽게 생각할 필요가 없다. 이러한 노자의 시각은 58장의 禍福(화복)이 언제든지 바뀔 수 있다는 것에서도 잘 나타난다.

弱과 强이 오래되면 서로 위치가 바뀌는 것이라면 强과 弱 중 어느 쪽에 가까이 해도 상관없을 것 같은데 노자는 왜 弱과 가까이 하라고 했을까? 强과 함께 있는 것은 더 강해지려고 하는 욕심과 그것을 유지해야 하는 걱정에 편치 않기 때문이다. 약한 편에 서 있는 것이 마음이 편하다.

지금까지 왕필본의 유약승강(柔弱勝强)이라는 표현에 너무 익숙하게 길들여져 있지만 필자는 우약승강(友弱勝强)으로 바로 잡아야 한다고 생각한다.

魚不脫於淵, 邦利器不可以視人.
어 불 탈 어 연   방 이 기 불 가 이 시 인

물고기가 연못에서 뛰쳐나오지 않는다고 한다. 갑자기 이 말이 왜 나왔는지 당황스럽다. 노자가 무슨 의도에서 이러한 예(例)를 인용했는지 모르지만 앞의 내용과 연계하여 굳이 그 의미를 유추하자면 물고기가 물을 떠나지 않는다는 것은 모든 사물이나 일은 자기의 근원을 떠날 수 없다는 것으로 이해된다. 근원은 본성이며 여기서 물고기와 연못의 본성은 물이라 생각할 수 있다. 물은 여러 곳에서 인용되고 있듯이 부드러움과 약함, 낮음과 수용성(受容性)을 대변한다. 앞의 내용이 약함이나 낮음을 가까이 하면서 상반되는 강함이나 높음에 현혹되지 말라는 것임을 감안할 때 자기의 본성에 머무는 것에 충실할 것이지 물밖에 좋아 보이는 것 같아 연못을 뛰쳐나가는 물고기는 이내 죽고 말 것이다.

마지막 구절에 대해서도 논란이 많다. 이 장을 권모술수의 의미로 번역한 사람들은 邦利器(방이기)를 邦之利器(방지이기)로 고치고 '나라의 이로운 기기' 혹은 '나라의 날카로운 기기'로 읽으면서 이를 이러한 보물은 사람들에게 보여주어서는(示) 안 된다고 번역하고 있다. 利器(이기)에 대해서는 하상공은 權道(권력)을 가리키며 권력은 나라를 유지하고 지키는 데 중요한 수단이므로 이를 신하에게 맡겨서는 안 된다고 해설하고 있으나 앞의 내용과 동떨어진 이야기다. 왕필은 국가를 이롭게 하는 도구로 해석했는데 마찬가지로 앞의 내용을 兵法의 일환으로 보았기 때문에 이 경우 이롭게 하는 도구는 상대를 속이는 술수, 일부러 상대방을 강하게 만든다는 것을 상대가 모르게 하라는 것이다. 치밀한 각본에 따른 술책 같아 노자하고는 어울리지 않는다.

도덕경에는 器(그릇, 도구)의 용어가 자주 나온다. 대부분은 통나무에서 만들어진 그릇이라는 의미에서 질박함(無)에서 탄생한 하나의 사물을 지칭한다. 57장에서도 '民多利器(민다이기)'의 利器(이기)라는 표현이 있지만 단순히 백성들이 이로운 도구를 많이 사용한다는 뜻으로 번역되고 있다. 따라서 利器를 특정한 기기를 가리키는 것이 아니고 그냥 단순히 이로운 도구, 혹은 이로운 수단이라고 읽는 것이 좋다. 邦(방)은 권모술수 측면에서 보았을 때는 국가라고 할 수 있으나 본문과 같이 사물의 성정을 표현한 것으로 볼 때는 천하(세상)로 읽는 것이 매끄럽다. 즉 세상에 도움이 되는 수단이라는 것이며 여기서 수단은 앞에서 정의한 미명(微明)을 지칭한다. 미명은 사물 성정의 미세한 변화를 살필 수 있는 밝음이다. 道를 체득한 정도가 되어야 그러한 미세한 변화를 알 수 있지만 보통 사람들은 감지할 수 없어 현혹되거나 곤란한 상황에 처하게 될 수도 있다.

『장자』 거협편에도 '魚不可脫於淵 國之利器 不可以示人'의 구절이 그대로 나오지만 본문의 내용과 전혀 다른 19장의 성인을 끊고 지혜를 버린다(絶聖棄智)와 관련되어 설명되고 있다. 이 구절은 읽는 사람마다 그 의미가 다른 것 같다. 읽는 사람이 나름대로 조용히 생각해봐도 좋을 것 같다.

제37장

道恒無爲, 萬物將自化, 以靜萬物將自定

道는 무위라 만물이 스스로 그렇게 되고,
고요함으로 만물이 저절로 안정된다

道恒无名(爲) 侯王若守之 萬物將自化,
化而欲作 吾將閱眞(鎭)之以无名之樸,
閱(鎭)之以无名之樸, 夫將不辱 不辱以靜,
天地(萬物)將自正(定).

閱(벌): 문벌, 가문, 공훈

鎭(진): 진압하다, 누르다

道는 항상 무위하다.
군주가 오직 이러한 道를 지킨다면
만물도 저절로 그렇게 될 것이다.
그런 중에 (무언가) 작위적으로 하려는 마음이 생긴다면
나는 이름 없는 통나무(도의 투박한 바탕)로 억누를 것이다.
그러면 장차 욕됨이 없을 것이며,
욕됨이 없다는 고요함으로써 만물이 저절로 안정될 것이다.

道恒无爲 侯王若守之 萬物將自化,
도 항 무 위 후 왕 약 수 지 만 물 장 자 화

化而欲作 吾將鎭之以无名之樸,
화 이 욕 작 오 장 진 지 이 무 명 지 박

첫 문장은 32장과 매우 유사하다. 32장에서는 "道恒无名樸 侯王若能 守之 萬物將自賓"으로 본문의 化(화)와 賓(빈)이 다를 뿐이다. 32장에서 필자는 樸(박)을 無名에 연결하였는데 이 장과 같이 道恒无名(도항무명) 으로 보아야 한다고 주장할 수 있으나 32장에서도 설명했듯이 道에 이 름이 없다는 것과 뒤따르는 내용과는 전혀 관련이 없다. 그리고 이 장의 백서본 无名이 왕필본뿐 아니라 죽간본에도 無爲(무위)로 되어 있고 내 용상으로도 無爲가 타당하다고 판단하여 대체하였다. 백서본의 착간이 라 판단된다.

32장에서는 道를 통나무의 질박한 바탕에 비추어 이야기한 것임에 반 해 여기서는 無爲의 성정으로 道의 효능을 설명하고 있다. 32장에서 道 의 질박함(근원)은 손님(賓)으로 이어졌는데 여기서는 化(화)로 이어진다. 이 장의 핵심은 이 化를 어떻게 해석하느냐이다. 대부분은 '저절로 자라 나다', '교화되다', '변하다'로 해석하고 있다. 그러나 만물은 원래부터 저 절로 생겨나고 저절로 자라나는 것이라 했는데 새삼스럽게 또다시 자라 난다든가 교화된다든가 하는 것은 중복이다. 설령 이 章을 군주의 다스 림과 연계시키더라도 만물이 교화되고, 저절로 자라고 하는 표현은 어 색하다. 또한 어떻게 변화하고 교화되는지에 설명조차 없다.

여기서는 道의 성정(性情)중 무위(無爲)에 관한 이야기다. 즉, 군주가 無爲라는 개념으로 道를 지킨다고 가정했을 때의 이야기다. 여기는 化 는 아주 간단하게 번역해도 충분하다. 그냥 '그렇게 되다', '그렇게 化하다'라고 읽어야 한다. 다시 말하면 군주가 무위의 개념으로 다스림을 펼치면 만물도 저절로 그렇게 된다. 즉 무위로 된다는 의미다.

이렇게 하면 化而欲作(화이욕작)도 훨씬 매끄럽게 번역된다. 즉, 만물이 무위로 되어 있어 더 이상 바랄 것도 없는데 군주나 사람이 혹시 무언가 하려는 의욕(욕심)이 생겨 새로운 정책이나 제도를 만든다는 것이다. 이러한 것은 노자의 무위이치(無爲而治)에 위배된다. 어떠한 작위적인 행위도 하지 말고 백성이 스스로 그리되도록 다스리라고 했다.

吾將鎭之(오장진지)의 鎭(진: 진압하다)은 백서을본에는 閴眞 또는 閵(전: 성하다, 차다)라고 되어 있고 죽간본에는 貞(정: 곧다, 정조)로 되어 있으나 백서정리조의 의견에 따라 鎭을 인용했다. 여기서 군주가 무위에서 벗어나는 것을 누른다고 했는데 그 도구가 32장에서 언급된 '이름 없는 통나무(無名之樸)'라는 무기다. 즉, 무위가 흔들릴 때 만물의 근원은 그 바탕이 소박하고 질박함이라는 것을 투입하여 다스린다는 것이다. 즉, 無爲(무위)도 그 바탕이 질박함에서 이루어진다는 것을 암시하고 있다.

鎭之以无名之樸 夫將不辱, 不辱以靜 萬物將自定.
진 지 이 무 명 지 박 부 장 불 욕 불 욕 이 정 만 물 장 자 정

앞에서 무위에 어긋나는 것을 질박한 바탕(통나무)으로 다스린다면 장차 욕되지는 않을 것이라고 말했다. 욕됨이 없다는 것은 마음의 동요가 없다는 것으로 이는 곧 고요함(靜)으로 이어지고 고요함으로 만물이 저절로 안정된다는 것이다. 백서본에는 正(정: 바르다)으로 되어 있지만 죽간본과 왕필본도 定(정: 안정되다)으로 되어 있어 이를 그대로 인용했다. 고요함으로 만물이 바르게 된다는 것보다 안정된다는 말이 더 어울리고 작위적인 충동에 의해 야기된 無爲의 道가 손상된 것을 無名樸(무명박)

의 道로 치유함으로써 다시 안정하게 되었다는 말이 자연스럽다.

이 장은 32장과 문장 형식이나 내용이 유사하여 같이 실렸으면 더 좋았을 것이라 생각이 들지만, 32장은 無名樸(통나무) → 賓 → 均으로 이어지고, 이번 장에서는 無爲 → 化 → 定으로 개념이 이어지고 있다.

서두에서는 萬物이 주어가 되어 있었는데 마지막 구절에 와서는 天地로 바뀌어 있다. 천지를 만물을 대표하는 것으로 보면 문제될 것은 없지만 같은 章 안에서 일관성을 감안해 만물로 대체하였다. 죽간본은 萬物, 왕필본은 天下로 표기되어 있다.

德經

제38장

上德无爲, 禮者 忠信之泊 而亂之首

덕에 오름은 무위이다.
예의라는 것은 충신과 믿음이 기대는 곳으로 어지러움의 원흉이다

上德不德 是以有德, 下德不失德 是以无德,

上德无爲 而无以爲也,
上仁爲之 而无以爲也,
上義爲之 而有以爲也,
上禮爲之 而莫之應也, 則攘臂而乃(扔)之.
故道而後德 失德而后仁 失仁而后義 失義而后禮.

夫禮者 忠信之泊也 而亂之首也.
前識者 道之華也 而愚之始也.

是以大丈夫居其厚而不居其泊, 居其實而不居其華.
故去皮(彼)而取此.

攘(양): 쳐들다, 올리다, 물리치다, 제거하다.

臂(비): 팔

后(후): <u>뒤</u>, 곁, 딸림, 아랫사람, 뒤떨어지다, 뒤지다, 늦다, 임금, 왕후

泊(박): <u>머무르다</u>, 묵다, 얇다, 머무는 곳

扔(잉): <u>끌어당기다</u>, 깨뜨리다, 부수다

德에 오른다(이른다) 함은 德을 얻으려고 하지 않음이다.

그래서 (역설적으로) 덕이 있다는 것이다.

德에서 내려온다 함은 德을 잃음이 없다는 것이다.

그래서 德이 없다는 것이다(잃을 대상이 없다).

德에 오름이란 무위(無爲)인데 어떤 의도하는 바 없이(無以) 행하는 것이다.

어짊(仁)이란 것은 무엇인가를 하는데(有爲)

의도하는 바가 없이 하는 것이고,

의로움(義)라는 것은 무엇인가를 하는데

어떤 의도를 가지고 하는 것이며,

예의(禮)라는 것도 무엇인가를 하는데

거기에 응하지 않으면 팔을 걷어붙이고 잡아당긴다.

道를 잃으면 그 후에 德이 나타나고,

덕을 잃으면 仁이, 仁을 잃으면 義가, 義를 잃게 되면 禮가 나타난다.

대저 예의라는 것은 충성과 믿음이라는 것이 머무는 곳이며 어지러움의 시작이다.

예의를 아는 것을 그들이 말하는 道의 꽃이라 하지만 실상은 어리석음의 극치이다.

그래서 대장부는 두터움(德)에 거하지 예의에 거하지 않고,

그 알참(德)에 거할 뿐이지 꽃(예의)에 마음을 두지 않는다.

그래서 저것(꽃)을 버리고 이것(열매)를 취한다.

일반적으로 1장에서 37장까지를 道經(도경)이라고 부르고 여기서부터 德經(덕경)이라 부른다. 그러나 이는 왕필본에 따른 것이며, 백서본에는 반대로 德經이 먼저 나오고 道經이 뒤에 나온다. 더욱이 죽간본은 또 다른 순서로 되어 있다. 내용도 덕경이라 해서 모두 德과 관련된 것도 아니고 여러 가지 주제가 뒤섞여 있다. 일천한 필자가 보기에는 비슷한 내용끼리 묶어 순서를 나열하면 독자들이 읽기가 훨씬 수월할 것 같은데 이미 오래전부터 이미 굳어져 있는 터라 왕필본의 순서에 따랐다.

먼저 德이란 무엇인가부터 살펴보자. 51장에서 "道는 만물을 낳게 하고 德은 만물을 기른다(道生之而德畜之)"라 하고, 이어 "만물은 道를 존중하고 德을 귀하게 여긴다(萬物尊道而貴德)"라 하여 道가 위에 있고 그 아래 德이 별개로 있는 것처럼 생각될 수도 있다. 그러나 10장에서는 "낳고 기르고 낳았지만 소유하지 않고 베풀지만 주재(主宰)하지 않는 것을 현덕(玄德)"라 하여 德이 道와 같은 역할을 하고 있는 것을 나타내며, 23장에서는 "道는 德과 함께한다(道亦德之)"라 말하고 있으며 28장에서도 德을 道에 비유하던 갓난아기, 골짜기, 통나무 등에 직접 비유하고 있음을 볼 때 道와 德의 위상(位相) 차이는 없고 道와 직접 연계된 개념이라 할 수 있다.

결론적으로 말하면 道가 절대적이고 추상적인 개념이라면 德은 道가 사물이나 현상 세계에서 사람이 인지할 수 있는 구체적, 현실적인 개념

이라 할 수 있다. 다시 말하면 道의 성정(性情)이 사물을 통해서 나타난 품성을 德이라 할 수 있다. 이에 더하여, 앞에서도 몇 차례 설명하였지만 善(선)이라 개념도 함께 이해할 필요가 있다. 도덕경에서 善은 '착함'이나 '잘하다'라는 의미가 아니고 道와 德을 바탕으로 한 사람의 행동이나 행위에 적용시키는 표현이라고 누차 언급한 바 있다. 즉 선자(善者)라 함은 착한 사람이라는 것이 아니고 道에 바탕을 두며 행동하는 사람으로 성인과 비슷하다고 생각하면 된다.

上德不德 是以有德, 下德不失德 是以无德,
상 덕 불 덕 시 이 유 덕   하 덕 부 실 덕 시 이 무 덕

8장의 상선여수(上善如水)에서와 마찬가지로 대부분의 사람들이 상덕, 하덕을 높고 낮음의 형용사로 읽고 있다. 하상공은 上德을 태곳적 임금의 시호라 하고, 下德을 보통 임금의 시호라 하였지만 너무 편협하다. 왕필도 上德의 사람은 오로지 道를 바르게 따른다(上德之人 唯道是用)라고 하여 상덕, 하덕을 위상에 차이가 있는 것으로 보고 있다.

그러나 德은 道와 무위에 바탕을 둔 같은 개념이라고 했는데 德에 높은 德이 있고 낮은 德이 있을 수 없다. 사물에 대해서조차 분별을 가지지 말라고 한 노자가 하물며 훨씬 고귀한 개념인 德에 대해 높고 낮음을 두며 구별하는 것은 자가당착(自家撞着)이다. 형태는 물론 볼 수도, 들을 수도, 이름조차 없다고 설명한 道에 어찌 큰 道(大道)가 있고 작은 道가 있을 수 있단 말인가? 다만 道나 德이 사물에 들어가 그 사물의 본성을 이야기할 때 그 사물의 특성을 감안해 하늘의 도(天道), 땅의 도(地道) 등으로 억지로 사물에 따라 구분하여 표기하는 것까지는 허용하더라도 절대적 가치인 道나 德 자체에 대해 높고 낮거나 귀하거나 천하다고 나

눌 수 없으며 오로지 있고 없음(有無)으로만 말할 수 있다.

그래서 8장에서와 같이 上, 下를 '오르다', '내려오다'라는 동사로 읽어야 한다. 上德(상덕)은 덕에 올랐다는 것으로 德의 경지에 들어섰다는 의미고, 下德(하덕)은 德에서 내려왔기 때문에 德이 아예 없다는 것이다.

다음은 不德(부덕)과 不失德(부실덕)에 대한 번역이다. 下德(하덕)에 대해 不失德이라는 표현을 썼으니 上德(상덕)의 경우도 不德을 不得德(부득덕)이라고 볼 수도 있다. 즉 不得德을 不德으로 줄여 표현한 것이다. 이렇게 볼 때 不德은 德을 얻지(得)는 않는다(不). 즉 德을 얻는다는 생각 자체를 하지 않는다는 것이다. 왜냐하면 德은 무위로 저절로 얻어지는 것이지 인위적으로 내가 마음을 먹는다 해서 얻어지는 것이 아니기 때문이다. 따라서 上德不德을 직역하면 "덕에 오른다는 것은 德을 얻으려 하는 것이 아니다."라고 할 수 있다. 德이란 것을 의식하지 않는다는 의미다. 道와 마찬가지로 德도 無이며 저절로 그러함(自然) 그 자체이기 때문이고 가지려 한다고 해서 가져지는 대상이나 물건이 아니다. 다시 풀어 쓰면 德에 오른다는 것(上德)은 덕이란 것 자체를 의식하지 않기 때문에 진정 덕이 있다(是以有德)고 하는 것이다.

마찬가지로 下德(하덕)은 德에서 내려오는 것을 말한다. 德이라는 자리가 있다면 그 자리에서 내려오는 것이라 생각하면 된다. 이를 不失德(부실덕)이라 하여 失(실)이라는 단어를 사용했다. 德은 얻어지는 대상도 아니지만 잃어버리는 대상도 아니다. 그래서 下德不失德(하덕부실덕)은 잃어버리고 자시고 할 것도 없는데 德이라는 것은 어디서 들었는지 그것을 잃어버리지 않으려고 하는 것을 말한다. 상덕의 경우 德이라는 것을 아예 의식조차 하지 않는 데 반해, 하덕의 경우는 자기가 이미 덕을 가지고 있다고 생각하고 그것에 집착한다는 것이다. 물론 그에게 德이라는 것은 애당초 없었다. 매우 함축적이면서 반어법적 표현이다. 결론적으로 德이라는 것을 얻거나 쟁취하거나 잃어버리는 어떤 대상이 아니기 때문에 그것을 의식한다는 것은 그 자체로서 덕과 멀어진다. 이러한 표현은 다음 단락의 무위(無爲)와 위지(爲之)의 차이에서 알 수 있다.

일부 번역서는 이러한 의미를 담아 德이라는 것은 마음에 두거나 내세우지 않는 것이라는 것까지는 이해하였지만, 여전히 상덕을 '뛰어난 덕', '높은 덕'으로, 하덕은 '하찮은 덕', '도의 껍데기만 잡고 있는 덕'이라 번역하고 있다. 무엇이든 구분 짓기를 좋아하는 인간의 습성에서 벗어나지 못했기 때문이다.

노자의 德은 우리가 보통 일상생활에서 듣고 있는 유교적인 德과는 확연히 구별된다. 공맹(公孟)사상에서 德이라고 하는 것은 우리 인간관계에서 어질고 너그러운 윤리적인 품성을 가리키는 것을 노자의 德과 같다고 생각하면 안 된다. 공맹의 덕은 사회질서의 한 방편으로 인위적으로 그 가치를 정해놓고 그 기준에 따라 교육을 받고 그 가르침에 따르게 만드는 순종적인 품성이다. 그래서 공맹의 덕은 기준이라는 것이 있어 상하의 구분을 지을 수도 있다. 이에 반해 노자의 德은 無의 개념에서 저절로 나타나는 품성이라는 점에서 크게 차이가 있고 또한 그 이전에 노자의 덕은 천지만물을 창조한 道와 같은 절대적인 가치라는 점이다. 이어지는 다음 구절에서 그 차이를 설명하고 있다.

上德无爲 而无以爲也,
상 덕 무 위 이 무 이 위 야

上仁爲之 而无以爲也,
상 인 위 지 이 무 이 위 야

上義爲之 而有以爲也,
상 의 위 지　이 무 이 위 야

上禮爲之 而莫之應也, 則攘臂而扔之.
상 례 위 지　이 막 지 응 야　즉 양 비 이 잉 지

여기서 모든 품성에 上을 붙여 놓았다. 上德(상덕), 上仁(상인), 上義(상의), 上禮(상례)를 한 단어로 본다면 마땅히 하덕, 하인, 하의, 하례에 대한 이야기도 있어야 할 것인데 없다. 그리고 노자가 긍정적으로 생각하지 않은 인의예(仁義禮)에 높다는 의미의 上이라는 글자를 붙였다는 것도 이상하다. 왕필은 바로 위에 있던 하덕(下德)이라는 것이 갑자기 없어진 것이 좀 마음에 걸렸는지 상덕에 대비시키려 "下德爲之 而無以爲(하덕위지 이무이위)"를 구절을 추가하였지만 上仁(상인)과 같은 내용이 되어 도리어 혼란만 초래한 결과가 되었다. 이 단락에서 德의 경우만 '無爲(爲가 없음)'이라고 하고, 나머지는 모두 "爲之(그것을 함)"라 표현하면서 德과 仁義禮와는 근본적인 차이가 여기에 있음을 말하고 있다. 즉, 德의 경우에는 아예 "함(爲)'이라는 것이 없는데 다른 성품들은 무언가를 의도적으로 한다(爲之)는 표현을 쓰고 있다. 그런데 왕필은 下德을 추가하면서 이 또한 爲之(위지)라고 설명하고 있다. 무언가 함(爲)이 있다는 것이다. 하덕이 有爲(유위)라는 것은 벌써 德의 가장 기본적인 자격(?)에도 위배되어 하찮은 덕이 아니라 아예 德이라고도 부를 수 없다. 이는 德의 정의(定義)에 맞지 않을 뿐 아니라 뒤이어 나오는 上仁(상인)과 어떻게 구별할 것인가가 설명할 수도 없다. 상덕 하덕을 위·아래의 개념으로 이해한 탓이다.

첫 구절인 上德无爲(상덕무위)는 덕에 오른다는 것은 無爲라고 했다. 2장에서 말한 바와 같이 무위는 어떤 의도나 목적을 가지고 행하는 것이 아니라 道의 정신에 따라 저절로 그리됨을 좇아가는 것이다. 그리고 이어 而無以爲也(이무이위야)라 하면서 없음(無)으로써(以) 행하는(爲)이라 부연 설명하고 있다. 여기서 無는 노자의 無가 아니고 단순히 '인위적인 의도가 없음'이라는 일반적인 의미로 이해하여야 한다.

노자는 공자가 최고의 덕목으로 평가하는 仁(인)에 대해서는 약간 긍정적인 것 같다. 앞서 언급한대로 上仁(상인)은 어짊(仁)에 오른다(上)는 것으로 간단히 '어질다'로 번역하면 된다. 仁이라는 것도 외형적으로 나타나야 의미가 있기 때문에 앞서 말한 바와 같이 '위지(爲之)'라고 했다. 그러나 仁, 즉 어짊은 사람의 갖고 있는 본성에서 저절로 나타나는 성질이라는 것을 인정하여 어떤 의도를 가지고 베푸는 것이 아니라는 점에서 '무(無)로써 행한다(無以爲也)'라고 하였다. 앞에서 말한 바와 같이 여기서 無를 노자의 無, 즉 道로 보게 되면 仁도 道의 품성으로 인정하는 모양새가 되어 버린다. 그래서 無는 어떤 인위적인 의도가 없다는 보통 명사로 간주하여야 한다. 하상공은 仁의 無以爲(무이위)를 "일을 하고 공을 세우지만 집착함(執)이 없이 한다(功成事立 無以執爲)"고 설명하고 있어 이러한 해석을 뒷받침하고 있다.

그리고 義(의), 의로움이라 하자, 는 자기의 가치 기준에 비추어 옳고 그름을 판정하고 사회나 사람을 위해 그 옳음을 지키기 위해 자기가 마땅히 그렇게 행동해야 한다고 생각하는 성품이다. 즉, 사람을 때리는 것은 나쁜 짓이라고 판단하고 그 나쁜 짓을 자기가 못하게 해야 할 의무를 느끼면서 때리는 사람을 질책하는 행위를 의로움이라 한다. 왕필도 의로움(義)의 경우 爲之의 之는 자기가 옳다고 하는 것을 단호하게 끊고 베어냄(斷割)이라 하고, 有之에서 之(대명사)는 자기, 혹은 위엄이라고 봤다. 이러한 관점에서 노자는 의로움을 어떤 의도가 있는 것이며 이를 본성에 따라 나타나는 어짊(仁)보다는 낮은 단계의 품성으로 취급하고 있다.

그러나 禮(예)의 경우는 좀 다르다. 예의(禮儀)라는 것은 인간 사회가 설정해 놓은 어떤 규칙을 지키라고 강요하는 일종의 행동 규제라고 보고 있다. 미리 설정해 놓은 바람직한 사회와 인간의 상호관계를 훼손하지 않도록 하게 만드는 일종의 규범이라는 것이다. 그리고 이 규범에 따르도록 강요하고 그것을 어길 때는 비난하거나 어떤 경우에는 제재를 가하기도 한다. 어짊과 의로움이라는 것은 사람의 자율성이 어느 정도 작용하지만 예의는 자기의 의지와 무관하게 사회에서 강요하는 규제라는 점에서 禮에 대한 노자의 인식은 가혹할 정도로 비판적이다. 그래서 예의는 억지로(莫) 따르게(應)하게 하는 것이며, 이에 따르지 않으면 팔을 걷어 부치고(攘臂) 잡아당긴다(扔)고 표현하고 있다. 억지로 강요한다는 것이다.

失道而后德 失德而后仁 失仁而后義 失義而后禮.
실 도 이 후 덕 실 덕 이 후 인 실 인 이 후 의 실 의 이 후 례

앞에서 德을 포함한 4가지 품성에 대해 설명한 후 품성간의 관계에 대해 기술하고 있다. 첫 구절이 좀 이상하다. 道를 잃고 나면 德이 나온다고 되어 있는데 道와 德에 순서를 굳이 둔 것은 그렇다하더라도 道를 잃고 난 후에 道가 없어도 德이 따로 있을 수 있다는 오해를 불러일으킬 수도 있는 대목이다. 앞 단락에서 전혀 언급이 없던 道를 갑자기 여기에 등장시킨 것은 무언가 차례 짓기를 좋아하는 사람의 습성에 따라 백서 필사자가 임의로 추가한 것 같다. 차라리 없는 것이 낫다.

后(후)는 왕필본에서 쓰고 있는 後(후: 뒤, 나중)와 같다. 德을 잃고 난 후 어짊(仁)이라는 것이 나타났고, 이후 점차로 의로움(義), 예의(禮)의 순

으로 등장하는데 道의 본성과 점점 멀어지고 있음을 암시하고 있다. 18장에서도 이와 비슷하게 "도가 행해지지 않게 되면 어짊과 의로움이라는 것이 있게 되고 지혜라는 것이 등장하며 거짓이 있게 되었다."고 언급한 바 있다. 18장의 지혜와 거짓이라는 것을 본문의 禮로 보아도 무방하다.

夫禮者 忠信之泊也 而亂之首也,
부 예 자 충 신 지 박 야 이 란 지 수 야

노자가 가장 비판적인 규범인 예의(禮)에 대한 부연 설명이다. 무릇 예의라는 것은 충성과 믿음이라는 것이 머무는 곳(泊)이며, 이는 어지러움(亂)의 시작(首: 머리)이라고 했다. 충성이나 믿음이 머무르는 곳이라는 것은 사람들이 말하는 충성이나 믿음이라는 것은 결국 예의라는 가식과 위선의 굴레 안에서 기대어 행세한다는 것이다. 서로 자기가 예의에 부합된다며 위선과 거짓을 주장하는 꼴이 되니 사회나 가정이 혼란에 빠지는 것은 당연하다. 공자가 정해 놓은 부모가 돌아가시면 삼년상이라는 예의라는 것이 사람들을 힘들게 하고 사회를 혼란에 빠뜨리기도 한다. 자기의 뜻과 관계없이 오래전부터 그리해 왔으니 그리해야 한다는 눈에 보이지 않는 주위의 강요에 따라 그렇게 해 온 것일 수도 있다. 그렇게 해야 사회가 효자라고 평가해준다. 상복을 몇 년 입어야 하느냐는 문제로 조선 현종 때 서인과 남인이 15년 동안 서로 싸웠던 예송(禮訟) 논쟁은 서로가 자기의 논리가 예의에 맞고 충신이라 주장하는 것이었다. 당시 백성들의 피폐한 생활을 보살피기에 힘을 쏟아도 모자랄 판에 사소한 상복 문제로 서로 죽일 듯이 싸우게 만든 원인도 예의라는 명분이다. 물론 예송문제는 당파간의 권력다툼의 한 꼬투리로 이용된 것이지만 어쨌든 예의 문제는 거꾸로 사회를 혼란스럽게 만든다는 것이 노자의 생각이다. 아무튼 노자는 인위적 것을 싫어하는데 그 중에서 가장 사람들을 괴롭히고 폐해가 많은 것이 예의라는 입장이다.

이 구절 중 泊(박)을 왕필은 薄(박: 옅다)으로 바꾸어 "무릇 예라는 것은 충성과 신의가 얇아진 것을 나타내는 증거"라는 식으로 번역하고 있다. 이러한 번역은 충성과 신의를 긍정적인 것인 것으로 보고 있다는 것인데 노자의 생각과 거리가 멀다. 18장에서도 나라가 혼란하게 되면 충신 같은 것이 나온다고 했다. 노자가 말하는 다스림에 충신과 군신 간의 신의는 무위이치(無爲而治)에 끼어 들 곳이 없다. 아마 다음 단락에서 厚(후: 두터움)라는 단어가 나오니까 이와 반대 의미로 백서본의 泊(박)을 대구(對句)를 맞추기 위해 아무 생각 없이 薄(박)으로 바꾼 것 같다.

前識者 道之華也 而愚之始也.
전 식 자 도 지 화 야 이 우 지 시 야

前識者(전식자)에 대해 대부분의 사람들이 '남들보다 먼저 안다는 것'으로 지혜(智)를 말하는 것이라 한다. 하상공이 "모르는 것을 안다고 말하는 것이 전식이다(不知而言知爲前識)."라고 한 주석을 따르고 있다. 『한비자』 해로에서도 "사물에 앞서 행하고 이치에 앞서 움직이는 것을 말하는 것."이라고 말하면서 그런 시각이 더 굳어진 것 같다. 왕필도 "남들보다 먼저 아는 것을 말한다. 즉, 덕의 아래로 지혜와 윤리를 말한다(前人而識也 則下德智倫也)."라 해설하면서 이는 총명이나 지혜를 앞세워 무슨 일을 하여 결과를 얻어도 간사함과 교묘함이 빽빽하여 비록 명예가 풍성해지더라고 두텁고 알참을 잃는다고 부연 설명을 하고 있다.

그런데 갑자기 뜬금없이 앞에서 언급조차 없던 지혜라는 항목이 왜 등장하는 것인가? 맹자의 사단(四端)인 仁義禮智(인의예지)에서 智(지)가 빠져있어 구색을 맞추기 위해서인가? 그렇다 하더라도 왜 지금까지 많이 사용해 오던 智라는 단어를 직접 사용하지 않고 前識으로 표현했을까? 지혜(智)에 대해서는 이미 여러 장에서 충분히 언급하기도 했다. 새삼 여기서 지혜라는 것을 다시 화두로 꺼낼 특별한 이유가 없다.

다른 한편으로 前識者을 바로 앞 구절인의 禮者와 같은 표현 형식으로 보고 '앞의 것을 인식하는 것'으로 보아야 한다고 주장하는 사람들도 많다. 물론 者는 사람이 아니고 지시대명사이다. 그런데 이렇게 본 사람들도 前이 앞에서 나온 '仁義禮'를 가리킨다고 말하고 있다. 이러한 시각도 나름대로 이유가 있겠지만 필자의 생각은 다르다. 지금 이 구절은 노자가 가장 비판적인 예의의 문제점에 한하여 추가 설명하고 있는 것으로 봐야 한다. 예의가 충성과 믿음이라는 것의 도피처 역할을 하고 있으며 위선과 거짓이라는 굴레에서 벗어나지 못해 어지러움의 시작이 된다고 했다. 그런데 어짊(仁)이라는 품성까지 그 범주에 넣은 것은 조금 과하다는 생각이 든다. 앞에서 어짊은 행위는 있지만 無로서 한다고 했다. 의도된 것이 아니고 진정한 사람의 본성에 따라 행동하는 것이라고 했는데 이를 어지러움의 시작이라고 하는 상황에 포함시키는 것은 적절치 않다. 따라서 前(전)은 바로 앞의 禮(예)만을 지칭하는 것으로 보는 것이 타당하다. 즉, 앞의 예(禮)를 인식 또는 의식하는 것이라고 생각한다. 예를 중시하고 의식하는 사람은 예의가 세상에 널리 퍼지면 사회질서가 정돈되며 사람들도 유순해져 보기 좋다고 해서 그것이 도의 빛남(華)이라고 우길 것이지만 사실은 어리석음(愚)이 시작(始)이라는 것이다. 물론 여기서 인용된 도는 노자의 道가 아닌 공자의 道, 즉 禮의 道이다. 즉 자기들만의 가치(道)에서 볼 때 전식자가 화려한 꽃이라는 것이다. 그러나 아무리 예의를 찬양해도 거짓과 위선의 속성에서 벗어날 수 없기 때문에 거꾸로 가장 어리석은 것이라고 말하고 있다. 而(이)는 순접이 아니라 역접으로 읽어야 한다.

이러한 해석은 道라는 용어 사용으로 인하여 다소 혼란을 초래한 것은 사실이지만 華(화)가 마지막 단락에서 부정적인 의미로 인용되고 있는 점을 감안할 때 여기서 道는 노자의 道와 다를 것이라고 쉽게 유추할 수 있다. 아마 이 구절은 노자 당시에 쓰여진 것이 아니라 여러 가지 道라는 개념이 만연하게 된 후대에 누군가가 공자와 비교하기 위하여 첨삭했거나 추가한 것이라는 생각이 든다. 아무튼 이 구절에 대한 논란이 많아 본문에서는 별도로 분리하여 설명하였지만 앞의 禮者의 구절과 함께 두어 읽어야 한다.

是以大丈夫 居其厚而不居其泊, 居其實而不居其華.
시 이 대 장 부 거 이 후 이 부 거 기 박　거 기 실 이 불 거 기 화

故去彼而取此.
고 서 치 이 취 차

노자는 결론 부분에 보통 성인을 등장시키는데 갑자기 대장부가 나왔다. 아마 후대의 사람들이 유교와 비교한다는 의미에서 공맹이 자주 인용하는 대장부라는 용어를 일부러 사용한 것 같다. 그냥 성인으로 읽어도 좋다. 즉, 성인은 그 두터움에 거하지 그 예의라는 것이 머무는 곳에 거하지 않는다는 것인데 여기서 두터움은 당연히 德을 말한다. 앞서 언급한 대로 泊(박)을 왕필본같이 薄(박)으로 바꾸면 대구가 되어 문장 형식은 그럴듯하게 보이지만 본문대로 泊(박)은 忠과 信이 머무는 곳, 예의라는 것으로 보는 게 맞다. 왕필본같이 "두터움에 거하지 엷음에 거하지

않는다."고 해도 크게 무리는 없다. 泊에도 얇다는 의미가 있다. 그렇더라도 옅음은 예의를 지칭하는 것이라고 보아야 한다.

그리고 두 번째 예의라는 것이 그들이 보기에 꽃이라고 했지만 성인은 그러한 꽃에 거하지 않고 德이라는 알참에 머문다. 저것(泊과 華)을 버리고 이것(厚, 實)을 취한다는 마지막 문장으로 종결하고 있다.

제39장

天毋已淸 將恐裂, 貴以賤爲本

하늘이 맑기를 그치지 않는다면 장차 무너질까 두렵다.
귀함은 천함을 근본으로 삼는다

昔之得一者,

天得一以淸, 地得一以寧, 神得一以靈,

谷得一以盈, 侯王得一以正.

其致之也,

謂天毋已淸 將恐蓮(裂), 謂地毋已寧 將恐發,

謂神毋已靈 將恐歇, 謂谷毋已盈 將恐渴,

謂侯王毋已貴以高 將恐欮(蹶).

故 必貴而以賤爲本 必高矣而以下爲基,

夫是以侯王自謂 孤·寡·不穀.

此其賤之本與, 非也?

故致數輿 无輿,

是故不欲, 祿(碌)祿(碌)若玉 珞珞若石.

致(치): <u>이르다</u>, 도달하다, <u>다하다</u>, 이루다, 그만두다, 주다

歇(헐): 쉬다. 휴식하다, 없다, <u>다하다</u>

毋(무): 말라(금지사) 없다(無) 아니다(不)

已(이): 이미, 벌써, 반드시, 이것, 그만두다, 버리다

歇(헐): 쉬다, 없다, <u>다하다</u>

欮(궐): 상기(머리로 피가 모이는 병)

蹶(궐): 넘어지다, <u>꺼꾸러지다</u>

數(수): 셈, <u>세다</u>, 수단, 방법, 꾀, 이치, 조사하다, 자주[삭]

輿(여): 수레 <u>車箱</u>(짐수레), 싣다.

碌(록): 푸른 돌(빛), (구리에 낀)녹청, <u>무능한 모양</u>, 용렬하다

硌(락): 작은 옥돌, 산위의 큰 바위, <u>장대한 모양</u>

옛날에 '어떤 하나(본질)'가 있었다.

하늘은 '그 하나'를 얻음으로써 맑아졌고

땅은 '그 하나'를 얻음으로써 평안해 졌으며

귀신은 '그 하나'를 얻음으로써 영험하게 되었으며

계곡을 '그 하나'를 얻음으로써 가득 차게 되었다.

군왕도 '그 하나'를 얻어 천하를 바르게 다스릴 수 있었다.

'그 하나'가 그러한 성정에만 이르게 되면

　하늘이 계속 맑음을 그치지 아니하여, 오히려 갈라질까 두렵다고 말할 것이며,

　땅이 항상 평안함을 그치지 아니하여, 오히려 땅이 솟아오를까 두렵다고 말할 것이며,

　신은 영험하기만 한 것을 고집하면 오히려 그것이 없어질까 두려워하게

된다고 말하며,

계곡은 계속 채우기만 고집하면 오히려 말라버릴까 두려워하게 된다고 말하며

군왕도 항상 귀하고 높기만 한 것을 주장하면, 오히려 쫓겨날까 두려워할 것이라고 말 할 것이다.

따라서 고귀함은 반드시 천함을 바탕으로 하고,

높은 것은 반드시 낮은 것을 토대로 해야 한다.

그래서 무릇 군왕이 자신을 고, 과(인), 불곡으로 지칭 하는데

이는 비천함이라는 것과 함께 한다는 것이 아니겠느냐?

따라서 많은 권력(수레)을 가지려하면 권력이 없어진다.

그래서 욕심을 내지마라.

하찮은 것은 玉과 같이 보고, 장대한 것은 하찮은 돌과 같이 여겨라.

昔之得一者,
석 지 득 일 자

天得一以淸, 地得一以寧, 神得一以靈,
천 득 일 이 청   지 득 일 이 녕   신 득 일 이 령

谷得一以盈, 侯王得一以正.
곡 득 일 이 영   후 왕 득 일 이 정

어려운 문장은 없는데 해석이 난해하다. 먼저 '하나(一)'가 무엇인지를 이해하여야 한다. 숫자 일(一)이라는 것은 모든 셈의 시작이며, 다른 숫자들을 존재하게 하는 근원(기본)이면서 '유일하다'하는 배타적인 의미로

도 사용된다. 도덕경에는 이 '하나(一)'라는 용어가 다섯 군데서 나오지만 모두 道를 지칭한 것은 아니다. 앞에서도 설명했듯이 '하나'를 특정한 성정이나 사물을 가리킨다고 보기보다는 상황에 따라 그 상황을 있게 한 어떤 하나의 성정을 함축적으로 표현한 것으로 보는 것이 좋다. 즉, 상황에 따라 '하나'가 지칭하는 의미가 다르다. 이 장에서는 '하나'를 얻어 하늘이 파랗고, 땅이 편안하다고 했다. 이 때 이 '하나'는 하늘을 맑게 하는 어떤 성정이라고 볼 때 사물의 본질이라 말할 수 있다. 즉, 하늘의 본래 성정(본질)은 맑은 것이며, 땅의 본질이 평안하게 안정된 것이라고 말하는 것이다. 하늘의 본질이 땅에 적용될 수 없으며 거꾸로 땅의 본질을 하늘에 갖다 붙일 수도 없다. 마찬가지로 신령은 그 본질로써 영험해지고 계곡은 가득 차게 되었다. 여기서의 본질은 모두 그 사물의 긍정적인 효과를 발휘하게 해주는 기운이어서 각각의 사물이 풍부해진다. 임금도 마찬가지로 그 본질은 원래 바른 다스림이다.

하상공은 '하나'를 無爲라고 하면서 道에서 나온 것이라 했다. 왕필은 '하나(一)'에 대해서 숫자의 시작점이며 사물의 극한점(數之始而物之極也)이라 하면서 이 하나로 말미암아 사물이 그렇게 생겨나고 또 그 사물의 주인이 되는 것이라고 설명하고 있어 본문과 다르지 않다.

노자는 본질에 대해 설명하면서 그 대상으로 5가지의 사물을 예로 들고 있다. 하늘, 땅, 계곡, 왕 등은 도덕경에서도 자주 인용되는 용어(사물)이지만 난데없이 神(귀신)이 등장한다. 노자는 神을 인정하지 않는다. 천하의 모든 것은 道가 관장한다는 사상이다. 가끔 神이라는 단어가 나오지만 지금까지 사물(객체)로서의 신이 아니라 6장의 곡신불사(谷神不死)와 같이 기묘하고 불가사의하다는 의미의 형용사로 사용되었다. 60장에서도 "귀신도 영험함을 부릴 수 없다(其鬼不神)"는 문구가 있는데 객체로서의 귀신을 鬼(귀)로 표현하고 있는데 유독 여기에서만 神을 귀신이라는 명사로 사용한 까닭을 모르겠다. 주제와 관계없는 사소한 문제이니 그냥 무시하기로 한다.

아무튼 이러한 대표적인 5가지의 사물들이 좋은 '본질'이라는 성정을 받아서 좋은 결과로 나타나는 것이 맑음(淸), 평안(寧), 영험(靈), 가득 참(盈), 바른 다스림(正)이라 했다.

其致之也,
기 치 지 야

謂天毋已淸 將恐裂, 謂地毋已寧 將恐發,
위 천 무 이 청 장 공 렬 위 지 무 이 녕 장 공 발

謂神毋已靈 將恐歇, 謂谷毋已盈 將恐渴,
위 신 무 이 영 장 공 헐 위 곡 무 이 영 장 공 갈

謂侯王毋已貴以高 將恐蹶.
위 후 왕 무 이 귀 이 고 장 공 궐

왕필은 '其致之也(기치지야)'의 구절이 앞 단락에 연결된 것으로 보아 지금까지 말한 5가지 사례의 내용을 총결하는 표현으로 보고 있다. 이를 확실하게 위해 '一'자를 더 추가해 "其致之一也"로 하면서 "그렇게 만든 것이 바로 하나(一)이다."라며 앞 구절의 내용들을 다시 한번 정리하는 구절로 보았다. 이에 반해 하상공은 致(치)를 '경계하다'는 뜻으로 읽어 이 단락의 도입부로 보았다. 이러한 논란은 백서본의 등장으로 각 문장에 謂(위)라는 동사가 있음으로 해서 왕필이 틀렸다는 것으로 종결되었다(왕필본에는 謂라는 동사가 없다).

其致之也의 해석도 의견이 분분하다. "그것이 거기(一)에 이르렀다."라

고도 하고, "그것을 좀 더 설명하면,"이라든가 "예를 들어 말하면," 등으로 번역하고 있다. 필자는 이 구절은 뒤이어 나오는 내용들의 동기나 원인이 표현하는 것이 되어야 한다고 생각한다. 그래야 뒤 문장들의 '~라 말하다'라는 謂(위)와 자연스럽게 연결된다. 其는 대부분 앞에서 나온 하늘, 땅 등의 5가지 사물을 가리키는 것으로 보고 있는데 필자는 각 사물의 본질, 즉 '하나'를 가리키는 대명사이며 之를 5가지의 나타난 성정(맑음, 편안함 등)으로 보았다. 즉 이 문장은 "그것(其)이 거기에(之)에 도달하다(致)"로 번역된다. 致(치)는 무엇이 과하게 작용한다는 의미를 내포하고 있다. 사물의 성정을 있게 한 그 하나(一)가 오로지 그 성정에만 계속 이른다면 그 결과 어떻게 되는지를 설명하고 있다.

天毋已淸(천무이청)에서 已(이)는 동사로 '그치다'라는 의미이므로 "하늘이 맑다는 것을 그치지 않는다."는 것으로 계속 맑기만 고집한다는 의미이다. 이럴 경우 맑음이 너무 지나쳐 오히려 하늘이 무너질지도 모른다는 두려움으로 이어질 수 있다고 말한다. 푸른 하늘이 아무리 좋은 성정이라도 그 성정만이 계속된다면 도리어 하늘이 갈라질(裂) 수도 있다는 것이다. 사물은 서로 상반된 성정들이 상호 작용을 하면서 이루어진다고 했다. 특정한 A라는 본성만으로는 정상적인 사물이 되지 못한다. 거기에는 반대되는 B라는 성정도 있어야 하고 그 밖에 다른 성정들이 함께 내재되어 있어야 한다. 하늘이 만들어질 때 하늘이 "맑음"이라는 성정이 좋다 하더라도 '흐림'이라는 성정도 있어야 하고 '바람'이라는 성정도 같이 있어야 한다. 흐림과 바람이라는 것이 있기 때문에 하늘이 맑아질 수 있고 흐림이라는 것이 있기 때문에 맑음이라는 성정이 더 빛날 수 있다. 道가 하늘을 만들 때도 하늘에게 맑음이라는 한 가지 성정만을 준 것은 아니다.

나머지 사물들의 경우도 마찬가지다. 우선 이익이 되고 좋아 보이는 본질만을 고집하면 오히려 땅이 일어나고 들추어질(發) 수 있으며, 귀신은 영험함밖에 없어 결국 오히려 영험함이 없어지게(歇) 될 것이며, 골짜기는 마르게(渴) 되고 후왕도 귀함과 높음이라는 것만 남게 되어 결국 꺼꾸러지게(蹷) 된다고 설명한다. 아무리 좋은 성정이라도 너무 한쪽으로 치우치면 도리어 화가 될 수 있음을 경계하고 있다. 29장에서도 성인은 심하게 과도한 것과 지혜를 버린다(去甚 去大 去楮)고 말한 취지와 비슷하나 여기서는 사물의 본질도 그렇다고 말하고 있다.

왕필은 이 구절을 已(이) 대신에 以를 사용해서 天無以淸(천무이청)으로 변환시켜 "하늘이 하나의 道에 의해 맑지 못하다면"이라고 번역을 하여 본문과 전혀 다르게 문장으로 해석하고 있다. 왕필은 이 부분에 대해 '하나'를 사용해서 맑게 된 것이지 맑음을 이용해서 맑아진 것이 아니다. 그 '하나(一)'를 지키는 것이 맑음을 잃지 않는 것이다(用一以致淸耳 非用淸以淸也, 守一則淸不失)라고 설명하였다. 이러한 해석은 맑음에 대한 본질(道)의 역할만 강조한 것으로 뒤 단락에서 귀함은 천함을 바탕으로 삼아야 한다는 내용과 연결이 매우 어색해진다. 그리고 道가 사물의 한 가지 성정을 극단적으로 고집한다는 것도 道의 품성에 맞지 않다.

백서본의 蓮(연: 연꽃)은 裂(렬)의, 厥은 蹶(궐)의 본래 글자라 해서 왕필본에 따라 보완하였다. 將을 장차로 번역할 수도 있지만 부사로 '오히려'라고 읽는 게 문맥이 깔끔하다.

故必貴而以賤爲本 必高矣而以下爲基.
고 필 귀 이 이 천 위 본 필 고 의 이 이 하 위 기

夫是以 侯王自謂曰 孤·寡·不穀, 此其賤之本與, 非也?
부 시 이 후 황 자 위 왈 고 과 불 곡 차 기 천 지 본 여 비 야

故致數輿 无輿. 是故不欲, 碌碌若玉 珞珞若石.
고 치 수 여 무 여　시 고 불 욕　녹 록 악 옥 낙 락 악 석

이 章의 주제이다. 고귀함(貴)이나 높은 것(高)은 천함(賤)이나 낮음(下)
을 바탕(本)이나 토대(基)로 여기라는 것이다. 천함이 있어야 고귀함이 있
을 수 있으며, 낮은 것이 있으니 상대적으로 높은 것이 있을 수 있으니
둘은 서로 반대의 개념이 아니라 상호 의존적인 개념이다. 앞부분의 例
에서 맑음, 평안, 영험, 채움, 올바름이 여기서 귀함(貴)과 높음(高)에 해
당될 것이다. 이러한 성정만을 고집하면 본래의 사물이 망가진다고 했
다. 왕필의 해석이 잘못이라는 것을 여기서도 알 수 있다.

그래서 군주도 자신을 낮추어 겸칭으로 표현하는데 그것이 외롭다는
의미의 孤(고)라고 부르거나(후에 짐朕으로 바뀜), 자기는 부족한 사람이라
는 의미에서 寡人(과인)으로 불렀다. 不穀(불곡)은 백성의 매일 먹는 곡
식 알갱이보다 더 미천하다는 의미이다. 이러한 사실은 군주가 백성을
생각해서 천함을 바탕으로 함께한다는 것이 아니겠는가? '그렇지 아니한
가?'의 非也(비야)는 강조 용법이다.

다음에 輿(수레 여)가 나오는데 갑본에는 與(여)로 되어 있지만 을본,
왕필본에도 輿(여)로 되어 있다. 갑본의 착간이라 생각한다. 백서정리조
는 이를 譽(예: 명예)로 보아야 한다고 하여 대부분의 번역서들이 이를 인
용해 "자주 명예에 이르면 명예가 없어진다."라고 번역하고 있다. 그러나
앞에서 군주의 이야기가 나온 점을 감안하여 필자는 원본대로 輿(여)로
보고 수레는 권력을 상징하는 것으로 해석하였다. 당시 전국춘추시대의
국력은 기병과 수레에 의해 평가되는데 맹자에서 나오는 萬乘之國(만승
지국)이라는 표현에서도 알 수 있듯이 천자의 나라(周를 의미)는 만 대의
전차를 가진 큰 나라라는 의미에서 사용한 말이다. (1乘은 말 네 마리가 끄

는 마차를 의미, 즉 萬乘은 말 4만 마리가 있다는 이야기다) 이러한 말(馬)과 함께 군수 물자의 동원 능력을 차상(짐수레)으로 표현해 전쟁에 이기기 위해서는 병력 못지않게 이러한 수레가 얼마나 있느냐에 국력의 차이를 나타낸다. 그래서 수레(輿)는 차상(車箱)이라 것으로 군수품을 실은 우마차를 말하는데 이 또한 국력의 크기를 상징한다. 26장에서 나온 치중(輜重)이라는 단어와 같은 의미이다.

致數輿(치수여)는 많은(數) 수레(輿)에 이르는(致) 것으로 권력을 많이 가지려 하는 것을 말한다. 뒤 구절은 致(치)가 생략된 致無輿로 볼 수 있어 권력 없음에 이른다는 것이다. 많은 권력을 가지려 하는 것은 결국 권력이 없어진다는 것이다. 권력은 앞 구절의 귀함과 높음을 상징하는 것이며, 그것이 좋다고 그것을 너무 많이 가지게 되면 종국에는 없어지게 되어버린다는 것으로 하늘이 맑기만 고집하면 깨진다는 것과 같다. 輿를 譽(명예)로 읽어도 같은 의미가 되지만 군주를 '명예'라는 것과 연결시키기는 좀 어색해 보인다.

여기서 是故不欲(시고불욕)의 구절이 독립된 문장이냐? 뒤의 琭琭若玉(녹록약옥) 구절에 붙여서 읽어야 하느냐?에 대해 의견들이 나뉘고 있다. 보통 대부분의 사람은 뒤의 구절이 "옥처럼 빛나다."라고 말이 이상하니까 不欲(불욕)을 이 구절에 연결하여 "옥처럼 빛나기를 바라지 말고 돌처럼 투박(단단)해라."라는 식으로 번역을 하고 있다. 그러나 不欲이 앞 구절인 琭琭若玉에만 적용되고 뒤의 硌硌若石에서 영향을 미치지 않는 것으로 보는 것은 문장 구조상 자연스럽지 않다.

왕필은 백서(을)본의 祿(녹: 녹봉)이 琭(록: 옥의 모양)으로 바꾸어 琭琭(녹록)을 옥의 모양을 나타내는 의태어로 보고 '빛나는 것'으로 번역했다. 필자의 생각으로는 뒤의 硌(락)이 石변으로 되어 있는 점을 고려하여 祿

도 같은 石변을 하는 것이 같은 돌 종류가 되어 자연스럽다고 여겨 碌(록)이라고 주장하고 싶다. 碌(록)은 '푸른 빛의 돌', '(구리에 낀)녹(녹청)'이라는 명사도 있지만 '무능한 모양', '용렬하다'의 뜻으로도 쓰인다. 특히 녹록(碌碌)은 한 단어로 '하잘것없음', '보잘것없음'이라는 의미로도 쓰인다. '일이 녹록치 않다'라는 표현으로 우리가 평소에 자주 사용하는 말이기도 하다. 굳이 글자 뜻대로 봐도 귀한 옥이 지천에 깔렸으니 더 이상 귀하거나 아름답게 보이지 않는다. 반대로 珞珞(낙락)은 '산 위의 큰 바위'라는 의미지만 '장대한 모양'이라는 의역으로 인용되고 있다. 따라서 碌碌若玉 珞珞若石(녹록약옥, 낙락약석)은 하찮은 것을 옥(玉)같이 보고 큰 바위같이 장대한 것을 돌(石)같이 보라는 것이다. 즉, 천하고 낮은 것을 귀하게 여기고 귀하고 높은 것을 천하게 보라는 이 장의 주제와도 부합된다.

이렇게 되면 이 구절 앞에 있는 不欲(불욕)이라는 것이 어디까지 영향을 미치는지에 대한 논란이 필요 없다. 是以不欲(시이불욕)은 독립된 한 문장이다. 앞에서 권력에 집착하지 말고 비천함을 바탕으로 삼으라고 했다. "그래서 욕심을 부리지 말라."고 다시 한 번 말하는 것이다.

그리고 마지막 결론으로 멋있는 노자다운 격언으로 마무리하고 있다. "보잘것없는 것이라도 옥같이 여기고, 장대한 것을 돌같이 보라."

제40장

反者 道之動, 弱者 道之用

되돌아감이 도의 운동이고 약함이 도의 작용이다

反也者 道之動也, 弱也者 道之用也.
반 야 자 도 지 운 야 약 야 자 도 지 용 야

天下之物生於有 有生於无.
천 하 지 물 생 어 류 유 생 어 무

되돌아간다는 것은 道의 움직임이며
약하다는 것은 道의 작용(쓰임)이다.
천하의 사물은 有에서 생겨났고 그 有는 無에서 생겨났다.

노자의 핵심사상인 "반대로 순환하여 되돌아오는 것이 도의 움직임이다(反者道之動)"라는 것을 설명하고 있다. 反(반)은 되돌아간다는 의미로 道는 항상 되돌아가는 속성이 있다. 움직임이 직선이 아니라 곡선이다. 우리는 모두 앞으로 나아가려고만 한다. 그것을 발전이며 진화라고 이야기하며 거기에 목표를 두고 삶을 소진하고 있다. 앞으로 나아간다는 것은 그 끝이 없다. 목표를 세워보지만 거기에 도달하면 거기에도 또 앞이 펼쳐져 있다. 또 나아가야 한다. 노자는 단순한 곡선 운동이 아니라 아예 원(圓) 운동으로 규정하고 있다. 사실 모든 운동 중 원운동이 가장 안정적이라 할 수 있다. 뛰쳐나가려는 힘(원심력)과 끌어당기는 힘(구심력)이 평행을 이루며 조화되기 때문이다.

천체의 항성이나 행성의 운동이 그렇고 물질의 가장 작은 원자의 운동도 원운동이다(실제로는 타원운동). 달이 지구를 중심으로 돌고 지구는 태양을 중심으로 원운동을 하며 태양도 우리 은하계 안에서 원운동을 한다. 그 거대한 은하계도 마찬가지다. 원운동은 다시 원래 자리로 돌아오는 것이다. 순환사상이다. 앞으로 나아가는 것 같지만 결국 제자리로 돌아 올 수밖에 없다.

노자의 "모든 사물은 극에 달하면 반드시 되돌아간다."는 物極必反(물극필반)의 사상도 마찬가지다. 사물이 최고의 경지에 도달하면 반드시 다시 처음의 근원으로 되돌아간다. 그 근원이 道이다. 사람의 일이라는 것도 마찬가지다. 왕성해져 끝없이 잘 될 것 같은 일도 한계에 다다르면 다시 기울기 시작하는 법이다.

다음은 道의 작용방식(用)이다. 道의 작용(用)은 약함(弱)이라 했다. 弱은 서서히 은근하게 작용한다. 부드러움은 약해보이지만 은근하고 지속적이다. 부드러움은 상대의 경계심이나 두려움을 유발하지도 않는다. 거부감이 없이 스며든다. 그러나 지속적이라 작용의 영향은 크다.

반대로 강하다는 것은 세다는 의미다. 무엇을 세게 한다는 것은 운동의 작용시간을 작게 해야 한다. 운동에너지는 속도의 제곱에 비례하고 속도는 시간에 반비례하기 때문이다. 강하다는 것은 상대의 경계심을 야기시키며 곧장 반응을 일으키게 한다. 또한, 작용이 큰 만큼 반작용도 그만큼 크다. 이러한 강함은 오래 지속되지 않는다. 그래서 일견 강함이 센 것 같지만 장기적으로 보면 약함(부드러움)이 진정 강하다.

백서본의 反也者, 弱也者의 중간에 也가 있는 것이 좀 어색하게 보일 수도 있다. 그래서인지 왕필은 아예 也를 빼버리고 反者, 弱者라 간편하게 표기하기도 하였다. 그러나 여기서 也는 문장 끝에 붙는 어조사가 아니라 한 곳에 대어 있거나 닿아서 붙어 있다는 의미의 낱말로 봐야한다. 즉 反也者는 "反에 붙어 있는 것"이라 읽을 수 있다. 단순히 反者라고 하기보다는 道의 운동이 거기에 붙어(닿아) 있다는 표현이 좀 더 노자다운 생각이지만 크게 문제 삼을 것은 아니다.

다음 구절에서 모든 사물은 有에서 태어났고 有는 無에서 생긴 것이라 이야기한 것은 無가 道이기 때문에 세상의 모든 사물도 道와 마찬가지의 움직이고 작용한다는 것을 말하고 있다. 짧지만 깊은 의미가 있다. 되돌아감은 25장에서 도를 설명하면 大(크다), 逝(움직임), 遠(멀어짐), 反(되돌아 감)으로 좀 더 상세하게 표현하기도 했다.

제41장

明道如費, 上德如谷, 善始且善成

道는 명료하게 드러나 있는 것이 밤하늘 혜성과 같다.

德이 높아 보이지만 낮은 계곡과 같다.

善으로 시작하고 善으로 이룬다

上[士聞]道 董(勤)能行之, 中士聞道 若存若亡,

下士聞道 大笑之, 弗笑, [不足]以爲道.

是以建言有之曰,

明道如費 進道如退 夷道如類,

上德如浴(谷) 大白如辱, 廣德如不足, 建德如[偸] 質[貞如愉].

大方無禺(隅) 大器免成 大音希聲 天象无刑(形),

道褒无名, 夫唯道 善始且善成.

董(근): 제비꽃

費(비): 비용, 쓰다, 널리 쓰이다, 빛나는 모양

類(류): 무리, 같은 뜻을 가진 무리, 비슷하다, 치우치다[뢰]

夷(이): 오랑캐, 잘못, 상하게 하다, 멸하다, 평탄하다, 온화하다 등

偸(투): 훔치다, 탐내다, 구차하다, 대충대충, 야박하다

愉(유): 즐겁다, 화열하다(화평하고 즐겁다), 깨우쳐 주다

禺(우): 구역, 구별, 나타나다, 일의 실마리가 드러나다

褒(포): 기리다, 크다, 넓다, 모으다

지각 있는 사람이 道를 들으면 부지런히 행하고

보통 사람들은 道를 들으면 기연가미연가한다.

어리석은 사람은 道를 들으면 크게 비웃는다.

비웃지 마라.

잘 이해할 수 없기 때문에 그것을 道라고 하는 것이다.

이에 굳이 말로서 그것을 표현하면 아래와 같다.

道가 세상에 명료하게 드러나 있는 것이 밤하늘 혜성을 보는 것과 같으며

道는 (근원을 향해) 나아가지만 퇴양(退讓)하는 것과 같으며

道은 (그 성정이) 평평한 것이라 모든 주위 사람에게 같다.

덕이라는 것이 아주 높아 보이지만 실상은 골짜기와 같은데

정말 청렴한 사람이 궁색하게 보이는 것과 같다.

덕이라는 것은 (천하에 베풀 만큼) 넓지만 항상 넉넉지 않음과 같다.

덕이라는 것은 (그 성질이) 튼실한데 대충 어설픈 것으로 보이지만

(정작) 그 바탕의 진실로 화평하며 기쁨에 차 있다.

정말 큰 네모는 모서리가 없으며,

정말 큰 그릇을 완성됨이 없고

참으로 큰 소리는 들을 수 없으며,

정말 큰 물체는 그 형태를 가름하지 못한다.

(이러한) 道는 이름 없음으로 기릴 수밖에 없으나

오로지 道만 있을 뿐이다.

무릇 무위로 시작하고 또 무위로 이룰 뿐이다.

上士聞道 勤能行之, 中士聞道 若存若亡, 下士聞道 大笑之,
상 사 문 도 근 능 행 지　　중 사 문 도　약 존 약 망　　하 사 문 도 대 소 지

弗笑! 不足以爲道.
불 소　　부 족 이 위 도

　선비(士)를 상중하로 나누었는데 지각이 많고 적음으로 번역하면 무난
하다. 지각 있는 사람이 道를 들으며 열심히 그 道를 행하지만 보통 사
람은 기연가미연가로 道의 존재 자체에 대해 의구심을 갖는다(若存若亡)
는 이야기고, 어리석은 사람은 말도 안 되는 소리라면 크게 비웃는다.
道는 형체도 없고, 사람의 감각기관으로 느낄 수 없는 관념이라 쉽게 납
득하고 인정하기 쉽지 않기 때문이다.

　다음 구절에 대해서 대부분 "비웃지 않으면 도라고 할 수 없다."라고
번역하고 있다. 멍청한 사람이 웃지 않을 정도라면 道라고 말하기에는
부족하다는 의미라고 설명한다. 그러나 '弗笑不足~(불소부족)'으로 不이
연이어 나오는 것도 좀 이상하다. 번역도 자연스럽지 못하다. 필자는 弗
笑(불소)를 명령문으로 보고 싶다. 비웃지 말라! 그리고 不足以爲道(부족
이위도)를 또 다른 한 문장으로 보아 "충분(足)하지 않기(不) 때문에(以)
道가 되는(爲) 것이다." 이는 道라는 것이 실상은 매우 단순하고 쉬운데
세상을 외형적으로 살아가면서 자기만의 생각에 갇혀 사는 보통 사람들
에게 이해시키기가 쉽지 않다는 것을 말하고 있다. 이어 다음 단락에서

道를 부정하는 이런 사람들에게 道란 어떤 것인가를 최대한 감각적으로 설명해주는 이야기가 전개된다.

故建言有曰, 明道如費 進道如退 夷道如類.
고 건 언 유 왈　 명 도 여 비　 진 도 여 퇴　 이 도 여 류

故(고)는 옛날이라는 뜻이다. 建言(건언)은 말을 세운다는 것인데, 옛날부터 전해져 오는 말이 있었다며 다음의 구절들을 들어 道를 설명한다. 道를 明道(명도), 進道(진도), 夷道(이도)로 구분하고 있는데 대부분의 사람들은 이를 하나의 명사로 보고 '밝은 道', '나아가는 道'의 식으로 우리말로 옮기고 있다. 道에 어떤 특정한 종류가 있을 수 없다. A道, B道⋯ 등이 있다고? 물론 그렇게 생각할 수도 있다. 우주의 삼라만상을 관장하는 道이기 때문에 각각에 역할에 맞게 거기에 따른 道를 따로 정의할 수도 있다. 그러나 이는 노자 이후에 전국시대 제가백가에서 각자 사상에 대해 궁극의 이치라는 의미에서 道라는 이름을 붙이기 시작해 공자의 사람의 道, 묵자의 겸양의 道, 손자의 병법의 道 등 여러 가지 道라는 용어들이 난무하게 되었는데 이러한 용어에 익숙해져 있는 사람들의 해석 방법이라고 생각한다. 지금도 마찬가지다. 차를 마시는 데 茶道(다도), 서예의 書道(서도) 등등을 붙이고 있다. 그러나 노자가 말하는 道는 오직 하나일 뿐이다. 그리고 道는 만물을 창조하면서 각각의 사물에 스며들어 그 사물의 본성을 이룬다. 더구나 위에서 열거한 도는 明(명), 進(진), 夷(이)라는 단어는 명사를 수식하는 형용사로 읽혀지고 있는데 이러한 형용사로 道를 구분하는 것은 더욱 아니라고 생각한다. 따라서 明道(명도)는 '밝은 道'가 아니고 道의 품성을 설명하는 서술어로 읽어야 한다. 다시 말하면 道는 明하다고 할 수 있는데 그것이 費(비)와 같다고 번역하

여야 한다. 道가 밝다는 것과 밝은 道와 의미가 비슷하다고 주장할 수도 있지만 우리말의 번역은 약간 뉘앙스가 다르다.

이제 구조는 파악되었다. 그럼, 明, 進, 夷는 무슨 말이고 費(비), 退(퇴), 類(류)는 무엇을 의미하는지를 살펴보면 된다.

우선 費는 왕필본에서 어두울 昧(매: 어둡다)로 되어 있다. 아마 이 구절들을 대구(對句) 형식으로 보고 밝음의 반대어로 어두울 昧(매)라 생각한 것 같다. 이 장의 백서을본은 원형 그대로 잘 보존되어 있는데 갑본은 모두 훼손되어 있어 일단 을본의 費(비)를 그대로 채택하였다. 옛날 당시 費가 어떤 뜻으로 사용되었는지는 잘 알 수 없으나 현재의 옥편에도 '빛나는 모양'이라는 뜻이 있다. 죽간본에도 孛(패: 혜성, 살별, 빛이 환히 빛나는 모양)로 되어 있어 왕필본과 전혀 반대의 의미다. 明(명)과 빛나는 모양(혜성)의 관계라 생각할 때 明을 단순히 밝다는 의미로 사용하게 되면 뒤의 단어를 생각할 때 '밝음과 밝음(혜성)과 같다'로 중복되어 적절치 않다. 따라서 필자는 明을 명료하게 드러난다는 의미로 읽고 싶다. 道는 세상에 명료하게 드러나 있는데 보통 사람(中土, 下土)들이 잘 알아차리지 못한다는 의미로 인용된 문구라고 생각한다. 따라서 이 구절은 "道는 명확하게 드러나 있는데 마치 밤하늘의 혜성과 같다."라 번역할 수 있다. 깜깜한 밤하늘에 유독 밝은 혜성과 같이 道는 우리가 사는 세상에 잘 안 보일 수도 있지만 명확하게 드러나 있다는 것이다. 지금 이 장은 지각 있는 상사(上土)를 위한 것이 아니라 道의 존재를 부정하는 보통 사람들을 대상으로 道에 대해 설명하고 있는데 이런 상황에서 기존의 번역같이 "밝은 도는 어두운 듯하다."라고 이야기하는 것은 도리어 道를 더 이해 못하게 만드는 꼴이 된다.

다음은 進(진)과 退(퇴)이다. 문장 구조상으로 대구 형태로 되어 있다.

필자는 '進'이라는 글자의 신빙성에 우선 의심이 간다. 추측하건데 이 부분은 시대를 지나면서 이상하게 바뀌어 버린 것 아닐까 생각된다. 원래는 다른 글자였는데 이 부분이 잘 이해가 안 되니까 대부분의 구절들이 노자의 주특기인 正言若反의 형식으로 기술되어 있는 것을 보고 退의 반대어로 나아간다는 進(진)이라는 글자를 아무 생각 없이 차용한 것이 아닌가 싶다. 필자는 道를 설명하고 있는 이 부분에서는 정언약반의 방법이 아니고 앞 구절과 같이 단순히 'A는 A'와 같다'는 형식으로 표현되고 있었을 것이라 생각한다. 앞 구절(明道如費)과 뒤 구절(夷道如類)도 전후가 유사한 의미의 단어로 되어 있는데 유독 이 구절만 進, 退로 반대어로 되어 있다. 그러나 백서갑본은 전부 훼손되어 알아볼 수가 없고 불행히도 죽간본도 이 부분 글자가 훼손되어 있어 더 이상 확인할 방법이 없다.

일단 進을 앞으로 나아간다는 것으로 보고 억지로 번역하면 사물의 근원, 본질을 향해 점차로 다가가고 있다는 것으로 해석하고 싶다. 사람들은 모두 앞으로 나아가는 전진성(前進性)을 좋아한다. 그런데 보통 사람들이 볼 때는 거꾸로 가는 것 같이 보인다. 退는 '사양', '겸양'으로 읽어도 좋다. 道는 유약이면서 퇴양의 품성이다. 즉, 도라는 것은 근원을 향해 점점 가까이 다가가는 것인데 사람들이 볼 때는 인간의 본성에서 점점 물러나는(퇴양) 것 같이 보인다는 것이다. 퇴양을 이해하는 것이 역설적으로 道에 다가서는 것이라고 설명하고 있다고 생각된다. 이 구절의 글자에 대한 진위와 함께 좀 더 명료한 해석이 나오기를 기대한다.

세 번째가 夷(이)와 類(류)이다. 夷(이: 오랑캐, 평평하다, 온화하다)는 여기서 보통 사람들과 같이 평평하다는 뜻으로 번역하는데 동의한다. 類(류: 무리, 동아리, 비슷하다)는 죽간본과 백서갑본은 해당 글자가 훼손되어 알 수 없고 왕필본에서 類(뢰: 실마디, 어그러지다, 치우치다)로 바뀌어 있다. 그래서 통행본들은 지금까지 이 구절을 "평평한 道는 실마디가 있는 것처럼 울퉁불퉁하다."고 번역하고 있다. 여기서도 역시 정언약반의 형식으로 만들어 놓고 있다. 무엇을 말하고 있는지 알 수 없다. 이 내용이 道를 모르는 사람에게 설명하는 것이라면 정언약반의 형식보다는 본문과 같은 'A는 A'와 같다'는 형식이 이해시키기 쉽다. 필자는 類에 대해 같은 뜻을 가진 여러 사람이 무리를 이룬 것이라는 의미로 해석하였다. 道는 지위가 높거나 부자인 사람들에게만 열려 있는 것이 아니고 모든 사람들에게 평평하다는 것이다. 그래서 친족이나 같은 뜻을 가지고 있는 무리와 같이 누구나 접근할 수 있고 체득할 수 있는 것이라는 내용을 설명하고 있다.

필자도 道를 이해하고 있는 처지가 아니라 본문과 같은 번역이 옳다고 강변할 수 없지만 나름대로 논리에 따라 해석한 것이다. 사람마다 보는 눈이나 생각이 다를 수도 있음을 충분히 이해하지만 최소한 앞뒤의 내용이 논리성과 일관성은 있어야 할 것이다.

上德如谷 大白如辱, 廣德如不足, 建德如偸 質眞如渝.
상 적 여 곡 대 백 여 욕 광 덕 여 부 족 건 덕 여 투 질 진 여 투

앞에서 '道'라는 것을 이해시키려는 설명이 있었는데 갑자기 德이라는 용어가 나온다. 왜냐하면 道라는 것이 볼 수도, 들을 수도, 만질 수도 없어 설명하기도, 이해하기도 어려울 것으로 판단하여 德에 대해 추가로 설명하고 있다. 덕은 道를 체득하게 되면 그 사람에서 나타나는 품성(본성)이기 때문에 듣는 사람이 좀 더 현실감 있게 느낄 수 있을 것이라 생각한 것이다.

여기서도 덕을 3가지로 나누어 설명한다. 道와 마찬가지 방법으로 덕의 모습을 上(상), 廣(광), 建(건)이라 하고 이것은 사람이 볼 때 谷(곡), 不足(부족), 偸(투)와 같다는 것이다. 그리고 중간에 엉뚱하게 보이는 大白如辱(대백여욕)과 質眞如渝(질진여투)의 두 구절은 독립적인 구절이 아니고 앞 구절인 上德과 建德에 대해 다시 부연 설명해주는 역할을 하고 있다. 이 부분에서도 왕필본과 달리 若(약) 대신에 如(여)로 표기되어 있지만 여기서는 정언약반 형식을 채용하고 있다. 앞에서와 마찬가지로 상덕, 광덕, 건덕이라는 개개의 德으로 생각하는 우를 범해서는 안 된다. 道의 경우와 마찬가지로 德이 어떻게 보이고 비치는지를 나타내는 모습으로 이해하여야 한다.

上은 위에 있다는 뜻이다. 38장의 상덕과 같이 '덕에 오르다'라고 번역해도 큰 차이는 없지만 나머지 두 개의 형용서술사가 넓다(廣), 건실하다(建)라는 점을 고려하면 '높다'는 의미로 보는 것이 서로 어울린다. 다시 말하면 덕이 있는 성인들은 저세상 사람같이 아주 높은 사람이라고 생각하는데 실상은 산꼭대기가 아니고 저 아래 있는 낮은 골짜기와 같다고 말하고 있다. 도라는 것이 우리가 근접하지 못할 높은 理想(이상)이 아니라는 것을 말해주고 있다. 노자가 인용한 골짜기라는 개념을 中士나 下士들이 잘 이해하지 못할 것 같아 大白如辱(대백여욕)이라고 다시 한번 알아듣기 쉬운 예를 들고 있다. 직역하면 아주 깨끗한 것이 욕되다는 것인데 "정말 청렴한 사람은 오히려 궁색해 보인다."라고 번역하는 것이 좋다. 주위에 청렴한 사람을 볼 때 일견 융통성도 없고 찢어지게 궁핍하게 사는 것같이 보이지만 실상 당사자는 누구보다 떳떳하고 자부심 있게 살아가고 있다는 것을 보통 사람들도 충분히 알 수 있다는 사실을 떠올리며 골짜기의 성정을 이해시키려 하고 있다.

廣(광)은 德은 사방 천지에 넓게 미치는 모습을 이야기하고 있다. 그렇게 온 천지에 베풀 정도라면 엄청 많은 것을 가지고 있을 것으로 생각하는데 정작 본인은 항상 넉넉지 않다(不足)는 것이다. 베풀기만 할 뿐 채우려 하지 않는 것이 道라고 설명해 주고 있다.

建德如偸(건덕여투)도 논란이 되고 있다. 대부분 "덕을 세우는 것은 훔치는 것과 같다."라는 식으로 번역하고 있는데 무슨 말인지도 모르겠고 문장도 매끄럽지 않다. 앞의 두 구절이 '높다(上)', '넓다(廣)'의 형용서술형인 것을 비추어 建도 '세우다'라는 동사로 보기보다는 형용사로 보는 것이 적절하다. 建은 健(건)과 같은 '튼튼하다'는 뜻도 가지고 있다. 덕은 쉽게 쌓았다가 쉽게 없어지는 허튼 것이 아니고 아주 튼실하다는 성질을 말하고 있다. 偸(투)는 백서본, 죽간본에는 해당 글자가 모두 훼손되어 있어 왕필본의 글자를 그대로 인용하였다. 偸(투)에는 '구차하다'의 뜻이 있어 이를 채택할 수도 있으나 소호자주)에 의하면 偸에는 '대충대충'이란 뜻이 있다고 하여 이를 인용하였다. 즉, 德은 아주 튼실하다고 하는데 사람들이 보기에는 대충대충 어설픈 것과 같이 보인다는 것이리라. 당연히 덕은 베풀고 공을 내세우지도, 자랑하지도 않으니 그렇게 비칠 수 있다. 이어서 質貞如愉(질정여유)의 구절로 부연 설명하고 있다. 백서을본도 이 구절은 '質□□□'으로 3글자가 모두 훼손되어 있으나 죽간본에는 '□貞如愉'가 남아 있어 이를 합쳐 質貞如愉(질정여유)로 유추하였다. 왕필본은 質眞若渝(질진약투)로 愉(유) 대신에 渝(투: 변하다, 즐겁다)로 되어 있다. 이 구절도 모두 '질박하고 참된 것 혹은 바탕이 참된 것 또는 곧은 것은 변하는 것 같다'라고 번역하는데 바탕은 道인데 이것이 변한다고 하는 표현은 정도를 넘어 수용하기가 곤란하다. 이 구절을 앞에서 말한 바와 같이 독립된 내용의 구절이 아니고 앞의 建德에 대한 부연 설명이다. 德은 튼실하지만 보통 사람들이 보기에는 어설프게 보인다고 말했는데 내실 그 바탕의 진실은 아주 화평하고 즐겁다는 것이다. 德의 본성이 기쁜 성정이라는 것이다.

大方無隅 大器免成 大音希聲 天象无形,
대 방 무 우 대 기 면 성 대 음 희 성 천 상 무 형

道褒无名, 夫唯道 善始且善成.
도 포 무 명 부 유 도 선 시 차 선 성

道라는 것을 들으면 크게 비웃는 속세 사람들에게 道가 무엇인가를 설명했다. 그러나 道라는 것이 너무 추상적이고 관념적일 수밖에 없어 道가 사람을 통해 나타는 품성인 德으로써 그것을 설명했지만 그조차 쉽게 손에 잡히지 않을 것이다. 道는 언어로, 머리로 이해되는 것이 아니라 가슴으로 자기가 직접 체득할 수밖에 없다. 논리적으로 설명되지 않지만 확실하게 도가 있다는 것을 이 구절로 표현하고 있다.

인간이 인식하는 범위에서 보통의 사각형은 모서리가 확연하게 존재하며 눈에 보인다. 그러나 우리 인식의 한계를 넘는 엄청 큰 사각형은 눈으로 볼 수도 없고 설령 모서리 근처에 있다하더라도 그 모서리조차 너무 커서 우리의 눈에 비치는 그 부분이 직선인 변(邊)으로밖에 보이지 않아 결국 모서리를 보지 못할 것이다. 大는 그냥 크다는 것이 아니고 아주 크다는 것으로 읽어야 한다. 그래서 정말 큰 사각형(大方)은 그 모서리(隅)가 없으며(無) 정말 큰 그릇(大器)을 절대 만들(成) 수 없으며(免) 정말 큰 소리는 들리지 않고(大音希聲) 정말 큰 물건은 모양이 없다(大象无形)는 것이다. 다시 말하면 우리 보통 사람들의 눈과 귀 등의 감각이나 인식으로는 알 수 없다. 이러한 이야기는 도와 덕에 대해 설명을 했지만

아직도 의심하고 있는 사람들에게 도와 덕이 엄청 커서 그렇다는 것을 이해시키려 한 것이다. 아주 큰 사각형 모서리에 당신이 분명이 서 있지만 모서리를 인지하지 못하듯이 道도 그렇다는 것이다.

무슨 형상이 있거나 무슨 소리가 들려야 하나의 사물(有)이라고 인식하여 그것을 구분하기 위한 이름이라는 것을 붙일 수 있는데 道는 그렇지 못하다는 것이다. 여기서 우리가 道라고 말하는 것은 1장이나 25장에서 말한 대로 편의상 구별하기 위해 세속적으로 붙인 이름일 뿐이지 그 자체는 이름이 없다는 것, 즉 말이나 글로써 규정할 수 없는 그런 거대한 대상이라는 것이다. 즉, 도를 기리어(襃) 이름이라는 것은 부칠 수 없지만 그래도 오직 道가 있을 뿐이라고 말하고 있다(夫唯道).

마지막으로 道가 하는 일을 축약해 이야기하고 있다. 다른 장에서도 설명했듯이 善은 道에 바탕을 둔 행위라는 의미로 읽어야 한다. 모든 것을 善으로 시작하고(始) 또(且) 善으로 이룬다(成). 의역하면 무위로 시작하고 무위로 이룬다는 道의 성정을 말하고 있다.

백서본의 禺는 隅의 본 글자이며, 刑(형)은 2장에서와 마찬가지로 당시 形(형)으로 같이 사용하였다고 한다. 天象(천상)이 왕필본에서는 大象(대상)으로 되어 있지만 그 뜻은 큰 차이가 없다. 그러나 죽간본에도 천상으로 되어 있어 백서본을 고수하였다.

여담으로 우리에게 익숙한 大器晩成(대기만성)이라는 사자성어가 여기에는 늦을 晩이 아니라 면할 免으로 되어 있다. 免은 안 된다는 뜻이고 晩은 늦다는 의미다. 같이 나오는 大方, 大音 등에 비추어 볼 때 晩을 쓰면 늦더라도 그릇이 만들어 진다는 것이라 볼 수 있어 이 章의 취지와는 맞지 않는다. 그런데 죽간본에는 大器曼成으로 늦을 曼이 사용되어 있다. 어떤 것이 옳은지 모르겠지만 사람들의 교훈 차원의 사자성어라면 늦더라도 큰일을 이루라는 의미에서 大器晩成으로 인용해도 좋을 것 같다.

제42장

勿或損之而益, 强良者 不得死

혹 덜어지더라도 채우려하지 말라.
너무 좋기만 한 것은 그 끝을 알지 못한다

道生一 一生二 二生三 三生[萬物].

[萬物負陰而抱陽] 中氣以爲和.

天下之所惡 唯孤寡不穀 而王公以自名也.

勿(物)或云(損)之[而益] [益]之而云(損)

故人[之所]敎, 夕(亦)議而敎人

故强良者 不得死 我將以爲學父.

도는 하나를 낳고 하나는 둘을, 둘은 셋을 낳고 셋이 만물을 낳았다.

만물은 양(陽)을 안고 음(陰)을 지고 있는데

중간 기운으로써 조화된다.

사람들이 싫어하는 것은 외롭고 모자라고 베풀지 못함인데

왕은 이런 비천한 것을 자기 이름으로 삼는다.

혹여 덜어지더라도 채우려 하지 말고,

채워지는 것을 굳이 덜어내려 하지마라.

그래서 사람들이 가르쳐 온 것으로

또한 가리어 사람에게 가르쳐 주어야 한다.

너무 좋기만 한 것은 그 끝을 알지 못한다.

나는 앞으로 이를 가르침의 근간으로 삼는다.

道生一 一生二 二生三 三生萬物,
도 생 일 일 생 이 이 생 삼 삼 생 만 물

萬物負陰而抱陽 中氣以爲和.
만 물 부 흠 이 포 양 중 기 이 위 화

이 장은 대부분의 사람들의 말대로 구성이 좀 혼란스럽다. 우주생성에 관한 이야기를 하다가 갑자기 겸양, 조화 등에 관한 이야기로 이어져 앞뒤가 연결이 부자연스럽다.

대부분 이 구절을 우주생성론으로 보고 있는데 一, 二, 三이 무엇이냐에 대해 의견이 분분하다. 하상공은 道를 생기게 만든 것을 '一'이라 하고 그 다음에 음과 양의 二가 생겼고 음과 양은 다시 和(화합), 淸(맑음), 濁(더러움)의 기운을 만들어 냈는데 이 기운이 天地人이라고 설명하고 있다. 하늘은 베풀고 땅은 변화시키고 사람이 그것을 자라게 해서 만물을 만들었다고 하고 있다. 왕필은 一은 無이며 無를 一이라고 하는 순간 無와 一 이라는 말이 만들어져 二가 되었다고 설명하고 있다.

도덕경에서 道는 자주 '하나(一)'로 표현되는데 여기서는 '하나'의 개념위에 道를 위치시키고 있다. '하나'가 '하나'를 낳는 꼴이 되어 어떤 사람들은 이 문장을 아예 무시하거나 빼버리기도 한다. 1장에서 최초에 道(無)가 있어 이 道가 만물(有)을 생성했다고 했으며 40장에서는 보다 명확하게 有는 무에서 생겼다고(有生於無) 한 노자 우주생성론과는 차이가 있다. 하상공과 같이 道에서 만물이 생성되기까지의 과정을 세분한 것이라 볼 수도 있으나 음양의 기운이라는 개념을 도입한 것은 10장에서 말한 바와 같이 음양론이 후대에 등장한 사상인 점을 감안하면 노자의 시대에 쓰인 것이라고는 생각되지 않는 부분이다. 어떤 사람은 이 구절에 대해 필사자가 아무 생각 없이 그냥 1, 2, 3의 숫자를 나열한 것으로 보기도 한다. 필자는 동양철학을 전공한 것도 아니어서 어설프게 함부로 해석하기보다는 크게 중요하지도 않은 것 같아 그냥 넘어가기로 했다.

이 구절의 우주생성론을 재미삼아 현대 과학에 빗대어 설명해보자 한다. 아인슈타인의 일반상대성원리에 의하면 시간과 공간은 무한한 것이 아니라고 한다. 즉, 시간도 시작이 있고 끝이 있어야 하고, 거기에 공간은 동적(動的)으로 안정되어 있다고 한다. 그러나 허블망원경이 발명되어 우주복사열이 관측되면서 동적 안정이 아니라 지금도 우주가 팽창하고 있다는 것이 정설로 받아들여지고 있다. 우주가 팽창하고 있다는 것은 시간을 거꾸로 돌리면 언젠가는 팽창이 시작된 한 점(點)으로 돌아갈 수밖에 없다. 그 시간을 계산하면 약 137억 년이라는 것이 나온다고 한다. 그 당시 극히 작은 하나의 소립자가 있었다. 그 소립자를 일(一)이라 할 수 있을 것인데 그 소립자가 어떻게 생겼는지는 우주생성 이전이라 현재로서는 알 수 없지만 '아무것도 없는 상태', '無'라고 추측한다면 이것이 노자에 말하는 道라고 할 수 있을 것 같다. 이 소립자(一)은 엄청난 초밀도·초고온의 물질인데 어느 순간 이것이 폭발하게 되는데 이것이 빅뱅(Big Bang)이다. 이 순간 물질의 온도는 거의 무한대인데 폭발 직후 10^{-43}초 안에 4가지 힘(중력, 강한 핵력, 약한 핵력, 전자기력)이 생기고 1초쯤 지나 크게 팽창하면서 온도가 100억℃ 정도로 낮아지면서 기본 물질인 쿼크가 강한 핵력으로 결합해 양성자와 중성자가 생기게 된다. 이 상태를 굳이 이야기하자면 이 구절의 두 번째(二) 단계라고 할 수 있을 것이다. 3분 후쯤 양성자의 원자핵이라 할 수 있는 수소가 핵융합을 일으키면서 중수소를 만들고 이는 곧 가장 가벼운 원소인 헬륨이 만들어 지는데 이를 세 번째(三) 단계에 해당하는 것으로 볼 수도 있을 것 같다. 이후 우주가 계속 팽창하면서 원소 간의 결합에 의해 여러 가지 무거운 원소(산소, 탄소, 황, 우라늄 등등)이 만들어지면서 각종 사물이 생기게 된다. 이것이 만물생성의 단계이다. 최근에 초끈이론(super string theory)이 등장하면서 소립자의 모양이 지금까지 알고 있던 구(球)의 형태가 아니라 길이가 10^{-34}cm정도 의 노끈 모양이며, 이 끈의 지속적인 진동에 의해 우주만물이 만들어진 것이라고 하지만 앞으로 또 어떤 새로운 이론이 나와 우주의 생성을 다르게 설명할지도 모른다. 이렇듯 우주의 생성은 아직까지도 신비스럽고 비밀에 가까운데 2,500여 년 전에 비록 1, 2, 3라는 극히 간단한 숫자의 이론이지만 나름대로 우주생성을 설명한 노자의 시도는 평가할 만하지 않은가? 어찌 되었든 이렇게 해서 만들어진 우주에는 지금 약 4,000억 개의 은하계가 있고 각 은하계에는 다시 수천억 개의 항성이 있다고 한다. 우리가 속한 은하계가 우주의 중심에 있는 것도 아니고 우리를 존재케 해주는 태양이라는 항성도 우리 은하계내의 한 귀퉁이에 있는 평범한 보통 크기의 노란색의 별에 불과하다. 그 태양이 거느리고 있는 9개의 행성 중 하나에 우리가 살고 있으며 아직까지 가장 가까운 화성에조차 발을 직접 내디려 보지 못하고 있다. 우리가 밤하늘에 총총한 별(항성)도 실상은 5,000여 개에 불과하며 나머지 별들은 육안으로 보이지도 않는다. 이는 우리 은하계의 전체별의 0.0001%에 불과하다고 한다. 지구와 가장 가까운 이웃에 위치하는 또 다른 태양(항성)인 '알파 켄타우리C'도 그 거리가 4광년(光年)이다. 광년은 초속 30만km 속도의 빛이 일 년 동안 가는 거리를 말하며 4광년은 약 38조㎞에 해당된다. 현재 가장 빠른 우주선으로 날아 간다하더라도 약 10,000년 정도 걸리는 거리다. 우리 인류가 이제 겨우 수렵생활을 하며 사람다운 형태로 살기 시작한 때부터 현재까지의 시간이 채 10,000년이 안 된다.

인간의 인식의 한계가 과연 어디까지일까에 대해서는 단언할 수 없지만 우리는 우주에서 아주 극도로 미미한 존재의 하나일 뿐이라는 것은 확실하다. 몸은 작지만 마음을 우주에 두면 노자의 道에 좀 더 가까워지려나……

그 뒤 문장에 모든 사물은 陽을 안고 있으면서 陰을 등에 지고 있다고 설명하는 대목도 물리학에서 설명하는 원자구성과 정확히 일치하고 있다. 모든 원자는 양의 기운인 원자핵(양성자+중성자)을 중심으로 陰의 기운을 가진 전자들이 원운동을 하고 있다. 양과 음은 서로 상호 작용을 하면서 원자를 안정시키고 있다. 비슷한 시기인 고대 그리스 철학자 데모크리토스는 모든 물질이 원자로 이루어져 있다는 원자론을 주장하였는데 노자는 한 술 더 떠 원자의 구성 구조 및 운동까지 제시하고 있다고 볼 수 있지 않은가?

萬物負陰而抱陽(만물부음이포양)의 陰(음)과 陽(양)을 대부분의 사람들이 생각하는 음양론의 음기, 양기로 보아서는 곤란하다. 이 장의 내용에 비추어 볼 때 31장에서 좌우(左右)라는 것을 귀하고 천함을 나타내는 것으로 활용했듯이 음, 양을 부정적인 요소와 긍정적인 요소를 대변하는 것으로 이해해야 한다. 즉 음은 음지, 어두움, 하향성 등의 부정적인 성질이며 양은 양지, 밝음, 상향성 등의 성질을 말한다. 사람을 기준으로 생각할 때 행복, 기쁨, 풍요, 삶 등을 陽이라 할 수 있을 것이며, 불행, 슬품, 가난, 죽음 등이 음의 성질에 해당될 것이다. 다시 말하면 만물은 모두 이러한 부정적인 성질(기운)과 긍정적인 성질(기운)을 같이 가지고 있다는 것이다. 39장에서도 하늘이 맑다는 긍정적인 성질만 가진다면 하늘이 갈라진다고 했듯이 만물은 어느 한쪽만의 성질을 고집하지 않는다고 했다. 물론 긍정적인 성질이라든가 부정적인 성질이라는 것은 사람의 기준에서 볼 때 그렇다는 것이지 원래부터 그런 것은 아니다. 그것이 사물 본성의 성격이기도 하다. 재미있는 것은 음의 경우에는 등에 지는 것(負)으로 표현하고 양의 경우에는 팔로 안는 것(抱)으로 표현하고 있다는 점이다. 이는 사람이 본능적으로 양에 대해서는 적극적으로 안으려 한다는 것을 암시하고 있으며, 음이라는 것은 자기 의사와 관계없이 등에 지어져 있는 숙명적인 관계라는 것을 은연중에 나타낸다. 등의 지어진 무거운 짐은 덜어버리고 좋은 것만 양팔로 안으려고 하는 인간의 습성을 꼬집고 있다.

따라서 中氣(중기)의 中은 사물의 본성에 내재되어 있는 양과 음의 성질에 더해 중간의 어떤 성질이라고 볼 수 있다. 이러한 중간 성격의 성질이 음과 양의 성질을 서로 화합시킨다. 왕필본에서는 中 대신에 冲(충: 비다, 가득 차다)으로 바꾸어 텅 빈 기운 혹은 솟구치는 기운으로 번역하고 있는데 본문과 같이 中으로 읽은 것이 문장이 적절하다.

天下之所惡 唯孤寡不穀 而王公以自名也,
천 하 지 소 오 유 고 과 부 곡 이 왕 공 이 자 명 야

勿或損之而益 益之而損.
물 역 손 지 이 익 익 지 지 손

앞 단락에서 만물의 기운과 성정에 대해 이야기하다가 갑자기 엉뚱한

이야기로 비춰질 수도 있다. 孤寡不穀(고과불곡)은 39장에서도 나온 구절로 여기서는 전후 내용과 어울리지 않는다는 의견이 많다.

천하 모든 사람(天下)들이 싫어하는(惡) 것(所)으로 3가지를 들고 있다. 孤(고)는 외롭다는 것이며, 寡(과)는 무언가가 모자라는 것을 의미하고, 不穀(불곡)은 곡식 알갱이만도 못하다는 의미에서 하찮은 것으로 볼 수 있다. 그런데 사람들이 고귀하고 부유하다고 생각하는 임금들이 이런 용어들을 자기 이름으로 삼는다고 했다. 이는 39장에서도 설명했듯이 천함을 바탕으로 삼으라는 의미이다. 바로 앞의 내용과 직접 연결하기가 어렵지만 굳이 말하자면 부정적인 성질(요소)을 가볍게 보지 말라는 의미로 볼 수 있다.

백서갑본의 【敗】, 을본의 云(운)은 損(손)의 본 글자라 하여 수용했는데 백서본의 勿(물)이 왕필본에는 物(물)로 되어 있다. 백서본을 토대로 한 이석명의 『노자』(409p, 민음사)도 특별한 설명도 없이 物로 바뀌어 있다.

도덕경에는 사물의 경우에는 갑·을본 공히 物이라 분명하게 표기되어 있다. 백서본의 필사자가 글자를 잘못 쓴 것이라고 생각할 수도 있으나 필자가 보기에는 物보다 勿이 훨씬 더 잘 어울린다. 29장에 "物이란 앞서가는 것도 있으며 뒤따라가는 것도 있다(物, 或行或隨)"라는 구절이 있다. 왕필은 이 구절도 이와 같은 형식의 내용이라 지레 판단하고 勿를 物이라 생각한 것 같다.

그러나 勿亦損之而益 益之而損은 혹시라도 ~하지마라는 문장이다. 행여(或) 어떤 것(之)을 덜어내어(損) 넘치게 하거나, 어떤 것(之)을 보태주려고(益) 덜어내지(損) 말라(勿)는 문장이다. 앞 단락에서는 만물은 음(부정적)과 양(긍정적)이 모두 있는데 중간성질로 화합된다고(中氣以爲和)고 했다. 만물은 스스로 긍정적인 것(益)과 부정적인 것(損)을 조화시켜 나가는데 괜히 당신이 평준화시킨다고 보태주거나 덜어내지 말라는 것이다. 물론 왕필의 "사물은 혹 덜어내면 보태지고 보태면 덜어진다."는 번역도 본문의 취지에 크게 어긋나지는 않지만 이 단락에서는 이야기의 주체가 사람(侯王, 我)이라는 점을 감안할 때 백서원문대로 사물이 저절로 조화되는 그러한 본성에 반하여 사람이 인위적으로 덜거나 보태지 말라고 보는 것이 적절하다. 다만 여기서 백서갑본과 을본이 損之~ 益之의 순서가 반대로 되어 있지만 원뜻을 훼손시키는 것은 아니다.

故人之所敎 亦議而敎人, 故强良者 不得死,
고 인 지 소 교 역 의 이 교 인   고 강 양 자 부 득 사

我將以爲學父.
아 장 이 위 학 부

이런 이야기는 옛날부터 사람들이 많이 가르쳐 오던 교훈이니 지금도 이를 가리어 사람들에게 가르쳐 줄 일이라고 말하고 있다. 왕필은 議(의: 의론하다, 토의하다, 가리다)을 빼버리고 我(아)를 삽입하여 내가 가르친다고 되어 있으나 마지막 구절에 나오는 '나(我)'와 같은 사람으로 오인될 소지가 있어 적절치 않다. 앞의 '나'는 누구에게 가르쳐 주는 사람이고, 그것을 배움의 근본으로 삼고자 하는 '나'는 배우는 입장이 되어버리기 때문이다.

왕필본을 비롯한 모든 통행본들이 백서본의 强良(강양)을 强梁(강양)으로 보고 강하고 뻣뻣한 사람이라든가 대들보처럼 강한 사람으로 번역하고 있고 뒤 구절은 제명에 죽지 못한다고 번역하고 있다. 하상공도 不得死(부득사)에 대해서는 천명을 다하지 못하고 칼에 맞거나 왕에 의해 주살당해 수명을 다하지 못함으로 설명하고, 강양자에 대해서는 道의

현묘함을 믿지 않고 도덕을 배반하고 經의 가르침을 따르지 않고 오히려 힘의 기세로 임하는 사람이라 해설하고 있다(强梁者 謂不信玄妙 背叛道德 不從經敎 尙勢任力也). 그러나 지금 道의 부드러움이나 약함(柔弱)에 대해 이야기하고 있는 것도 아닌데 뜬금없이 강하고 뻣뻣한 것이 죽는다고 하는 것은 앞의 내용과도 전혀 다른 주제의 이야기다. 이 장에서는 세상 만물은 좋은 성질과 나쁜 성질이 서로 조화되는 것이기 때문에 일부러 덜어내거나 채울 필요가 없다는 이야기를 하고 있다.

　强良(강양)은 말 그대로 너무 좋은 것이나 아주 길(吉)한 것 말한다. 者(자)도 '것'라는 지시대명사의 용도로 쓰이고 있다. 너무 좋은 것은 앞에서 말한 陽(양)에 해당되는 긍정적인 것을 가리킨다. 너무 좋은 것만을 좋아하는 것이다. 不得死(부득사)도 직역하면 죽음(死)을 얻지(得) 못한다(不)는 것인데 무슨 말인지 이해가 안 된다. 그래서 사람들이 문장에도 없는 형용사를 임의로 추가해 "옳게 죽지 못한다" 라든가 "제명에 죽지 못 한다"라고 번역하고 있지만 다소 억지스럽다. 필자는 得을 '알다', '깨닫다'의 의미로 보고 死는 '죽음'이라고 생각해도 관계없지만 '종말', '끝'이라는 의미로 우리말로 바꾸고 싶다. 즉 "너무 좋은 것이라는 것은 그 끝을 알 수 없다."라고 번역하였다. 좋은 것은 한없이 계속될 것 같지만 세상 모든 일은 물극필반(物極必反)이고 미인박명(美人薄命)이라는 것이다. 여기서 끝은 좋은 것이 끝남만을 의미하는 것이 아니라 좋아하는 것에 대한 욕심도 끝이 없다는 뜻도 포함하고 있다. 좋고 나쁨은 상대적인 의미이다. 그리고 오늘 좋은 것이 내일도 좋다는 보장은 없다. 사람의 마음이나 인식은 언제든 쉽게 바뀌기도 한다. 무엇이든 너무 과하게 좋은 것은 오래 머무르지 않는 법이다. 필자가 보기에는 너무나 간단하고 명료한데 왜 良(량)을 대들보의 梁(량)으로 바꾸었는지 모르겠다. 설령 왕필본의 強梁이 원본과 같다고 해도 梁(량)을 뻣뻣함이 아니라 '훔치다'의 뜻으로 읽어 '억지로 빼앗으려 하는 사람' 정도로 번역하는 게 본 장의 내용에 비추어 적절할 것 같다. 빼앗으려는 것은 좋은 것을 가지려 함이 며 '덜어냄(損)'이 아니라 '보탬(益)'이다. 이렇게 행동하는 사람은 그 끝을 알지 못하고 현재에만 집착하고 있음이다.

좋은 것에만 고집하지 않고 항상 '덜어냄(損)'의 자세야말로 사람이 살아가면서 견지하여야 할 자세이며, 그럼으로써 삶이 오히려 더 평안해지고 행복해질 수 있다. 그래서 나는 이러한 '덜어냄'이란 것을 가르침의 아버지(근간)으로 삼겠다는 하고 있다. 왕필은 이 구절에서는 我를 다시 吾(오: 나)로 바꾸었다. 도덕경에서 吾는 모두 성인, 즉 노자 자신을 지칭할 때 사용하고 있는데 我(아)라고 일부러 표현한 것은 여기의 '나'는 성인이 아니라는 의미이다. 이는 옛날부터 많은 사람들이 가르쳐 온 상식적인 교훈으로 새삼스럽게 노자가 직접 이야기할 필요조차 없다는 것을 나타내고 있다. 그래서 我(아)는 그런 교훈을 알고 실천하려는 불특정 일반 사람들을 '나'로 표현한 것이다.

제43장

无爲之有益

無가 그렇게 함으로써 사물을 도와준다

天下之至柔 馳騁於天下之致堅, 无有, 入於无間,
吾是以知无爲[之有]益也,
不[言之]敎 无爲之益 [天]下希能及之矣.

馳(치): 달리다, 질주하다

騁(빙): 말을 달리다, 내키는 대로 하다, 극도에 이르다

益(익): 더하다, 이롭다, 보조하다, 돕다, 많다, 진보하다, 풍부해지다

敎(교): 가르치다, 알리다, 전달하다

세상의 가장 부드러운 것이 가장 단단한 것을 비집고 다닌다.

無가 있어 이것이 틈새 없는 사이로 들어간다.

나는 無가 그렇게 함으로써 사물을 이롭게 하는 것을 안다.

그것을 말로 하지 않고 전달하며,

그 無가 그것을 함으로써 도움이 된다.

세상에 이것(無)에 이를 수 있는 것은 드물다(無만한 것이 없다).

天下之至柔 馳騁於天下之致堅, 无有, 入於无間,
천 하 지 지 유 치 빙 어 천 하 지 치 견   무 유   입 어 무 간

吾是以知无爲之有益也.
오 시 이 지 무 위 지 유 익 야

至柔(지유)는 가장 부드러운 것을 말하며 致堅(치견)은 세상에서 가장 견고한 것을 말한다. 특이한 것은 부드러움(柔)에는 至(지)를 썼고 견고한 것(堅)에는 致(치)라는 단어를 사용한 점이다. 至(지)는 자연적으로 거기에 이르는 것이고 致(치)는 어떤 인위적인 행위를 가하여 거기에 이른다는 것으로 느낌이 약간 다르다. 왕필본은 모두 至로 되어 있다. 치빙(馳騁)은 제12장에서도 나왔던 단어로 말을 타고 달린다는 것으로 '이곳저곳 바삐 돌아다니다'라는 의미로 사용되고 있다. 대부분의 사람들이 이 구절을 부드러움이 견강함을 파고든다는 것으로 읽어 노자의 柔以克剛(유이극강)을 표현한 것이라 말한다. 하상공도 柔와 堅을 물과 바위로 비유하여 물이 바위 틈새로 들어가 바위도 깨뜨린다고 했다. 그렇게 할 경우 78장과 꼭 같은 내용이 되어 버린다.

그러나 부드러움(柔)의 움직임(동작)을 표현하는 데 느리면서 오래 지속하는 느낌의 동사를 사용하지 않고 부산하게 급한 느낌이 있는 치빙이라는 동사를 사용한 이유를 생각하여야 한다. 이 장의 전체적인 내용에 비추어 보더라도 이 구절은 부드러움이 견강함을 공격하는 것이 아니고 부드러움이 견강함에 들어 있다는 것으로 봐야 한다. 즉, 无의 역할에 대한 이야기를 하고 있다.

无有(무유)에 대해 대부분의 사람들은 '형체가 없는 것'이라고 하면서 有를 사물로 취급하고 있다. 하상공은 이를 道라고 하면서 道는 형질(形質)이 없기 때문에 틈새가 없는 곳에 출입할 수 있고, 신명(神明)을 통하

여 뭇 삶을 구제한다고 설명하고 있다. 어떤 사람은 '마음속의 무소요'를 지칭하는 것이라고도 하는 등 이에 대한 해석이 너무 추상적이다. 필자는 有를 동사로 보아 '無가 있다'로 본다. 여기서 無는 至柔(가장 부드러움)을 가리키며 부드러움의 본질이다. 이 無가 무간(無間)에 들어간다. 無間은 앞의 致堅(가장 견고함)을 가리키지만 글자 모양을 보면 사이(間)에 無가 있다는 것도 의미한다. 겉으로 견고하게 보이지만 그 안에 무수히 많은 無가 있음이다. 그래서 치빙이라는 동사를 사용한 것이다. 어떤 물체든 그 안에는 공극(空隙)이라는 것이 있다. 설령 공극이 전혀 없더라도 물질을 이루는 기본입자인 원자의 입장에서 봐도 핵과 주변을 도는 전자 사이는 비어 있어 항상 無과 함께 있다. 이러한 해석은 어떠한 사물이든 그 안에 無가 내재되어 있다는 것이다. 無가 있어야 有가 있는 것이다. 11장의 수레바퀴 이야기에서도 無가 있어야 有의 작용이 가능하다는 것과 같은 맥락이다.

그래서 다음의 구절과 이어진다. 나는(吾) 이것으로써(是以) 無가 그것을(之)을 하여(爲) 有를 이롭게 한다(益). 여기서 有는 동사가 아니고 사물이라는 명사이다. 無가 어떤 작용을 하며 사물이 비로소 완성된다는 것이다. 요약하면 아무리 견고해 보이는 사물도 그 안에 無가 있음으로써 사물을 이롭게 한다는 것이다. 無의 무한한 작용이다.

그런데 모든 사람들은 이 구절을 '無爲의 이로움을 안다'는 식으로 번역한다. 앞 구절에서는 부드러움이 강함을 이긴다고 말해 놓고 이를 설명하는데 갑자기 無爲라는 말이 등장하는 것은 자연스럽지 못하다. 柔以克剛(유이극강)과 無爲는 주제가 다르다. 그리고 앞 구절에서 달리고 (馳騁) 들어간다(入)고 표현했는데 이는 벌써 행함을 했다는 것인데 바로 뒤에서 이것을 무위라고 보는 것도 적절치 않다. 그리고 한발 더 나아가 그 無爲가 유익하다고 한다. 無爲는 소유하지도 자랑하지도 다투지도 않는다고 했는데 무위가 이롭다는 표현은 듣기조차 어색하다.

不言之敎, 无爲之益, 天下希能及之矣.
불 언 지 교 무 위 지 익 천 하 희 능 급 지 의

이러한 無의 작용은 아무 말도 하지 않고 전달된다고 했다. 이는 無가 有에 들어가는 상황에 대해 아무런 말도 하지 않고 無를 有에 전달한다는 의미다. 不言之敎(불언지교)는 2장에서도 나온 말로 거기서도 사물의 구분에 대해 말로 하지 않으면서 그 뜻을 전달하는 것으로 읽었다. 그렇게 중요한 역할을 하고 있으면서 아무 말도 하지 않는다는 것은 생색내지 않는다는 것이다. 대부분의 사람이 이 구절을 '말없는 가르침'이라고 번역하는데 가르침의 내용이 무엇인지도 알 수 없고 누가 누구에게 가르친다는 것인지도 명확하지도 않다. 무위가 유익하다는 사실이 가르침의 내용이라고 강변할 수도 있지만 앞서 말한 대로 무위가 유익하다는 자체가 이미 무위가 아니다.

無爲之益(무위지익)도 마찬가지다. 無가 그렇게 함으로써 사물을 이롭게 한다는 것이다. 앞에서 유익한 것으로 번역하였다면 여기서도 有益으로 표현하여야 일관성이 있는데 여기서는 有가 빠져 있다는 것은 앞에서 有를 사물로 간주한 설명이 옳다는 것을 말해 주고 있다.

세상에(天下)에 그것(之)에 이를(及) 수 있는(能) 것은 드물다. 之는 無를 말한다. 無는 바로 앞에서 아무 말도 하지 않으면서 사물에 들어가 이롭게 한다고 했는데 세상에 無와 같은 역할을 할 수 있는 것은 없다는 것이다. 無, 즉, 道만이 그렇게 할 수 있다. 대부분의 사람이 이 단락에 대해 "말없는 가르침, 무위의 유익함이라 번역하면서 이에 이른 사람이 드

물다."라는 식으로 생각없이 번역하는데 전혀 아니다.

이 장의 주제는 無의 역할이다. 사람이 주어가 아니다.

제44장

名與身 孰親?

이름과 몸 중 어느 것이 나와 가까운가?

名與身 孰親? 身與貨 孰多? 得與亡 孰病?

甚[愛必大費 厚藏必多]亡,

故知足不辱 知止不殆 可以長久.

親(친): 친하다, 사이좋게 지내다, <u>가깝다</u>, 손수

多(다): 많다, 뛰어나다, <u>중히 여기다</u>, 두텁다, 겹치다

孰(숙): 누구, <u>어느</u>, 무엇, 익혀먹다

藏(장): 감추다, 숨기다, 간직하다

이름(명성)과 몸 중에 어느 것이 나와 더 가까운가?

몸과 재화 중 어느 것이 더 소중한가?

(이름과 재화를) 얻는 것과 (몸을) 잃는 것 중 어느 것이 더 걱정스러운가?

지나치게 좋아하면 반드시 크게 비용을 치르게 될 것이고

많이 쌓아두면 반드시 크게 잃을 것이다.

그래서 만족할 줄 알면 큰 욕을 당하지 않고

그침을 알면 위태로운 일이 없을 것이니

그럼으로써 (자신을) 오래 보존할 수 있다

名與身 孰親? 身與貨 孰多? 得與亡 孰病?
명 여 신 숙 친 신 여 화 숙 다 득 여 망 숙 병

甚愛必大費 厚藏必多亡.
심 애 필 대 비 후 장 필 다 망

이 장은 몸을 소중히 하고 과욕은 몸을 망치는 것이니 경계하라는 단순한 내용이다. 을본은 거의 훼손되어 있고 갑본의 일부가 훼손된 부분([ ])은 죽간본과 왕필본을 참조해서 보완하였다. 다만 왕필본의 多藏必厚亡(다장필후망)은 죽간본에는 多와 厚가 바뀌어 있고 죽간본의 표현이 더 적절하여 그에 따랐다.

이름과 몸(名與身), 몸과 재물(身與貨)중 어느 쪽이 더 가까우냐고 묻고 있다. 이름(名)은 명예, 명성의 뜻으로 읽어도 무방하다. 제13장에서도 천하보다 몸을 아끼는 사람에게 천하를 맡길 수 있다고 말한 바 있다. 노자는 육체를 소중하게 여기는 지극히 현실주의적 사고를 가지고 있다. 무위든 겸양이든 모두 몸을 지키기 위한 하나의 수단이라고 해도 과언이 아니다.

親(친)은 '가깝다'라는 뜻으로 읽고 多(다)는 '소중히 여기다'라고 옮기는 것이 매끄럽다. 得與亡(득여망)을 글자 그대로 '얻음과 잃음'이라 읽으면 곤란하다. 得(득)은 앞에서 예를 든 이름(名)와 재물(貨)을 얻는 것을 말하며, 亡은 몸(身)이 망가진 것을 가리킨다. 즉 명예나 재물을 얻는 것(得)과 몸이 망가진 것(亡)과 어느 쪽이(孰) 더 걱정스러우냐(病)고 묻고 있다. 사람들은 자기 몸을 망쳐가면서까지 명예나 재물을 위해 살다가

도 어느 날 자신의 몸이 망가진 것을 알면 그때서야 명예와 재화가 몸 앞에서 아무 쓸모없다는 것을 알게 된다. 그러한 사례를 주위에서 수없이 보면서도 죽을 때까지 그 끈을 놓지 못하는 것이 사람이다.

甚愛(심애)를 '지나치게 아끼다'라고 번역하는 사람도 있으니 앞의 내용과 연계하여 명성이나 재화를 지나치게 좋아하는 것으로 번역하는 것이 낫다. 하상공도 이 부분에 대해 "色을 지나치게 좋아하면 情神이 소모되고, 재물을 심하게 좋아하면 재앙과 근심을 만나게 되는데, 좋아하는 것들은 점점 적어지는 데 반해 없어지는 것들이 점점 많아지기 때문에 크게 비용을 치른다."라고 해설을 하고 있다. 費는 말 그대로 비용을 크게 치르게 된다는 것이다.

厚藏(후장)도 마찬가지로 명성이나 재화를 많이 가지고 있는 것을 의미하며 뒤의 亡은 失(잃을 실)로 읽는 것이 적절하다. 앞 구절의 심애(甚愛)를 아끼는 것으로 번역하게 되면 이 구절의 쌓아둔다(藏)는 것과 의미가 중복된다. 심하게 좋아한다는 것은 다른 사람들도 다 가지기를 원하는 것을 혼자 차지하려는 것이므로 다른 사람들을 다 막아내야 하며, 너무 많이 쌓아두면 그것을 빼앗으려고 하는 사람들이 늘어나기 마련이고 결국 다 뺏기고 말 것이다.

故知足不辱 知止不殆 可以長久.
고 지 족 불 욕 지 지 불 태 가 이 장 구

족함을 알면 빼앗기지 않으려고 사람들을 물리치고 지켜내야 하는 상황과 같은 욕됨이 없을 뿐 아니라 그로 인해 자신이 위태로워지는 것을 피할 수 있다.

可以長久(가이장구)를 "가히 오랫동안 우두머리가 될 수 있다."라고 번역하는 사람도 가끔 있는데 노자를 너무 통치술의 차원에서만 바라본 것이라 생각한다. 위태롭지 않기 때문에 자신(몸)을 오래 지킬 수 있음 이다.

제45장

大成若缺 其用不弊

크게 이루어진 것은 흠결이 있는 듯 보이나
아무리 써도 낡아지지 않는다

大成若缺 其用不幣(弊), 大盈若(盂삭제)沖 其用不完郡(窮)
大直如詘 大巧如拙 大贏如絀,

趮勝寒 靚勝炅, 請靚可以爲天下正.

缺(결): 이지러지다, 결점, <u>흠</u>

幣(폐): 비단, 예물, 돈

弊(폐): <u>해지다</u>, 옷이 낡다, 넘어지다, 나쁘다

盂(간?): <u>쟁반</u>, 큰 바리, 주발

郡(군): 행정구역, <u>쌓다(=窮)</u>

詘(굴): <u>굽히다</u>, 복종하다, 대꾸할 말이 없다

拙(졸): <u>졸하다</u>, 서투르다, 쓸모가 없다, 운이 나쁘다

絀(출): 물리치다, <u>굽히다</u>, 겸양하다, 꿰매다

贏(영): 남다, 돈을 벌다, <u>(기운이)성하다</u>, 가득하다, 자라다, 이기다

趮(조): 조급하다. <u>움직이다</u>, 동요하다

靚(정): 단장하다, 정숙하다, <u>고요하다(=靜)</u>

請(청): 청하다, 빌다, 고하다

熲(경): 빛나다, 열기

크게 이루어진 것은 흠결이 있는 듯하나

아무리 쓰도 낡아짐이 없고,

크게 차 있는 것은 비어 있는 듯하나

그 쓰임에 다함이 없다.

크게 곧은 것은 굽은 듯하고,

큰 솜씨는 서툴게 보이며,

기운이 크게 왕성한 것은 굽히는 듯하다.

움직임으로 (가벼운)추위는 이길 수 있지만

(무더운) 열기는 고요함으로 이길 수 있다.

고요함을 청하여 이로써 천하를 바르게 할 수 있다.

大成若缺 其用不弊, 大盈若沖 其用不窮,
대 성 약 결 기 용 불 폐　대 영 약 충 기 용 불 궁

크게 이루어진 것은 마치 결점이 있는 듯하다. 크게 이루어짐(大成)이란 그것이 사람의 작위(作爲)나 의지(志)에 의한 것이 아니고 무위에 의해 이루어진 것이라 사람들의 눈으로 볼 때는 어딘가 어설프게 보일 수 있다. 그러나 아무리 사용해도 낡아지는 법이 없다함은 아예 처음부터 흠결이 없다는 것을 역설적으로 강조하고 있다.

백서본과 죽간본에는 幣(폐, 비단, 예물)로 되어 있으나 이는 弊(폐: 해지

다, 낡아지다)의 본 글자라 하여 대체하였다.

　다음 구절은 죽간본이나 왕필본에서는 4글자로 되어 있는 것이 백서본에는 5글자로 되어 있으나 번역에는 큰 차이가 없다. 백서원본대로 하여도 "크게 차 있는 것은 마치 쟁반이 비어 있는 것 같다"는 식으로 번역하면 되고 完郡(완군)의 郡도 행정구역이라는 것 외에 '쌓다'라는 뜻이 있어 "그것을 아무리 사용해도 완전하게 다 쌓을 수가 없다"로 번역할 수 있다. 그러나 盂(간: 쟁반)은 沖(충)과 의미가 중복되어 삭제하였고, 完郡(완군)을 '끝까지 쌓다'라는 뜻으로 읽기에는 현대인에게 익숙하지 않아 왕필본의 窮(궁: 다하다, 끝나다, 궁하다)으로 보완하였다.

　그리하여 "크게 가득 찬 것은 마치 비어 있는 듯 하나 아무리 써도 마르지 않는다."의 매끄러운 문장이 된다.

大直如詘 大巧如拙 大贏如絀,
대 직 여 굴 대 교 여 졸 대 영 여 출

　앞 단락의 大成(대성), 大盈(대영)에 추가하여 다른 3개의 정언약반을 제시하고 있지만 앞 단락에서와 달리 부연 설명하는 부분이 없다. 크게 곧은 것은 마치 굽어 있는 듯하고, 아주 큰 기교는 마치 서투른 것처럼 보인다. 사람이 공자나 맹자의 사상, 혹은 자기 의지에 따라 심지를 곧게 하여 올바르게 살아가는 것을 강직(直)하다고 한다. 이런 사람들은 세상과 타협하거나 권력에 굴복하지 않는다. 그래서 세상 사람들의 칭송을 받기도 하지만 한편으로는 돌출적 처신으로 도리어 적이 생기기도 하고 하는 일이 엉뚱한 방향으로 결론나기도 한다. 그러나 아주 크게 곧음(大直)은 자기의 의지나 사회의 시선에 의식해 그렇게 하는 것이 아니고 道를 바탕으로 둔 無爲나 본성에 따라 처신할 뿐이다. 부드러움과 퇴양이 세상 사람들 보기에는 굴복하는 듯이 보일 수 있지만 그러한 평가에도 개의치 않는다. 그러나 어느 누구보다 곧으며 확고하다. 이 장에서의 大는 아주 위대하다는 뜻이 아니고 무위에 의한 큼으로 이해하여야 한다.

큰 솜씨(大巧)도 마찬가지다. 무위에 의한 솜씨는 서툴게 보일 수도 있다. 그러나 이 구절을 피카소의 그림 같은 대작은 일반사람들이 볼 때 초등학생의 그림 같이 서툴게 보일 수 있다는 식으로 이해해서는 안 된다.

세 번째인 大贏如絀의 贏(영)은 '가득 차다', '기운이 성하다'의 뜻이 있는데 가득 찼다는 뜻으로 읽으면 앞 단락의 大盈(대영)과 중복되어 여기서는 기운이 성하다는 의미로 읽는 것이 적절하다. 즉, 기운이 크게 성한 것은 마치 굴복하여 물러나는 것 같이 보인다는 것이다. 이 구절이 왕필본에는 전혀 엉뚱한 大辯若訥(대변약눌: 아주 말을 잘하는 것은 어눌한 것 같다)이라는 표현되어 있다. 아마 贏(영)을 가득 차다는 의미로 보고 앞과 중복된다고 생각해 새로운 표현으로 바꾼 것으로 추측된다.

어떠한 사례를 들든 여기서 하고자 하는 말은 어떤 의도나 작위에 의한 것이 아니고 道에 바탕을 둔 무위의 행위이야 말로 어리숙해 보이지만 실상은 가장 무난하고 그 효능도 크다는 것이다. 어떤 사람은 이 구절에 대해 成(성)과 缺(결), 巧(교)와 拙(졸) 등은 상반된 것이 아니라 道에 내재한 양면성에 지나지 않아 분별하지 않는다는 측면으로 해설하고 있는데 그럴 경우 大라는 표현을 군이 쓸 이유가 없다고 생각한다.

趮勝寒 靚勝炅, 請靚可以爲天下正.
조 승 한 정 승 경   청 정 가 이 위 천 하 정

지금까지는 무위에 따른 행위에는 그 효용이 다함이 없다는 이야기를 했는데 갑자기 엉뚱한 말이 나온다. 죽간본은 이 구절이 앞 단락과 명확하게 구분되어 별도의 章으로 되어 있다.

첫 구절에 대해 대부분의 사람들이 왕필본과 같이 "움직임은 추위를 이기고 고요함은 열기를 이긴다."로 번역하고 있다. 왕필본은 躁勝寒 靜 勝熱(조승한 정승열)로 되어 있지만 백서본에는 靜이 아니고 靚(정)으로 되어 있다. 靚(정)에도 '고요하다'의 뜻도 있지만 백서본에 자주 등장하는 靜(정)이란 단어를 靚으로 표기한 적이 없다. 혹시 이 靚(정)이 노자의 고요함(靜)과는 다른 의미로 사용되었는지도 모른다는 생각도 들지만 현재로서 필사자의 착오로 생각하여 '고요함'의 의미로 읽을 수밖에 없을 것 같다.

조금함은 움직임이다. 따라서 趮(조)는 動(동)의 개념으로 볼 수 있다. 움직임(動)은 추위를 이기고 고요함(靜)은 열기를 이긴다고 표현한 것은 動과 靜을 대등하게 간주하고 있는 것처럼 보인다. 노자는 평소 가급적 動보다는 靜에 무게를 둔다. 하상공은 勝을 極이라고 하면서 봄여름의 양기가 만물을 성하게 하지만 그것이 극에 달하면 차가워지고 차가워지는 것은 영(零)으로 떨어져 죽는다는 것이라며 움직임이나 조금함을 경계하라고 하고, 靜에 대해서는 극에 달하면 더워지는데 더워짐을 만물의 탄생의 근원이라고 이야기하면서 靜에 방점을 두긴 하는데 좀 견강부회 같은 느낌이다. 왕필도 動은 사물의 본성을 범하게 되고 靜은 사물을 온전케 하는 것이라고 말을 하지만 열과 추위와 연관시켜 구체적으로 설명하고 있지 않다.

이런 식의 해석이라면 추위(寒)는 대단치 않은 문제이고, 열기(炅)가 중요한 현안이라는 말이 된다. 그러나 여기서 노자가 말한 추위와 열기는 무엇인지 알 수 없다.

필자의 엉뚱한 생각인지 모르지만 노자의 출생지가 더운 허난성(河南

省)인 것에 착안했다. 남쪽 지방에서 추위보다 더위가 큰 문제이다. 그래서 사소한 추위는 몸을 좀 움직이면 쉽게 극복할 수 있지만 찌는 듯한 무더위에는 움직이지 않고 가만히 있는 것이 최상의 피서방법이다. 즉, 움직임은 사소한 것을 해결할 수 있지만 큰 문제에 대해서는 고요함으로 대처하여야 한다는 의미에서 이러한 예시를 든 것은 아닐까? 하는 생각도 들지만 극히 개인적인 의견이다.

다음 구절도 백서본의 請(청)을 왕필본은 물론이고 모든 사람들이 淸(맑을 청)이라고 하면서 淸靜으로 한 단어로 취급하여 "맑고 고요함이 천하를 바르게 할 수 있다"든가 "맑고 고요해야만 천하의 주인(우두머리)이 될 수 있다."라고 번역하고 있다. 앞에서 淸에 관한 언급이나 설명이 전혀 없었는데 갑자기 淸을 등장시켰는지 이해가 안 된다. 여기서는 백서본대로 請(청하다)으로 그대로 읽어야 한다. 앞서 이야기한대로 動을 멀리하고 靜을 청한다는 표현이 훨씬 논리적이고 문맥상으로도 무리가 없다. 고요함을 청하여 그것으로 어찌하라는 것이 다음 문장이다. 그러나 21장에서는 請(청)이라는 글자가 精(정)과 같다하여 그렇게 바꾸었는데 여기서는 다시 원래의 뜻으로 읽어야 한다는 것이 좀 일관성이 없어 보이지만 그래도 왕필본의 淸으로 보는 것보다는 낫다.

마지막 글자인 正에 대해서 하상공의 주석대로 대부분 세상의 우두머리라고 번역하는데 이 또한 뜬금없다. 물론 57장에서 내가 고요함을 좋아하니 백성이 저절로 바르게 된다(我好靜 而民自正)라며 군주의 다스림에 대해 이야기한 것이 있지만 이를 감안하더라도 正을 천하의 주인 혹은 우두머리라고 이야기하는 것은 너무 앞서 나간 것이라 생각한다. 그냥 세상을 바르게 된다고 쉽게 번역하는 것이 더 어울린다. 왕필은 앞서 대조문구에서 大가 많이 등장한 점을 생각해서인지 正을 大라고 했는데 이 또한 앞서 이야기한대로 이 장의 전 후반이 전혀 다른 주제라는 것이 죽간본에서 밝혀진 점을 감안하면 적절치 않다. 참고로 죽간본에는 定(안정)으로 되어 있다.

변역이 명료치 않아 죽간본을 살펴보았다. 죽간본의 【剩】이라는 글자를 일단 勝으로 보면 '臬勝蒼 靑勝然 淸淸爲天下定'으로 된다. 직역하면 "소란스러움이 푸름을 이기고, 푸름이 밝음을 이긴다."로 정확한 의미를 알 수는 없지만 최소한 백서본이나 왕필본의 내용과는 다를 수 있다는 생각도 든다. 앞으로 누군가가 연구하여 명쾌한 번역과 의미를 밝혀 줄 것을 기대해본다.

제46장

知足之爲足 恒足

지금의 족함이 족하다는 것을 아는 것이 항상 족한 것이다

天下有道 却走馬以糞, 天下無道 戎馬生於郊.

罪莫大於可欲, 禍莫大於不知足, 咎莫憯大於欲得,
[知足之爲足] 恒足矣.

却(각): <u>물리치다</u>, 물러나다, 그치다, 쉬다, 버리다, 없애다, 멎다

糞(분): <u>똥</u>, 더러운 것을 제거하다, 소제하다

戎(융): <u>오랑캐</u>, 병기, 병거(兵車)

可(가): 옳다, 허락하다, <u>들어주다</u>, ~쯤, 가히

咎(구): <u>허물</u>, 재앙, 근심거리, 책망하다

憯(참): 슬퍼하다, <u>참혹하다</u>, 날카롭다

세상에 道가 있으면 달리는 말에게 농사일을 시키고,
세상에 道가 없으면 戰馬들이 들판에서 태어난다.

내가 원한다고 다 들어주는 것보다 큰 죄는 없으며

족함을 모르는 것보다 더 큰 禍(화)는 없으며

무작정 욕심을 내어 가지려고 하는 것보다 더 참담한 허물은 없다.

(지금의) 족함이 족함이라는 것을 아는 것이

언제나 항상 족할 수 있음이다.

이 장도 서로 내용과 주제가 전혀 다른 이야기가 같이 들어 있다. 죽간본은 첫째 단락의 내용이 없을 뿐 아니라 백서본도 두 개의 장으로 구분시켜 놓았다. 따라서 앞 뒤 단락 내용의 연관성에 신경 쓰지 않아도 된다.

天下有道 却走馬以糞, 天下无道 戎馬生於郊.
천 하 유 도 각 주 마 이 분　천 하 무 도 융 마 생 어 교

走馬(주마)는 일하는 말이 아니라 달리기용 말이다. 糞(분)은 하상공의 주석대로 거름이 있는 밭(糞田)을 뜻하는 것으로 넓은 의미에서 농사일이라고 해도 무방하다. 달리기용 말을 물리쳐 농사일을 하게 한다는 것이다. 세상에 道가 만연하면 전쟁이라는 것이 없게 되어 말을 사용할 일이 없으며 일상적인 생활도 유유자적하여 급하게 움직이기 위한 빠른 말을 이용할 일도 없을 것이다.

戎馬(융마)는 전쟁용으로 사용되는 말이다. 郊(교)는 일반적으로 성 밖의 가까운 교외를 뜻하지만 여기서는 전쟁이 진행 중인 성(城) 근처라 보면 된다. 生은 새끼를 낳는다는 것으로 세상에 道라는 것이 없으면 전쟁이 그칠 날이 없어 새끼를 밴 말이라 하더라도 전쟁터에서 새끼를 낳게 한다. 세상이 평화롭다면 새끼를 마구간에서 낳았을 텐데 그럴 여유조

차 없이 각박하다는 것이다.

　앞서 이야기한 대로 이 단락은 뒤 단락과 내용이 전혀 다르다. 아무래도
錯簡(착간)이라는 생각이 든다. 내용으로 보면 道로 다스려지는 나라의 평
화로움을 설명하는 57장 章에 같이 실리면 좋을 것 같은 생각도 든다.

罪莫大於可欲, 禍莫大於不知足,
죄 막 대 어 가 욕　　화 막 대 어 부 기 족

咎莫憯大於欲得, 知足之爲足 恒足矣.
구 막 참 대 어 욕 득　　지 족 지 위 족 항 족 의

　이 단락은 탐욕을 멀리하고 만족함을 알라는 삶의 격언 같은 내용으
로 앞의 44장의 내용과 다소 중복된다.

　可(가)는 多(다)와 통하는 글자라고 하는 일부 한학자들이 말대로 다
욕(多欲)으로 번역해도 무리는 없지만(죽간본에는 甚欲으로 되어 있음), 可
에는 '들어주다', '듣다'의 뜻도 있다. 그래서 '可欲'은 자기가 하고자 하는
것을 들어주는 것이라고 번역할 수 있다. 두 번째 구절에서도 어조사 於
뒤에 知라는 동사가 나오는 것을 볼 때 可를 동사로 보는 것이 타당하
다. 사람은 자기가 원하는 것(欲)을 모두 들어주는 것(可)보다(於) 죄(罪)
가 클 수(大) 없다(莫)는 것이다. 원하는 것을 다 들어줄 수는 없다. 사람
의 원하는 바는 끝이 없기 때문이다. 그래서 원하는 바를 모두 고집하
는 그 자체가 큰 죄가 된다. 마음을 먹는 것 자체가 죄가 된다는 의미로
봐야 한다. 이 구절은 왕필본에는 없다. 하상공본에는 들어있는 것을 볼
때 왕필이 실수로 누락한 것이라 추측된다.

　두 번째 구절도 마찬가지로 만족함을 모르는 것보다 큰 화는 없다. 앞
에서 무엇을 원하는 마음을 가지지 말라고 했는데 혹시 원하는 것을 가

졌더라도 거기서 만족을 모르면 그 이후에는 원하는 것을 취하려는 행위가 더 과감해지고 적극적이 되고 결국 무리를 동원하게 된다. 이러한 상황은 단순히 죄를 짓는 것을 넘어 커다란 재앙으로 돌아올 수 있다는 것이다.

세 번째는 욕심이 더 발전한 단계다. 欲得(욕득)은 얻는 것을 원한다는 것인데 欲에 머물지 않고 손에 쥐는 것(得)에 집착하는 것이다. 첫째 구절이 자기가 원하는 것을 가지려고 하는 마음의 욕심이라며(可欲), 세 번째 구절은 자기가 원하든 원치 안든 무조건 손에 쥐려고 하는 것이다. 두 번째 단계를 지나 이러한 병적인 소유욕에 집착하는 사람들이 의외로 많다. 자기에게 크게 필요치도 않은데도 무조건 가지려고 하고 나아가 남이 갖는다는 것을 참지 못한다. 이는 주변 사람들로부터 커다란 허물을 얻게 된다. 두 번째 화(禍)는 자기에게만 미치지만 허물은 다른 사람들이 자기를 미워하고 증오하는 것이다.

백서분에는 '知足之爲足'의 부분이 완전 훼손되어 있어 죽간본의 내용을 그대로 차용하였다. 왕필본에는 '故知足之足'로 되어 있는데 죽간본의 문장이 한층 명확하다. 즉, '足之爲足'이 知의 목적어가 되는 형태이다. "족함이 족함이 된다는 것을 아는 것."으로 번역이 깔끔하다. 이는 어느 정도의 물질적 족함으로 만족하는 것이 아니라 내가 만족하다고 느끼는 것 그 자체가 만족이라는 것이다. 만족이라는 개념을 물질적 차원에서 보지 말고 내면의 인식으로 확실히 하라는 것이다. 꽁보리밥 한 그릇에 자기는 만족한다고 말하는 것은 그런 상황에 자기를 합리화나 자기 위로일 수 있지만, 만족 자체의 근원적인 의미를 알아야 그것이야말로 항상 만족하는 것이다.

제47장

不出於戶 以知天下

문밖에 나서지 않아도 천하를 안다

不出於戶 以知天下, 不規(闚)於牖 以知天道,
其出也彌遠 其知彌[少].
[是以聖人 弗行而知 不見]而名 弗爲而成

闚(규): 보다, 훔쳐보다

牖(유): 창문

彌(미): 두루, 널리, 오래, 그치다

문밖에 나서지 않아도 천하를 알 수 있고
창문으로 내다보지 않아도 하늘의 道를 안다.
멀리 나갈수록 아는 것이 더 적어진다.
그래서 성인은 행하지 않아도 알며
보지 않아도 그 사물을 알며
하지 않아도 저절로 이루어진다.

不出於戶 以知天下, 不闚於牖 以知天道,
불 출 어 호 이 지 천 하 불 규 어 유 이 지 천 도

其出也彌遠 其知彌少.
기 출 야 미 원 기 지 미 소

세상의 이치는 모두 같고, 道의 작용도 어디서나 같다. 하상공도 이 부분을 "나를 알면 다른 사람도 알 수 있고 내 집을 알면 다른 사람 집도 안다(以己身知人身 以己家知人家)."라고 설명한다. 그러면서 길하고 흉하고 이롭고 해롭다는 것은 모두 자기로부터 나오는 것이다(吉凶利害 皆由於己)라고 부연 설명하고 있다. 문제는 멀리 있는 것이 아니라 항상 가까이에 있다. 즉, 남에게서 찾지 말고 자기에게서 찾으라는 것이다. 천하(天下)는 세상의 모든 일을 의미하며, 천도(天道)는 천체의 운행원리를 말하는 것으로 우주의 섭리 혹은 근원(道)이라고 이해해도 좋다.

멀리 가면(彌遠) 아는 것이 더 적어진다(彌少)고 했다. 멀리 간다는 것은 무엇인가를 적극적으로 구하려는 목적이다. 그리고 멀리 간다함은 많은 외부와의 접촉이 있기 마련이다. 이렇게 얻은 바깥세상의 잡다한 지식이나 정보는 道의 이치를 더 혼란스럽게 만들 수 있다. 세상을 지배하는 이치(道)는 어느 곳이나 같다. 멀리 감으로써 오히려 더 혼란스러워 뿐이다. 진정한 도는 나와 가장 가까이 있는 나의 내면에 있다.

백서본의 規(규)는 窺(규: 엿보다)의 본 글자라고 하지만 왕필본의 규(闚)을 인용하였으며 훼손되어 있는 부분도 왕필본으로 보완하였다.

是以聖人 弗行而知 不見而名 弗爲而成.
시 이 성 인 불 행 이 지 불 견 이 명 불 위 위 성

앞 단락과 같은 내용을 축약한 것이다. 성인은 도를 체득했기 때문에

굳이 돌아다니지 않아도 모든 것을 안다. 不見而名(불견이명)은 앞에서 말한 창밖을 보지 않아도 하늘의 도를 안다고 하는 구절에 해당된다. 그런데 하늘의 道와 名을 연관시키는 것이 만만치 않다. 名(명)을 '소식을 듣다', '이름을 알다' 등으로 번역하는 경우가 많은데 이럴 경우 하늘의 道와 직접 대응시키기가 어렵다. 혹자는 明과 名자는 고대에 자주 서로 바꾸어 쓰는 글자이며 『한비자』 유로편에도 이 구절이 明으로 인용되고 있는 점을 감안하여 이 구절도 明으로 보아야 한다고 주장하며 "보지 않아도 훤히 꿰뚫을 수 있다."고 번역하기도 한다.주10) 이럴 경우 하늘의 道와 明(깨달음)과 연관성이 있어 문맥이 자연스럽다. 그러나 도덕경에서 名(명)이라는 단어는 자주 등장하는데 모두 '이름'이라는 뜻으로만 사용되었다. 물론 明(명)도 수없이 등장하지만 이를 名으로 표기했던 적도 없다. 백서을본의 착오가 아니라면 이를 明(명)으로 간주할 이유가 없다고 생각한다(갑본은 이 글자가 훼손).

필자는 을본의 名을 그대로 인정하고 지금까지의 그래 왔듯이 '이름'이라는 의미로 번역하였다. 이름을 안다는 것은 사물에 대한 분별이라고 말할 수 있다. 이러한 분별은 보통 눈으로 보면서 이루어지는데 성인은 보지 않고도 이름을 안다는 것은 사물의 외형을 보지 않고 그 근원을 본다는 것으로 의역할 수 있다. 모든 사물의 근원은 모두 無이므로 보지 않아도 그 근원으로써 사물을 안다는 것이다. 그렇게 해서 직접 보지 않아도 사물의 근원을 알고, 일을 하여도 저절로 그러함에 맡기기 때문에 잘 이루어진다.

우리는 세상을 알려면 이곳저곳 많이 돌아다녀 보아야 하고, 많은 경험을 쌓아야 한다고 믿고 있다. 간접 경험이라며 닥치는 대로 책을 읽기도 한다. 그러나 그런 얄팍한 지식이나 파편 같은 경험들을 통해서 사물의 본성과 우주의 섭리에 다가갈 수 있다고는 생각지 않는다. 내면의 수양과 통찰을 통해서만 가능할 것이다. 道는 지식이나 경험이 아니고 인식의 문제이기 때문이다.

제48장

聞道者日損, 无爲而无不爲

도는 덜어냄이다. 무위지만 하지 않음이 없다

爲學者日益 聞道者日云(損) 云(損)之有(又)云(損)
以至於无[爲 无爲而无不爲],
取天下也 恒无事, 及其有事也 [不]足以取天下.

학문을 배우는 사람은 날로 (지식을) 더하지만
道를 들은 사람은 날로 (그 지식을) 덜어낸다.
덜어내고 또 덜어내면 무위에 이르게 되는데
함이 없지만 (실제로는) 하지 않음이 없다.
천하를 다스리려면 항상 (인위적인) 일을 만들지 말아야 하며,
(인위적으로) 일을 하면 천하를 다스리는 데 충분치 않다.

爲學者日益, 聞道者日損 損之又損,
위 학 자 일 익　 문 도 자 일 손　 손 지 우 손

배운다는 것은 知識(지식)을 얻는 것이다. 그래서 배울수록 그 지식의
양이 늘어난다. 그러나 앎에는 끝이 없다. 사람이 아무리 배우고 배워도

삼라만상의 모든 것을 다 알 수는 없다. 단지 앎의 많고 적음의 차이가 있을 뿐이다. 하상공은 배움의 대상을 政(정), 敎(교), 禮(예), 樂(악)이라 제시하고 있지만 일반적인 모든 세상일이나 삶에 관한 지식이라고 보는 것이 좋다. 그리고 더해짐(益)은 단순히 그 지식의 양이 늘어나는 것만을 의미하지 않고 그 지식을 자랑하고 또 교묘하게 꾸미는 것으로 발전하며 나아가 그 지식을 이용하려는 욕심이 생긴다는 것도 의미한다.

배움의 경우에는 爲學(위학)으로 되어 있는데 道의 경우에는 聞道(문도)로 되어 있다. 왕필은 爲學과 맞추기 위해 爲道로 고쳤다. 道를 행한다는 말은 좀 작위적이라는 생각이 들지만 죽간본도 爲道로 되어 있다. 앞선 41장에서도 '聞道'라는 용어를 사용한 바 있어 백서본에 따른다.

道를 들은 사람은 자연, 무위와 퇴양, 무욕이라는 것을 알고 행하는 것을 의미하며, 이러한 사상에 입각해 외물에 대한 분별이 없고 사물의 귀천이 있을 수 없으며 결국은 모든 것이 근원인 無로 귀결됨을 알기 때문에 대상에 대한 집착이 있을 수 없다. 그래서 버리고, 버리고 또 버린다는 것이다. 하상공은 버린다는 대상을 지식의 꾸미고자 하는 마음을 없애는 것(情欲文飾)이라고 했다.

以至於无爲 无爲而无不爲, 取天下也 恒無事,
이 지 어 무 위　무 위 이 무 불 위　취 천 하 야 항 무 사

及其有事也 不足以取天下.
급 기 유 사 야　부 족 이 취 천 하

그렇게 덜어내고 또 덜어냄으로써 무위(無爲)에 이른다(至)는 것이다. 이러한 無爲라는 것이 보통 사람들이 오해하고 있듯이 아무것도 하지 않는 것이 아니고 어떤 작위적인 의도를 가지고 행하지 않음을 말한다.

모든 것을 저절로 그리되는 것과 같다. 즉 爲(함)의 주어가 無라고 생각하면 된다. 사람이 행하는 것이 아니라 無라는 것이 행하는 것이다. 無는 모든 사물이나 일의 본성이면서 부드러움, 퇴양 등의 품성을 의미한다. 반대로 有爲는 爲의 주체가 당연히 有이며 이 有는 어떠한 작위적인 의도, 욕심을 가리킨다. 이러한 無爲이지만 실제로 하지 않는 것(不爲)이 없다(無)고 말하고 있다. 어떠한 의도나 목적을 가지지 않고 행하였으니 일의 결과가 성공이거나 실패라도 상관없다. 애초부터 어떤 의도나 목적을 가지고 한 일이 아니었으니 실패해도 아쉬워할 것이 없고, 혹시 성사되더라도 자기가 스스로 행함이 없었으니 좋아할 일도 아니다. 모든 것은 저절로 그리된 것이다.

　取天下(취천하)의 取는 취한다는 적극적인 뜻이 내포되어 있어 적절치 않다고 생각할 수도 있으나 이러한 표현이 자주 등장하고 있다. 하상공은 取를 治라고 읽어 다스린다는 것으로 설명하고 있다. 천하를 다스리고 교화하기 위한 방법으로 항상 일(事)이라는 것이 없게 하라고 제안하고 있다. 여기서 事(일)는 법령이나 다스리는 사람의 작위적 의도 등이라 보면 된다. 천하는 저절로 서로 조화되면서 굴러가기 마련이니 업적이나 명성을 위해 위정자가 어떤 정책을 펴거나 제도 따위를 만들지 말라는 것이다. 일을 위한 일을 하지 말라는 것이다.

제49장

不善者亦善之, 爲天下渾心

道를 모르는 사람에게도 善으로 대한다. 세상의 마음과 같이 한다

聖人恒无心 以百姓之爲心,

善者善之 不善者亦善之 [德]善也,

信者信之 不信者亦信之 德信也,

聖人之在天下也 歙歙焉 爲天下渾心,

百姓皆屬耳目焉 聖人皆孩之.

歙(흡): 숨을 들이쉬다, 줄이다, 움츠리다, 잇다, 맞다, 일치하다

渾(혼): 흐리다, 뒤섞이다, 멍청하다, 온전하다, 질박(순수)하다, 크다

屬 (속): 붙다, 모으다, 거느리다, 복종하다

孩(해): 어린아이

성인은 항상 무심하여 백성들의 마음을 제 마음으로 삼는다.

그는 선자(善者)에 대해서도 선(道)으로 대하고

부선자(不善者)에 대해서도 善으로 대한다.

이를 덕이 있는 善이라 한다.

믿음 있는 사람을 믿음으로 대하고

믿음이 없는 사람도 역시 믿음으로 대한다.

그것을 덕이 있는 믿음이라 한다.

성인은 속세에 있어 (사람들에게) 두리뭉실하게 대하면서

순수하고 질박한 마음이 된다.

백성 모두가 (그에게) 눈과 귀를 기울이지만

성인은 모두를 어린 아이로 본다.

聖人恒无心 以百姓之爲心.
성 인 항 무 심　이 백 성 지 위 심

善者善之 不善者亦善之 德善也,
선 자 선 지　불 선 자 역 선 지　덕 선 야

信者信之 不信者亦信之 德信也.
신 자 신 지　불 신 자 역 신 지　덕 신 야

恒無心(항무심)의 항상 무심하다는 것은 특정한 마음이 없다는 것이다. 보통 마음은 자기 주관의 분별이나 의지가 있다는 말이다. 그러나 성인에게는 '옳다', '그르다'의 구분이 있을 수 없으며 호불호의 구분도 없다. 그냥 바라볼 뿐이다. 자기의 판단이나 주관에 따라 백성을 바라보는 것이 아니라 마음이라는 것이 없기 때문에 백성이 하려고 하는 것(百姓之爲)을 자기 마음(心)으로 삼는다(以).

恒無心(항무심)이 왕필본에서는 무상심(無常心)으로 되어 있는데 휘자(諱字)로 恒을 常으로 바꾼 것에 그치지 않고 글자 순서까지 바꾸었다. 도덕경에서 常(상)은 항상 변하지 않은 바탕이라는 의미로 쓰이고 있어 (16장, 52장, 56장) 변하지 않은 마음(常心)이 없다(無)는 말은 논리적으로

성립되지 않는다. 굳이 왕필을 변명하자면 常(상)을 恒(항)으로 보아 '항상 마음이 같음이 없다'로 되어 마음에 미리 정해진 견해라든가 주관이 없다는 것이 되어 백서본과 비슷하게 볼 수도 있지만 그래도 '마음이 없다'는 것과 '항상 같은 마음이 아니다'는 것에는 약간의 차이가 있다. 하상공도 무상심으로 되어 있지만 주석에서 스스로 마음이 없는 것이라고 설명하고 있다.

선자(善者), 부선자(不善者)는 29장에서 설명한대로 道에 바탕을 두어 행동하는 것을 기준으로 구분된다. 善者는 道를 체득한 성인 같이 모든 행동이나 생각을 道의 정신을 염두에 두고 그것을 실천하는 사람인 반면에 不善者는 아예 道, 無爲의 개념이 없이 사는 보통 사람들을 말한다. 善者 善之(선자선지)의 之는 대명사로 앞의 善者를 가리킨다. 선자에 대해서 같이 善(道)으로 대하고, 불선자에 대해서도 역시 善(道)으로 대한다는 것이다. 이러한 善이야말로 德에 바탕을 둔 선(德善)이라 했다. 善이나 德이나 모두 道에 근거한 품성과 행동을 나타내는 용어라는 것을 고려하면 중복이라는 느낌도 들지만 구분 없이 베푼다는 의미를 강조한 것이다.

信(신)에 대해서도 善과 마찬가지로 미더운 사람, 신뢰가 있는 사람이라는 세속적인 단어로 해석하는 경우가 많지만 앞에서 선자, 불선자에 대한 이야기에 이어 信도 道나 無爲의 개념을 믿는다는 것으로 봐야한다. 도를 체득한 성인의 입장에서 볼 때 道가 있다고 믿는 사람이나 믿지 않는 사람에 대해서도 항상 믿음으로 대한다는 것이다. 여기서 믿음은 성인이 자기 주관에 비추어 판단한 결과의 믿음이 아니라 믿음이라는 단어가 의미 없을 정도의 無爲로 대하는 것이라 이해하여야 한다.

이 단락의 주제는 무심(無心)이다. 우리가 일상적으로 사용하는 '착하다, '나쁘다', '믿다', '믿지 않다'라는 표현 자체가 무심과 어울리지 않는다. 성인에게는 그러한 판단 자체가 없으며 개별적인 자아 개념도 없다.

聖人之在天下也 歙歙焉 爲天下渾心,
성 인 지 재 천 하 야 흡 흡 언 위 천 하 혼 심

百姓皆屬耳目焉 聖人皆孩之.
백 성 개 속 이 목 언 성 인 개 해 지

성인이 천하에 있다는 것(在)은 속세에 있으면 세상 사람들과 어울린다는 것이다.

歙歙焉(흡흡언)의 구절에 대한 논란이 있었다. 왕필본은 어조사 也(야)와 焉(언)이 없어 歙歙을 앞뒤 어느 문장에 연결하여야 하는지에 대해 의견이 나누어졌는데 백서본을 보면 독립된 문장으로 되어 있다. 歙(흡)에 대해서도 많은 사람들이 숨을 들이쉰다는 뜻으로 읽고 있으나, 필자는 '거두다', '맞다'라는 뜻의 맞장구치는 모습을 표현하는 것이라 생각한다. 속세 사람들과 함께 있으면서 다른 사람들이 뭐라 해도 '그래, 그래', '맞다, 맞다'라고 하는 모습을 표현한 것이다. 이는 세상 사람들의 삶이나 생각에 대해 자신의 의견이나 주관을 내세우지 않는다.

爲天下渾心(위천하혼심)에 대해 대부분 爲(위)를 전치사로 취급해 천하를 위하여 마음을 섞는다고 번역하고 있다. 이렇게 볼 경우 바로 뒤 구절에서 백성들이 성인에게 귀와 눈을 주목한다는 것이 잘 설명되지 않는다. 같은 한 마음이면서 같이 어울리는데 성인에 대해 특별히 주목할 이유가 없기 때문이다.

필자는 성인이 천하를 위해서 무언가 한다는 표현은 적절치 않다고 생각하며 爲를 동사로 보았다. 그러면 天下渾心(천하혼심)이 된다(爲)는 번역이 된다. 渾(혼)은 混(혼)과 같은 글자로 태고의 혼돈과 연계하여 '본 바탕 그대로 고스란하다', '꾸민 데가 없이 수수하다(질박하다)'의 뜻이 있다. 따라서 천하혼심은 태초의 수수하고 질박한 마음이다. 성인은 세상에 있지마는 고개만 끄떡이며 수수하고 질박한 마음이 된다는 것이다. 이는 이 章 첫머리의 無心과도 통한다.

屬耳目(속이목)이 을본과 왕필본은 注(주)로 되어 있으나 두 글자가 서로 통하여 그냥 '귀와 눈을 기울이다'라고 번역해도 차이가 없다. 백성들이 성인과 함께 있으면서 자기들과는 어딘가 다른 것 같아 성인의 말과 행동에 귀와 눈을 기울인다. 항상 오냐오냐 하면서 자기의 생각이나 행동을 내세우지 않으니 그에 대한 관심이 있을 수밖에 없을 것이다. 그러나 성인은 그들을 어린아이로 대한다는 것은 그들을 어리석고 무지한 것으로 대하는 것이 아니라 순수하고 질박하게 본다는 의미이다. 天下渾心(천하혼심)이 그러한 마음이기 때문에 당연하다.

기존의 주해서나 번역본들은 도덕경의 성인을 백성을 교화시키고 베풀어주며 백성을 위하여 노력하는 자비로운 사람으로 많이 묘사하고 있는 것 같다. 그러나 노자의 성인은 그렇지 않다. 5장에서 성인은 어질지 않아 백성들을 풀 강아지로 본다고도 했다. 2장에서도 어떠한 행위도 없이 자연 상태에 맡기며 일일이 말로써 설명하면서 가르치지 않는다고 (居無爲之事 行不言之敎) 했다. 사람들이 보면서 스스로 느끼고 깨우치기를 원할 뿐이다. 백성들을 어떻게 교화시키고 인도하겠다는 베풀음이라는 것도 有爲(유위)뿐이다. 그러나 아기를 비유로 든 것은 앞으로 道를 체험할 기회가 있다는 것을 암시하고 있다.

백서갑본의 경우 '성인(聖人)'을 道經(1~37章)에서는 聲人(성인)으로 표기하였는데 德經(38~81章)에 들어와서는 聖人 그대로 표기되어 있는 점이 눈에 뜨인다. 도경과 덕경을 한 사람이 쓴 것이 아니거나 시기적으로 다른 시절에 쓰인 것일지도 모른다는 생각도 든다. 을본은 전편에 걸쳐 항상 耶人(야인)으로 표기되어 있다.

제50장

以其生生, 以其无死地

삶을 인위적으로 만들려하기 때문이다.
죽음이라는 것을 의식하지 않기 때문이다

[出]生入死.
生之[徒十]有[三], [死]之徒十有三,
而民生生, 動皆之死地之十有三, 夫何故也 以其生生也.

蓋聞 善執生者, 陸行不辟兕虎 入軍不被甲兵,
兕无所楯其角, 虎无所昔(措)其蚤. 兵无所容[其刃].
[夫]何故也, 以其无死地焉.

辟(피): 피하다, 허물[벽], 비유하다[비], 그치다[미]

兕(시): 외뿔소, 무소의 암컷

楯(타): 종아리채, 회초리, 미루어 생각하다, 어긋나다

措(조): 두다, 처리하다, 찌르다[척], 해치다[척] 섞다[착]

蚤(조): 벼룩, 일찍, 손톱

刃(인): 칼날, 베다

나오는 것이 삶이며 들어가는 것이 죽음이다.

사람이 태어나서 열에 셋 정도의 기간은 生이라 할 수 있고(성장기)

열에 셋의 기간 동안은 거의 죽음에 가깝다고 할 수 있다.(노년기)

그리고 사람이 삶을 왕성하게 만들려고 하면서

죽음이라는 곳으로 몰아가는 경우가 또한 열에 셋 정도의 기간이다.

대체 무슨 연유겠는가?

그 삶(生)을 (인위적으로) 만들려고 하기 때문이다.

들리는 바에 의하면, 무위에 바탕을 둔 사람은

산에 가서도 코뿔소나 호랑이를 피하지 아니하고

전쟁터에 나갔을 때도 갑옷이나 무기를 착용하지 않는다.

코뿔소는 그 뿔을 들이 댈 데가 없고

호랑이는 그 발톱으로 할퀼 데가 없으며

병사가 칼로 찌르고 들어갈 만한 데가 없기 때문이다.

대저 어떤 연유가?

그에게는 죽음이라는 곳이(死地) 없기 때문이다.

出生入死. 生之徒十有三, 死之徒十有三,
출 생 입 사　생 지 도 십 유 삼　사 지 도 십 유 삼

而民生生 動皆之死地之十有三,
이 민 생 생　동 개 지 사 지 지 십 유 삼

夫何故也 以其生生也.
부 하 고 야　이 기 생 생 야

노자의 생사관을 엿볼 수 있는 장이다. 나오는 것이 삶이고 들어가는

것이 죽음이라고 했다. 어미의 몸에서는 나오는 것이 삶의 시작이고 땅으로 들어가는 것이 죽음이다, 보통 들숨이면 살아있음이고 숨이 나오지 않으면 죽음이라는 표현과 출입의 방향이 다르지만 문제 될 것이 없다. 따라서 이 구절은 사람이 살아가는 전 과정을 의미한다고도 볼 수 있다.

다음은 삶의 부류에 대해서 설명하고 있다. 우선 '十有三'이라는 표현에 대해 하상공과 한비자는 사람의 구규(九竅: 사람 몸의 9개 구멍)와 四關(사지의 주요 혈)가 망령되게 움직이지 않으면 삶이고 그렇지 않으면 죽음이라고 말하고. 사람들이 살아 있지만 모두 死地로 움직여 가는 것도 13이라고 설명하고 있지만 다음 구절인 "왜 그런가? 생생하기 때문이다." 라는 내용과 연결되지 않는다.

대부분의 사람들과 마찬가지로 '십에 삼' 즉 30%라고 보는 것이 타당할 것 같다. 그렇게 해서 삶의 형태를 生之徒(생지도), 死之徒(사지도) 그리고 動皆之死地(동개지사지)의 3가지가 있다고 하면서 각각 10에 3을 차지하고 있다.

우선 앞의 생지도와 사지도를 어떻게 해석하느냐에 대해 의견들이 나뉘고 있다. 많은 사람들이 양생을 잘해서 온전히 생명의 길로 들어선 사람 무리와 그렇지 못해 죽음의 길로 들어선 무리라고 하는데 이렇게 분류해 버리면 세 번째 무리는 끼어들 곳이 없다. 또 다른 방법은 첫 번째를 천수를 누린 부류라 하고 두 번째를 요절한 부류로 해석하기도 하는데 이 또한 같은 딜레마에 빠질 수밖에 없다. 천수를 누리거나 요절한 사람으로 두 가지 경우로 구분하면, 마지막 1/3은 천수를 누린 것도 아니고 요절한 것도 아니니 어느 경우를 말하는 것인지 불분명하다.

무한진인[주5]은 徒(도)를 '헛되다'라는 의미로 읽어 生之徒를 태어나면서 헛된 사람의 무리, 즉, 태아 상태거나 태어나자마자 죽은 경우를 말하고, 死之徒는 태어났지만 중간에 사고 등으로 죽은 사람들의 무리라고 분류하고 있다. 그렇게도 볼 수 있지만 그럼 세 번째는 천수를 누리는 사람이라는 뜻인지? 삶과 죽음에 대해서 사람의 무리로 분류하는 것은 공학도의 입장에서 볼 때 객관적이지도 않고 논리에 맞지도 않다.

필자는 이 1/3을 시간적 개념으로 보고 싶다. 이때 徒의 해석이 좀 어색할 수도 있지만 시간적인 무리의 개념으로 보면 된다. 우리가 일상생활에서 많이 쓰는 말처럼 사람의 평생 살아가는 동안의 시간을 삼등분으로 나누어서 이야기한 것이다. 인생을 60년으로 볼 때 어릴 때 20여 년은 성장하는 시기, 즉, 삶이 만들어져 가는 시기다(生之徒). 그 시기까지는 사람의 몸이 성장하지만 이후부터는 세포 등이 노쇠의 길로 접어든다. 사지도(死之徒)는 늙은이의 단계다. 그 당시로 40이면 늙은이로 간주되었을 것이다. 이 시기는 힘도 점점 약해지고 활동도 잘 못하는 시기로 살아있지만 사실상 죽음을 기다리는 시기라고 말한 것이다. 그 중간 시기가 生生의 시기다. 앞의 生은 '만들다', '싱싱하게 하다'의 동사로 읽고 뒤의 生은 삶이다. 즉 삶을 싱싱하게 만들려고 한다는 것이다. 왕성하게 활동하며 무언가를 성취하려 하는 것이다. 그러나 이러한 것은 무위자연과 고요함을 강조하는 노자가 볼 때 이런 사람들도 모두(皆) 죽음이라는 곳(死地)으로 움직여 가고 있는 것(動)으로 보인다. 이 구절에서는 죽음(死)이라 하지 않고 死地(사지)라고 표현한 것에 유의하여야 한다. 왜 그런가에 대해서는 그(其) 삶(生)을 만들려고 하기(生) 때문이다(以). 자연적인 무위의 삶이 아니고 무언가를 달성하고 가지려하기 때문이다.

蓋聞 善執生者, 陸行不辟兕虎 入軍不被甲兵,
개 문 선 집 생 자 육 행 불 피 시 호 입 군 불 피 갑 병

兕无所樋其角 虎无所措其蚤 兵无所容其刃,
시 무 소 타 기 각 호 무 소 척 기 조 병 무 소 용 기 도

夫何故也 以其无死地焉.
부 하 고 야 이 기 무 사 지 야

여기서 인위적인 삶에 연연하지 말아야 한다는 것을 예시를 들며 설명하고 있다. 蓋聞(개문)의 蓋는 대략, 개략의 뜻으로 대략 들은 바가 있다고 번역하면 된다.

善執生者(선집생자)은 삶을 잘 다스린다는 뜻이 아니라 앞서 이야기한 바와 같이 道에 바탕을 두고 살아가는 사람을 말한다. 이런 사람은 산에 가더라도(陸行) 외뿔소(兕)나 호랑이(虎)를 피하지 않고, 군대에 들어가더라도 갑옷(甲)이나 병기(兵)를 들지 않는다. 55장에서도 갓난아기는 해충이나 맹수가 해치지 못한다는 구절이 있는데 같은 의미로 이해할 수 있다. 맹수를 피하지 않는다는 것은 다소 무모하게 보일 수도 있지만 이에 대해서 하상공은 "저절로 멀리 떨어지게 되어 해치거나 간섭하지 않는다.(自然遠離 害不干也)"라고 설명한다. 맹수를 의식하지 아니하니 코뿔소가 그 뿔을 받아버릴 곳이 없고, 호랑이도 그 발톱을 찌를 곳이 없다는 것이다. 그러나 전쟁에 나가서 갑옷과 병기를 들지 않는다는 것과 다른 병사가 善執生者(선집생자)에 대해 칼로 찌를 데가 없다고 이야기한 것은 호랑이나 외뿔소의 예시와 달리 사람 대 사람의 일이라 선뜻 받아들이기가 좀 머뭇거려지는 대목이다. 예시가 어찌 되었든 道에 바탕을 둔 사람은 생과 죽음에 대해 집착하거나 연연하지 않기 때문에 죽음이라는 곳이 없다고 한 것이다. 죽음이라는 것에 의식하거나 집착하지 않는데 상대가 동물이든 사람이든 그를 해할 이유가 없다. 노자는 죽음에 대해 초연한 입장이지만 그렇다고 몸을 함부로 하는 것으로 오해해

서는 안 된다.

『장자』대종사(20)에도 죽음에 대한 노자와 같은 인식이 등장한다. "삶을 죽이는(초월하는) 사람에게 죽음은 없고 삶을 살려고 하는(탐하는) 사람에게 삶은 없다(殺生者不死 生生者不生)." 그리고 진인(眞人)을 등장시키며 "진인은 삶을 기뻐할 줄 모르고, 죽음을 미워할 줄도 모른다. 태어남을 기뻐하지도 않고 죽음을 거역하지도 않는다. 무심히 자연을 따라가고 무심이 자연을 따라 올 뿐이다. 그 (태어난) 시초를 모르고 그 (죽은 뒤의)끝을 알려하지 않는다. 삶을 받으며 그것을 기뻐하고, 죽으면 그것을 (제자리로)돌려보낸다."라고 하였다.

제51장

莫之爵而恒自然, 玄德

누가 지위를 준 것도 아닌데 항상 저절로 그렇다. 현덕

道生之而德畜之, 物刑(形)之而器成之,
是以萬物尊道而貴德.
道之尊 德之貴也, 夫莫之爵而恒自然也.

道生之 畜之, 長之 遂之, 亭之 毒之, 養之 復之.
[生而]弗有也 爲而弗寺(恃)也 長而弗宰也 此之謂玄德.

爵(작): 술잔, 작위(지위)를 내리다

畜(축): 가축을 치다, 기르다[휵]

長(장): 길다, 자라다, 나아가다

遂(수): 이루다, 생장하다, 끝나다, 따르다, 추락하다, 평안하다

亭(정): 기르다, 고르다, 곧다, 알맞다, 우뚝 솟다, 정자

毒(독): 키우다, 죽이다, 유독하게 하다, 미워하다, 거칠다, 고치다, 독약

養(양): 기르다, 먹이다, 봉양하다, 가르치다, 치료하다, 숨기다

復(복): 회복하다, 돌려보내다, 덜다, 제거하다, 가라앉다, 머무르다

恃(시): 믿다, 의뢰하다, 자부하다

宰(재): 주재하다

道는 만물을 낳고 德은 만물을 길러준다.

그래서 물체라는 형태가 만들어지고 그릇이라는 성질(속성)이 된다.

그래서 만물은 道를 존중하고 德을 귀하게 여긴다.

도가 존엄하고 덕이 귀하다고 하는 것은

누가 그 지위를 부여한 것이기 때문이 아니라

항상 저절로 그렇다는 것이다.

道는 만물을 낳아주고 만물을 길러준다.

만물을 자라게 하면서도 그치게도 한다.

만물을 곧게 만들기도 하지만 해로움을 갖게도 한다.

만물을 치유하기도 하지만 없애는 성질을 주기도 한다.

낳아 주었지만 소유하지 않으며,

어떤 행위를 하였지만(길러줌) 자랑하지 않으며,

(사물을) 크게 성하게 했어도 그것을 주재하지는 않는다.

이것을 일러 현덕(玄德)이라 한다.

道生之而德畜之 物形之而器成之 是以萬物尊道而貴德,
도 생 지 이 덕 휵 지　물 형 지 이 기 성 지　시 이 만 물 존 도 이 귀 덕

道之尊 德之貴也 夫莫之爵而恒自然也.
도 지 존　덕 지 귀 야　부 막 지 작 이 항 자 연 야

道生之(도생지), 德畜之(덕휵지), 物形之(물형지), 器成之(기성지) 4개의
구절이 같은 구조로 되어 있다. 하상공은 道가 만물을 낳게 하였지만
德이라는 것이 쌓여 德이 만물의 형상을 만들고 그 세력(勢)을 만들었다

는 순차적 인과관계로 설명하고, 왕필은 4개 구절을 각각의 병렬관계로 해석하고 있다(하상공본과 왕필본은 백서본의 器가 勢로 되어 있다). 왕필은 道가 만물을 낳게 하고, 德이 만물을 기르며, 사물이라는 것이 만물의 모양을 만들고 마지막으로 세력이라는 것이 있어 만물을 완성된다고 주석을 달고 있다. 즉, 만물이 완성되기까지 道, 德, 物, 勢라는 4개의 성정이 작용한다는 것이다. 이 경우 4개 구절 모두 주어(道) + 동사(生) + 목적어(之)의 같은 구조로 본다는 것인데 뒤의 두 구절은 주어(物, 器)가 목적어(萬物)와 같은 대상이 되어 좀 어색하고 뒤의 문장에서 物과 器가 빠진 道와 德에 대해서만 귀하다고 언급한 것과도 형평성이 맞지 않는다.

필자는 뒤의 두 구절(物形之, 器成之)은 앞의 두 구절(道生之, 德畜之)의 부연 설명으로, 道와 德의 역할을 구체적으로 설명하고 있는 것이라 생각한다. 道는 사물을 낳게 하지만 그 본성(속성)을 갖추게 하는 것은 덕의 역할이다. 사물을 낳게 했다는 것은 어떤 모양을 만들었다는 것인데, 외형적인 모양만으로는 사물이라 할 수 없어 어떤 성질을 부여해야만 비로소 독립적인 사물로서 완성된다는 것이다. 즉 道의 역할은 物形(사물의 형태)이고 德의 역할은 器成이라고 보는 것이 합리적이다. 道가 만물을 낳았다는 것은 물체라는 형태가 되었다는 것이며 덕이 길렀다는 것은 사물의 성정(속성)이 만들어졌다는 것으로 이해된다. 사람이라는 속성(의식, 본성, 정신)도 없는데 몸(육체)만 있다고 해서 사람이라 부를 수 없는 것과 마찬가지다.

이렇게 번역할 때 앞 두 구절의 之는 만물을 가리키는 목적어로 사용되었지만, 뒤 두 구절의 之는 단순한 어조사로 봐야 한다. 물체라는 형태가 갖추어지고 그 성격(그릇)이 부여되면서 하나의 독립된 개체로서 사물이 완성된다. 德이 사물의 성격을 부여한다는 구체적인 언급은 없지만 앞에서 德이 만물을 키운다는 것에서 충분히 그 사실을 유추할 수 있다. 왕필본은 이러한 점을 확인하기 위해 器(기)를 勢(기운의 힘)로 바꾸었는지 모르지만 필자가 보기에는 백서본의 器가 더 적절하다고 생각한다. 도덕경에서 器(그릇)은 통나무(근원)에서 만들어진 사물을 대표하는 용도로 그릇이라는 사물의 성격을 대변하고 있다.

이렇게 만물이 각각의 형태와 성정을 가진 독립된 개체로서 있게 해준 창조자인 道와 德에 대해 존경하고 고귀하게 여길 수밖에 없을 것이다. 그러나 존경과 고귀함은 누가 지위를 부여해서 그런 것이 아니고 항상 저절로 그리된 것이다.

앞에서도 이야기했지만 道와 德을 별개로 간주하여서는 안 된다. 같은 것이지만 그 작용하는 품성을 따로 구분하여 편의상 德이라고 부른 것에 지나지 않는다. 다시 말하면 德은 어떤 사물에 나타나는 道의 품성을 의미하는데 사물의 본성이라고도 할 수 있다. 따라서 우리가 道의 품성과 작용이라고 말하는 無爲, 靜(고요함), 反(되돌아 감) 등도 德의 품성이라고도 말할 수 있다.

참고로 畜은 보통 '축'으로 읽지만 이 장에서와 같이 '길러준다'의 뜻으로 사용될 때는 '휵'으로 읽어야 한다.

道生之 畜之, 長之 遂之, 亭之 毒之, 養之 復之.
도 생 지 휵 지　장 지 수 지　정 지 독 지　양 지 복 지

백서본은 앞 단락과 이 단락이 다른 章으로 구분되어 있어 후대에 하나로 합쳐진 것이라 추측되지만 내용상으로 한 章에 있어도 큰 문제는 없을 듯하다.

生之(생지)의 주어는 道임에 확실하나 을본과 왕필본은 德畜之(덕휵지)

라 하여 이후의 주어는 德으로 간주하고 있다. 앞서 이야기한대로 도와 덕을 구분할 필요가 없다는 점에는 굳이 신경을 쓰지 않아도 괜찮다.

아무튼 덕이 길러 준다고 하면서 계속하여 작용하는 내용으로 長(장), 遂(수), 亭(정), 毒(독), 養(양), 覆(복)으로 설명하고 있다. 넓게 생각할 때 모두 길러 준다는 의미의 범주에 포함될 수도 있는 단어들이다. 그래서 인지 대부분의 번역이 키워주고, 돌봐주고, 덮어주고, 성숙하게 해주고 등등의 길러 준다는 긍정적인 의미의 비슷한 말들을 중복하고 있는데 그 차이에 대해 명확하게 설명하고 있지 않다.

德이 사물을 길러준다는 것은 사물의 속성을 성숙하게 만드는 것이 아니라 각각 사물의 성격에 맞게 그 속성을 만들어 주는 것으로 이해하여야 한다. 즉 만물에 같은 성정을 부여하는 것이 아니라 독립된 개체로서의 사물만의 개성을 부여하는 것이다. 하상공은 이러한 덕의 작용 목적이 "사물의 본성과 생명을 보전해주는 것(全其性命)"이라 했고, 왕필도 주석에서 사물을 충실하게 해주는 것이며 그 각각에 대해 그늘을 덮어주어 사물이 상하지 않게 하는 것이라고 주장하고 있지만(謂成其實 各得其庇蔭 不傷其體矣) 모두 사물의 긍정적인 면만을 강조하고 있다. 그러나 사물의 성정은 39장의 청천(淸天) 이야기와 42장의 음양(陰陽)에 대해 설명했듯이 긍정적인 면의 성정도 있지만 우리가 보기에는 부정적인 성정도 있다. 꼬부라진 할미꽃도, 독을 품은 풀도 그 성정 자체가 본래부터 타고난 것이다. 다만 사람이 볼 때 그것이 식상하고 해롭다고 말하지만 우주 만물의 차원에서 볼 때는 그것도 엄연한 독립된 개체이며 그러한 개체를 만들어 낸 것도 道임에는 틀림이 없다. 사람만이 그것을 분별하고 있을 뿐이지 道의 입장에서 보면 모두 같은 사물 중의 하나일 뿐이다.

이러한 취지에서 필자는 6개의 동사를 2개씩 묶어 사물의 성정을 대비시켜 표현하는 것이 적절하다고 생각한다. 그래서 長과 遂(수), 亭(정)과 毒(독) 그리고 養(양)과 復(복)으로 하여 앞의 단어는 긍정적인 면으로 뒤의 단어는 부정적인 면으로 보았다.

첫 번째 長은 말 그대로 사물을 '자라게 하는 것'이라 쉽게 알 수 있다. 遂(수)에도 생장하다의 뜻이 있지만 여기서는 長과 상대어로서 '멈추는 것'으로 해석하고 싶다. 덕은 사물을 무한정 자라게만 하지 않고 그 자람을 멈추게 하는 역할도 한다는 것이다. 모든 것이 어느 정도 자라면 멈추게 되는 것이 자연의 섭리다.

두 번째 亭(정)과 毒(독)이 까다롭다. 사람마다 번역이 각양각색이다. 亭(정)에 대해서 '그 형체를 주는 것', '응결하게 하는 것' 또는 아예 글자를 亭(형)으로 바꾸어 '형통하게 하는 것' 등으로 풀이하고 있으며, 毒(독)에 대해서는 '바탕을 만들어 주는 것', '편안히 하는 것' 또는 '무르익게 하는 것(孰)' 등으로 번역한다. 그러나 형체를 주고 바탕을 만드는 것이라고 번역하는 것은 이미 앞 단락에서 형체를 만든 것은 道이고 바탕을 만든 것이 德이라고 했는데 여기서 다시 언급하는 것은 적절치 않다. 김용옥은 亭과 毒에 대해 '멈추게 하다'와 '독을 주기도 하다'라고 번역하고 있다. 亭(정)의 뜻을 자전에서 찾아보면 '기르다, 양육하다'의 뜻도 당연히 있고 그 외에 '고르다', '균등하다', '알맞다(적당하다)', '곧다' 등의 뜻도 있다. 필자가 한자의 어원이나 깊은 뜻은 잘 모르지만 앞에서 다른 사람들이 번역한 것과 비슷한 뜻은 없다. 毒(독)도 마찬가지다. 이 글자도 '기르다, 키우다'의 뜻으로도 사용되지만 그 외에 '유독하게 하다', '거칠다', '난폭하다', '고치다' 등의 뜻도 있다. 필자는 사물의 성정을 나타내는 대표적인 것으로 앞의 첫 번째의 경우(長과 遂) 외에 무엇이 있을까 고민하다가 곧게 하는 것과 유독(有毒)하게 하는 것이라 생각했다. 사물이 곧은 성정이란 인간의 입장에서 볼 때 우리에게 즐거움과 이익을 주는 바람직한 성질로 볼 수 있다. 여기서 반해 사물이 만들어지고 커 가면서 독이 있는 성질이 있는 것도 많다. 앞장에서 예를 든 코뿔소의 뿔과 호랑이의 날카로운 발톱은 인간에게는 두려움의 대상이지만 코뿔소의 입장에서는 자신의 생명을 지켜주는 아주 중요하고 유익한 성정이다.

세 번째 養(양)과 復(복)이다. 養에도 물론 기르고 먹이고 가꾸다는 뜻도 있지만 畜과 중복되어 이렇게 번역할 수는 없다. 필자는 사물의 대표적인 성정으로 사물이 존재하면서 애초의 성정이 망가지거나 다쳤을 때 대응하는 것이 아주 중요하다고 생각한다. 이러한 취지에서 養은 '치료하다', '질병을 다스리다'의 의미로 읽고, 復(복)은 이와 반대로 아예 그것을 제거하거나 더는 것으로 보았다. 모든 사물들이 생겨 나와 커 가면서 주변과 조화하기도 하지만 서로 다투어 본래의 모습이 훼손되거나 변화될 수도 있는 일이 수도 없이 발생한다. 이러한 상황에서 그것을 스스로 치유할 수 있는 성정이 절대적으로 필요하다. 현실에서도 대부분의 동물이나 식물들은 그러한 능력을 가지고 있는 것도 사실이다. 그러나 치유할 수 있는 한계를 넘어설 경우 과감하게 그 훼손을 덜어내는 것도 사물의 존재를 유지하기 위해 필요한 성정일 수도 있다.

이러한 해석은 물론 필자의 주관으로 본문의 번역이 옳다고 주장할 생각은 없다. 그러나 기존의 번역들은 앞뒤가 안 맞고 글자 한 자 한 자에 매몰되어 전체적인 내용의 맥락이 전혀 통하고 있지 않은 것 같다. 앞으로 좀 더 나은 해석이 나오길 기대해 본다. 참고로 왕필본은 이 단어들이 長(장), 育(육), 亨(형), 毒(독), 養(양), 覆(복)으로 되어 있으며 대부분 모두 보살펴준다는 의미로 번역되고 있다.

生而弗有也 爲而弗恃也 長而弗宰也 此之謂玄德.
생 이 불 유 야　위 이 불 시 야　장 이 불 재 야　차 지 위 현 덕

　　10장에서 이미 나왔던 구절이다(10장에는 爲而弗恃의 구절은 빠져있음).
道가 사물을 낳게 했지만 거기에 대해 내 소유권을 가지지 않는다는 이
야기는 겸양의 측면에서가 아니라 사물이 이렇게도 저렇게도 될 수 있으
니 道와는 직접 관계없다는 의미로 읽어야 한다. 그리고 德이 어떤 행위
를 했더라도 자랑하지도 않는다는 이야기다. 왜냐하면 德이 사물에 어
떤 작용을 베푸는 데 있어 애초부터 어떠한 목적이나 의지를 가지지 않
았으니 결과에 대해 아무런 호불호의 생각이 있을 수 없다. 사물이 어떤
본성을 가졌는가에 대해 자랑하거나 괴로워할 사안이 아니라는 뜻이다.
모두 저절로 그리된 것일 뿐이다. 설령 德으로 인하여 사물을 긍정적인
면에서 크게 자라게 해 주었더라도 그러한 성정이 그렇게 한 것일 뿐 德
이 직접적으로 그것을 주재하지 않았다는 것으로 이해해야 한다.

　　이러한 德을 玄德(현덕)이라 했다. 현덕이라는 용어는 10장에서 이미
나왔으며 뒤의 65장에서도 한번 더 등장한다. 노자는 이러한 덕을 나름
대로 의미를 부여하여 '현덕'이라 이름을 붙였을 것이다. 지금까지 설명
한 이러한 德의 모습을 표현함에 있어 검을 현(玄)을 사용했다. 대부분
검고 그윽하다는 신비한 의미로 받아들여 '현묘한 덕', '그윽한 덕' 또는
'가물가물한 덕' 등으로 번역하고 있다. 하상공은 玄은 어두워서 볼 수
없는 것(玄闇不可得見)이라 했고, 왕필은 덕이 있는데도 주인을 알지 못하
니 그윽한 어둠에서 나온 것 같아 현덕이라 표현한 것이라고 했다. 1장에
서 설명했듯이 玄은 눈을 살며시 감았을 때 눈앞에 비치는 희미한 가물
거림이다. 그 모습이 선명하거나 뚜렷하게 보이지는 않지만 느낌으로는
거기에 무언가 분명이 있다는 것을 인식하는 것을 표현하는 단어이다.

즉, 어둡고 희미하지만 분명한 무엇이 있다. 덕이 만물에 작용한 것은 분명한데 자기가 소유하고 있지도 않고 자랑하지도 않으니 진짜로 덕이 작용했는지 알 수가 없다는 의미에서 玄이라는 글자를 사용한 것으로 보인다. 이러한 것을 우리말로 간단하게 표현하기가 어려워 그냥 노자가 붙인 이름대로 현덕이라고 번역하기도 한다. 玄이라는 글자는 1장의 玄之有玄(현지유현), 6장의 玄牝(현빈), 15장의 微眇玄通(미묘현통)에서 등장한 바 있다.

현덕에 대해서는 『장자』 天地篇에서 "사물의 본성이 잘 닦여지면 본래의 덕으로 돌아가고 德이 지극한 데에 이르면 태초의 상태와 같아진다. 같아지면 공허해지고, 공허하면 커진다. 이렇게 되면 무심해져 천지와 분간할 수 없을 정도로 합쳐서 마치 어리석고 무지한 것만 같은데 이를 현덕이라 한다."라고 설명하고 있다. 본문과 비슷하다고 생각할 수도 있지만 핀트가 좀 다른 것 같다. 하여튼 이 玄이라는 추상적인 표현에 대해서는 읽는 사람마다 그 느낌이 다를 수 있기 때문에 혼자서 눈을 감고 어떤 의미일까 생각해 보는 것도 권하고 싶다.

제52장

旣知其子 復守其母 沒身不殆, 襲常

그 자식을 알고 어미를 지키면
道가 내 몸에 스며들어 위태롭지 않다. 습상

天下有始 以爲天下母, 旣得其母 以知其子,
旣知其子 復守其母, 沒身不殆.

塞其【逞】(兌) 閉其門 終身不董(勤), 啓其悶(兌) 濟其事 終身不棘(勑).

見小曰明 守柔曰强, 用其光 復歸其明 毋遺身央(殃),
是謂襲常.

沒(몰): 가라앉다, 잠기다, 물에 빠지다, 숨다, 다하다, 없어지다

塞 (색): 막다

兌(태): 기쁘다, 구멍

勤(근): 부지런하다, 힘쓰다, 위로하다, 근심하다, 괴롭다

悶(민): 번민하다, 어둡다, 깨닫지 못하다, 잠시 뒤에

啓(계): 열다

濟(제): 건너다, 돕다, 구제하다, 이루다, 더하다, 소용이 되다, 그치다

棘(극): 가시나무, 야위다, <u>위급하다</u>

勑(래): 위로하다, 삼가다, <u>바루다</u>, 다스리다

遺(유): <u>끼치다</u>, 후세에 전하다

央(앙): 가운데, 다하다, 오래다

殃(앙): 재앙

襲(습): 엄습하다, 그치다, <u>숨기다</u>, 잇다, 물려받다, 덮다, 거듭하다

세상에는 처음이라는 것이 있는데 그것을 '어미'라 한다.

어미가 있다는 것은 '자식'이 있다는 것을 안다.

자식이 돌아가 그 어미를 지키면

그것이 내 몸에 스며들어 위태롭지 않다.

오관의 구멍을 막고 욕망의 문을 닫으면

종신토록 고달프지 않으나

그 구멍을 열고 모든 일에 감정을 더하면

종신토록 바르지 못할 것이다.

작은 것을 보는 것을 밝음(明)이고,

약함을 지키는 것이 진정한 굳셈(强)이다.

그 작은 빛을 이용해 밝음(본성, 근본)으로 되돌아가면

몸에 재앙이 남지 않을 것이니

이를 "습상(襲常)"이라 한다.

天下有始以爲天下母, 旣得其母以知其子,
천 하 유 시 이 위 천 하 모   기 득 기 모 이 지 기 자

旣知其子復守其母, 沒身不殆.
기 지 기 자 복 수 기 모   몰 신 불 태

세상에 무엇이든 시작이라는 것이 있는데 그 시작이라는 것이 '어미'가 된다. 여기서 천하는 굳이 세상이라고 직역하지 말고 세상의 어떤 일이나 사물을 지칭한다고 생각하는 것이 좋다. '어미'라는 것이 있다는 것은 당연히 자식이라는 것이 있기 마련이다. 그래서 어미를 얻게 되면 그 자식을 알 수 있고 그 자식을 알면 되돌아가 그 어미를 얻을 수 있다고 설명한다. 여기서 어미와 자식이 무엇이냐를 두고 의견의 차이가 조금 있다. 하상공은 천하의 처음(始)은 道를 의미하여 이것이 바로 천하 만물의 어미이며 자식은 어떤 일이나 사물(一)이라고 해석하고 있다. 그러나 이러한 우주생성론 차원에서의 접근은 1장에서 道는 無인데 無는 처음(始)를 말하며 有가 만물의 어머니라고 한 것과 상충된다. 왕필은 이 부분에 대해 좀 더 포괄적이고 현실적인 시각에서 어미는 어떤 일이나 사물의 근본(本)이라 하고 자식은 그 끝(末)이라고 하면서 근본을 얻음으로써 끝을 아는데 근본을 버리고 끝을 좇음은 아니라고 해석하고 있다. 필자도 왕필의 해석에 따라 사물의 근본에 대해 이야기하고 있다고 보는 것이 적절하고 뒤의 내용과도 상통한다. 그래서 현재의 상황(자식)을 알고 거슬러 올라가 그 근본을 잃지 않고 지킨다면 그것이 내 몸에 스며들어 위태로울 일이 없다. 다들 歿身(몰신)을 '내 몸이 다하다'로 읽어 평생 동안이라고 번역하고 있는데 그럴 경우 다음 단락에서 사용한 終身(종신)이란 말과 다르지 않는데 굳이 몰신으로 표현할 이유가 없다. 몰신(沒身)은 16장에서도 나온 표현으로 평생이라는 의미가 아니고 내 몸이 잠

기듯 들어오는 것으로 해석하여야 한다. 즉, 어미의 근원이 내 몸에 스며들어 위태롭지 않다는 것이다.

여기서 復(부, 복)는 '돌아가다'의 의미로 '복'으로 읽어야 한다.

塞其兌 閉其門 終身不勤, 啓其兌 濟其事 終身不救.
색 기 태 폐 기 문 종 신 불 근   계 기 태 제 기 사 종 신 불 래

백서갑본은 이 단락이 다른 章으로 구분되어 있다. 이 구절은 내용면에서도 나머지 구절들과 달라 필사과정에서 추가된 것이라고 주장하기도 한다.

兌(태)는 백서갑본에는 【逸】와 悶(민)으로 되어 있으나 을본과 죽간본은 모두 【逸】로 되어 있다. 현재는 사용하지 않는 글자로 왕필본에 따라 모두 兌(태)로 보완하였다. 兌를 기쁨이나 쾌락의 의미로 직접 읽어도 전하고자 하는 바는 같으나 門이라는 글자와 대구(對句)로 보아 구멍으로 번역하는 것이 자연스럽다. 열고 닫고 하는 대상인 兌와 門에 대해서는 하상공은 兌를 눈, 門은 입을 지칭하는 것으로 눈과 입을 닫아 망령된 것을 피하라고 한다. 왕필도 마찬가지로 신체 기관에 대해서는 언급을 하지 않았으나 兌를 하고자 하는 것들이 생기는 곳이라고 하고 門에 대해서는 하고자 하는 일에 따르는 것이라 하였다. 따라서 사람의 7공을 통한 모든 감각에 휘둘리지 말고 무언가 외부의 대상에 대한 관심이나 욕망의 문을 닫으라고 포괄적으로 번역하면 된다. 그렇게 하면 죽을 때까지 고달프지 않다(不勤).

뒤 구절은 반대로 그 구멍(兌)을 열었을 때(啓其兌), 즉, 속세의 쾌락을 쫓는 경우를 말한다. 濟其事(제기사)에서 事를 일반적인 일이라고 보고 일을 이루고자(성취하고자) 한다고 번역하는 경우가 많지만 쾌락에 몰두

되어 있으면서 무슨 일을 성취하려고 한다는 것은 문맥상 어울리지 않는다. 하상공은 事를 욕정에 관한 일이라고 하고 濟를 더하는 것(益)으로 보아 욕정의 일을 더하는 것으로 해설하고 있다. 따라서 쾌락의 문을 열고 그 쾌락의 일을 점점 더하는 것으로 번역하는 것이 더 자연스럽다.

을본의 棘(극: 가시, 야위다, 위급하다)은 "평생 위태하지 않다."고 번역되는데 문맥상 맞지 않다. 갑본은 훼손되어 알 수 없고 죽간본의 경우 逨(래)로 되어 있는데 이는 敕(내)와 같은 글자로 '바루다', '다스리다'의 뜻으로 읽을 수 있다. 따라서 쾌락에 빠지는 것은 평생 바루지 못한다는 것으로 번역된다. 왕필본은 救(구: 구원하다, 건지다)로 "평생 구원받지 못한다."라 되어 있으나 본문과 큰 차이가 없다.

이 구절은 굳이 앞서 어미와 자식과의 관계로 연결시켜 보면 눈앞에 보이는 칠정오욕에 현혹되지 말고 내가 여기에 있게 된 근본을 생각하라는 것이다.

見小曰明 守柔曰强, 用其光 復歸其明 弗遺身殃.
견 소 왈 명 수 유 왈 강 용 기 광 복 귀 기 명 불 유 신 앙

是謂襲常.
시 위 습 명

앞에서 근본(어미)을 모르고 쾌락에 빠져 살면 고달프다고 했는데 거기서 빠져나오는 방법에 대해 설명한다. 작은 것을 보는 것을 밝음(明)이라 하고 부드러움을 지키는 것이 진정으로 굳세다(强). 작은 것을 볼 때 더 밝게 잘 보이는 법이다. 큰 것은 넓어서 일견 밝게 보이는 것 같이 느껴질 수도 있지만 실상은 조목조목 구체적으로 잘 보지 못할 수 있다. 그리고 强이라는 성정에 대해 노자가 비판적이라는 점을 감안해서 단순히

'강하다'라고 번역하지 말고 조금 의역을 해서 '참으로 굳세다'로 옮기는 것이 자연스럽다. 작음(小)와 부드러움(柔)은 일이나 사물의 근본, 본성을 가리킨다. 즉, 눈앞에서 보이는 현상의 유혹이라는 것에 마주치더라도 작고 유약해 보이는 내면의 의식, 근본으로 그것을 극복할 수 있다는 이야기다.

用其光(용기광)에 대해서도 의견이 많다. 56장의 '和光同塵(화광동진: 빛을 누그러트리고 세속과 함께한다)'의 光과 연계시켜 道를 체득했을 때의 그 빛(후광)과 같다고 보는 사람도 있으나 이럴 경우 用을 제거한다는 의미로 억지로 읽어야 하는 문제도 있고 바로 앞의 내용과 연결도 안 된다. 그냥 앞의 문맥에 맞게 쉽게 번역하면 된다. 用其光의 光은 앞에서 말한 작은 것을 볼 때의 밝음(명)이다, 그 빛(其光)을 이용하여(用) 다시(復) 그 진정한 밝음(其明)으로 되돌아가라(歸)는 것이다. 이때의 밝음(明)은 앞에서 밝게 보인다는 시각적인 측면에서가 아니라 큰 의미에서의 밝음이라고 해석해야 한다. 16장에서 말한 고요함과 본성(命)으로 돌아가는 것은 변함이 없는데(常) 이는 아는 것을 明(깨우침)이라고 말한 그 밝음이다. 이러한 것을 깨우치면 몸에 재앙이 남지 않는다고 한다.

이러한 것을 습상(襲常)이라고 부른다. 대부분 많은 사람들이 이를 '常道를 따르는 것', '도의 항상심' 등으로 번역하고 있다. 도덕경 전체가 道에 대해 설명하고 이에 따르라고 이야기하고 있는데 새삼 이 대목에서 道를 따른다는 의미로 새로운 이름까지 붙일 이유가 없다. 그리고 지금은 明(깨우침)에 대한 이야기를 하고 있는 중인데 훌쩍 뛰어 넘어 바로 道로 연결시키는 것은 비약이 심하다.

襲은 '엄습하다', '물려받다', '숨기다', '덮다', '되풀이하다' 등의 뜻이 있다. 여기서 깨달음은 아주 작고 유약해 보이는 것에서 이루어진다고 강조하고 있다. 깨달음은 거창한 고행이나 많은 공부를 통해서 이루어지는 것이 아니고 아주 조그마한 내 가슴 속의 내면을 성찰함으로써 얻을 수 있다. 이를 견소(見小)라고 표현했다. 그러나 사람들은 가까이 있는 그 내면을 보지 못한다. 이러한 상황을 감안할 때 襲을 숨겨져 있다는 의미로 받아들이고 싶다. 깨달음의 열쇠가 작은 내 가슴에 있는데 사람들이 보지 못하니 숨어있는 것과 마찬가지다. 常은 근원, 근본이 절대 변하지 않음이고 이를 아는 것을 明이라 하였다(16장). 내면의 근원은 변하지 않음(常)이다. 근원은 본성이고 無이다. 가슴속에 숨어있는 이러한 근원(常)을 찾아내는 것이 明이다. 따라서 습상은 내 안에 숨어 있는 본성이라는 의미라고 생각한다.

왕필은 이를 習常(습상)으로 글자를 바꾸더니 27장에서는 여기서 내다버린 襲이란 글자를 사용해 襲明이라 했는데 무슨 생각으로 그렇게 했는지 잘 모르겠다. 襲이 본문과 같은 의미로 사용된 것이라면 27장의 襲明(습명)이란 작명은 잘못된 것이다. 많은 사람들이 고대에는 襲(습)과 習(습)이 같이 사용된 글자라 하면서 오래전부터 내려오는 변하지 않는 것이라는 식으로 이해하고 있는 것 같다. 변하지 않은 것은 옛날이나 지금도 마찬가지일 터인데 오래전부터 계속 내려왔다는 말을 붙이는 것 자체가 어색하다.

常은 앞서 설명한 바와 같이 부사의 의미의 恒과는 달리 '항상 변함이 없음'이라는 관념명사로 읽어야 한다. 도덕경(백서본)에서 이 常이란 글자가 사용되고 있는 곳은 16장, 55장 그리고 이 장 세 곳뿐이다.

제53장

使我介有知 行於大道, 而民好嶰

나에게 길을 알려 달라고 하면 큰 길로 가라고 할 것이다.
그러나 사람들은 산골짜기 샛길만 좋아한다

使我介有知也 行於大道 唯他是畏

大道甚夷 而民好解(嶰).

朝甚除 田甚蕪 倉甚虛 服文采 帶利劍 猒食而齎財[有餘]

[是謂]盜[夸] □□, 非[道]也.

介(개): (사이에)끼다, 들다, 소개하다, 의지하다, 머무르다, 깔끔하다.

畏(외): 두려워하다, 꺼리다

夷(이): 오랑캐, 평평하다. 마음이 편안하다

嶰(해): 산골짜기 샛길(=徑)

除(제): 덜다, 버리다, 숙청하다, (벼슬을)주다, 손질하다, 치료하다

蕪(무): 잡초가 우거지다, 거친 풀, 순무

采(채): 풍채, 채취하다, 분간하다, 채색하다(=綵)

猒(염): 물리다, 싫증이 나다(=厭), 넉넉하다, 편안하다

齎(재): 가져오다, 주다, 가지다,

夸(과): 자랑하다, 뻗다, 퍼지다

만약 (사람들이) 나에게 아는 길을 가르쳐 달라고 하면,

나는 큰 길로 가라 할 것이다.

(그러나) 사람들은 그것을 꺼려할 뿐이다.

큰 길은 아주 평평한데 사람들은 산골짜기 샛길을 좋아한다.

조정은 썩을 대로 썩었고

(백성들의) 논밭은 크게 황폐되어 있고

곳간은 텅텅 비어 있다.

(위정자들은) 옷에 비단 무늬를 입고

날카로운 칼을 차고

음식을 질리도록 먹으면서 재화는 모아 넘쳐난다.

이는 도둑질 한 것을 뽐내는 것으로

(사람이 할) 짓(길)이 아니다.

使我介有知也 行於大道, 唯他是畏,
사 아 개 유 지 야 행 어 대 도   유 타 시 외

大道甚夷 而民好嶰.
대 도 심 이 이 민 호 해

백서을본의 介(개)가 백서갑본에는 挈(설: 닦다, 바르지 않다)로 되어 있
는데 뜻풀이가 애매하다. 왕필본은 한 글자를 더 추가하여 '使我介然有
知(사아개연유지)'로 되어 대개 "내가 조금이라도 아는 것이 있다면 대도
(大道)를 행한다."라는 식으로 번역되고 있다. 이럴 경우 '내가 아는 것
(知)'과 '道를 행함'의 연결이 문맥상 부자연스러울 뿐 아니라 뒤의 내용들

과도 매치되지 않는다. 이 단락은 비유적인 표현으로 읽어야 한다. 여기서 道는 노자가 말하는 道가 아니고 단순한 '길'로 읽어야 한다. 물론 그것도 결국 道을 비유하기는 하지만 뒤에 나오는 '산골짜기 지름길(嶰)'과 대비시키는 측면에서도 '큰 길'이라고 번역하는 것이 맞다.

使는 '시키다'라는 사역형보다는 '만약에'라는 가정 용법으로 사용되었다. 介(개)는 왕필본처럼 '조금'이라는 뜻이 아니라 '소개하다', '들다'의 동사이다. '有知'는 내가 알고 있는 것이므로 첫 구절은 "만약에(使) 내가(我) 알고 있는 것(有知)을 (사람들에게) 소개한다면(介) 큰 길(大道)로(於) 가라(行)고 할 것이다."라고 번역된다. 즉 사람들이 나에게 길을 묻는다면 내가 알고 있는 큰 길을 알려줄 것이라는 말이다.

唯他是畏(유타시외)의 구절도 '他'의 해석이 애매해서인지 왕필은 '施'로 바꾸어 놓았는데 번역이 더 이상해져 버렸다. 더욱이 이 구절의 주어를 '나(我)'로 보고 施(시)에 대해서는 "지혜를 베푸는 것을 두려워한다."든가 "도에서 벗어날까 두려워한다." 혹은 "뽐내거나 허세를 부릴까 두려워한다." 등으로 번역을 하고 있다.

필자가 보기에는 너무 단순한 구절이다. 직역하면 "다만(唯) 다른 사람들은(他) 그것을(是) 두려워한다(畏)." 즉, 앞에서 큰길을 소개해주었는데 사람들은 그 큰길을 꺼린다는 것이다. 畏도 두려워한다는 것보다 꺼려한다고 표현하는 것이 매끄럽다.

그리고 이어서 사람들이 큰길을 왜 꺼리는지 설명한다. 즉 큰길은 아주 평평하고 걷기도 편안한데 사람들은 꼬불꼬불한 산골짜기 샛길을 좋아한다고 애석해하고 있다. 夷(이)는 도덕경에서 자주 사용되는 단어로 '평평하다'의 의미이다. 백서정리조에 의하면 백서본의 解(을본에는【解】)는 嶰(해)로 읽어야 하며 이 때 嶰는 산골짜기 샛길이다. 왕필본은 徑(지름길 경)으로 되어있는데 의미상 큰 차이는 없지만 우리말로 옮길 때 徑은 빠른 지름길로 번역되어 嶰(해)와는 조금 다르다. 사람들이 샛길은 항상 빠를 것이라고 생각하지만 산골짜기 샛길이 빠른 길이라는 것을 보장해주지는 않는다. 어떤 면에서는 대로(大路)로 가는 것이 더 빠를 수도 있다.

사람들은 왜 평평한 大路(대로)를 마다하고 골짜기 샛길을 좋아할까? 샛길이 빠를 것이라 생각하기 때문이다. 그리고 남들이 모르는 자기만의 방법을 써서 무언인가를 빨리 달성하고 싶은 성급한 욕심 때문이다. 대로(大路)는 걷기는 편할지 모르지만 여러 사람들도 같이 이용하기 때문에 자기만의 이득을 챙길 수 없을 것 같아서 이다. 그러나 산길은 걷는 도중 산적을 만나거나 예상치 못한 많은 어려움에 봉착할 수도 있으며 자칫 잘못하면 길을 잃을 수도 있다. 도리어 결과적으로 시간이 더 걸릴지도 모른다. 노자는 대로(大路)를 가라고 한다. 大路는 은유적으로 道에 바탕을 둔 삶이다. 골짜기 산길은 보통 사람들의 생활방식으로 경쟁하여야 하며 그 과정에서 많은 속임과 다툼이 있을 수밖에 없으며, 그 결과 상대를 해치거나 손해를 입혀야 하는 삶이 될 수 있으니 피하라고 말한다.

이렇듯 아주 간단한 내용인데 많은 사람들이 길(道)을 道로 봐야 한다는 선입감에 사로잡혀 번역이 이상하게 되어 버렸다. 왕필본에 근거한 기존 번역들을 그대로 옮기면 다음과 같다. "나에게 조금이라도 아는 것이 있어 大道를 행한다면 오직 허세를 부리는 것을 두려워할 뿐이다. 大道는 넓고 편평한데 백성들은 샛길만 좋아한다." 大道를 조금 안다는 표현도 어색하지만 道를 행하면서 허세를 부리는 것을 두려워할 정도면 아직 道에 한참 멀었다는 이야기가 되고 大道와 샛길이라는 표현도 대응(對句)이 안 된다. 필자의 번역이 훨씬 자연스럽다.

朝甚除 田甚蕪 倉甚虛 服文采 帶利劍 厭食而齎財有餘.
조 심 제 전 심 무 창 심 허 복 문 채 대 이 검 염 식 이 재 재 유 여

是謂盜夸 非道也.
시 위 도 과 비 도 야

朝(조)는 조정이라는 궁궐을 의미한다. 除(제)를 대부분 '청소하다'의 의미로 읽어 "조정이 아주 깔끔하다."라고 번역하고 있다. 그러나 다음에 이어지는 내용들이 백성들의 피폐한 상황으로 으리으리한 조정과 매칭이 되지 않는다. 백성들을 착취하여 조정만 으리으리하다는 식으로 볼 수도 있지만 나열된 모든 문구가 나라의 다스림이 엉망이라는 것을 표현하고 있다는 점을 감안할 때 조정만 깨끗하다는 표현은 어울리지 않는다. 필자는 除(제)를 '버리다'의 의미로 보고 조정이 심하게 버려져 있다고 번역하고 싶다. 심하게 버려져 있다는 것은 조정이 썩었다는 것이다. 한비자도 除를 '숙청(제거)한다'는 의미로 읽어 숙청이 심해 조정이 엉망이라고 해설하고 있다. 즉, 조정은 썩을 대로 썩었고, 밭은 황폐해지고 창고(곳간)는 텅텅 비어 있는데 조정의 위정자라는 것들은 옷에 휘황찬란한 비단 무늬(文采)의 옷을 입고 날카로운 칼(利劍)을 차고 있다는 것이다. 여기서 비단옷은 사치를, 칼은 권세를 비유한다.

백서본의 厭食而齎財有餘(염식이재재유여)이 왕필본에는 厭飲食, 財貨有餘로 두 구절로 나뉘어져 있다. 齎(재)라는 어려운 한자가 있어서 그런지 모르겠지만 같이 연결되어도 번역에 전혀 문제가 없다. 猒(=厭)은 싫어한다는 의미지만 여기서는 너무 많이 먹어 질린다는 뜻으로 읽는다. 齎(재)는 '모으다'의 뜻으로 재물을 너무 많이 모아서, 쓰고도 남음이

있다는 것이다. 따라서 이 구절은 "음식을 질리도록 먹으면서 재화를 넘치도록 모은다."라고 번역된다. 모두 백성의 생활고는 안중에도 없고 자신들만의 사치와 향락을 일삼고 있음이다.

마지막 구절은 백서본이 대부분 훼손되어 있고 을본에 'ㅁㅁ盜ㅁ, ㅁㅁ, 非 ㅁ也'만 남아 있어 왕필본을 그대로 인용할 수밖에 없는데 왕필본도 "是謂盜夸와 非道也(시위도과 비도야)"로 가운데 두 글자가 없다. 이야기 흐름상 한탄하는 감탄사 정도의 문구가 들어 있을 거라고 추측하지만 전체 내용에 직접 영향은 미치지 않을 것 같다. 앞서 조정과 백성의 상황을 기술한 것을 가리켜 이러한 짓거리는 도둑질이라 하면서 그 도둑질을 자랑(夸)하고 있다고 표현하였다.

보통의 도둑이라도 미안하고 죄스러운 마음을 가질 터인데 조정의 위정자들은 뻔뻔하기만 하다. 이것은 사람 사는 길(道)이 아니다하고 결론을 내리고 있다.

마지막 '非道也'의 道도 무위자연의 道라도 볼 수도 있지만 단순히 '길'로 번역하는 것이 좋다. 물론 길은 道은 의미하기도 한다. 노자는 道를 통나무(樸), 갓난아기(嬰), 물(水) 등으로 은유적으로 많이 사용하지만 가렴주구(苛斂誅求)의 속세의 엉망인 상황에 道라는 용어를 끌어다 직접 쓰기에는 좀 미안한 생각이 들었을지도 모르겠다.

제54장

善建者不拔, 善保者不兌

도에 바탕을 두며 세운 것은 뽑히지 않고,
도에 바탕을 두어 보존하는 것은 변하지 아니한다

善建者[不]拔 [善保者不兌] 子孫以祭祀不絶,

脩之身 其德乃眞,

脩之家 其德有餘,

脩之鄕 其德乃長,

脩之邦 其德乃夆(奉),

脩之天下 其德乃愽,

以身觀身 以家觀家 以鄕觀鄕 以邦觀邦 以天下觀天下.

吾何[以]知天下之然茲(哉) 以[此].

兌(태): 바꾸다, 교환하다, 모이다, 기뻐하다[열], 구멍

脩(수): 육포, 수양하다(=修), 마르다, 오래다

夆(봉): 끄다, 이끌다, 거스르다, 크다, 넉넉하다, 봉우리

奉(봉): 받들다, 돕다, 바치다, 섬기다, 편들다, 보전하다

邦(방): 나라, 지역

愽(박): 넓다

茲(자): 이에, 이때, 지금, 검다, 흐리다

道에 바탕을 두어 세운 것은 잘 뽑히지 않고

善에 의해 보존하는 것은 변하지 않는다.

자손들도 그 의미를 지극히 모셔 善이 그치지 않는다.

道에 바탕을 두어 자기를 수양하면 그 德은 참됨에 이르고,

善으로 가정을 다스리면 그 덕은 여유로움으로 이어지고,

善으로 마을을 다스리면 그 덕은 마을을 오래가게 하며,

善으로 나라를 다스리면 그 덕은 섬김으로 나타날 것이며,

善으로 천하를 다스리면 그 덕은 온 천하에 두루 펼쳐진다.

그러므로 참됨(眞)의 나를 통해 (현실의) 나를 바라보고,

여유로움(餘)의 가정으로써 (지금의) 가정을 바라보고,

오래됨(長)의 마을을 통해 (지금의) 마을을 바라보며,

받듦(奉)의 성정을 통하여 (작금의) 나라를 바리보고,

더 넓음의 성정을 가지고 (지금의) 천하를 바라보아야 한다.

내가 어찌 천하가 그렇다는 것을 알겠는가?

이 때문이다.

善建者不拔 善保者不兌 子孫以祭祀不絶,
선 건 자 불 발 선 보 자 불 태 자 손 이 제 사 불 절

27장에서 설명한 바와 같이 善은 道에 바탕을 둔 마음가짐이나 행위를 말한다. 어떤 강한 의지나 목표를 가지고 무엇을 세우는 것이 아니라 무위에 바탕을 두어 자기의 마음가짐이나 행동양식을 세우는 것을 말한다. 뽑히지 않는다(不拔)는 것은 외부의 영향으로 무너지지 않는다는 것이다. 27장에서 道에 바탕을 두어 문을 닫는 것은 빗장이 없어 열 수가

없다(善閉者 無關籥而不可啓也)고 한 것과 같은 맥락이다. 여기서 者를 사람이 아닌 대명사로 보는 것이 문맥상 적절하다.

善保者不兌은 백서 갑·을본 모두 파손되어 있어 죽간본의 내용을 그대로 인용했다. 왕필본은 善抱者不脫(선포자불탈)되어 보통 "잘 안은 것은 빼앗기지 않는다."로 번역되고 있다. 이에 대해 하상공은 가슴에 안는 대상을 정신(精神)이라고 하고 왕필은 많은 것을 안고 있지 않는 것이라고 설명하고 있다. 왕필본도 번역에 크게 문제될 것은 없지만 필자는 죽간본의 표현이 더 어울린다고 생각하여 죽간본에 따랐다. 즉 무언가를 세우면(建) 그 다음에 이어지는 행위는 보존하며(保) 지킨다고 하는 것이 더 어울린다. 兌(태)를 '바뀌다'는 뜻으로 해석하여 "무위에 의해 보존하는 것은 그 중간에 바뀌지 않는다." 52장에서도 '兌'라는 글자가 등장하였는데 이는 죽간본과 백서본에 【逸】라는 글자로 되어 있는 것을 백서정리조가 현재의 '兌'에 해당한다고 판단하여 그렇게 바꾼 것임에 반해 여기서는 죽간본에 뚜렷하게 兌(태)라고 적혀있다. 이러한 사실에 비추어 유추해보면 당시 【逸】라는 단어는 '구멍', '쾌락'의 의미로 사용되고 兌(태)는 '바꾸다', '교환하다'의 의미로 사용된 것이 아닐까하는 생각도 들지만 비전문가인 필자의 의견일 뿐이다.

제사도 조상을 위한 것이 아니라 善으로 세우고 지키는 그 뜻을 회고하면서 다지는 하나의 의식으로 생각하는 정도가 좋다. 당대에 그치지 말고 자손대대로 그 정신을 이어가야 한다는 것을 말하고 있다.

脩之身 其德乃眞, 脩之家 其德有餘, 脩之鄉 其德乃長,
수 지 신 기 덕 내 진   수 지 가 기 덕 유 여   수 지 향 기 덕 내 장

脩之邦 其德乃奉, 脩之天下 其德乃博.
수 지 국 기 덕 내 봉   수 지 천 하 기 덕 내 박

道(무위)에 뜻을 세우고 지키는 것을 인간 사회에도 적용할 수 있다. 脩(수)는 10장에서와 마찬가지로 修(수)와 같다. 왕필은 10장에서는 백서본의 脩를 滌(척: 씻다, 빨다)으로 하더니 여기서는 修로 바꾸어 일관성이 없다. 脩之身의 之는 당연히 善으로 보아야 할 것이며 이는 자신의 몸을 善으로 수양하고 다스리라는 의미이다. 따라서 첫 구절은 "善(之)으로 몸(身)을 다스리게 되면(修) 그 道의 품성(德)은 참됨(眞)에 이르게 된다(乃)."의 번역이 된다. 이어서 이러한 善으로 다스림을 집(家), 마을(鄕), 나라(邦) 그리고 천하로 점점 확대하여 적용하고 있다. 이러한 전개는 善 즉 나아가서는 道가 되지만, 그 道를 적용시키는 대상에 따라 道의 품성(德)이 다를 수 있다는 것을 암시한다. 나 자신에만 국한했을 때의 道와 가정이라는 집단사회에서의 道는 그 품성이 같지 않다. 道가 아무리 태고의 근원으로 불변이라고 하지만 실제 그것이 인간 사회에서 나타나는 것은 상황에 따라 조화롭게 적용된다. 어차피 인간은 사회라는 굴레 안에서 여러 사람과 부대끼면서 살기 마련인데 자기만의 道를 고집해서는 그 사회가 원만하게 굴러가기 어려울 것이다. 그렇게 해서 나타나는 결과(현상)도 다르다. 낯익은 수신제가 치국평천하(修身齊家 治國平天下)의 구조다. 身(자신) - 家(집) - 鄕(마을) - 邦(나라) - 天下로 덕이 확대되어 가면서 그 결과가 眞(진) - 餘(여) - 長(장) - 奉(봉) - 博(박)으로 각각 나타난다고 설명하고 있다.

첫째, 眞(진)이다. 자기를 수양하면 그 덕이 眞에 이른다고 하였다. 眞은 도덕경에서 이 章 外에 세 번 출현한다. 21장에서 道의 생성 과정을 설명하면서 '其靜甚眞(기정기진)'이라는 표현이 나오고, 41장에서 도와 덕의 모습을 기술하면서 '質眞如渝'(질진여투)에서도 사용되었다. 다음 장인 53장에서도 나오지만 모두 어떤 관념적인 명사가 아니라 도와 덕의 성질을 나타내는 서술 형용사로 진실하다, 참되다 등의 의미로 사용되고 있다.

가정이라는 공간은 구성원간의 배려나 화목이 중요하다. 하상공도 이 부분에서 아버지는 자애롭고 자식은 효성스러워야 하며, 형제간 우의와 부부간 신뢰와 정절을 지켜야 가정의 덕이 된다고 설명하고 있다. 이러한 가정에서 나타나는 품성을 노자는 여유로움(餘)이라 표현하고 있다. 여유로움도 道의 한 품성이다.

마찬가지로 마을을 道로 다스린다는 함은 장유 질서, 이웃 화목, 협력 등이 잘 이루어진다는 것으로 생각할 수 있는데 이러한 모습을 '長(장)'이라 표현했다. 長(장)을 마을이 커진다는 것으로 볼 수도 있고 오래간다는 의미로 볼 수도 있다. 집단사회에 대한 노자의 이상향(理想鄕)으로 80장에서 나라가 작고 백성이 적은 소국과민(小國寡民)이라는 점을 감안하면 필자의 생각으로는 마을이 커진다는 것보다는 오래 간다는 것에 의미를 두고 싶다. 그리고 오래간다는 것이 道의 품성에도 어울린다.

나라의 경우는 백성을 최우선으로 생각하는 임금, 無爲而治, 백성들의 태평성대가 바람직한 것이라 생각할 때 이러한 것들을 실현시킬 수 있는 품성을 '奉'이라 표현했다. 이 글자는 백서갑본은 훼손되어 알 수 없고 을본은 夆(봉: 이끌다, 크다, 넉넉하다)으로 되어 있으나 죽간본에 명확하게 '奉'으로 되어 있어 그에 따라 보완하였다. 奉은 '받들다'의 뜻으로 나라가 덕으로 다스리면 백성은 물론 다른 나라들도 받들어 모신다는 것으로 볼 수 있다. 왕필본은 풍족함(豊)으로 되어 있어 나라가 부유해지는 것으로 보고 있다.

마지막으로 천하에 작용할 때는 博(박)이라 표현했다. 博은 넓다는 것으로 온 천하가 道로써 가득 찬다는 것을 의미한다. 34장에서도 道는 두루 펼쳐져 있어 사방팔방 이르지 않는 곳이 없다고 표현한 바 있다. 이 또한 도의 품성이고 道의 최종적인 귀착지이기도 하다.

故以身觀身 以家觀家 以鄕觀鄕 以邦觀邦 以天下觀天下,
고 이 신 관 신 이 가 관 가 이 향 관 향 이 방 관 방 이 천 하 관 천 하

吾何以知天下然哉 以此.
오 하 이 지 천 하 연 재 이 차

몸(身)으로써(以) 몸(身)을 바라보라고 한다. 앞의 몸은 객관적인 측면에서의 몸을 가리키며 후자는 자신의 현재 몸, 즉 주관이 내재되어 있는 몸을 말한다. 몸이라는 사물이 어떠하여야 하는가에 대해 먼저 개념을 세운 후 지금 자신의 몸을 바라보라는 것이다. 앞에서 몸을 수양해서 그 덕이 참됨(眞)에 이르는 것이라고 언급했듯이 객관적인 몸은 참됨(眞)을 의미한다. 즉, 참됨(眞)으로 자신의 현재 몸을 살펴보라는 것이다.

가정도, 마을도 마찬가지다. 앞에서 말한 각 집단의 德인 여유로움(餘)과 오래감(長)의 관점에서 가정과 마을을 살피라는 것이다. 거꾸로 이야기하면 마을을 집안으로 생각하여 다스리면 마을을 다스릴 수 없으며, 나라를 마을과 같은 마음으로 다스릴 수 없다. 마을에는 마을의 성정에 맞는 제도나 규율이 있어야 하며 그러한 마을 차원의 규율이나 제도로 나라를 다스리기는 어려울 것이다.

마지막 구절은 천하가 그러함을 道를 통하여 알 수 있다고 한다. 이 말은 道의 품성이 나타남(善)이 각 집단의 성정에 따라 그 작용이 다소 다를 수 있지만 그래도 道의 본질은 하나(一)이며 다를 수 없다. 어떤 상황에서도 무위와 고요함에 맡겨 저절로 그러하게 하는 것이다. 그래서 도를 깨친 사람은 쉽게 천하도 알 수 있다고 말하고 있다. 이 부분은 "문

밖을 나서지 않아도 천하를 안다."는 47장의 내용과 통한다.

　마지막 구절의 백서본 茲(자)는 잘못된 글자로 판단하여 왕필본에 따라 어조사 哉(재)로 보완하였다.

제55장

含眞之厚者 比於赤子, 和曰常, 知和曰明

순수함이 두터움은 갓난아기와 같다.
조화를 常이라 하고 그것을 아는 것이 깨달음이다

含德(眞)之厚者 比於赤子,

逢(蜂)廬(癘)虫(虺)蛇弗螫 攫鳥猛獸不搏,

骨弱筋柔而握固 未知牝牡之會而朘怒, 精之至也,

終日號而不嚘, 和之至也,

和曰常, 知和曰明,

益生曰祥, 心使氣曰强 物[壯]則老,

謂之不道, 不道蚤已.

蜂(봉): 벌, 꿀

癘(려): 창병, 문둥병

蠆(채): 전갈, 가시

虺(훼): 살무사

螫(석): (벌레가) 쏘다, 성내다, 독

攫(확): 잡아 쥐다, 급히 빼앗아 움키다

搏(박): 잡아내어 붙잡다, 가지다, 때리다

朘(최): 갓난아기의 음부, 오그라지다

號(호): 이름, 명령, 번호, 부르짖다, 울다

嚘(우): 탄식하다, <u>목이 메다</u>, 말을 얼버무리다

和(화): <u>화하다</u>, 조화되다, 순하다, 같다, 서로 응하다, 합치다

祥(상): 상서, 조짐, <u>재앙</u>, 제사

蚤(조): 일찍, 벼룩

순수함(眞)이 두텁다는 것은 갓난아기로 비유된다.

(갓난아기는)벌이나 전갈에 쏘이지 않고 뱀이나 벌레에게 물리지도 않는다.

또한 사나운 새나 맹수도 해치지 않는다.

뼈와 근육이 유약하지만 (손의) 쥐는 힘이 세고

아직 암수교접(섹스)도 모르지만 고추는 빳빳하게 서 있다.

정기가 지극함 때문이다.

하루 종일 울어도 목이 쉬지 않는 것은 자연과 같아짐에 이르기 때문이다.

자연과 뜻이 같다는 것은 常(변함없음)이라 하고

그것을 아는 것을 깨우침(明)이라 한다.

자기 생명을 억지로 늘리고자 하는 것은 재앙이 될 수 있으며

마음이 어떤 기운(힘)을 사용하는 것이 강하다고 말한다.

사물이 장성하고 강하다는 것은 즉 늙었다는 것이다.

이런 것은 道가 아니다.

道가 아닌 것은 일찍 죽는다.

含眞之厚者 比於赤子, 蜂蠆虺蛇弗螫 攫鳥猛獸不搏.
함 덕 지 후 자 비 어 적 자   봉 채 훼 사 불 석 확 조 맹 수 불 박

어려운 한자가 몇 개 있지만 뜻을 파악하는 데는 무리가 없다. 참됨(眞)이 두터운 것을 갓난아기에 비유하고 있다. 赤子(적자)는 아직 웃기전일 때의 아기를 말하며 아직 피부가 너무 연약해 벌겋기 때문에 적자라고 한다. 우리도 막 태어난 아기를 가리켜 아직 핏덩어리라는 표현을쓴다. 을본은 왕필본과 같이 眞이 德으로 되어 있다(갑본은 훼손). 그런데 갓난아기에 대해 덕이 두텁다는 표현은 좀 성급하고 어색하다. 물론노자는 道를 설명하는데 갓난아기(嬰兒)을 가끔 비유하고 있지만 德이두텁다는 것을 이제 막 태어난 갓난아기에 직접 연결시키는 것은 상식의 정서로 좀 불편하게 느껴진다. 죽간본에는 이 부분이 '眞'으로 되어있다. 필자가 보기에는 죽간본의 眞이 더 어울린다. 이 章의 마지막 부분에서 앞에서 이야기한 것이 결국 道에 따른 것이라고 결론을 내리고있는데 서두에서 道(덕)을 가진 사람이라고 미리 말하는 것도 이야기를풀어가는 측면에서 부자연스럽다. 필자의 생각에는 여기서는 道의 품성으로서 眞이라는 화두로 꺼낸 것이라 보는 것이 적절하다. 眞은 아직 아무 때도 묻지 않은 순수함이다. 갓난아기는 태초의 자연 그대로 아직 분별이나 구분이 없이 순수하다는 면에서 眞과 잘 어울린다.

다음 구절은 해충에 관한 것인데 백서 갑·을본은 이해가 안 되는 한자들로 되어 있어 그냥 왕필본대로 보완하였다. 어떤 해충인가는 중요하지 않다. 벌이나 전갈에게 쏘이지도 않고 살무사나 뱀에게 물리지도 않는다. 이 대목에서 하상공은 갓난아기는 어떤 사물에 해를 끼치지 않으니 사물도 역시 해를 끼치지 않는다고 했고, 왕필도 무엇을 구하거나 욕심이 없으며 모든 사물을 범하지 않는다(無求無欲 不犯衆物)는 주석을 달고 있다. 다시 말하면 갓난아기는 아직 '나'라는 의식도 있을 수가 없고독충이나 독사의 존재도 모르기 때문에 그것을 무서워할 이유가 없다.

그렇기 때문에 동물들도 아무런 적대감을 드러내지 않는 아기를 공격할 이유가 없다. 맹금이나 맹수로 마찬가지다. 확조(攫鳥)는 매나 독수리같이 하늘에서 갑자기 내려와 먹이를 채가는 새를 말한다.

骨弱筋柔而握固 未知牝牡之會而朘怒 精之至也,
골약근유이악고 미지빈모지회이최로 정지지야

終日號而不嚘 和之至也,
종일호이불우 화지지야

재미있는 표현이다. 갓난아기는 아직 뼈도 근육도 무른데 아기들 손을 보면 꽉 쥐고 있다. 그 쥔 손을 펴려고 해도 쉽지 않다. 도대체 그렇게 꽉 움켜쥐고 있는 힘은 어디서 오는가를 묻고 있다. 그리고 아직 남녀의 운우지정(雲雨之情)도 모르는데 갓난아기의 그 작은 고추가 성이 나서 빳빳하게 서있는 것은 어떻게 된 것이냐고 묻는다.

노자는 그것이 精(정) 때문이라고 했다. 精는 태초에 우주가 생성될 때의 아주 작은 알갱이, 즉 정기(精氣)이다. 21장에서도 우주 생성을 이야기하면서 형체가 없는데 멀리서 바라보니 그 안에 상(象)이 있고 그 象 안에 物이 있고 그 物 안에 精이 있다고 하면서 그 精은 아주 순수하다고 했다(中有精呵 其精甚眞). 이러한 설명에서도 이 장 서두의 德을 眞으로 보는 것이 타당하다는 것을 알 수 있다. 생명이 태어나면서 가지고 있는 근원의 정기를 의미한다.

그리고 아기는 하루 종일 울어도 목이 쉬지 않는다고 했는데 그것은 和(화)가 지극하기 때문이다. 和는 조화로움이며 잘 어울림이다. 이제 태어난 갓난아기가 조화롭고 잘 어울릴 수 있는 대상은 자연밖에 없다. 따라서 여기서 和는 자연과 같음이라 생각할 수 있다. 『장자』 경상초에 노자가 말한 형식을 빌러 같은 이야기가 나온다. "남의 일에 마음을 쓰지 않고 스스로를 온전하게 지키며 늘 유유하게 스스로를 텅 비게 한 것이 마치 어린애와 같으면 된다. 어린애는 종일 울어도 그 목이 쉬지 않는데 그것은 자연과 道와의 화합이 지극하기 때문이오. 또 종일 손아귀를 쥐고 있어도 그 손(의 힘줄)이 당기지 않은 것은 성정이 자연의 道인 德과 함께 있기 때문이오. 그리고 종일 (눈을 뜬 체)보고 있어도 눈을 깜빡이지 않는 것은 (무엇을 보려고 하는 따위의) 외계에 사로잡힌 마음이 없기 때문이오. 가도 어디로 가는지를 모르고 머물러 있어도 무엇을 하겠다는 생각이 없소. 모든 것을 있는 그대로에 순응하여 물결치는 대로 따라 가오. 이것이 곧 양생의 道라고 하오."

和曰常 知和曰明, 益生曰祥 心使氣曰强,
화 왈 상 지 화 왈 면 익 생 왈 상 심 사 기 왈 강

物壯則老 謂之不道 不道早已.
물 장 즉 로 위 지 부 도 부 도 조 이

앞서 말한 대로 精은 태초의 어떤 기운이며, 아기가 종일 울어도 목이 쉬지 않는 것을 和(화)라고 하며 이 和는 常(상)이며 和를 아는 것을 明이라 했다. 문제는 여기서 和를 어떻게 이해하여야 하는가이다. 대부분 글자 그대로 조화로움으로 간단히 번역하고 있다. 和는 태초의 자연과 서로 뜻이 맞아 사이가 좋은 상태이다. 즉, 갓난아기는 아직 어떠한 인위적인 성정에 물들지 않은 태초의 자연 그 상태이기 때문에 울음에 어떤 인위적인 목적이나 의도가 없으며 크게 운다든가 작게 운다든가 하는 식의 조절한다는 생각조차 없다. 그래서 종일 울어도 목이 쉬지 않는다.

이러한 태초의 자연 성정인 和는 늘 어디서나 존재하며 절대 변하지

않는 '常'이라고 했다. 여기서도 백서본은 보통 부사로 사용되는 恒(항)과 구분하여 常으로 명확하게 표기되어 있다. 이러한 和를 아는 것을 깨달음(明)이라 했다. 明에 대해서는 16장에서는 자연의 이법(理法), 즉, 命(명)으로 돌아가는 것은 늘 어디서나 존재하며 절대 변함이 없으며 이러한 변함이 없다는 것을 아는 것을 明(깨우침)이라고 설명한 바 있다(復命 常也, 知常 明也). '明'이라는 정의에 命(명)이라는 것을 끌어다 설명했는데 여기서 和의 개념이 더해졌다. 따라서 16장의 내용을 함께 고려할 때 '明(깨우침)'이라는 것은 "태초의 자연의 성정(和)인 고요함(無)을 알고 모든 것은 다시 근원인 고요함으로 되돌아간다는 자연의 理法은 늘 어디서나 조화롭게 존재하며 변함이 없다는 것을 아는 것"이라 정의할 수 있다.

益生曰祥(익생왈상)에 대해 하상공은 익생이란 자신이 살고자 하는 욕심을 말하며 祥(상)이 길다(長)는 의미로 날이 갈수록 張大(장대)해지는 것이라 했고(言益生欲自生 曰以長大), 왕필은 목숨은 늘리는 것이 불가한데 그것을 (억지로) 늘리는 것은 요절하게 됨을 의미한다(生不可益 益之則 夭也)로 하였다. 이러한 해석은 하상공은 祥(상)을 길조(吉兆)로 읽었고, 왕필은 반대로 재앙으로 읽었다. 이 章은 태초의 자연에 관한 이야기이고 뒤이은 物壯則老(물장즉로)라는 구절을 감안할 때 왕필의 해석을 따르는 것이 적절하다.

心使氣曰强(심사기왈강)의 구절도 마찬가지로 부정적인 의미로 읽어야 한다. 마음이라는 것은 자기의 의지, 욕심이 내포되어 있는데 이러한 의지를 사용하는 것을 강하다고 말한다는 것이다. 氣(기)는 우리가 통상 생각하는 음양오행의 氣가 아니고 단순히 힘, 기운으로 보는 것이 적당하다. 왕필도 마음은 있음이 없어야 마땅한데 기운을 부리면 강하게 된다(心宜無有 使氣則强)고 하여 작위적인 마음이 없어야 한다고 설명하고 있다. 사물이 강하고 장성하다는 것은 곧 늙었다는 것을 의미한다. 생을 인위적으로 늘리고 강해지는 것은 일시적으로 좋아 보일 수도 있지만 이는 道가 아니다. 道가 아닌 것은 오래가지 못하니(蚤已) 이 구절은 30장에서도 나온 것으로 거기서는 전쟁에서 강함에 빗대어 오래가지 못한다고 한 바 있다.

노자는 우리는 모두 태어날 때는 道와 같은 상태로 나왔는데 그 어린 아이의 성정을 유지하지 못하고, 점차 자라나면서 강하고 오래 살려는 욕심 때문에 진정으로 영원하게 살 수 있는 道와 점차 멀어지고 있다는 것을 말하고 있다.

제56장

塞其兌 閉其門, 挫其銳 解其紛, 和其光 同其塵

감각의 구멍을 막고 외부(욕망)의 문을 닫으라
주관의 날카로움을 꺾고 마음의 어지러움을 풀어라
스스로 빛남을 순화하고 세속과 같이 하라

知者弗言 言者不知,
塞其悶(兌) 閉其門, 銼其兌(銳) 解其紛, 和其光 同其塵,
是謂玄同.

故不可得而親 亦不可得而疎, 不可得而利 亦不可得而害,
不可得而貴 亦不可得而賤, 故爲天下貴.

塞(색): 막다, 채우다, 끊다, 변방[새], 사이가 뜨다[새]

兌(태): 바꾸다, 교환하다, 기쁘다[열], 구멍

銼(좌): 가마솥, 살촉, 꺾다

塵(진): 티끌, 먼지, 속세

道를 아는 사람은 말로 하지 않고

말을 앞세우는 사람은 道를 알지 못한다.

감각의 구멍(이목구비)을 폐쇄하고 욕망(유혹)의 문을 닫아라.

'나'라는 주관의 날카로움을 누그러트리고 마음의 어지러움(번뇌)을 풀어라.

스스로의 빛남(자존심)을 순화하면서 세속과 같이 하라.

이를 현동(玄同)이라 한다.

그리하면 (사람들이 그와) 친해짐이나 소원함도 있을 수 없고

그에게 이로움이나 해로움을 끼치는 것도 없으며

그를 귀하게 여기거나 천하게 여기지도 않는다.

그래서 (성인은) 천하의 귀한 존재가 된다.

知者弗言 言者不知,
지 자 불 언   언 자 부 지

塞其兌 閉其門, 銼其銳 解其紛, 和其光 同其塵.
색 기 태 폐 기 문   좌 기 예 해 기 분   화 기 광 동 기 진

是謂玄同.
시 위 현 동

　진정으로 아는 사람은 말을 않는 법이며 말이 많은 자는 실상 모른다. 道라는 것은 말이나 언어로 표현할 수 없기도 하거니와 道를 안다고 자기를 내세우지 않고 말없이 실천할 뿐이다. 반면에 자기가 道를 안다고 떠드는 것 자체가 아직 도에 도달하지 못했다는 것을 스스로 드러내는 것이다. 일상에서도 말이 많은 사람에게는 신뢰가 가지 않는다.

다음 문장의 6구절은 그 중 일부가 4장과 52장에도 나왔던 문구이다. 여기만 해당되는 이야기는 아니지만 같은 구절인데도 章에 따라 글자가 달라 백서본의 신뢰가 의심스럽기도 하다. 塞其兌(색기태)의 兌(태)의 경우도 앞선 52장에서는 갑을본 모두 【挩】로 되어 있었는데 여기서는 갑본은 '閔(민)'으로, 을본은 坰兌(경태)의 두 글자로 표기되어 있다. 죽간본은 모두 【挩】로 되어 있어 이 글자가 맞을 것으로 생각하지만, 하나의 판본을 같은 사람이 썼을 것으로 생각되는데 왜 앞뒤의 글자가 서로 다른지 납득이 안 된다.

어찌되었든 왕필본에 따라 兌로 보완하였다. 이 장은 道의 성정이나 효능을 이야기하는 것이 아니라 道를 아는 사람의 행동거지로 보는 것이 적절하다. 우선 전체적으로 문장 구조가 '~을 ~하다'라는 형식으로 되어 있는데 동사의 번역은 문제가 없지만 목적어인 兌(태), 門(문), 銳(예), 紛(분), 光(광), 塵(진)의 해석이 관건이다.

兌(태)는 塞(색)이라는 동사를 볼 때 구멍으로 보는 것이 맞다. 사람의 경우 이목구비의 7공(兌)이 여기에 해당된다. 세상의 현상들이 여기를 통해 일차적으로 들어오는데 이를 폐쇄한다는(塞) 것이다. 보고 듣고 먹는 것 등 외부의 감각을 추구하거나 집착하지 않는다는 것이다.

門(문)은 외부로부터 무언가 하려는 욕망(有爲), 이기심, 유혹 등이 들어오는 문이다, 그러한 욕망이나 유혹의 마음을 닫는다(閉)고 말하고 있다.

銳(예)는 날카로움이다. 생각이나 마음의 모남이라 해석할 수 있다. 자기의 판단이나 생각은 주관적일 수 있는데 이러한 것이 다른 사람에게 상처를 주거나 다툼의 원인을 제공하기도 한다. 그런 생각을 꺾어 버리고(挫) 저절로 그리되는(自然)의 마음으로 돌아간다는 의미이고, 紛(분)은 마음 내면에서 여러 가지 생각이 엉키거나 의심, 번뇌 등의 잡념을 풀어

버린다(解)는 의미이다.

이렇게 수양이 되어 자기가 빛(光)이 나더라도 뽐내거나 자만하지 말고 그 빛을 누그러트린다(和)는 것이다. 여기서 和는 온화하게 하다, 순하게 하다의 뜻으로 읽어야 한다. 塵(진)은 세속을 의미한다. 세속과 같이 어울리며 동화(同和)한다는 의미다. 이 두 구절을 합하여 和光同塵(화광동진)이라는 말로 자주 쓰이는데 불교에서도 깨우친 부처가 티내지 않고 중생과 어울리며 제도한다는 의미로 쓰이고 있다. 이 부분이 이 章의 주제이다. 道를 체득하더라도 자기만의 것으로 안주하지 말고 세상과 어울린다는 것을 중점을 두고 있다. 노자의 사상이 후세에 도교, 신선(神仙)학으로 발전하였다고 하는데 이는 노자가 주장한 同塵(동진)과 위배된다고 볼 수도 있다. 노자는 道를 깨우쳤다고 산에 들어가 신선 같이 나 홀로 생활을 권하는 것이 아니고 속세의 사람들과 어울려 살아야 한다고 말하고 있다. 사람이라는 것은 같이 어울려 살아야 하는 존재이며 그것이 인간의 운명이라는 것을 잘 알고 있기 때문이다.

6구절을 축약한 색태폐문, 좌예해분, 화광동진을 필자는 도인의 행동거지라 보고 번역을 했지만 어떤 사람은 이것을 道의 수행방법으로 보기도 한다(박석, 『중국문화 대교약졸』). 그에 따르면, 첫 번째 단계가 외부의 모든 현상이나 유혹으로부터 자기를 지키며 내면의 생명력을 키우는 養生단계이며, 모든 번뇌에서 초월하면 마음의 편안하고 고요해지는 修心단계를 거처 즉 虛靜의 경지로 들어선다. 이렇게 도를 체득한 사람은 자기만의 도를 지키며 은둔하는 것이 아니라 세상에 나아가 사람들과 어울리면서 도를 가르침의 실천단계까지 발전한다는 것이다.

그렇게 볼 수도 있지만 아는 사람은 말을 하지 않는다는 내용과 후반부의 내용과 연결이 다소 원활치 못할 수도 있다.

백서본에는 이 3가지의 나열순서가 좌예해분(銼銳解紛)이 맨 뒤에 나오는데 내용의 흐름상 왕필본같이 화광동진(和光同塵)이 맨 뒤에 위치하는 것이 맞다. 그러나 죽간본도 백서본과 같은 순서로 기술되어 있다.

현동(玄同)의 玄은 1장에서 설명했듯이 태초의 혼돈을 바라보면서 눈을 감았을 때 눈까풀에 비치는 가물거리는 듯 희미하다는 뜻이다. 즉 밖으로 명확하게 드러나지 않지만 직관적으로 무언가가 있다는 것을 나타낼 때 사용되는 글자다. 서두에 아는 사람은 말이 없고 말 많은 사람은 아는 것이 없다고 말했는데 여기에 아는 사람은 스스로 드러내지 않는다는 것에 玄의 의미가 내포되어 있다.

同(동)에 대해서는 대부분의 사람들이 道와 같아진다는 의미로 해석하고 있다. 하상공도 현동에 대해 "하늘과 더불어 같이 하는 도(與天同道)"라고 주석을 달고 있다. 그러나 "도와 같아진다."는 표현 자체도 자연스럽지 않을뿐더러 道와 같아지는데 굳이 새삼스럽게 현동이라고 이름을 정의할 이유가 없다. 여기서 同은 바로 앞 구절인 同塵(동진)의 同(동)을 의미한다. 앞서 이야기했듯이 이 장의 주제는 "사람과 함께 하는 道"라고 할 수 있다. 모든 감각과 욕망을 스스로 닫고 마음의 분별이라 번뇌를 스스로 해소하여 도인의 경지에 이르렀지만 거기에서 끝나지 않고 세상 사람들과 함께하는 것이다. 그렇지만 玄에서 알 수 있듯이 자기가 도를 깨우쳤다는 것을 자랑하거나 사람들을 멸시하는 등 밖으로 드러나지 않아 사람들은 전혀 그에 대해 느끼지 못한다. 보통 사람들과 함께하지만 사람들이 눈치채지 못하는 것을 玄同(현동)이라고 표현한 것이다.

『장자』도 이 현동이라는 용어를 사용하고 있는데(거협편) 모든 德은 밖으로 드러내는 것이 아니라 내면에서 작용해야 한다는 것을 강조하고 있어 玄의 의미가 같다고 볼 수 있지만 同에 대해서는 본문의 취지와 다소 다른 것 같다.

"증삼참1)나 사추참2)의 행위를 없애버리고 양주참3)나 묵적참4)의 입을 막으며 인의를 물리치면 비로소 온 천하의 덕은 현동이 된다. 사람들이 (본래의) 보는 힘을 안에 간직하면 세상이 흩으려지지 않고, 사람들이 듣는 (본래의) 힘을 안에 지니면 세상의 걱정이 없어지며, 사람들이 (본래의) 지혜를 안에 간직하면 세상은 혼란해지지 않는다. 그리고 사람들이 (본래의) 덕을 안에 지니면 세상은 한쪽으로 치우쳐지지 않는다. 증자, 사추, 양주, 묵적은 모두 그 덕을 밖으로 내세워 온 세상을 혼란케 한 자들이다…"

참1) 증삼(증자): 공자의 제자로 가르침의 실천을 중시한 사람

참2) 사추: 전국시대 사람으로 자기의 시체로서 임금에게 간언한 사람

참3) 양주(양자): 전국시대 사람으로 극한 이기주의사상 주창자(내 털 하나를 뽑아 천하에 이익이 된다 하더라도 나는 하지 않겠다는 유명한 말을 남김)

참4) 묵적(묵자): 겸양설 주장

故不可得而親 亦不可得而疎, 不可得而利 亦不可得而害,
고 불 가 득 이 친 역 불 가 득 이 소 불 가 득 이 리 역 불 가 득 이 해

不可得而貴 亦不可得而賤, 故爲天下貴.
불 가 득 이 귀 역 불 가 득 이 천 고 위 천 하 귀

이 단락에서는 현동, 즉, 속세와 같이 어울렸을 때의 상황에 대해 설명하고 있다. 而(이)는 '~로써', '~에'라는 어조사 용법으로 보고 대체적으로 親疏(친소)할 수도 없고, 이해(利害)가 있을 수도 없으며 귀천(貴賤)도 없

다는 문장이다. 그런데 이 문장들의 주체와 대상이 누구인지가 애매하다. 하상공의 경우는 몸이 부유하고 귀함을 바라지 않으니 이익을 얻지 않는 것이며 이익을 탐하지 않으니 해로움이 없다는 해설하고 있어 성인이 친소, 이해, 귀천을 구하지 않는다는 것으로 보고 있고, 왕필도 이로움을 얻을 수 없다는 것을 해로움도 얻을 수 없다는 것이 된다고 해설하여 성인이 이로움과 해로움에 대한 분별을 두지 않는다는 식으로 보고 있다. 모두 성인이 주체가 되어 있다. 즉 得(득)이란 동사의 주어가 성인이라는 것이다.

그러나 성인은 사물의 구분조차 하지 않는데 친소, 이해 따위를 얻는다고 하는 것은 논리상 맞지 않다. 지금은 성인이 속세와 같이 어울려 사는 상황이며 그러한 상황을 현동이라 표현하면서 있는 듯 없는 듯 어울린다고 설명했다. 필자는 이 구절의 주어를 속세 사람들이라 본다. 성인은 아무런 욕망이 없으며 마음을 비우고 있으면서 그러한 사실조차 밖으로 드러나지 않게 때문에 사람들이 그에 대해서 호의를 느낀다든가 적대감을 보일 이유가 없다. 그래서 사람들로부터 친하다(親)며 접근해오는 일도 없고 이상한 사람이라며 멀리하려는(疎) 사람도 없다. 사람들이 이러한 성인에게서 어떠한 이득(利)을 취하는 것이 불가하기 때문에 해로움(害)도 끼칠 수도 없다는 것이며, 사람들로부터 고귀(貴)하다는 평판을 얻으려고 하지 않기 때문에 또한 천(賤)하게 취급받지도 않는다. 즉 성인이 속세 사람들과 함께 있지만 세상 사람들은 그의 존재에 대해 거의 의식하지 않는다. 이것이 玄同(현동)이다.

이렇게 속세와 같이 어울리면서 나대지 않고 그들과 같은 티끌이 되어 있는 듯 없는 듯하지만 은연중에 그들로 하여금 스스로 생각하게 만들기 때문에 진정 귀하다고 하는 것이라고 결론내리고 있다.

제57장

我无爲而民自化, 好靜-自定,
無事-自富, 不欲-自樸

내가 무위하고 고요함을 좋아하며 작위적으로 일하지 않고 욕심내지 않으면
백성들이 스스로 안정되며 부유해지고 질박해 질 것이다

以正之邦 以畸用兵, 以无事取天下,

吾何以知其然也哉?

夫天下多忌諱 而民彌貧, 民多利器 而邦家玆昏,

人多知(智) 而何(奇)物玆[起], [法]物玆章 而盜賊[多有].

是以聖人言曰,

我无爲而民自化, 我好靜而民自正(定),

我无事而民自富, 我欲不欲而民自樸.

畸(기): 뙈기밭, 체비지, 우수리, 셈, <u>기이하다(=奇)</u>

諱(휘): <u>꺼리다</u>, 숨기다, 기피하다

彌(미): <u>두루</u>, 널리, 오래다, 그치다

玆(자): 이, <u>이에</u>, 이때, 검다, 흐리다

章(장): 글, 문장, <u>드러내다</u>

나름대로 올바름(정)이라는 것으로 나라를 다스리며

기이한 책략으로 군대를 부리지만

천하를 취하려 하면 무사(無事)로써만 가능하다.

내가 어찌 그런 것을 알겠는가?

대저 하지 말라는 것이 많아지면 백성들이 가난해지고

백성에게 이로운 물건들이 많아지면 가정이나 나라가 혼란스러워진다.

사람들이 아는 것이 많아지면 기이한 것들이 자꾸 생기게 되고

법령이나 물건들이 많아지면 도적이 많아지게 된다.

그래서 성인이 말하길

내가 무위(無爲)하면 백성들도 저절로 그리될 것이며,

내가 고요함을 좋아하면 백성들은 저절로 안정될 것이며,

내가 작위적으로 일을 하지 않으면 백성들은 저절로 부유해질 것이며,

내가 욕심을 내려 하지 않으면 백성들도 스스로 통나무같이 질박해진다.

以正之邦 以畸用兵, 以无事取天下, 吾何以知其然也哉?
이 정 지 방 이 기 용 병　이 무 사 취 천 하　오 하 이 지 기 연 야 재

以正之邦(이정지방)의 之(지)를 왕필은 다스린다는 治(치)라는 글자로 바꾸었으나 之(지)를 '쓰다', '사용하다'의 동사로 읽으면 그대로 두어도 무방하다. 正으로 나라를 다스리고, 기이함(畸)으로 병사를 움직인다고 하고 천하는 無事(무사)로써 얻는다고 했다. 이 세 문장을 어떻게 상호 연결하느냐가 문제다. 단순히 순차적 병렬관계로 볼 수도 있고, 앞의 두 구절인 邦과 兵은 부정적으로 보고 마지막 무사(無事)의 항목을 강조하는 구조로 볼 수도 있다.

병렬 형태로 볼 경우 나라는 正으로 다스려야 하고 군사는 畸로 부려야 하며, 천하는 무사로 취할 수 있는 것이라며 모두 긍정적인 해석이 된다. 대부분의 경우 이렇게 번역하고 있다. 그럼 여기서 正과 畸는 무엇인가? 노자는 여기서 그것에 대해 명확하게 설명하고 있지 않지만, 공자의 경우라면 仁·義·禮에 근간을 둔 왕도정치를 지칭하는 것일 수도 있겠고, 이사나 한비자의 法家라면 政을 법령, 형벌이라고 할 것이다. 사람마다 바름(正)의 정의나 그것을 이루기 위한 방법이 다를 수 있다. 현대의 민주주의와 사회주의 및 공산주의라는 것도 각각 나름대로 바름(정)을 구현하기 위한 다스림의 한 방법이다. 어느 것이 절대적으로 옳은지는 알 수 없지만 노자의 입장에서 보면 앞서 말한 것들은 인간의 사상이 만들어 낸 인위적이고 작위적이라는 것이다. 노자는 나라가 크든 작든 무위에 의한 다스림(無爲而治)을 줄곧 주장해 왔다. 그런데 여기서 갑자기 正으로 나라를 다스리라고 하는 것은 주장에 일관성이 없다. 그리고 이 章의 결론에서 결국 道(무위, 고요함 등)으로 다스려야 한다고 설명하는 부분과도 배치된다.

두 번째 畸도 마찬가지다. 대부분 畸(奇와 같다)를 병법의 권모술수로 해석한다. 奇(기)라는 글자를 보고 많은 사람들이 노자의 도덕경이 기묘한 병법을 제시하고 있는 것으로 간주한다. 그러나 노자는 전쟁에 임하는 자세는 확실하다. 30장, 31장, 68장, 69장 등에서 가급적 전쟁을 피해야 하며 어쩔 수 없이 전쟁에 임하더라도 공격보다 방어, 과감하거나 용감하지 말라는 등 퇴양의 전술을 줄곧 말하고 있다. 그런데 사람들은 이를 잘못 해석해서 노자가 상대를 속이고 방심하게 만드는 술책을 제안하고 있는 것으로 받아들인다. 그러나 술책이라는 것도 그것을 펼치는 장수마다 다를 것이며 먹힐 때도 있지만 거꾸로 당할 때도 있다는 것을 생각하면 이 또한 작위적이라는 것이다. 절대적인 술책이라는 것은 없다. 이러한 점에서 이 구절도 긍정적인 의미로 받아들이기 어렵다.

이러한 正과 畸는 모두 인위적이고 작위적인 有爲라는 것이다. 천하를 취하려고 할 때는 그러한 유의가 통하지 않는다는 것이다. 다시 말해 無事로 하여야 한다고 말하고 있다. 無事(무사)는 인위적이거나 작위적으로 일을 하지 않음이다. 無爲而治(무위이치)와 같다.

따라서 앞의 두 구절에 대해 작은 나라를 다스릴 때는 나름대로 올바름(正)으로 할 수 있고, 군사를 사용함에는 권모술수라는 것을 쓸 수 있지만 천하를 다스리려고 한다면 무사(無事)로 하여야 한다는 식으로 번역하여야 전체 문맥상 논리가 맞다. 전국춘추시대의 각 임금마다 백가쟁명(百家爭鳴)의 여러 사상이 주장하는 올바름(正)이라는 미명 아래 나라를 다스린다고는 하지만 백성들은 피폐하여 살기 힘들어 하고, 전쟁을 하면서 권모술수를 동원하여 이기기도 하지만 백성들의 생명만 부질없이 희생되고 있으며, 임금마다 자기가 천하를 통일하겠다고 맨날 전쟁이나 일삼는 당시의 세태를 은근히 비난하고 있다.

내가 어찌하여(何以) 그것이(其) 그러함(然)을 알겠는가(知)? 라고 반문하면서 다음에서 그 이유를 설명한다. 哉(재)는 의문의 어조사이다.

夫天下多忌諱 而民彌貧, 民多利器 而邦家玆昏,
부 천 하 다 기 휘 이 민 미 빈　민 다 이 기 이 방 가 자 혼

人多智 而奇物玆起, 法物玆章 而盜賊多有.
인 다 지 이 기 물 자 기　법 물 자 장 이 도 적 다 망

왜 무사(無事)로 천하를 다스려야 하는지를 이유를 4가지로 설명하고 있다. 첫째가 기휘(忌諱)가 많아지면 백성이 가난해진다. 기휘는 싫어하

고 피한다는 뜻으로 백성들에게 무엇을 억지로 하게 강제하거나 규제하는 것을 말한다. 기휘를 법령이나 제도를 만들어 국민들의 생활을 컨트롤하는 것이라고 설명하는 사람도 있지만 법령 이야기는 뒤이어 다시나오기 때문에 여기서는 공자가 주장하는 예의(禮儀)을 지키라고 강요한다든가 궁궐을 짓는 데 백성을 동원하는 것이나 고관대작이 백성을함부로 부리는 것 등등 백성이 일상적으로 싫어하는 모든 일들을 가르킨다. 이러한 일이 많아지고 간섭하는 것이 많아지면 자발성이나 창의성을 발휘하기 힘들어지며, 적극적인 경제활동도 위축되어 살기 어려워진다.

두 번째 이유로 제기한 것이 民多利器(민다이기)이며 이로 인해 나라가혼란스러워진다고 했다. 利器(이기)라는 용어는 36장에서도 나왔지만 말그대로 '이롭게 하는 물건'이다. 이롭다는 것은 편리하게 해준다는 것이다. 그러한 편리한 물건들이 많아지면 사람들은 점차 편리함에 익숙해지면서 더욱 편리한 것을 추구하게 될 뿐 아니라 편리함에 젖어 노동의 소중함을 잊어버리고 사람의 소박한 마음이 상하게 되어 가정이나 나라가점차 더 혼란스러워진다. 겸양과 함께 백성의 편리함을 추구하기 위해여러 가지 기물을 발명하는 것을 중요시 한 墨家(묵자)의 사상을 은근하게 비꼬는 것은 아닌지 모르겠다. 좀 엉뚱할 수도 있지만 필자는 여기서이기(利器)를 날카로운 물건, 즉 무기로 보고, 백성들에게 무기가 많다는것은 전쟁이 잦다는 것이나 서로 싸우는 일이 많아졌다는 것을 뜻하기때문에 가정이나 나라가 혼란스럽게 된다고 번역할 수도 있을 거라는 생각도 든다. 이럴 경우 앞 단락의 용병에 관한 이야기와 연결될 수도 있고혼(昏)이라는 상황과도 잘 어울릴 것 같다.

백서본의 玆가 왕필본에서 滋(자: 증가하다)로 되어 있는데 19장에서는 같은 글자인 玆(자)를 자(慈: 자비롭다)로 달리 바꾸었다. 참고로 죽간본에는 이 글자가 慈(자비 자)로 되어 있어 매우 혼란스럽다. 그러나 玆에는 풀이 무성하다는 뜻도 있다고 하고 또 '이에' 혹은 '이때'라는 뜻도 있어 여기서는 백서본을 그대로 인용하였다.

세 번째가 사람들이 지식이나 지혜가 많아질수록(人多智) 기이한 것들이 많이 생겨난다(奇物玆起)고 했다. 여기서 物은 앞서 인용된 器와 같은 물건으로 읽을 필요는 없다. 아는 것이 많아지면 그런 지식이나 지혜를 이용하여 이런저런 것들이 많이 생겨나게 마련이다. 가령 아주 옛날에는 전혀 몰랐던 금이라는 것을 알고 난 후부터 그것을 장신구로 사용하기 시작했으며, 그것으로부터 예술품이라는 것으로 발전되기도 한다. 사물만 그런 것은 아니다. 앎이 자꾸 많아지니 사후의 세계까지 관심을 갖기 시작하여 종교라든가 의식이라든가 같은 것도 생겨날 수 있다. 다시 말하면 사람이 지식이 많아질수록 여러 가지 물건들이나 의식들이 생겨나서 세상은 점점 복잡해질 수밖에 없고 그래서 사람은 점점 더 힘들어진다.

이 구절의 知는 지혜를 의미하는 것이라 생각하며 '智'로 바꾸었으며 何物의 '何'는 왕필본은 물론 죽간본에서 奇와 유사한 글자로 되어 있어 이에 따라 보완하였다. 아마 필사자의 착오라고 생각된다.

마지막 이유로 든 것이 法物(법물)이다. 법물은 말 그대로 법령과 사물이다. 법령은 앞 서 나온 기휘(忌諱)가 제도나 법률로서 구체화된 것이며 物은 앞의 각종 이로운 물건(器)이나 기이한 물건을 지칭한다. 사람을 제약하고 구속하는 법령, 제도가 많아 생기고 여러 가지 물건들이 많이 나오면서 사람들이 욕심도 덩달아 커지는 것이 당연한데 어찌 도둑이 생기지 않겠는가? 여기서 章(장)은 왕필본 같이 彰(드러날 창)으로 쓰면 더욱 명료하겠지만 章에도 그런 뜻이 있어 22장과 같이 백서본의 글자를 그대로 인용했다. 원본의 글자를 임의로 바꾸는 것은 가급적 지양해야 한다. 누군가는 달리 번역 또는 해석할 수도 있지 않은가?

是以聖人言曰,
시 이 성 인 언 왈

我无爲而民自化, 我好靜而民自定,
아 무 위 이 민 지 화   아 호 정 이 민 자 정

我无事而民自富 我欲不欲而民自樸
아 무 사 이 민 자 부   아 욕 무 욕 이 민 자 박

내가 무위(無爲)하고 고요함을 좋아하고(靜), 내가 무사(無事)하고 욕심이 없다(無慾)고 한다. 모두 道의 품성들이다. 성인의 그러한 품성에 따라 백성들도 저절로 각각 化(화), 定(정), 富(부), 樸(복)이 된다. 백서본에는 正으로 되어 있으나 37장에서도 이와 같은 구절이 나왔는데 거기는 定으로 되어 있어 일관성을 유지하기 위해 定으로 대체했다.

　無爲의 결과로 나타나는 化(화)는 무엇이며 고요함의 결과로 나타나는 定은 무엇인가? 앞의 두 구절은 37장에서도 등장한다. "군주가 무위를 지키면 만물도 장차 스스로 그리될 것이다.(道恒無爲 侯王若守之 萬物將自化)"라고 했고, "욕됨이 없는 고요함으로 만물이 저절로 안정된다.(不辱以靜 萬物將自定)"이라 하였는데 37장의 만물이 여기서는 백성으로 바뀌었을 뿐이다. 37장과 마찬가지로 化(화)를 '그렇게 되다' 또는 '그렇게 화하다'라고 번역하고 定은 '안정되다'로 번역하였다.

　그리고 성인은 어떤 일을 작위적으로 하지 않기 때문에 백성들도 어떤 규제도 없이 스스로 자연과 본성에 따라 일을 하게 됨으로 스스로 풍족

해지는 것을 뜻하면 내가 무욕하니 백성들도 통나무와 같이 근원의 질
박함을 유지한다는 것이다.

제58장

禍 福之所倚, 福 禍之所伏

화는 복이 좇아가는 것이며 복은 화가 엎드려 있는 것이다

其正(政)悶悶 其邦屯屯(淳) 其正(政)察察 其邦夬夬.

【骶】(禍) 福之所倚, 福 骶(禍)之所伏, 孰知其極?
[其]无正也, 正[復爲奇] 善復爲[妖], [人]之悉也 其日固久矣.

是以 方而不割 兼而不刺, 直而不紲 光而不眺.

悶(민): 답답하다, (사리에)어둡다, 번민하다, 혼미하다, 민망하다

屯(둔): (군대가)진을 치다, 수비하다, 어렵다, 견고하다, 험난하다.

察(찰): 살피다, 알다, 생각해보다

夬(쾌): 터놓다, 정하다, 결정하다, 나누다, 가르다

倚(의): 의지하다, 좇다, 따르다, 돕다, 믿다

伏(복): 숨다. 엎드리다, 굴복하다

奇(기): 기이하다, 뛰어나다.

妖(요): 요사스럽다, 아리땁다, 괴의하다, 재앙

悉(실): 모두, 남김없이, 다하다, 끝까지 궁구하다, 깨닫다

兼(겸): 겸하다, 어우르다, 포용하다, 쌓다, 합치다, 겹치다, 같다

刺(자): 찌르다, 끊다, 책망하다, 충고하다

維(설): 고삐, 줄, 도지개(활틀 고정하는 기구), 묶다, 뛰어넘다(예)

光(광): 빛, 세월, 기세, 세력, 명예, 영화롭다, 넓다, 크다

眺(조): 바라보다, 살피다, 주의하다

정치가 어리숙하면 나라가 도리어 든든해지고
정치가 너무 똑똑하면 나라가 나눠진다.

화는 복이 쫓아가는 곳이며, 복이라는 것도 화가 잠깐 엎드려 있는 것이다.
누가 그 끝을 알겠는가?
그것에 옳다는 것은 없다.
옳다는 것이 (언젠가) 기이한 것으로 바뀔 수 있고
착하다는 것도 (갑자기) 요사함이 되기도 한다.
(그런데) 사람들을 그 끝을 파헤치려 한다.
이런 일들은 날로 굳어져 오래되었다.

그렇기 때문에 모서리가 있다고 (칼로) 잘라 내지 말고
합쳐져 있다고 하여 억지로 끊지 말고
바르기만 직선이라고 억지로 구부리지 말고
(상대가) 아무리 기세등등하여도 그에게 눈을 돌리지 말라.

其政悶悶 其邦屯屯 其政察察 其邦夬夬.
기 정 민 민 기 방 둔 둔 기 정 찰 찰 기 방 쾌 쾌

백서본의 正은 定 또는 政으로도 읽히는데 아마 당시 혼용해서 썼거나 가차(假借)라고 추측된다. 앞 장에서는 正을 원본 그대로 읽었으나 여기서는 정치라는 뜻의 政으로 사용되었다. 悶(민)은 백서을본에 【闋】로 되어 있으나 백서정리조에 의견에 따라 대체하였다.

　　悶悶(민민)과 察察(찰찰)은 20장에서도 등장한 표현이다. 道를 향해 정진하는 구도자의 외로운 심정을 나타내면서 "세상 사람들은 똑똑한데 나 홀로 어리숙하다(俗人察察 我獨悶悶)."라고 말한 바 있다. 민민은 도인의 심경을 표현한 긍정적인 의미로, 찰찰은 속세의 상황을 나타내는 부정적인 의미로 사용되었다. 즉, 나라를 無爲로 다스리는 것이라 어리숙하게 보이지만(悶悶) 실상 나라는 아주 견고하다(屯屯)는 것이고, 각종 지식을 동원하여 똑똑하게(察察) 다스리는 정치는 일견 보기에는 모두 잘 될 것 같은데 실상 나라가 이리저리 갈라진다(夬夬)는 것이다. 잘난 척하는 의견들이 많아지니 국론이 분열되고, 잘난 사람이 많으니 나라가 여러 나라로 쪼개질 수도 있다.

　　왕필본은 백서본의 屯屯(돈돈)이 惇惇(돈: 도탑다, 힘쓰다)으로 되어 있어 백성의 인정이 두텁게 된다든가 돈후(敦厚)해진다고 번역하고 있는데 본문과 큰 차이는 없다. 夬도 缺(결)로 바뀌어 있으나 백성이 이지러진다는 뜻으로 번역되어 전달하고자 하는 의미는 유사하다. 다만 왕필본은 을본과 같이 邦(방)이 民(민)으로 되어 있다. 필자에 보기에는 백서갑본대로 나라(邦)을 그대로 인용하는 것이 전체 문맥상 적절하다고 생각하지만 왕필본과 같이 백성(民)이라고 해도 크게 문제되지 않는다.

禍 福之所倚, 福 禍之所伏, 孰知其極?
화 복 지 소 의 　복 화 지 소 복 　숙 지 기 극

其无正也 正復爲奇 善復爲妖, 人之悉也 其日固久矣.
기 무 정 야 　정 복 위 기 　선 복 위 요 　　인 지 실 야 　기 일 고 구 의 백서본의 【懬】는 현재에는 없는 글자인데 아마 旣와 같은 글자라 추측해서 왕필본과 같이 쉬운 禍(화)로 바꾸었다. 이 구절은 우리의 생활 속에서도 자주 회자되는 구절이다. 즉, 재앙(禍)이라는 것은 福(복)이 기대고(倚) 있는 것이며, 福이라는 것도 재앙(禍)이라는 것이 숨어 있는(伏) 것에 불과하다는 것이다. 즉, 어려움 속에 복이 있고 복 속에 어려움이 있다는 속담 같은 내용이다. 이는 화복(禍福)은 언제든지 서로 바뀔 수 있다. 이렇듯 화가 갑자기 복이 되기도 하고 복이 어느 날 갑자기 재앙으로 바뀌기도 하는데 그 마지막(其極)이 어떨지 누가(孰) 알겠는가(知)를 묻고 있다. 옳다는 것은 없다고 한다(其无正也). 마지막에 禍가 되든 福이 되든 그것이 옳다고 말할 수 없다는 것이다. 사람들은 보통 福은 당연하다고 생각하면서 자기에게 닥친 禍에 대해서는 옳지 않은 일이라며 하늘을 원망한다. 그러나 禍와 福은 함께 있는 것이며 언제 어떻게 변할지 아무도 모른다. 오늘 옳다는 것이 내일은 기의한 것(奇)으로 여겨질 수도 있으며, 오늘 착하다고 한 행위(善)들이 내일에는 요사스러운 행위(妖)로 비쳐질 수도 있다. 차면 기울고 기울어지면 다시 차게 되는 것이 자연의 이치다. 나아가 지금은 진실이라고 믿고 있는 正과 善이라는 가치의 기준도 사람이 임의로 정할 수 없다는 이야기일 수도 있다.

人之悉也(인지실야)의 悉(실)은 끝까지 결론을 찾으려 한다는 뜻이다. 화복이나 正·善의 끝이 어떻게 변할지 모르는데 사람들은 거기에 집착하고 매달린다는 것이다. 화복의 경우에는 나에게 福이 오기만을 끝까지 집착한다는 것이며, 正과 善이라는 것에 대해서도 그 절대적인 의미가 무엇인지 결론을 내리려 머리를 감싼다는 것을 비판하는 내용이다.

其日固久矣(기일고구의)의 其는 앞에서 말한 내용들이다. 화복이 언제든지 바뀔 수 있고 올바름이 요사스러운 것으로 보이기도 한다는 것은 이미 세월을 지나오면서 굳어져(固) 오래되었다(久)는 것이다. 이러한 것은 함부로 어찌하겠다는 생각을 하지 말라는 의미다.

是以 方而不割 兼而不刺, 直而不絏 光而不眺.
시 이 방 이 불 할 겸 이 불 자 직 이 불 설 광 이 불 조

따라서 어떻게 처심해야 하는지를 4가지 비유로 설명한다. 方而不割(방이불할)의 方(방)은 모서리다. 모서리는 구석이 툭 튀어나와 있다. 이 모서리를 둥글게 만들려고 베어내지 말라(不割)는 것이다. 모서리가 언제까지나 계속 모서리로 남아 있어야 한다는 법이 없다. 산속에 있는 울퉁불퉁한 돌이 지금은 모서리가 심하게 각이 져 있지만 이 돌이 구르거나 물에 흘러가면서 산 아래서는 둥글둥글해질 수 있다. 그냥 놔두어도 저절로 그리될 수도 있는데 지금의 상황을 고치려고 억지로 작위적인 행위를 가하지 말라는 것이다. 앞의 화, 복이 오는 것과 같은 이치이다. 41장에서도 "아주 큰 사각형은 모서리가 없다(大方無隅)."라 하며 모서리라는 표현이 나오는데 거기서는 道가 크다는 것을 비유하고 있어 여기서의 인용 의도와는 다르다.

兼而不刺(겸이불자)의 兼은 '합쳐져 있다', '겹쳐있다'는 뜻의 낱말이다. 즉, 합쳐져 있는 것을 찌르거나 끊거나(刺) 하여 억지로 분리하려 하지 말라는 것이다. 앞 구절의 베어낸다(割)의 동사와도 잘 어울린다. 연리목(連理木)은 깊은 사랑을 의미한다며 사람들이 좋아한다. 연리목은 누군가 다른 두 나무를 억지로 붙여 놓은 것이 아니고 저절로 그리된 것이다. 예를 들어 참나무와 서어나무가 무슨 연유인지 모르지만 연리가 되었다고 하자. 그런데 참나무와 서어나무는 각각 다른 나무이기 때문에 같이 붙어 있는 것은 옳지 않다고 그것을 강제로 떼어 놓지 말라는 것이

다. 자기만의 가치관을 고집하며 세상을 거기에 맞추려하지 말아야 한다. 그리고 지금은 단단히 합쳐 있지만 그 또한 언젠가 떨어질 수도 있다. 그 또한 저절로 그리될 것이다.

直而不絆(직이불설)의 絆(설)은 무엇을 묶기 위한 가늘고 긴 줄을 말하며 줄은 直과 달리 곡선이다. 지금은 바르게 되어 있는 것을 억지로 구부리지 말라는 것이다. 직선이 아름답다고 생각하는 사람도 있고, 여자 몸매 같은 우아한 곡선이 아름답다고 생각하는 사람도 있다. 필자는 평소 나무 분재를 보면 안쓰러운 생각이 든다. 바르게 잘 크고 있는 나무를 철사로 꽁꽁 묶어가면서 억지로 구부러지게 만든다. 나무는 얼마나 고통스러워하겠는가? 사람이 아름다움에 대한 자기 기준에 맞춰 자연을 작위적으로 변형시키는 짓이다. 나무는 처음 묘목 때는 보통 곧게 커가면서 나무의 성질이나 주변 환경에 의해 구부러지기도 하면서 커 나가는 법이다. 사람이 그렇게 만들지 않아도 자연이 저절로 그렇게 만든다.

마지막 구절의 光(광)도 여기서는 성인이 빛난다는 의미가 아니고 '기세', '세력', '기운' 등의 뜻이다. 어떤 기세등등한 것이 있어 천하를 다 삼킬 듯해도 그 또한 언제 사그라질지 모르는 일이다. 眺(조)는 거기에 관심을 갖고 쳐다보는 것을 말한다. 누군가 권력이 있고 기세등등하더라도 거기에 현혹되지 쳐다보지 말라는 것이리다. 花無十日紅 權不十年(화무십일홍 권불십년)이라는 말을 생각하면 될 것 같다.

4가지 비유를 들었는데 方(방)과 兼(겸)은 禍의 경우를, 直(직)과 光(광)은 福의 경우를 가리키는 것으로 볼 수 있다. 요약하면 화를 억지로 제어하려고 하지 말고, 복이 오더라도 그것을 부러워하거나 애써 누르지 말라고 말하고 있다.

그런데 왕필은 이 부분을 겸양의 차원에서 보고 있는 것 같다. 왕필은 글자까지 바꾸어 이 단락을 아예 "是以聖人 方而不割 廉而不劌 直而不肆 光而不燿.(시이성인 방이불할 염이불귀 직이불사 광이불요)"로 하였다. 그리고는 "성인은 반듯하지만 남을 재단하지 않고 청렴하면서도 남을 해치지 않고 곧으면서도 방자하지 않으며 자기가 빛나지만 남을 눈부시게 하지 않는다."라고 번역되고 있다. 方을 반듯하거나 방정(方正)한 것으로 보고 있으며, 兼(겸)을 廉(염)으로 보아 청렴한 것으로 보고 있다. 그러나 남을 재단하지 않고 남을 해치지 않는다는 등의 너무 당연한 행동을 감히 성인의 품격이라고 치부하는 것은 너무 유치한 것 같다. 그리고 이러한 해석은 앞의 禍福(화복) 내용과 전혀 관계가 없다. 이 구절의 주어를 성인으로 보고 있는 것이 잘못이다. 그러나 백서본에는 성인이라는 글자가 아예 없고 是以(그렇기 때문에)라는 구절만 있다. 따라서 본 단락은 "(사물이나 일의 성질이) ~하지만 (사람들은) ~하지 말라"는 형식으로 사람들에게 권유하는 것으로 보는 것이 적절하다.

제59장

治人事天 莫若嗇, 蚤服

아끼는 것 만한 것이 없다. 일찍 도를 준비함

治人事天 莫若嗇, 夫唯嗇 是以蚤服,

蚤服 是謂之重積[德], 重[積德則無不克],

[無不克則]莫知其[極], 莫知其[極]可以有國.

有國之母 可以長久, 是謂深根固氐 長生久視之道也

嗇 (색): <u>아끼다</u>, 인색하다, 탐내다, 곡식을 거두다

蚤(조): 버룩, 손톱, <u>일찍(=무)</u>

服(복): 옷, 입다, <u>좇다</u>, 굽히다(겸양하다), 두려워하다, 익숙해지다

氐(저): <u>근본</u>, 근원, 대저, 대개, 근심하다 번민하다

사람을 다스리고 하늘을 섬기는 데는

아끼는 것 만한 것이 없다.

대저 오직 아낌으로써 빨리 준비하게 되는데

빨리 준비한다는 것은 덕을 두텁게 쌓는 것을 말한다.

덕을 쌓이면 이루지 못 할 것이 없고

이루지 못할 것이 없다는 것은 그 끝을 알 수 없다는 것이며,

그 끝을 알 수 없을 정도가 되어야 나라를 가질 수 있다.

나라를 가지게 된 모체가 있어야 오래갈 수 있다.

이를 일러 뿌리를 깊고 근본을 공고해 오랫동안 유지하는 길이라고 한다.

治人事天 莫若嗇, 夫唯嗇 是以蚤服,
치 인 사 천 막 약 색 　부 유 색 시 이 조 복

사람을 다스리고 하늘을 섬기는 데 嗇(색) 만한 것이 없다고 한다. 하늘을 섬긴다고 표현하는 것은 노자에게 어울리지 않는 표현으로 어떤 절대적인 것을 의미하는 것으로 봐야 한다. 嗇(색)은 아낀다는 것인데 그 대상이 무엇인지에 대해 노자는 말이 없다. 하상공은 위정자는 백성의 재물을 아끼며 사치하지 말고, 몸을 다스리는 자는 정기가 풀어져 방탕하지 않도록 하는 것이라 하고, 왕필은 嗇을 농부라 지칭하면서 농부가 밭을 가꾸는(다스리는) 것은 다른 잡초들을 모두 제거하며 한 가지 작물만으로 돌아감으로써 가뭄이나 병충해 등의 위험을 없애니 이것이 治人事天(치인사천)과 같다고 한다. 도덕경에 대해 처음으로 주석을 단『한비자』도 이 부분에 대해 하상공과 비슷하게 해석을 하고 있다. "세상 사람들의 마음 씀은 조급하다. 조급하면 많이 소비하게 되고, 많이 소비하는 것을 사치(侈)라 한다. 그러나 성인의 마음 씀은 고요하다, 고요하면 적게 소비하게 되니 이것을 일러 嗇(색)이라 한다."라고 설명하고 있다. 그러나 혹자는 백성에 대한 불필요한 간섭을 줄이라는 것으로 읽기도 하고 어떤 사람들은 위정자의 쓸데없는 생각이나 욕망이 그 대상이라고 주장하기도 한다.

아끼는 대상이 물질적이든 정치적이든 뒤 부분과 연결시키기가 쉽지 않다. 단지 물건을 절약하는 것을 德이나 道에 직접 연결시키는 것도 너무 비약적인 것 같고, 백성에 대한 간섭이나 욕망으로 보더라도 마찬가지다. 필자는 嗇의 대상을 앞 구절의 사람(人)과 하늘(天)으로 보고 싶다. 아긴다는 것은 소중하게 한다는 의미도 있다. 즉 사람을 소중하게 아끼는 마음이 있어야 후반부에 언급되는 나라를 가질 수 있다는 것과 연결된다. 여기서 하늘은 앞서 말한 바와 같이 어떤 절대적인 것을 의미하는데 道라고 생각해도 무방하다. 즉 사람을 다스리고 하늘을 섬기는 행위를 하는데 가장 먼저 사람과 하늘을 아끼고 소중히 대해야 한다는 것이다. 물론 67장에서 성인의 세 가지 보물중 하나로 검소함(儉)을 들고 있음을 볼 때 하상공과 한비자가 말한 물질적인 아낌을 배제할 수는 없다.

무릇(夫) 오로지(唯) 아끼는 것(嗇)으로써(是以) 蚤服(조복)한다고 표현하고 있다. 蚤服(조복)의 服은 '옷을 입는다' 외에 '복종하다', '따르다', '겸양하다', '제 것으로 하다' 등 여러 가지 뜻이 있다. 하상공은 服을 얻는 것(得)으로 보고 아낌으로써 천도(天道)를 빨리 얻는 것으로 해석하는 반면, 왕필은 조복을 항상 변하지 않음(常)으로 보고 있다. 대부분 그 대상을 道라고 생각하고 道에 복종한다. 그러나 이러한 해석은 이미 道에 접어들었다는 것을 뜻하기 때문에 다음 단락에서 덕을 쌓는다는 것(積德)과 매칭 되지 않는다. 이미 道에 들어섰는데 새삼스럽게 덕을 쌓는다는 표현과 매칭되지 않는다. 죽간본에는 服이 備(비)로 되어 있다. 위계봉에 따르면 備와 服은 옛날에는 서로 통하는 글자로서 모두 준비한다는 뜻이라고 한다.[주4] 필자도 이에 동의하여 일찍 道를 준비한다는 것으로 번역하고 싶다. 道를 준비한다 함은 아직 道의 경지에 들어서지 않은 구도자의 상황이다. 이렇게 해야 뒤의 積德(적덕)과 상충되지도 않고 일찍(蚤)이라는 표현과도 어울린다.

요약하면, 사람을 다스리고 하늘을 섬긴다는 것은 사람과 하늘을 소중하게 아끼는 것이 가장 중요하다. 사람과 하늘(道)을 소중하게 아낀다는 것은 일찍 道를 준비하는 것과 같다. 즉 도를 배우기 전에 우선 사람과 도에 대해 진지하게 아끼고 소중하게 여기는 마음이 우선되어야 한다는 것이다.

蚤服 是謂之重積德, 重積德則無不克,
조 복 시 위 지 중 적 덕　중 적 덕 즉 무 불 극

道를 준비하는 것은 바로 德을 두텁게 쌓는다는 것이라고 설명하고 있다. 德이라는 것이 道의 품성이라는 점에서 볼 때 道를 준비함에 있어 덕을 쌓는 것이라는 표현은 다소 논리적으로 맞지가 않을 수가 있다. 그래서 여기서의 德은 道와 일체로 여겨지는 德이 아니고 겸양, 평등(무분별), 부드러움 등의 보편적인 성정으로 이해하여야 한다. 이는 덕을 쌓는다는 표현에서도 쉽게 유추할 수 있다. 道와 같은 德에 대해서 쌓는다는 표현은 어울리지 않는다. 아직 道를 체득하지 못했지만 보통 사람으로서 살아가면서 道의 품성인 겸양, 부드러움, 평등 등을 비슷하게나마 실천하는 것으로 이해하면 좋을 것 같다. 설령 진정한 덕을 체득하지는 못한 상태이지만 자꾸 생각하고 흉내내다보면 어느새 자기도 모르게 거기에 도달할 수도 있음이다. 重(중)은 중복되어 쌓인다고 하기보다는 두텁다고 하는 것이 매끄럽다. 이렇게 덕을 두텁게 하면 이루지 못하는 것이 없다고 했다. 克을 하상공의 말대로 이긴다(勝)로 보는 것은 좀 과격한 것 같아 '이루어내다'로 표현하여 순화시켰다.

無不克則莫知其極, 莫知其極可以有國.
무 불 극 즉 막 지 기 극   막 지 기 극 가 이 유 국

有國之母 可以長久, 是謂深根固氐 長生久視之道也.
유 국 지 모 가 이 장 구   시 위 심 근 고 저   장 생 구 시 도 야

앞 단락에 이루지 못할 것이 없다고 했는데 이것은 궁극(極)을 알지 못한다는 것이고 그 궁극을 알지 못할 정도가 되어야 나라를 가질 수 있다는 것이다. 백서본의 이에 해당되는 글자는 훼손되어 알 수가 없어 일단 왕필본의 極(극)으로 보완하였는데 죽간본에도 이에 해당되는 글자가 亙(궁: 뻗치다, 다하다, 두루)로 되어 있어 의미는 비슷하다. 하상공이나 왕필도 모두 極에 대해서 도나 덕이 다함이 없다는 것이라고 주석을 달고 있다.

이렇게 되어야만 비로소 나라를 가질 수 있다고 하는데 이는 道을 모르고서는 나라를 가지면 안 된다는 것을 말한다. 나라를 가진다는 표현은 좀 어색하여 나라를 운영한다는 의미로 이해하면 좋을 것 같다.

母(모)는 생김의 기원이며 근본이라는 의미로도 쓰이고 있다. 나라를 운영하는 근본이 오래 지속되어야 하는데 이를 일러 뿌리가 깊고 그 근원이 견고한 장생구시의 道라는 것이다. 장생구시는 오래 살고 눈이 침침하지 않고 오래도록 본다는 뜻으로 노자 사상의 중요한 목표이기도 하지만 후세에 이 구절이 도덕경을 양생술(養生術)로 접근하게 만든 구절이기도 하다.

좀 특이한 점은 갑본에서는 나라를 뜻하는 글자로 邦을 써왔는데 이 장에서는 갑본도 을본과 같이 國으로 표기되어 있다. 25장에서도 邦대신에 명확하게 國이라 표현되어 있다. 고대어에는 國은 '나라의 수도(首都)'로 邦과 의미상 구별이 있었다고 말하나[주10] 이 장에 적용하여 설명하

기가 어렵다.

아무튼 이 장은 嗇(색)과 蚤服(조복)의 대상이 무엇인지부터 정확히 나타나 있지 않아 수많은 번역과 논란이 나오게 만들었다. 나라를 道에 근본을 두고 다스리라는 것이 말하고자 하는 주제라면 이미 다른 장에서도 수차례 언급된 내용일 뿐만 아니라 그것을 설명하는 표현들도 너무 현학적이다. 아무래도 이 장의 주제는 조복(蚤服)이라고 봐야 할 것 같다.

제60장

治大國 若亨小鮮

큰 나라를 다스리는 것은 작은 생선을 삶는 것과 같다

治大國 若亨小鮮. 以道立天下 其鬼不神,

非其鬼不神也 其神不傷人也,

非其神不傷人也 聖人亦弗傷也,

夫兩弗相傷 故德交歸焉.

亨(형): 형통하다, 삶다(=烹: 팽)

鮮(선): 곱다, 선명하다, 생선, 날 것

立(립): 서다, 세우다, 확고히 하다, 정해지다, 임하다(=莅), 즉위하다

神(신): 귀신, 불가사의한 것, 영험이 있다, 삼가다, 소중히 여기다

큰 나라를 다스리는 것은 작은 생선을 삶는 것과 같다.

道로써 천하에 임한다면 귀신도 영험함을 부릴 수 없다.

귀신의 영험함이 없다는 것이 아니라

그 영험함이 사람을 해치지 못한다는 것이다.

귀신의 영험함이 사람을 해치지 않을 뿐 아니라

성인도 역시 귀신을 해치지 않는다.

대저 양쪽이 서로 해치지 못하니

德이 나누어 제자리로 돌아가게 된다.

治大國 若亨小鮮. 以道立天下,
치 대 국 약 형 소 선   이 도 입 천 하

其鬼不神, 非其鬼不神也 其神不傷人也.
기 귀 불 신   비 기 귀 불 신 야 비 신 불 상 인 야

亨(형)은 왕필본에서 烹(팽)으로 되어 있지만 옛날에는 같이 쓰였다고 한다. 작은 생선을 삶을 때는 창자나 비늘도 떼어내지 않고 자주 뒤집지도 않아야 한다. 생선이 쉬이 문드러지기 때문이다. 나라를 다스리는 것도 이와 같이 이런저런 규제나 형법들을 만들어 백성들을 강제하거나 무언가를 인위적으로 하면 생선이 문드러지듯이 백성들도 망가진다. 따라서 무위이치의 마음으로 모든 것이 저절로 그리되도록 놔두어야 백성들도 자기들의 본성을 깨닫게 된다.

이렇게 道로써 천하에 임하면 귀신도 영험함을 부리지 못한다. 鬼(귀)와 神(신)이 보통 둘 다 귀신이라는 용어로 사용되지만 도덕경에서는 神은 '영험하다', '신통력 있다', '불가사의하다'의 뜻으로 사용되고 있다. 사람들은 어렵거나 재앙이 닥쳤을 때 귀신을 찾는다. 道의 치하에 사는 백성들은 사는 것이 평안하고 거리낄 것이 없으니 귀신이 할 역할이 없다. 귀신이라는 존재가 없다는 것이 아니라 귀신의 영험함이 없다는 것이고 그것은 영험함이 사람을 상하게 못한다는 것을 말하고 있다.

非其神不傷人也 聖人亦弗傷也, 夫兩不相傷 故德交歸焉.
비 기 신 불 상 인 야 성 인 역 불 상 야   부 양 불 상 상 고 덕 교 귀 언

첫 구절은 앞의 구절에 非만 추가된 것이지만 뒤 구절과 연결해 읽어야 한다. 즉 귀신이 영험함이 사람을 상하게 못할 뿐 아니라(非) 성인 역시 상하게 하지 않는다는 것이다. 백서본에는 성인이 상하게 하는 대상(목적어)가 없다. 그러나 하상공이나 왕필본에는 '聖人亦不傷人'로 人이 추가되어 "성인도 역시 사람을 상하게 하지 않는다."로 되어 있다. 도를 체득한 성인이 보통 사람들을 상하게 하지 않는다는 말은 상식적으로나 정서적으로 어울리는 표현이 아니다. 하상공은 성인이 사람을 상하게 하지 않기 때문에 귀신도 감히 간섭하지 못하는 것이라고 주석을 달고 있지만 역시 마찬가지다. 어떤 번역자들은 성인의 존재 자체가 백성들의 마음을 불편하게 하니까 백성 마음을 상하게 하지 않는 것이라고 주장하기도 한다. 그러나 道에 의해 다스려지는 나라의 백성들이 모두 道의 정신으로 평안하게 살고 있는데 옆에 어떤 성인이 있다고 해서 그를 부러워하거나 두려워한다는 것도 말이 되지 않고 더구나 성인이 그런 백성을 상하게 한다느니 하는 이야기는 당치도 않다. 17장에서 무위이치 아래 사는 백성은 임금조차 의식하지 않는다고 했다.

이 단락을 자세히 살펴보면 부정사가 앞에서는 모두 '不'로 되어 있는데 이 구절에서는 '弗'로 되어 있다. 不과 弗은 같은 뜻의 부정사이지만 특히 弗의 경우는 앞의 문장에서 등장한 어떤 낱말을 목적어로 가질 때 사용된다고 한다(김홍경). 그럴 경우 弗의 목적어는 사람, 아니면 귀신이 될 수 있는데 사람이라면 기존의 해석이 되겠지만 귀신이라고 볼 때는 전혀 다른 해석이 된다. 즉, 귀신이 사람을 상하게 하지 않을 뿐만 아니라 성인도 귀신을 상하게 하지 않는다는 것이 된다. 이렇게 보는 것이 다음 구절인 夫兩弗相傷(부양불상상)과 자연스럽게 연결된다. 兩은 귀신과 성인으로, 이 둘은 서로 상하게 하지 않는다는 것이 된다. 즉 귀신이 사람 사는 세상에 해를 끼치지 않는 대신 거꾸로 귀신에게 영향력이 있는 성인도 그 귀신에 대해 간섭하거나 해하려고 하지 않는다는 것이다. 道에 따라 다스리지는 곳에서는 각각의 세상이 다른 세상에 대해 영향을 끼치거나 상하게 할 이유가 없다. 그래서 서로 각자의 德으로 돌아간다.

제61장

大者宣爲下

큰 나라가 마땅히 아래에 처하여야 한다

大邦者下流也, 天下之牝 天下之交也,
牝恒以靚(靜)勝牡 爲其靚(靜)也 故宜爲下,
大邦以下小邦 則取小邦, 小邦以下大邦 則取於大邦,
故或下以取 或下而取.
故大邦者不過欲兼畜人 小邦者不過欲入事人,
夫皆得其欲 則大者宣爲下.

靚(정): 단장하다. 안존하다, 정숙하다, <u>고요하다(=靜)</u>

牝(빈): <u>암컷</u>, 골짜기, 계곡

牡(모): <u>수컷</u>, 陽, 왼쪽

宜(의): 마땅하다, <u>마땅히 ~하여야 한다</u>, 화목하다

畜(축): 짐승, 쌓다, 간직하다, <u>기르다[휵]</u>, 양육하다[휵], 아끼다[휵]

큰 나라라는 것은 낮은 곳으로 흘러야 한다.

(그래야) 만천하의 암컷이 되어 온 세상이 다 모여든다.

암컷은 항상 고요함으로써 수컷을 이기는 법이니

고요해지기 위해서는 마땅히 스스로를 낮추어야 한다.

큰 나라는 작은 나라에 대해 낮춤으로써 작은 나라를 포용하고

작은 나라도 큰 나라에 낮춤으로써 받아들여지는 것이다.

그래서 (낮춤이라는 것은) 포용하기도 하고

혹은 받아들여지기도 하는 것이다.

큰 나라는 작은 나라를 부리기 위해 과욕해서는 안 되고,

작은 나라는 대국을 섬기는 데 너무 과도해서도 안 된다.

대저 양자 모두가 같이 원하는 바를 얻으려고 한다면

마땅히 큰 나라가 아래에 처하여야 한다.

大邦者下流也 天下之牝 天下之交也,
대 방 자 하 류 야 천 하 지 빈 천 하 지 교 야

牝恒以靜勝牡 爲其靜也 故宜爲下.
빈 항 이 정 승 모 위 기 정 야 고 선 위 하

나라를 경영하면서 나라 사이에 겸손을 지켜야 한다는 것을 말하고
있다. 大邦은 大國이다. 즉 큰 나라는 낮은 곳으로 흘러야 한다. 낮은
곳이 천하의 암컷이라고 한다. 암컷(牝)은 6장에서도 나온 단어로 골짜
기의 이미지로 인용되고 있다. 하상공은 암컷에 대해 '부드럽고 겸손하
며 조화로우나 크게 주장하지 않는다(柔謙和而不昌也)'라고 설명하고 왕
필도 비슷하게 '고요하지만 적극적으로 구하지 않아 만물이 스스로 거
기로 돌아간다(靜而不求 物自歸之也)'라고 해설하고 있는데 이는 모두 골
짜기의 성정이다. 그래서 만물이 풍부하고 낮은 위치에 처해 있기 때문
에 천하의 모든 나라가 모이고 서로 교류할 수 있는 場이 된다. 대국이

라고 거들먹거리거나 다른 나라를 위협하면 아무도 그 자리에 가고 싶지 않을 것이다.

암컷은 그 고요함 때문에 힘이 세고 조급한 수컷을 항상 이기는 법이니 그 고요함을 위해 마땅히 아래에 처하라고 조언하고 있다.

혹자주10)는 이 부분을 천하의 암컷(대국)이 온 천하와 交(교)한다는 것을 남녀의 교접에 비유한 것이라고도 한다. 남녀의 성행위에서 여자는 항상 아래에 가만히 있으면서 위에서 조급하게 움직이는 수컷을 취한다(제압한다)는 장면을 묘사한 것이라고 한다. 왕필본이 天下之交 天下之牝으로 백서본과 순서가 바뀌어 있는 것도 이러한 민망한 모습을 피하기 위해서라고 말하기도 한다. 골짜기를 여자의 성기에 비유하고(6장) 아기의 고추가 빳빳하다고도 표현한(55장) 것을 생각하면 그럴 수 있는 주장이라는 생각도 들지만 어찌 되었든 여기서 전하고자 하는 의미는 변하지 않는다.

도덕경에는 암수의 표현에 雌雄(자웅)과 牝牡(빈모)의 용어가 사용되고 있다. 자웅은 날짐승의 암수를 가리키며, 빈모는 네 발 달린 들짐승의 암수를 의미한다고 하는데 6장, 55장과 이곳에서는 빈모를 인용하고 10장, 28장에서는 자웅을 인용하였다. 필자에 보기에는 자웅은 유약과 강함을 은유하고 빈모는 생식, 주로 암컷의 생식기와 비슷한 골짜기나 고요함(靜), 그리고 탄생의 근원이라는 개념으로 사용하고 있는 것 같다.

大邦以下小邦 則取小邦, 小邦以下大邦 則取於大邦,
대 방 이 하 소 방 즉 취 소 방   소 방 이 하 대 방 즉 취 어 대 방

故或下以取 或下而取
고 혹 하 이 취 혹 하 이 취

사람 간의 교류도 그렇지만 나라 간의 외교도 항상 겸손하여야 한다. 큰 나라가 작은 나라를 대할 때 스스로 아래에 처하는(以下) 자세를 가지면 작은 나라를 취할 수 있다. 여기서 취한다는 것은 점령한다는 의미보다 포용한다는 정도로 번역하는 것이 좋다. 즉, 작은 나라이지만 무시하거나 얕잡아 보는 것이 아니라 어머니 같은 포용심으로 안아 준다는 의미이다. 반대로 작은 나라도 큰 나라를 대할 때 낮은 자세를 가지라고 말하고 있다. 이는 당연히 낮출 수밖에 없는 현실이지만 작은 나라가 조금 힘이 생겼다고 혹은 좋은 기회가 왔다고 경거망동하지 말고 그럴수록 자기를 더 낮추어야 한다는 것을 강조하고 있다. 그렇게 하여야 큰 나라로부터 취한다는 것은 큰 나라로부터 받아들여진다는 것을 의미한다. 그런데 왕필본에는 어조사 於를 빼고 取大國로 되어 작은 나라가 큰 나라를 취한다는 식으로 번역할 수 있어 혼동을 주고 있지만, 이때는 取를 수동형으로 읽어야 한다.

다음 두 구절인 或下以取 或下而取(혹하이취 혹하이취)는 바로 앞 구절과 내용을 다시 한번 강조하고 있다. 아래에 처함으로서 포용하기도 하고 혹은 받아들여지기도 하는 것이라며 어떤 경우든 겸손으로 대하라고 말하고 있다.

故大邦者不過欲兼畜人 小邦者不過欲入事人,
고 대 방 자 불 과 욕 겸 축 인 소 방 자 불 과 욕 입 사 인

夫皆得其欲 則大者宜爲下.
부 개 득 기 욕 즉 대 자 선 위 하

兼畜(겸축)에 대해 하상공은 무력으로 점령하여 양육하는 것이라고 했다. 큰 나라(大邦者)가 힘이 있다고 작은 나라(人)를 점령하려고(兼畜) 과

욕(過慾)을 부리지 말고(不), 작은 나라(小邦者)도 큰 나라(人)에 대해 너무 과하게(過慾) 섬기려들려(人事) 하지 말라(不)는 것이다. 人은 각각 작은 나라 사람, 큰 나라 사람을 가리킨다. 事을 일이나 사건으로 번역하는 사람도 있으나 작은 나라가 큰 나라의 일에 가타부타 개입하는 자체가 상식적으로 받아들이기 어렵다.

夫皆得其欲(부개득기욕)은 가정문으로 읽어야 한다. 두 나라 모두 그 원하는 바를 얻을 수 있기 때문에 큰 나라가 마땅히 양보한다는 것으로 해석하고 있으나, 두 나라가 모두 원하는 바를 얻으려 할 때 서로가 의견이 맞지 않을 경우에는 큰 나라가 마땅히 양보하여야 한다는 것으로 번역함이 적절하다. 윗사람이 참아야 한다는 속담도 있다. 강과 바다가 온갖 계곡물의 왕이 될 수 있는 것은 스스로 자기를 낮춤에 있다고 한 66장과 함께 강할수록 스스로 겸손하라는 겸양의 道를 이야기하고 있다.

제62장

不謂以求得 有罪以免與

도는 구한다고 얻어지는 것이 아니며,
도와 함께 있지 않다는 것이 잘못이다

道者 萬物之注也, 善人之葆(保)也 不善人之所保也,
美言可以市, 尊行可以賀人, 人之不善也 何棄[之]有?

故立天子 置三卿 雖有共璧以先四馬 不若坐而進此.
古之所以貴此者何也?
不謂求以(以求)得 有罪以免與 故爲天下貴.

葆(보): 더부룩하다, 채소, 뿌리, <u>보존하다</u>, 보배(寶), 성채, 포대기

賀(하): 하례하다, 칭찬하여 기리다, 더하다(=加), <u>위로하다</u>, 메다

棄(기): 버리다, <u>돌보지 않다</u>, 꺼리어 멀리하다, 그만두다, 잊다

卿(경): 벼슬

共(공): 한가지, 함께, <u>바치다(=拱)</u>, 올리다, 공손하다, 맞아들이다

璧(벽): 구슬. 둥근 옥, 주름, 쌓다, 되돌려주다

道라는 것은 만물에 스며들어 있다.

무위에 바탕을 둔 善人은 그것(道)을 가지고 있으나

不善人도 (앞으로) 가져야 할 바이다.

(사람에게) 듣기 좋은 말로 거래를 성사시키기도 하고

(사람을) 존경하는 것으로 사람을 기쁘게도 하는데,

아직 道를 모른다고 그 사람(不善人)을 포기할 수 있겠는가?

천자를 세우고 삼공을 두어

비록 사륜마차를 앞세우고 옥구슬을 바친다 하더라도

가만히 앉아서 道를 정진함에 미치지 못한다.

예로부터 道가 귀하다고 한 까닭은 무엇인가?

구하려고 한다고 얻을 수 있는 것이라고 할 수 없으며,

(지금) 道와 함께 하고 있지 않다는 것이 잘못이다.

그래서 道는 천하의 귀한 것이라 한다.

道者 萬物之注也, 善人之保也 不善人之所保也,
도 자 만 물 지 주 야   선 인 지 보 야 불 선 인 지 소 보 야

문장은 간단한데 번역이 제각각이다. 왕필본의 이 구절은 注(주)가 奧
(오: 깊은 구석)로 되어 있고 앞의 保가 寶(보)로 되어 있다. 그래서 첫 구
절을 道는 만물의 창고이라든가 만물의 속 깊은 보금자리라고 번역한다.
道가 만물을 만들어 냈는데 그러한 道가 만물이라는 창고나 보금자리
역할을 한다는 것은 좀 이상하다. 백서본의 注(주)를 글자 그대로 번역
하는 것이 훨씬 자연스럽다. 만물에 스며들어 있다는 것이다. 즉 만물을

생성할 때 본성이라는 것이 깃드는 것을 '스며들다(注)'로 표현한 것이다.

善人(선인)과 不善人(불선인)에 대해서는 이미 몇 차례 설명했기 때문에 차치해 두고서라도 保(보)가 문제다. 왕필본에 따르면 "선한 사람의 보배이며 선하지 않는 사람을 지켜주는 것(보존해주는)" 혹은 "선하지 않는 사람이 지니고 살아야 갈 수밖에 없다"라고 번역하고 있다. 백서본에는 葆(보)라는 글자가 몇 번 등장한다. 9장에서 '不可長葆(불가장보)'로 15장에서는 '葆此道(보차도)' 그리고 69장에도 등장한다. 다행히 9, 15장은 죽간본에도 이 내용이 있어 확인해 보면 죽간본에는 모두 '保'로 표기되어 있다. 葆(보)는 '풀이 무성하다', '보전하다', '칭찬하다' 그리고 '뿌리', '보배'라는 의미도 있다. 왕필본과 같이 보물로 보는 것도 전혀 엉뚱한 것은 아니지만 죽간본의 保로 보는 것이 합당하다. 다만 이 장에서는 葆의 좌변이 사람 人대신에 임금 王으로 되어 있는데(갑본) 현재 없는 글자로 아마 필사자가 葆를 잘못 쓴 것이라고 추측한다. 그리고 을본도 앞의 글자는 갑본과 같이 되어 있지만 뒤의 글자는 '保'로 표기되어 있는 점도 본문의 주장을 뒷받침하고 있다.

보물로 읽든 뿌리로 읽든 본문대로 보존하는 것으로 읽든 의미는 크게 벗어나지 않는다. 善人은 지금까지 계속 이야기했듯이 道에 바탕을 두어 행하는 사람이다. 따라서 善人之保는 道라는 것은 선인이라면 당연히 가지고 있는 것이며, 지금 道를 모르는 불선인이라도 장차 가져야 할 바(所保)라는 것이다. 이는 道라는 것은 성인이나 고귀한 사람들의 전유물이 아니고 누구에게나 다 열려있음이다.

美言可以市, 尊行可以賀人, 人之不善也 何棄之有?
미 언 가 이 시   존 행 가 이 하 인   인 지 불 선 야   하 기 지 유

美言(미언)은 말을 예쁘게 잘 하는 것이다. 市는 市場의 뜻 보다는 '거래', '장사'의 의미로 봐야한다. 거래를 성사시키기 위해서는 파는 사람이나 사는 사람이 모두 말을 잘 해야 한다. 尊行(존행)에 대해서 대부분의 사람들이 행동의 주체를 당사자로 보고 '존엄한 행동'이나 '고매한 행동'으로 번역하고 있는데 그렇게 될 경우 뒤이어 나오는 賀人(하인)의 번역이 어색해진다. 고매한 행동이 사람들을 경하하다든가 위로한다는 말이 되어버린다. 왕필본은 백서본의 賀(하)가 加(가: 더하다)로 되어 있는데 이 경우에도 번역이 애매하긴 마찬가지다. 필자의 생각에는 존행은 美言과 마찬가지로 상대방에게 하는 행위로 보아야 한다. 즉 미언이 상대방이 기분 나쁘지 않도록 예쁘게 하는 말이라면, 존행도 상대방에게 존경을 표하는 행위로 봐야 서로 같은 형식이 된다. 어떤 사람을 존경하는 행위는 그 사람을 기린다는 것으로 그를 기쁘게 해 준다.

기존의 번역서들은 대개 "아름다운 말은 시장에서 많은 사람들을 불러 모을 수 있고 고매한 행위는 사람들의 존경을 얻기 때문에 이러한 美言과 尊行으로 착하지 않는 사람이라고 어찌 버리겠느냐?"고 하며 두 가지 예시를 뒷부분과 순접(順接)형식으로 연결하여 미언과 존행이 不善人(불선인)을 버리지 못하게 하는 이유가 되어 있는 꼴이 된다. 그러나 이 구절의 중요한 목표는 불선자를 구제하는 것이다. 미언과 존행은 단순한 예시로 봐야 한다. 不善者(불선자)는 지금은 道를 이해하지 못하고 있지만 앞으로 道를 가져야 할(所保) 사람으로 앞서 규정하였다. 따라서 이 단락은 이렇게 번역하여야 한다. 하물며 예쁜 말(기분 좋게 해주는 말)로 거래를 성사시킬 수 있고, 존경을 표함으로써 사람을 기쁘게 해 줄 수 있는데 자기의 근원인 道를 모르는 사람이라고 어찌(何) 그대로 내버려(棄) 둘 수가 있겠는가(有)? 기도교식으로 말하면 선교를 해야 한다는 것이다. 하지만 그 방법이 美言(미언)이나 尊行(존행)은 아니다. 그런 방법으로 불선자를 인도할 수도 없다.

故立天子 置三卿 雖有共璧以先四馬, 不若坐而進此.
고 립 천 자 치 삼 경 수 유 공 벽 이 선 사 마 불 약 좌 이 진 차

古之所以貴此者何也?
고 지 소 이 귀 차 자 하 야

不謂以求得 有罪以免與 故爲天下貴.
불 위 이 구 득 유 죄 이 면 여 고 위 천 하 귀

천자를 세우고 삼경을 설치한다는 것은 사람들을 어떤 가치(善)로 이끌기 위한 사회 체제를 정비하는 것이다. 그리고 사륜마차를 앞세우고 옥구슬을 바친다는 것은 무엇을 맞이하기 위한 거창한 의식이나 의례를 갖춘다는 의미다. 하늘의 아들을 임금으로 세우고 그 아래 삼경을 두어 세상을 아무리 완벽하게 만들어 놓고, 아무리 호화롭고 경의를 표하는 의식을 갖추어 道를 청해도 道를 가질 수 없다는 것이다. 道라는 것은 스스로 자기 내면에서 찾아야 하는 것이기 때문에 가만히 앉아서(坐) 도(此)를 정진함(進)만 못하다(不若)고 설명한다. 미언이나 존행, 도를 높이 숭상하는 등의 격식이나 형식과 상관없다는 것이다. 進此(진차)의 此는 道를 가리킨다.

그리고 예로부터(古之) 道(此)를 귀하다고(貴) 한 까닭(所以)이라는 것(者)이 무엇인가(何)를 묻고 있다. 다음 구절은 당연히 그 이유를 설명하는 것이 되어야 한다. 그런데 이 부분도 기존의 번역들은 "구하는 것이 있으면 이것으로써 얻을 수 있고 죄가 있으면 이것으로써 면할 수 있다"고 한다. 김용옥은 더 나아가 "이 도를 구하면 만사형통을 얻고 (불선인

의) 죄행의 고통도 면할 수 있기 때문이다."라고 번역하고 있다. 필자가 보기에는 당최 말이 안 된다. 구하면 구할 수 있다는 것은 손쉬운 일인데 어떻게 귀한 것이 될 수 있으며, 불선인을 죄인으로 취급하고 있다. 그리고 무엇보다 道를 만사형통케 해주고 죄를 면하게 해주는 도깨비 방망이 같은 도구로 전락시킨 것은 참을 수가 없다.

이러한 번역은 免與의 與를 의문사로 취급한 것에서 그 원인이 있다. 여기서 與는 함께 같이 함이라는 의미로 봐야한다. 그리고 백서본의 '求以得'은 왕필본의 '以求得'이 맞다. 따라서 이 구절은 아주 간단하다. 구함(求)으로써(以) 얻는 것이라(得) 말할 수(謂) 없다(不). 같이하지(與) 못함(免)에 잘못(罪)이 있다(有). 그런데 罪(죄)라는 단어가 있고 免(면)이라는 글자가 눈에 띄자 사람들이 얼른 '면죄'라는 단어를 떠올리고 억지로 그런 쪽으로 몰아간 것 같다.

道라는 것은 내가 구하려고 한다 해서 얻어지는 것이 아니라는 것이며, 다만 내가 道와 함께하고 있지 않다는 것이 잘못이라는 것이다. 道는 삼라만상에 널리 스며들어 있어 흔하고 흔한 것이지만 내가 마음을 먹는다고 얻어지는 것이 아니라고 하면서, 한편으로는 지금 온 천지에 있는 道와 함께하지 못하고 있다는 그것이 잘못이라며 꾸짖고 있다. 그래서 道는 귀하다고 결론을 내리고 있다.

道는 내가 어떤 의도를 가지고 애쓴다고 얻어 질 수 있는 외형적인 것이 아니고, 오로지 내면에서만 그 근원을 깨달을 수 있을 뿐이다. 이러한 이야기는 道를 의식한 순간, 그것은 이미 외형적인 것이 되어 道가 아니다.

道는 有가 아니다. 형체가 있는 사물도 아니고 말로써 표현할 수 있는 것도 아니다. 1장에서 無를 한쪽 눈을 감고 지그시 바라보는 眇(묘: 애꾸눈)

로 표현했듯이 道는 직관에 의해 바라보고 인식하여야 한다. 어떠한 논리적인 설명으로 이해될 수 있는 것이 아니며, 숭배대상도 아니다. 내면의 성찰을 통해 그 근원을 찾아야 한다. 그러나 道는 온 천지에 가득 차 있다.

제63장

天下難作於易, 多易必多難

어려운 일은 쉬운 것에서 만들어지고,
많이 쉬운 것은 반드시 크게 어렵다

爲无爲 事无事 味无未(味).

大小多少 報怨以德.

圖難乎[其易也 爲大]乎其細也,
天下之難作於易 天下之大作於細,
是以聖人 冬(終)不爲大 故能[成其大].

夫輕若(諾)必寡信 多易必多難,
是以聖人猷(猶)難之 故終於无難.

事(사): 일삼다, 섬기다, <u>다스리다</u>, (글을)배우다, 노력하다

圖 (도): 그림, 꾀하다, <u>도모하다</u>

諾(락): 대답하다, <u>승낙하다</u>

寡(과): 적다

작위 없음(無爲)으로 행하고,

다스린다는 것이 없는 것으로 다스려라.

맛이라는 것이 없음(분별없음)으로 맛보라.

크든 작든 많든 적든 원한은 덕으로 갚아라.

어려운 것을 하려면 쉬운 것부터 하고

큰일은 미세한 것부터 해야 한다.

세상의 어려운 일은 반드시 쉬운 일에서부터 만들어지고

세상의 큰일도 미세한 것에서 만들어진다.

그래서 성인은 큰일을 하지 않기에 이로 인해 큰일을 이룰 수 있다.

대저 쉽게 하는 대답은 반드시 신뢰가 적으며,

많이 쉬워 보이는 것은 반드시 크게 어려운 법이다.

그리하여 성인은 오로지 그것을 어렵다고 여기기 때문에 결국 어려움이

없게 된다.

爲无爲 事无事 味无味, 大小多少 報怨以德.
위 무 위 사 무 사 미 무 미　대 소 다 소 보 원 이 덕

이 장도 여러 가지 이야기들이 서로 연관이 되지 않아 전체적으로 일
관된 주제가 없다고 주장하는 사람이 많다.

'無爲(무위)를 행하다'. 무위는 2장에서 설명한 바와 같이 현재의 상황
을 자연스럽게 그렇게 되도록 둘 뿐 자기의 판단이나 의지를 가미해 작

위적으로 행하는 것이 아니다. 이는 道의 정신에 따르는 것이며 道의 정신은 저절로 그러함(自然)이며 고요함(靜)이고 부드러움(柔)이며 퇴양의 품성이다.

무사(无事)가 좀 모호하다. 대부분 '일삼다'라고 번역을 하는데 이렇게 할 경우 爲와 내용상 중복된다. 하상공도 事를 단순히 일하는 것으로 보면서 미리 준비하여 갖추는 번거로움을 없애고 일을 살피는 것으로 해석을 하고 있으나 일(事)도 일종의 행함(爲)이라고 볼 수 있어 중복을 피하기 어렵다. 왕필은 '말하지 않음으로 가르치다(以不言爲敎)'라 하며 事를 '가르치다'의 뜻으로 보고 있다. 도덕경에서 無事란 단어는 여기 말고 48장(取天下 恒無事)과 57장(我無事 而民自富)에서 등장하는데 모두 다스림에 관련되어 있다. 따라서 필자는 事를 '다스린다'로 번역하고 싶다. 즉, 다스리지만 '다스림'이라는 것이 없다. 즉, 무위이치(無爲而治)를 풀어 설명한 것이다. 무위이치도 다스림에 작위적인 요소를 배제하라는 의미이다. 그리고 다스린다는 것은 백성을 대상으로 하는 정치측면에서만 볼 것이 아니라 자기의 마음을 다스리고 세상일들을 다스리는 넓은 의미로 이해해도 좋다. 味(미)는 오관의 감각을 대표하여 예를 든 것으로 맛을 보지만 '싱겁다', '짜다' 등의 구분이 없다. 이는 외부의 감각에 얽매이지 않는다는 것일 수도 있고 사물에 대한 분별이 없다는 것을 강조한 것이라 볼 수도 있다.

이러한 이야기들은 앞에서도 자주 언급했던 내용으로 특별할 것도 없는데 왜 재차 꺼냈는지 모르겠다. 더구나 원한을 덕으로 갚는다는 내용 앞에 이 구절이 있는 것도 문맥상 전혀 어울리지 않는다.

다음 구절의 大小多少도 문제다. 수많은 해석이 가능하다. 뒤의 문장과 연관시켜 단순히 부사로 간주해 "크든 작든, 많든 적든 원한은 덕으로 갚는다."라고 평이하게 번역하였다.

圖難乎其易也 爲大乎其細也,
도 난 호 기 이 야   위 대 호 기 세 야

天下之難作於易 天下之大作於細,
천 하 지 난 작 어 이   천 하 지 대 작 어 세

是以聖人 終不爲大 故能成其大.
시 이 성 인   종 불 위 대   고 능 성 기 대

　왕필본은 어조사 乎가 於로 되어 있어 "쉬운 데서 어려운 일을 도모하라(圖難於其易)."는 것으로 번역이 깔끔해 보인다. 그러나 백서본의 감탄 어조사를 그대로 활용하여도 무리가 없다. "어려운 것을 도모하도다!(圖難乎) 그것이 쉽다(其易也)."로 번역할 수 있는데 일에 대한 자세가 왕필본과 뉘앙스가 약간 다르다. 왕필본은 약간 요령의 냄새가 나는 것 같이 보이는 반면에 백서본은 무조건 어렵다고 생각하고 일에 임하는 자세를 강조하고 있다. 뒤이어 나오는 세상의 일이라는 것이 쉬운 곳에서 어려움이 생긴다(天下之難 作於易)는 내용을 볼 때는 왕필본의 번역이 적당한 것으로 생각되는데, 다음 단락의 성인은 오로지 어렵게만 여기기에 결국 어려움이 없다(猶難之 故終於無難)는 내용을 감안하면 거꾸로 백서본의 표현이 잘 어울린다. 이 단락에서는 일단 왕필의 시각에 따라 번역하여야 될 것 같다.

　크게 되는(爲大) 것도 미세한 것(細)에서부터 하라는 하면서 뒤이어 천하의 큰 일(天下之大)은 사소한 것(細)에서부터(於) 만들어진다(作)고 부연 설명을 하고 있다. 그래서 성인은 일을 크게(大) 만들지(爲) 않고(不) 끝낸다(終)고 했는데 이는 일이 작을 때 처리하기 때문에 일이 크게 될 일이 없다는 것이다.

백서본의 冬은 항상 終(종)으로 쓰여 지고 있다(23장, 26장)

夫輕諾必寡信 多易必多難, 是以聖人猶難之 故終於无難
부 경 락 필 과 신 다 이 필 다 난   시 이 성 인 유 난 지 고 종 어 무 난

대저(夫) 사람이 쉽게 승낙한다는 것(輕諾)은 반드시(必) 신뢰(信)가 적다(寡)고 한 것은 그 사람이 사안을 가볍게 보고 있다는 것이다. 그러나 많이 쉬워 보이는 것(多易)은 반드시(必) 어려움이 많은(多難) 법이다. 사람들이 부탁을 받거나 직접 일을 할 때 처음에 쉽게 생각하며 승낙했는데 막상 그 일을 하다 보니 만만치 않은 것을 알게 되고 일을 시작한 것을 후회하거나 포기하는 경우가 많다. 너무 쉽게 대답했다는 것은 그 일을 대수롭지 않다고 생각한 것이며, 처음부터 그 일을 진정으로 열심히 할 생각 자체가 없었다는 것일 수도 있다. 그렇게 되니 그 일은 실패할 수밖에 없고 종국에는 자기의 성급한 승낙을 후회하고 중도에 그만두게 됨으로써 신뢰를 잃게 된다. 아예 처음부터 거절함만도 못한 상황이 된다.

따라서 성인은 항상 그 일을 어렵다고 생각하기 때문에 큰 어려움 없이 그 일을 마칠 수 있다. 이는 앞 단락에서 어려운 일도 쉬운데 부터 하라는 것과 반대 논조로 여기서는 모든 일을 항상 진중하게 대하는 것이다. 같은 章인데도 서로 말하고자 하는 주제가 상반된다. 그리고 어떤 주제의 이야기든 두 가지 모두 서두에서 말한 無爲(무위)와는 상관없다.

이러한 상황을 종합적으로 감안할 때 報怨以德(보원이덕) 뿐 만 아니라 세 단락을 서로 연관시키기도 어렵다. 그래서 이 章은 잘못된 것이라고 말하는 사람이 많다.

이 장은 죽간본에도 있는데 '爲無爲 事無事 味無味, 大小之, 多易必

多難 是以聖人猶難之 故終无難'로 백서본의 첫 세 구절과 마지막 세 구절로만 이루어져 있으면서 그 사이에 '大小之'라는 구절이 삽입되어 있다. 후반부의 내용은 다음과 같다. "… 작은 것을 크게 여겨라. 많이 쉽게 보이는 것은 필시 크게 어려운 법이다. 그래서 성인은 오로지 어렵게 본다. 그래서 어려움 없이 끝낸다." 이는 앞 구절의 爲無爲 事無事가 언뜻 보기에는 매우 쉬워 보이나 쉽지 않다는 것을 강조하고 있다. 이렇게 죽간본은 전후 내용이 간결하고 명료하며 전후 문맥도 잘 연결되고 일관성 있게 깔끔하게 정리되어 있다. 백서본의 두 번째 단락이 잘못 끼어 든 것 같다.

제64장

其安也 易持也, 恒於其成事而敗之

안정되어 있을 때 유지하기가 쉽다.
항상 일의 성공에 마음을 두기 때문에 실패한다

其安也 易持也, [其未兆]也 易謀[也,
其脆也 易泮也, 其幾也 易散也,
爲之於其未有, 治之於其未亂也.

合抱之]木 作於毫末, 九成之臺 作於嬴(累)土,
百千之高 始於足下,

爲之者敗之 執之者失之,
是以聖人 无爲也 故无敗也, 无執也 故无失也.
民之從事也 恒於其成事而敗之,
故愼終如始 則无敗事矣.

是以聖人 欲不欲 而不貴難得之貨,
學不學 而復衆人之所過, 能輔萬物之自然 而弗敢爲.

謨(모): 꾀하다, 속이다, 모색하다, 살피다, 모호하다

脆(취): 무르다, 약하다, 가볍다

泮(반): 물가, (얼음이) 녹다, 풀리다

幾(기): 낌새, 조짐, 위태하다, 얼마, 몇몇

散(산): 흩어지다, 한가롭다, 달아나다, 나누어지다

抱(포): 안다, 품다, 가슴, 아름

毫(호): 붓촉, 가는 털

羸(리): 파리하다, 고달프다, 엎지르다, 약하다

累(누): 묶다, 쌓다

愼(신): 삼가다, 조심하다, 근신하다, 두려워하다, 근심하다

復(복): 회복하다, 되돌아보다, 채우다, 제거하다, 덜다

輔(보): 돕다

안정되어 있을 때 지키고 유지하기가 쉬우며,

아직 조짐이 나타나기 전에 도모하는 것이 용이하다.

취약해진 것은 풀리기 쉽고

낌새 있는 것은 흐트러지기 쉽다.

아직 아무 일이 없을 때 행하고

아직 어지러워지지 않았을 때 다스려라.

아름드리 큰 나무도 털끝 같은 싹에서 만들어진 것이며

구층 누대도 한줌 흙에서 만들어 진 것이다.

백 길 높은 것도 발밑에서 시작 된다.

(위의 것들을 인위적으로) 하고자 하면 실패하고 잡으려 하면 잃게 된다.

그래서 성인은 함이 없기 때문에 실패하지 않으며,

잡으려 하지 않기 때문에 잃는 것도 없다.

그러나 사람들은 일을 하면서 항상 일의 성공에 마음을 두기 때문에 실패한다.

그래서 예부터 처음의 마음으로 일을 신중하게 삼가면 실패할 일이 없다.

성인은 사람들이 욕심내는 것을 하려 하지 않기에

얻기 어려운 재화를 귀하게 여기지 않는다.

(사람들이) 배우지 않은 것을 배우면서 뭇사람들의 허물을 돌아볼 뿐이다.

그리고 만물이 저절로 그리되는 것을 도와줄 뿐 감히 나서서 행하지 않는다.

其安也 易持也, 其未兆也 易謨也,
기 안 야 이 지 야 기 미 조 야 이 모 야

其脆也 易泮也, 其幾也 易散也,
기 취 야 이 반 야 기 미 야 이 산 야

爲之於其未有 治之於其未亂也,
위 지 어 기 미 유 치 지 어 기 미 란 야

백서본은 전반부의 두 구절을 제외하고 전부 훼손되어 왕필본과 죽간본을 참조하여 보완하였다. 其(기)는 어떤 사물이나 현상을 가리킨다. 어떤 상황이 안정되어 있으면(安) 지키고 유지하기가(持) 쉽고(易), 전조(兆)가 아직 드러나지 않을 때(未) 꾀하기(謨) 쉽다. 잘 붙잡아 유지해야겠다는 생각에 들었다면 이미 그 일은 불안정한 상태에 들어섰다는 것을 의미한다.

마찬가지로 어떤 사건에 이미 징조가 나타났다면 앞으로 일은 내 의지와는 관계없이 조짐대로 발전할 뿐이다.

두 번째 구절이 문제다. 백서본은 이 부분을 전혀 알 수 없고 왕필본은 其脆 易泮 其微 易散(기취 이반 기미 이산)으로 되어 있다. 이 문장을 대부분 "연약(취약)할 때 풀리기(깨지기) 쉽고 미세할 때 흩어지기 쉽다"로 번역하고 있다. 앞 구절의 내용과 별개의 사안으로 취급해 왔다. 죽간본은 泮(반)이 畔(반: 배반하다)로, 微(미)가 幾(기)로 되어 있다.

필자는 이 구절은 앞 구절에 대응하는 설명으로 보아야 한다고 생각한다. 安 → 脆, 未兆 → 幾의 대응 형태라는 것이다. 즉, 안정되어 있는 것과 취약한 것, 전조가 없는 것과 기미가 있는 것에 대해 설명하고 있다. 따라서 안정되어 있는 것은(安) 유지하기가 쉽고, 반대로 연약(취약)한 것은 풀리기(깨지기) 쉽다는 완성된 형식이 된다. 마찬가지로 전조가 없을 때와 달리 어떤 징조나 기미(幾)가 있으면 이미 늦어 흩어지기(散) 쉬운 법이다. 유리에 실눈 같은 금이 보이면 이내 유리는 부서지고 만다. 그동안 왕필본의 微(미)라는 글자 때문에 앞 뒤 구절을 서로 연결시킬 수 없었지만 죽간본이 세상에 나온 이제는 본문과 같이 번역하여야 한다고 생각한다.

왕필본의 泮(반)은 죽간본에는 畔(반: 배반하다)으로 되어 있고 하상공본은 破(파)로 되어 있다. 한문학자들에 의하면 畔, 泮은 判(판: 깨지다)과 바꾸어 쓸 수 있는 글자라 하여 대부분 判(판)으로 읽고 있다. 이렇게 읽을 경우 脆을 연약하다는 것 대신에 취약하다로 번역하면 본문과 큰 차이가 없다.

따라서 그것(其)에 어떠한 일(有)이 아직 있기 전(未)일 때 (於) 행하라

(爲)는 것이다. 그리고 어떤 일이(其) 아직 어지럽지 않을(未亂) 때(於) 다
스리라(治)고 말한다. 여기서 未有(미유)는 앞 구절의 安(안)과 未兆(미조)
를, 未亂(미란)은 풀리거나(泮) 흩어지기(散) 전을 의미한다. 연약한 것이
이미 풀리거나 흩어져 버리면 수습하기가 어렵다.

合抱之木 作於毫末, 九成之臺 作於累土,
함 포 지 목 작 어 호 말 구 성 지 대 작 어 누 토

百千之高 始於足下,
백 천 지 고 시 어 족 하

무슨 일이든 어지러워지기 전에 다스리는 이야기에 이어 시작이 중요
하다는 것을 예를 들어 이야기하고 있다. 含抱之木(함포지목)은 사람이
두 손으로 안을 만큼 큰 나무를 말하며 毫末(호말)은 털끝이라는 말로
나무에 비견해 조그마한 새싹이라 의역하면 될 것 같다. 아름드리 큰 나
무도 처음에는 조그마한 새싹에서 시작된다. 九成之臺의 成(성)이 왕필
본에는 層(층)으로 되어 있지만 백서본대로 아홉 개로 이루어진 누대라
고 해도 상무방하다. 이렇게 엄청난 누대도 처음에서 흙 한 줌을 쌓는
것으로부터 시작된 것이다. 연이어 우리의 귀에 익숙한 속담 같은 표현
이 등장한다. 백서본은 백, 천의 높이라는 것도 처음은 발아래로부터 시
작되었다는 것인데 왕필본에는 "천릿길도 한 걸음부터 시작된다(千里之
行 始於足下)"라는 익숙한 표현으로 되어 있다. 어느 쪽이든 의미는 같다.
　하상공은 이 부분에 대해 작은 것, 낮은 것, 가까움으로부터 시작해
큰 것, 높은 것, 먼 곳에 이르게 된다고 해석을 달면서 작은 것 등의 중
요성을 이야기한 것 같지만 나는 시작이라는 부분에 방점을 두고 싶다.

爲之者敗之 執之者失之,
위 지 자 패 지 집 지 자 실 지

是以聖人 无爲也 故无敗也, 无執也 故无失也.
시 이 성 인 무 위 야 고 무 패 야 무 집 야 고 무 실 야

民之從事也 恒於其成事而敗之,
민 지 종 사 야 항 어 기 성 사 이 패 지

故曰愼終如始 則无敗事矣
고 왈 신 종 여 시 즉 무 패 사 의

爲之者(위지자)는 작위적인 의도나 목표를 의식하며 행하는 것을 말한다. 그러한 행위의 결과는 실패로 이어질 것이고 무언가를 애써 잡으려고 하는 사람은 결국 그것을 잃게 될 것이다. 우리의 생활 속에서도 많이 경험하는 이야기로 마음이 앞서면 일이 잘 되지 않는다. 이미 그 일을 하는 것에 마음이라는 작위, 의도가 들어가게 되고 이는 마음을 조급하게 만들기 때문이다. 그래서 무위에 맡기면 잘못되는 일이 없으며(無敗) 집착하지 않으면 잃을 일도 없다(無失).

民은 그냥 일반 사람으로 보는 것이 적절하다. 사람들이 일을 함에 있어서(從事) 항상(恒) 그 일을(事) 성공(成)시키려 하면(於) 그것을(之) 망치게 된다(敗)고 부연 설명하고 있다. 처음에 일을 시작할 때는 나름대로 無爲에 따라 하기로 생각하였는데 일을 하다 보니 당연히 의외로 일이 잘 되어 가면 사람이라는 게 요상한 욕심이 생기는 법이다. 아무 생각 없이 해도 이렇게 잘 되는데 조금만 더 신경을 쓰면 엄청 더 잘 될 것이라는 착각에 빠진다. 그것을 경계하는 말이 愼終如始(신종여시)이다. 시작할 때 무심한 그 자세를 끝까지 유지하라는 것이다. 그래야 일에 실패가 없다.

20여 년을 골프를 친 필자도 아직 그렇다. 잘 쳐야겠다는 마음을 먹으면 공은 멀리가지도 않을 뿐 아니라 아예 엉뚱한 방향으로 날아가 버린다. 주위에서 힘을 빼라고 조언하지만 아직도 본능적으로 힘으로 날려 보내려 한다. 나이 들면 저절로 힘이 빠질 거라고 생각했는데 아직도 공을 후려치는 자신을 보면 아직 무위에 까마득하다. 필드에 들어설 때마다 매번 마음을 비우자고 다짐을 하지만, 클럽을 휘두르는 순간 나도 모르게 욕심은 저만큼 먼저 멀리 날아가 있다. 당연히 공은 요만큼 앞에서 나를 비웃고 있다. 어디 골프뿐이겠는가?

是以聖人 欲不欲 而不貴難得之貨,
시 이 성 인 욕 불 욕 이 불 귀 난 득 지 화

學不學 而復衆人之所過,
학 불 학 이 복 중 인 지 소 과

能輔萬物之自然 而弗敢爲.
능 보 만 물 지 자 연 이 불 감 위

欲不欲(욕불욕)의 不欲은 사람들이 욕심내지 않은 것을 말한다. 즉, 성인은 일반 사람들이 욕심내지 않는 것(不欲)을 하려 한다는 것이다. 거꾸로 말하면 사람들이 욕심내는 것을 하려 하지 않음이다. 그래서 속세 사람들이 가장 욕심을 내는 재화를 귀하게 여기지 않는다. 學不學(학불학)도 마찬가지로 사람들이 배우지 않는 것을 배운다는 것으로 보통 사람들이 배우고자 하는 지식에 대한 생각이 전혀 없고 사람들이 도외시하는 道에 대해 공부한다는 것이다. 하상공도 이에 대해 보통 사람들이 배우는 것은 지혜와 속임이며 성인이 배우는 것은 스스로 그러함이라고 해설하고 있으며(人學智詐 聖人學自然), 왕필도 배움으로 깨우치는 것은 잘못이다(喩於學者 過也)라고 말하고 있다. 세속적인 배움을 통하여 道를 알 수 있는 것이 아니다.

세상 사람들이 공부하지 않은 道를 배우고 나서 而復衆人之所過(이복중인지소과)한다고 했다. 세상 사람들(衆人)의(之) 과오라는 것(所過)을 돌아본다(復). 세상 사람들이 하는 공부가 잘못된 것이라는 것을 돌아본다는 것이다. 세상 사람들이 많은 지식과 지혜를 배워 잘 살고 있다고 떠들지 모르지만 성인의 입장에서 보면 가련하고 안타까울 뿐이다. 過(과)를 '지나간 것'으로 보는 사람도 있는데 그렇게 해도 사람들이 지난온 것과 본문의 잘못이라는 의미와 차이가 없다. 그러나 많은 사람들이 "보통 사람들의 허물을 회복(復)시켜준다."고 번역하는 경우가 많은데 적절치 않다. 허물을 회복시킨다는 것은 보통 사람들이 무위를 하도록 회복시킨다는 것인데 無爲와 道는 가르쳐 주거나 회복시켜 줄 수 있는 대상이 아니다. 그리고 다음의 마지막 구절의 내용과도 상충된다. 그들을 교화시킨다고 하는 행위 자체가 欲이고 有爲가 된다.

그러면서 마지막으로 성인은 만물이 저절로 그리되는 것(自然)을 도울(輔)뿐 감히(敢) 하려고(爲)하지 않는다(弗)는 것이다. 도우는 방법도 2장에서 말한바와 같이 무위로 일하면서(無爲之事) 말없이 그 의미를 전달하는(不言之敎) 것뿐이다. 그래서 감히 할 수 있는 것이 없다(而弗敢爲). 참고로 죽간본은 而弗能爲(이불능위)로 되어 있다.

이 장은 전반부(其安~足下)와 후반부의 이야기가 연결되지 않아 그동안 잘못 편집된 것이라는 논란이 분분했다. 그러나 죽간본에는 전반부와 후반부가 별개의 장으로 구분되어 있어 그동안 논란이 이유가 있었다는 것을 말해 주고 있다.

제65장

非以明民 將以愚之

백성을 명민하게 만들지 않고 어리석게 만들어라

故曰 爲道者, 非以明民也, 將以愚之也,
民之難治也 以其智也,
故以知(智)知邦 邦之賊也, 以不知(智)知邦 邦之德也.

恒知此兩者 亦稽式也, 恒知稽式 此謂玄德.
玄德深矣遠矣, 與物反矣 乃至大順.

知(지): 알다, 나타내다, 맡다, 주재하다, 대접하다, 사귀다, (병이)낫다
賊(적): 도둑, 사악한, 해치다, 그르치다, 죽이다
稽(계): 상고하다, 헤아리다, 논의하다, 묻다, 셈하다, 견주다, 저축하다

옛날에 도를 행하는 사람은
백성을 교활하게 만들지 않고 순박하게 만들고자 하였다.
다스리기가 어려운 것은 그러한 지혜 때문이다.
그래서 지혜로서 다스리는 것은 나라를 그르치게 되고
지혜로써 다스리지 않음이 나라의 德이 된다.

이 두 가지를 안다는 것은 또한 옛날의 이치를 상고한다는 것이며

이를 항상 알고 있는 것을 일러 현덕이라고 한다.

현덕은 깊고도 심오하여 사물(상식)과 상반되는 것 같지만

결국에는 (무위이치에) 크게 순응하게 된다.

故曰 爲道者 非以明民也 將以愚之也,
고 왈 위 도 자 비 이 명 민 야 장 이 우 지 야

道를 행하는 爲道者(위도자)는 선위자(善爲者)와 같다. 여기서 위도자
는 17장에서 언급한 고대 태평성세를 구가한 요임금을 염두에 둔 것이라
생각한다. 무위로 백성을 다스려 백성들이 임금이 있다는 사실만 아는
정도로 요순(堯舜)의 시대를 최고의 다스림(太上)으로 보고 있다.

백성을 밝게 하지 말고 오히려 어리석게 하라고 했다. 왕필은 밝음(明)
에 대해서 "보는 것이 많아 교묘하게 속여서 순수함을 덮는 것(明謂多見
巧詐弊其樸也)"이라 했으며 어리석음(愚)에 대해서는 "지혜가 없어 진실을
지키고 자연에 순응하는 것(愚謂無知 守眞順自然也)"이라 설명했다. 즉,
明(명)은 눈치가 재빠르고 교활한 것을 의미하며, 어리석음(愚)는 이해타
산을 잘 따지지 않는 순수함이다. 어떤 사람들은 이 문구를 글자 그대
로 읽어 노자가 우민(愚民)정치를 주장한다고 비판하지만 글자 그대로
읽은 탓이다.

필자의 생각이지만 明(명)이라는 글자가 깨달음을 나타내는 추상명사
로 자주 사용되고 있음을 생각할 때 여기서 얄팍한 똑똑함을 지칭하는
것에도 같은 明을 사용한 것은 보기가 좋지 않다. 將은 장차라는 뜻보
다 '오히려'라고 읽는 것이 매끄럽다.

民之難治也 以其智也,
민 지 난 치 야 이 기 지 야

故以智知邦 邦之賊也, 以不智知邦 邦之德也.
고 이 지 지 방 방 지 적 야   이 부 지 지 방   방 지 덕 야

백성을 다스린다는 것은 참으로 어렵다. 사람들이 모여 나라라는 사회를 구성하지만 저마다 생각과 추구하는 바가 다르고 이해에 민감하기 때문에 모두를 만족시키며 다스린다는 것이 쉽지 않다. 노자는 그 이유로 백성들이 너무 지혜가 많기 때문이라고 한다. 여기서 지혜는 밝음(明)과 어리석음(愚) 같이 제한적인 의미로 보아야 한다. 3장의 '현명함을 숭상하지 말라(不尙賢)'나 19장의 '지혜를 끊고 번지르르한 말을 버리라(絶智棄辯)'라는 것도 교묘한 지혜, 남을 속이는 지혜 등 자연과 거슬리게 만드는 지혜를 지칭한다.

以智知邦(이지지방)에서 知는 '알다'라는 뜻보다는 '주재하다', '맡다'라는 뜻으로 읽어야 한다. 賊도 나라의 도둑이라고 많이 번역하고 있는데 '그르치다'의 정도로 보는 것이 적절하다. 따라서 "지혜로써 나라를 주재하면 나라를 그르치게 된다."로 번역된다.

왕필본은 혼돈을 피하려고 했는지 친절하게 以智治國으로 바꾸었다. 그러나 백서갑·을본 모두 바로 앞의 구절에서 다스릴 '治'라는 글자를 사용했음에도 여기서 일부러 知라는 글자를 고집한 이유가 분명 있을 것이라고 생각한다. 나라 일을 관리하는데 인위적인 지혜를 사용하는 것에 '다스리다(治)'라는 표현을 쓰기에 내키지 않을 것이다. 백성들에게 크게 도움이 될 것이라고 생각하여 갖가지 지혜를 짜내어 시행한 정책들이 오히려 백성들로 하여금 그 의도가 무엇인지 고민하게 만들고, 거기에 빠져나갈 구멍을 찾기 위한 교묘한 술책을 강구하게 만들 수 있다.

서로를 경계하고 서로를 속이며 자기의 이익만을 위해 머리를 이리저리 굴려야 하므로 이러한 상태에서 나라가 제대로 될 일이 없다. 그래서 지혜로 서로 빼앗으려고 하는 상황을 도적(賊)이라는 표현으로 쓴 것 같다. 그래서 반대로 지혜가 없이 나라를 주재하는 것을 德이라 표현하였다. 덕은 無爲(무위)로 나라를 다스려야 한다는 것(無爲而治)을 말할 것도 없다.

恒知此兩者 亦稽式也, 恒知稽式 此謂玄德
항 지 차 양 자 역 계 식 야 항 지 계 식 차 위 현 덕

玄德, 深矣 遠矣, 與物反矣 乃至大順.
현 덕 심 의 원 의 여 물 반 의 내 지 대 순

두 가지(兩者)는 앞에서 지혜로 주재하는 것(以智)과 지혜 없이 주재하는 것(以不智)을 지칭한다. 稽(계)는 옛날을 상고하다는 뜻으로 이 章의 맨 처음 도입부가 古之라는 표현한 것과 연관된다. 式(식)은 28장에도 등장한 단어로 '이치', '법칙'의 뜻으로 읽었다. 稽式(계식)은 글자 그대로 '옛날의 이치를 상고하다'라는 뜻이다. 예를 들면 옛날 요순(堯舜)의 태평 시대의 통치 이치를 상고하라는 것이다. 즉 두 가지의 형태의 다스림을 안다는 것은 역사를 상고해보면 그 차이를 알 수 있다.

이러한 역사의 가르침을 잊지 말고 항상 가슴에 두는 것을 현덕이라고 정의하고 있다. 현덕은 이미 10장, 51장에서도 등장한 용어다. 그래서 현덕은 깊다(深)고 멀다(遠)고 했다. 지혜를 모두 없애버리고 나라를 다스린다는 것이 일견 보기에는 말도 안 되는 것으로 보이지만 거기에 뚜렷이 안 보이지만 깊은 덕이 있다.

與物反也(여물반야)의 物은 일반적인 사물이나 일을 말한다. 이러한 현

덕이라는 것이 보통의 일이나 사물, 즉 상식과 반대같이 보이지만 결국 순리(大順)에 이르게 된다. 순리라는 것은 결국 지혜가 없는 다스림, 즉 무위의 다스림에 이르게 된다.

제66장

江海爲百谷王 以其善下之

바다가 백곡의 왕이 될 수 있는 것은
도에 따라 자기를 낮추기 때문이다

江海之所以能爲百浴(谷)王者 以其善下之,
是以能爲百浴(谷)王.

是以聖人之欲上民也 必以其言下之,
其欲先民也 必以其身後之.
故居前而民弗害也 居上而民弗重也,
天下樂隼(推)而弗猒也 非以其无爭與?
故天下莫能與爭.

隼(준): 새매, 맹금류의 총칭

推(추): 밀다, 추천하다, 받들다, 공경하다, 꾸미지 아니하다

猒(염): 물리다, 싫증나다(=厭), 족하다, 편안하다

강과 바다가 온갖 계곡의 왕이 될 수 있는 것은
道에 바탕을 두어 자기를 낮추기 때문이니
그래서 온갖 계곡의 왕이 될 수 있다.

그래서 성인이 백성 위에 있으려면 그 말씨를 낮추어야 하며

백성들 앞에 서려면 자신의 몸을 뒤에 두어야 한다.

그러면 백성은 (성인이) 앞에 있어도 해롭다고 여기지 않으며

(자기보다) 위에 있어도 무겁다고 여기지 않는다.

세상 사람들이 기꺼이 받들며 싫어하지 않는 것은

그것으로 인한 다툼이 없기 때문이 아니겠는가?

그러므로 세상 어느 누구도 (성인과) 더불어 싸울 수 없다.

江海之所以能爲百谷王者 以其善下之, 是以能爲百谷王,

강 해 지 소 이 능 위 백 곡 왕 자 이 기 선 하 지 시 이 능 위 백 곡 왕

큰 나라는 스스로 낮추라는 겸양의 道를 이야기하고 있다. 강과 바다
가 많은 골짜기의 왕이 될 수 있다는 비유는 골짜기의 물은 결국 강이나
바다로 흘러가는 것을 염두에 둔 것이다. 당연히 물은 아래로 흘러가기
마련이며 강이나 바다는 골짜기보다 낮은 곳에 위치해 있다. 낮은 곳에
서 모든 것을 받아들이는 것은 모든 것을 수용한다는 의미다. 以其善下
之(이기선하지)는 죽간본에는 '善'이라는 단어가 없는데 백서본과 왕필본
에서 추가된 것으로 보인다. 굳이 善이란 말이 없어도 문제가 없는데 겸
양(下)이 道의 품성이라는 것을 강조함이라 생각한다.

是以聖人之欲上民也 必以其言下之,

시 이 성 인 지 욕 상 민 야 필 이 기 언 하 지

其欲先民也 必以其身後之,

기 욕 선 민 야 욕 이 기 신 후 지

성인도 그러하다고 한다. 백성 위에 서고자 하면 반드시 말을 낮추어야 하고 백성들의 앞에 서려고 하면 그 몸을 반드시 뒤에 두라고 한다. 성인의 행동거지를 설명함에 있어 欲上民(욕상민), 欲先民(욕선민)에서 하고자 하는 욕구를 나타내는 '欲'이라는 글자가 좀 거슬리게 보일 수도 있지만 도덕경에서는 欲을 긍정적인 의미의 동사로 많이 쓰고 있다. 죽간본에는 欲이란 단어가 들어가 있지 않고 在民前也(재민전야), 在民上也(재민상야)와 같이 다소 편안하게 되어 있다. 앞서려고 하면서 몸을 뒤로 하는 것은 가식이나 나쁜 의도를 가진 것으로 오해될 수 있으나, 욕심이나 앞서려는 생각에 그러는 것이 아니라 자기가 어느 위치에 있더라도 항상 겸손하고 양보하라는 것이다. 필자의 아둔한 생각에는 반대로 먼저 항상 말을 낮추고 몸을 뒤로하면 결과적으로 앞서게 된다는 식으로 표현하는 것이 상식적으로 잘 이해가 될 터인데 이렇게 표현한 것에 다른 깊은 뜻이 있는지도 모르겠다.

故居前而民弗害也 居上而民弗重也,
고 거 전 이 민 불 해 야 거 상 이 민 불 중 야

天下樂推而弗猒也, 非以其无爭與? 故天下莫能與爭.
천 하 락 추 이 불 염 야　비 이 기 무 쟁 여　고 천 하 막 능 여 쟁

앞에서 말씨를 낮추고 자신을 뒤로 하면서 설령 성인이 백성 위에 있거나 앞서게 된다하더라도 그로 인해 백성들은 어떤 해를 입거나 무거움을 전혀 느끼지 않는다는 것이다.

세상 사람들이(天下) 기꺼이(樂) 받들고(推) 싫어하지(猒) 않는(弗) 것은 다툼이 없기(無爭) 때문이(以) 아니겠느냐(非~與)? 갑본의 隼(준)이라는 글자는 자전상의 말뜻이라면 전혀 맞지 않고 을본에는 이 글자가 誰(수: 누

구)로 되어 있는데 이 또한 번역이 되지 않아 왕필본의 推를 인용하였다.

겸양은 다른 사람과 다툴 일이 없다. 이기려 하지도 않고 차라리 지는 것이 속 편하다고 하는 사람과 어떻게 싸움이 되겠는가? 이런 사람에게 이길 수 있는 사람은 없다. 싸움 자체가 되니 않으니 이기는 결과도 없다. 그래서 마지막 구절에서 천하 사람들은 성인과 싸울 수 없다고 하였다. 이 구절에서의 與(여)는 앞 구절에서 의문형 어조사로 사용된 것과 달리 '함께하다'라는 형용사이다.

제67장

我恒有三保: 慈, 儉, 不敢爲

나에게 세 가지 보물이 있다.
자비와 검소함, 그리고 감히 나서지 않음이 그것이다

天下[皆]謂我大, 大而不宵, 夫唯不宵 故能大,
若宵, 久矣其細也夫.

我恒有三葆 持而葆之
一曰玆(慈) 二曰檢(儉) 三曰不敢爲天下先.
夫玆(慈)故能勇, 檢敢能廣, 不敢爲天下先 故能爲成事長.

今舍其玆(慈)且勇, 舍其檢且廣, 舍其後且先, 則必死矣.
夫玆(慈), 以單(戰)則勝 以守則固, 天將建之 女[安]以玆(慈)垣之.

宵(소): 밤, 야간, 작다, 닮다(=肖)

久(구): 오래되다, 머무르다, 가리다, 막다, 변하지 아니하다, 오래된

葆(보): 풀이 무성하다, 뿌리, 보존하다, 보물(=寶)

玆(자): 이에, 검다, 흐리다

慈(자): 자비, 자애로움, 사랑, 어머니

檢(검): 봉함, 봉인하다, 단속하다

儉(검): 검소하다, 적다, 흉작

廣(광): 넓다, 빛나다

安(안): 편안하다, 즐기다, 어찌, 이에(乃), 곧, 어디에

垣(원): 담장, 울타리, 에워싸다, 두르다

세상 사람들은 모두 나를 위대하다고 말한다.

위대하다고 하지만 (사실) 변변치 않다.

대저 오직 변변치 않다는 것이야 말로 위대하다는 것이다.

만약 똑똑했더라면 나는 그 때문에 막혔을 것이니,

똑똑함이 결국 하찮은 것에 불과하지 않은가!

나는 항상 세 가지 보배가 있어

그것을 귀중하게 지니고 있다.

첫째는 자비이고, 둘째는 검소함이며,

셋째는 감히 세상 앞에 나서지 않음이다.

대저 사랑이 있어 용감해질 수 있고

검소하기 때문에 넉넉해지며

감히 앞에 나서지 않음으로써 큰 그릇이 될 수 있다.

지금 자비를 버리고 용감하기만 하거나

검소함을 버리고 풍족하게만 하려하고

뒤에 서는 것을 버리고 앞서려고만 하면

그것은 곧 죽음으로 이어진다.

대저 자비로서 전쟁에 임하면 승리하고

자비로서 (나라를)지키면 굳건해진다.

하늘이 장차 어떤 일을 만들어 준다면
이에 그 일을 자비로써 담장을 둘러라.

이 장의 첫 단락의 宵(소)라는 글자가 갑본은 '작다'의 의미로 사용되고
있는 반면, 을본에서는 같은 글자가 '닮다'의 의미로 쓰여 진 것 같다. 물
론 宵에는 둘 다의 뜻이 있다. 갑본의 훼손되어 있는 것은 유추해서 ( )
내로 표기하면 각각 다음과 같이 된다.

• 갑본: (天下皆謂我大), (宵也), 夫唯(宵), 故不宵, 若宵, 細久矣.
• 을본: 天下皆謂我大, 大而不宵, 夫唯不宵, 故能大, 若宵, 久矣其
    細也.

백서본의 宵(소)를 왕필본과 같이 肖(초: 닮다)로 간주한다면 네 번 째
문장인 故不宵(갑본)와 故能大(을본)가 서로 반대의 뜻이 된다. 갑본에서
변변치 않다는 것이 되지만 을본에서는 위대한 것이 되어 버린다. 그리
고 갑본의 마지막 문장의 번역도 애매해져 똑똑하다면(若宵) 하찮지만
오래간다(細久矣)의 내용이 되어 말이 성립 안 된다. 그래서 갑본은 '宵'
를 '작다(=小)'의 뜻으로 봐야 제대로 번역이 된다. 그러나 이를 을본에
적용하면 이번에는 을본의 번역이 전혀 말이 안 된다. 개인적으로는 갑
본을 따르고 싶은데 필자가 유추해 삽입한 부분도 있고 왕필본이 宵를
肖(초)의 의미로 읽으면서 지금까지 그렇게 전해 온 터라 을본으로 원문
을 결정했다.

天下皆謂我大, 大而不宵, 夫唯不宵 故能大,
천 하 개 위 아 대　　대 이 불 소　부 유 불 소 고 능 대

若宵, 久矣 其細也夫.
약 소　　구 의 기 세 야 부

세상 사람들이 나를 위대하다고 말한다. 왕필본은 我 뒤에 道를 추가
하여 我道大로 되어 나의 道가 위대하다고 하였는데 여식췌행(餘食贅行,
24장)이다. 道에 대해서 위대하다는 표현도 사족 같은데 한 술 더 떠서
나의 도(我道)가 위대하는 표현은 더더구나 어울리지도 않다. 단순하게
나의 행동거지나 성품을 보고 훌륭하다고 말하는 정도로 표현하는 것
이 좋다.

大而不宵(대이불소)의 宵(소)는 보통 밤, 야간을 뜻하지만 여기서는 '닮
다'의 뜻으로 사용되었다. 왕필본은 아예 우리에게 익숙한 肖(초: 닮다, 본
받다)로 표기되어 있지만 백서본의 글자도 같은 의미가 있어 원본대로 宵
를 그대로 이용하였다. 우리가 보통 부모님께 자신을 가리켜 불초(不肖)
라는 말을 사용하는데 이는 부모님의 덕과 성품을 닮지 못한 변변치 못
한 놈이라는 의미이다. 그래서 大而不宵는 위대하지만 변변치 못하다는
것이다. 앞에서 사람들이 나를 위대하다고 했기 때문에 '大而'라는 표현
이 없어도 무방한데 더 어색하게 보인다. 이런 측면에서는 갑본의 표현
이 매끄럽다.

대저 오로지 변변치 못하기(夫唯不宵) 때문에 위대해 질 수 있다(故能
大). 왜 그런지에 대해 설명한다. 만약 내가 똑똑하다면(若宵) '久矣 其細
也夫(구의 기세야부)'하다고 했다. 문장 끝의 夫(부)는 감탄사이다. 대부분
기존 번역들은 오래전에 하찮은 것이 되었을 것이라고 옮기고 있다. 필
자는 이 구절은 久矣과 其細也夫의 두 문장으로 봐야 한다고 생각한

다. 久(구)을 '막히다', '가리다'의 뜻으로 똑똑하다는 것은 누군가에 의해 가려지거나 막히게 된다는 것이다. 더 똑똑한 사람으로부터 자기의 똑똑함이 갑자기 엉터리가 될 수도 있고, 주위사람들로부터 시기나 견제를 받거나 공격을 받아 몸이 상할 수도 있다. 다른 사람에 의해 그렇게 되지 않더라도 지식이라는 것은 자기 스스로도 한계를 느끼며 결국 막히게 될 수도 있다. 其는 宵, 즉 똑똑함이다. 그래서 그 똑똑함이라는 것은 하찮은 것(細)이 되고 만다. 요약해 설명하며 나를 모두 위대하다고 말하지만 그 위대함이 사실 변변치 않다는 것이다. 그러나 변변치 않다는 것이야말로 (역설적으로) 위대해질 수 있는 것이다. 만약 내가 똑똑하였다면 언젠가 막히거나 그 때문에 내가 상하게 되었을 것이다. 그래서 결국 그 똑똑함이라는 것은 하찮은 것에 불과하지 않겠는가!

여기서 노자는 위대함이 아니라 어리숙함, 변변치 않아 보이는 것이야말로 나를 지켜주고 역설적으로 나를 위대하게 만드는 것이라고 말하고 있다. 어리숙함, 변변치 않음이 겸양이며, 검소함이며 함부로 나서지 않음으로 뒤 단락에서 나오는 세 가지 보물로 이어진다.

我恒有三葆 持而葆之.
아 항 유 삼 보 지 유 보 지

一曰慈, 二曰儉, 三曰不敢爲天下先.
일 왈 자   이 왈 검   삼 왈 부 감 위 천 하 선

夫慈故能勇, 儉敢能廣, 不敢爲天下先 故能爲成事長.
부 자 고 능 용   검 감 능 광   불 감 위 천 하 선 고 능 위 성 사 장

사람들이 나를 위대하다고 하지만 사실 변변치 않은 나는 항상 세 가지 보물을 가지고 있으며 그것을 잘 지키며 보존하고 있다. 葆(보)는 앞

에서도 몇 번 등장한 단어로 여기서는 보물(寶)로 읽어도 좋다. 그 세 가지 보물이 자비(慈)와 검소(儉)와 감히 세상 앞에 나서지 않음(不敢天下先)이다.

첫째, 慈(자)는 어머니가 아기를 보살피는 자애롭고 사랑스런 마음이다. 이는 상대를 측은히 생각하는 마음도 함께 함이며 아끼고 지켜주고자 하는 마음이기도 하다. 그래서 자애롭다는 것은 사랑하고 아끼는 마음이기 때문에 용감할 수 있다. 사랑하는 사람을 위해서는 자기의 희생을 생각하지 않고 용감해지는 법이다. 자동차에 깔린 아기를 보고 그 어머니가 자동차를 들어 올리는 괴력은 바로 자비와 사랑에서 나온 것이다.

두 번째 검소에 대해서 하상공, 왕필은 임금이 검소하면 백성이 넓게 풍족함이라고 해설하고 있으나 이 章은 다스림 측면에서 보았기 때문이다. 검소하다는 것은 물건을 아낀다는 것이다. 천지 만물이 소중하지 않은 것이 없는데 그 물건을 맘대로 사용하고 처분하는 것을 경계하라는 것이다. 廣(광)은 '널찍하다'는 의미인데 여기서는 검소와 연계하여 넉넉하다는 것으로 번역하는 것이 적절하다. 아낀다는 것은 겉으로 보기엔 초라해 보일 수도 있지만 모든 생명체나 사물을 아끼고 소중히 여기는 마음이기 때문에 자신의 마음이 넓어질 뿐 아니라 스스로 족함을 알기에 도리어 풍족함을 느끼게 된다.

세 번째가 앞에 나서지 않는 퇴양(退讓)이다. 앞의 66장에서도 강과 바다가 온갖 계곡의 왕이 될 수 있는 것은 자기를 낮추기 때문이라고 하면서 백성 앞에 서고자 하면 자신을 뒤로 하라고 했다. 이렇게 하면 成器長(성기장)이 된다(爲)고 한다. 왕필본은 能成器長(기장)으로 되어 成(성)을 '~되다'의 동사로 보고 있으나 백서본에는 爲라는 동사가 별도로 있어 成을 동사로 보기 어렵다. 김홍경에 의하면 成은 盛(성)과 같으며 盛器

는 음식이 가득 담긴 제사 그릇을 가리키므로 제사를 관장하는 사람이라는 것인데 의미가 확대되어 관청의 여러 가지 일을 관리하는 사람, 즉 관리의 우두머리를 말하는 것이라고 설명하고 있다. 사람들을 이끄는 지도자 또는 큰 그릇의 사람이라는 의미로 보면 된다. 즉 앞에 감히 나서지 않는 것이 도리어 사람들이 추대를 받아 지도자 역할을 할 수 있다는 것이다.

今舍其慈且勇 舍其儉且廣 舍其後且先, 則死矣.
금 사 기 자 차 용 사 기 검 차 광 사 기 후 차 선   즉 사 의

夫慈, 以戰則勝 以守則固, 天將建之 安以慈垣之.
부 자   이 천 즉 승 이 수 즉 고   천 장 건 지 안 이 자 원 지

이러한 세 가지 보물을 망각하거나 무시하면 어떻게 되는가를 설명하고 있다. 지금(今) 자애로움(慈)을 버리고(舍) 용감(勇)하기만(且) 하면 반드시(則) 죽는다(死)고 한다. 마찬가지로 검소한 품성을 버리고 넉넉함만 추구한다면 결국 망할 것이며, 무슨 일이든 남보다 앞장서려고 하면 그 또한 크게 망할 것이라고 말하고 있다.

마지막 단락에서는 자애로움을 전쟁에 적용하여 그 효과를 설명하고 있다. 앞서 3가지 품성 중 자비에 대해서만 말하고 있는 것은 검소함이나 나서지 않음은 다른 장에서 언급한 바가 있어 생략한 것인지 필사과정에서 누락한 것인지 알 수 없지만 조금 아쉬운 생각이 든다.

자비가 있다는 것은 군사와 백성들 간의 사랑과 아껴줌이 널리 퍼져 있어 서로를 도우며 자기희생도 마다하지 않기 때문에 전쟁에서 쉽게 이긴다(以戰則勝)는 것이고 또 이러한 자비로 똘똘 뭉쳐져 있으면 어떠한 공격에도 굳건하게 지킬 수 있다(以守則固).

마지막 구절인 天將建之 安以慈垣之(천장건지 안이자원지)가 왕필본에는 天將救之 以慈衛之(천장지구, 이자위지)로 되어 있다. 그래서 기존의 왕필본 번역들은 대개 "하늘이 구해주고자 하면 자비로서 지켜 줄 것이다."라고 번역하고 있다. 사람의 자비에 대해 말하고 있는데, 자비의 주체가 갑자기 하늘로 바뀌어 버렸다. 자애로움으로 싸움에도 이기고 자애로 굳건히 잘 지키고 있는데 하늘이 다시 구해주고 자비로 감싸준다고 하는 것은 전후 문맥상 맞지도 않고 하늘이 자비를 베푼다는 것도 노자의 생각과 맞지 않다. 왕필이 백서 갑·을본의 建(건)을 전혀 다른 단어인 구원한다는 救(구)로 바꾼 데 문제가 있다.

그리고 본문의 安(안)이 갑본은 女로, 을본에는 如로 되어 있는데 왕필본에는 아예 없다. 백서본에서 女라는 글자는 13장, 15장에서 모두 감탄사(어찌) 혹은 어조사(이에)라는 安으로 사용되었다. 여기서는 女를 2인칭 대명사(汝)로 읽을 수도 있다. 이렇게 할 경우 차라리 문장의 번역이 더 깔끔해진다. 이 구절에서 앞 문장의 주어가 하늘(天)이라면 뒤 문장의 주어는 '너(女)'가 된다. 따라서 이 구절은 하늘(天)이 장차(將) 어떤 일(之)을 만들어 주면(建), 너(女)는 그 일(之)을 자애로움(慈)으로써(以) 담장을 쳐라(垣)는 문장이 된다. 여기서는 之를 '나라(國)'라고 생각할 수도 있지만 특정하지 않은 모든 일으로 통칭하는 것으로 보는 것이 적절하다. 즉 하늘이 어떤 일을 시키든 너는 자애로움으로서 무장하여 그것을 다스려야 망하지 않는다고 말하고 있는 것이다.

그러나 13장, 15장에서와 같이 지금까지 女를 安으로 보고 어조사 焉(언)의 의미로 번역해 왔기 때문에 일관성을 갖기 위해서도 여기서도 安으로 취급하는 것이 적절할 것 같다. 그렇게 해도 문제가 없다. 즉 하늘이 그것을 세우면 이에(安) 자애로움으로써 담장을 두르라는 식으로 번역도 가능하다. 2인칭 주어는 없지만 내용상으로는 사람이 주체가 된다. 처음에 일을 만드는 것은 하늘이지만 사람이 일을 함에 있어 자애로움으로 무장하여 처리하라는 것이다. 하늘이 자비로써 구원해준다는 왕필본과는 전혀 다른 내용이다.

제68장

善爲者不武, 善用人者 爲之下

도에 바탕을 둔 사람은 무력을 사용하지 않으며,
사람을 구할 때도 자신을 아래에 둔다

善爲士者不武, 善戰者不怒, 善勝敵者弗與.

善用人者 爲之下.

是謂不爭之德 是謂用人, 是謂天古之極也.

道에 바탕을 두어 행하는 사람은 무력을 쓰지 않는다.

전쟁을 하더라도 화내지 않는 것이 선인의 싸움이며

적과 맞붙지 않는 것이 선인의 승리이다.

사람을 쓸 때는 자신을 낮추는 것이 선인의 용인술이다.

이것을 다투지 않음의 덕이라 하며,

사람을 쓰는 법이라 한다.

이것이 태초 하늘의 지극한 법칙이다.

善爲士者不武, 善戰者不怒, 善勝敵者弗與.
선 위 사 자 불 무 선 전 자 불 로 선 승 적 자 불 여

善用人者爲之下,
선 용 인 자 위 지 하

善의 개념을 병법에 적용하였다. 노자는 전쟁에 반대한다. 그러나 인간과 인간, 사회와 사회, 나아가 국가와 국가 간에 다툼이 없을 수는 없다. 원래부터 인간은 이기적인 동물이고 이해관계로 맺어진 집단이기 때문에 현실적으로 전쟁을 피할 수 없는 것을 인정한다. 하지만 어쩔 수 없이 전쟁을 하더라도 道의 정신에 입각해 싸움을 하라고 한다. 도덕경에는 전쟁에 관한 이야기가 가끔 등장한다. 당시 전쟁이 다반사인 춘추시대라 이 문제에 대해 발을 빼거나 무시하기가 어려웠을 것이다.

士(사)는 지금은 관리나 선비를 지칭하나 고대에는 무관을 뜻한다. 허리춤에 차고 다니던 고대의 무기를 그린 것이 士라는 글자다. 道를 바탕으로 살아가는 사람들은(善爲士) 무력을 사용하지 않는다(不武). 그러나 어쩔 수 없이 전쟁을 하더라도 흥분하거나 화를 내지 않는다(不怒). 이는 상대를 원수처럼 대하거나 죽여 없애야 할 대상으로 보지 않는다는 것이다. 현실적으로도 흥분하여 화를 내면 침착함을 잃어 서두르게 되기 때문에 전쟁에 오히려 패배하기 쉽다. 다음 문장은 善에 바탕으로 敵을 이기는 것은 같이하지 않는 것(弗與)이라 했다. 弗與(불여)는 적과 같이 하지 않는다는 것이다. 적과 직접 맞붙지 않고 이기는 것이 善에 근거한 승리라는 것이다. 道에 바탕을 두어 전쟁을 수행하는 원칙으로 무력을 사용하지 않고(不武), 화내지 않고(不怒), 맞붙지 않는다(弗與)는 세 가지를 들고 있다. 반전주의자인 노자의 입장에서는 당연한 원칙이다.

전쟁에 이어 사람을 어떻게 써야하는지 용인술에 대해 설명한다. 그냥 한 마디로 자기를 그 아래로 낮추라(爲之下)는 것이다. 위에서 군림하는 듯한 자세로 사람을 쓰면, 그 사람은 진정으로 충성하기보다 자기가 지금 처한 상황에서 살아남으려고만 하고 자신의 이익만을 챙기려고 하는 법이다. 서로를 자기에게 유리하게 이용하려는 이해관계에 머무르기 때문에 서로에게 도움이 되기는커녕 극한 상황에서는 돌변하여 서로를 해칠 수도 있음을 역사 사례에서 많이 보았다. 자기를 낮춤은 노자의 또 하나의 큰 품성이다. 자기를 뒤로 하는 것이 실제로 앞에 서 있는 것이라고 앞장에서도 언급했다. 제갈량에 대한 유비의 三顧草廬(삼고초려)가 좋은 예이라고 생각한다.

是謂不爭之德 是謂用人, 是謂天古之極也.
시 위 부 쟁 지 덕 시 위 용 인   시 위 천 고 지 극 야

앞 단락의 전쟁에 관한 내용을 '싸우지 않는 덕'이라 말하고, 자기를 낮추는 것이 '사람 쓰는 것(用人)'이라 정의하고 있다. 이 둘을 다 합쳐 오래 전 하늘의 지극함(이치)라고 한다. 이 구절이 왕필본에는 是謂配天 古之極으로 되어 있는데 아마 '하늘과 짝한다(配天)'는 표현이 후대의 고전에 자주 등장하는 말로 후세 사람들이 그것을 인용하여 고친 것으로 추정된다. 백서갑본에는 配(배)가 없다. 다만 天古의 번역이 애매해 千古가 잘 못 표기된 것으로 보는 사람도 있지만 필자는 태초의 하늘로, 즉 아주 오래전부터의 이치라고 번역하였다.

제69장

不敢爲主而爲客, 不進寸而退尺

싸움에 공격자가 되지 말고 방어자가 되어라.
한 치 전진하기보다 한 자 물러선다

用兵有言曰, 吾不敢爲主而爲客 吾不進寸而芮(退)尺.
是謂 行无行 襄无臂 執无兵, 乃无敵矣.
戲(禍)莫於於无適, 无適斤亡吾, 吾葆矣.
故稱兵相若, 則哀者勝矣.

芮(예): 풀이 뾰쪽하다, 물가, 방패, 작은 것 (=退)

襄(양): 도우다, 오르다, 높다, 옮기다, 치우다, 탈 것

臂(비): 팔뚝, 쇠뇌, 자루

執 (집): 잡다, 맡아 다스리다, 처리하다, 두려워하다

乃(내): 이에, 이르다

於(어): ~에서, ~보다, 이에, 기대다, 의지하다, 따르다, 탄식하다

適(적): 가다, 맞다, 조우하다, 도달하다, 꾸짖다, 전일하다.

斤 (근): 무게, 살피다, 삼가다, 베다

葆(보): 뿌리가 무성하다, 보전하다, 칭찬하다, 뿌리

병사를 쓰는 데 이런 말이 있다.

나는(성인) 감히 먼저 공격하는 것이 아니라 방어하는 쪽이 될 것이다.

한 치 앞으로 전진하기 보다는 한 자 뒤로 물러선다.

이를 일러 행군을 하되 앞으로 나가지 아니하고

고지에 올라 수비를 하되 쇠뇌를 사용하지 않으며

전쟁을 수행하되 병사 없는 전략으로 임한다.

이렇게 되면 (상대할) 적이라는 것이 없게 된다.

(상대와) 조우할 일이 없다는 것은 나에게 화가 미침이 없다는 것이며

또한 나를 망치게 할 일도 없게 되어 나를 보존할 수 있다.

고의로 상대가 칭병을 하여 서로 싸우게 된다하더라도

애통해 하는 쪽(방어측)이 이기게 되어 있다.

　　이 장의 왕필본은 몇 글자가 바뀌면서 백서본의 내용과 크게 달라졌다. 이 장은 백서갑본과 을본이 모두 훼손 없이 잘 보존되어 있다. 물론 백서본도 잘못 필사되었거나 착오로 글자가 잘못 적혀있을 수도 있지만 그래도 왕필본보다 더 원본에 가까울 것이라고 생각한다. 백서본에 오류가 없다면 도덕경에서 이 章이 그동안 가장 엉뚱하게 읽혀져 온 章 중의 하나일 것이다.

用兵有言曰, 吾不敢爲主而爲客 吾不進寸而退尺.
용 병 유 언 왈　　오 불 감 위 주 이 위 객　오 불 진 촌 이 퇴 척

　　노자는 전쟁이 아니더라도 모든 일에 자신을 스스로 낮추며 다투지 말라는 不爭(부쟁)사상이 전편(全篇)에 흐르고 있다. 노자는 반전론자

다. 나라를 통치하면서 다른 나라와의 다툼은 가장 먼저 그 원인이 생기지 않도록 유의하고 피치 못해 전쟁을 하더라도 퇴양과 유약함의 정신으로 임하라고 일관되게 주장하고 있다.

用兵(용병)은 병사를 운용한다는 뜻으로 넓은 의미에서 병법으로 읽어도 좋다. 병법에 이런 말이 있다며 이야기를 시작한다. 1인칭으로 吾(오)를 쓰고 있다는 것은 道를 체득한 성인의 입장에서 병법을 말하고 있다고 봐야 한다.

용병을 함에 있어 감히(敢) 주인(主)이 되지(爲) 않고(不) 손님(客)이 된다. 이는 전쟁에 있어 적극적인 주동자가 되어 공격하지 않고 방어자의 수동적인 자세로 임한다는 것이다. 다음의 구절도 마찬가지다. 한 치(寸)를 진격(進)하기보다는 차라리 한 자(尺)를 물러서는(退) 방법을 택한다.

백서본의 芮(예)는 다른 곳에서도 모두 물러난다는 뜻의 退로 사용되고 있는 보면 당시에는 芮를 退의 뜻으로 쓰였던 것으로 추측된다(7장, 9장).

是謂, 行无行, 襄无臂, 執无兵, 乃无敵矣.
시 위 행 무 행 양 무 비 집 무 병 내 무 적 의

이 부분의 번역이 까다롭다. 왕필본은 襄이 攘(양: 물리치다, 내쫓다, 걷어 올리다)으로, 乃(내)가 扔(잉: 끌어당기다, 부수다)으로 되어 있고 뒤의 두 구절의 순서까지 바뀌어 있다. 즉 行無行, 攘無臂, 扔無敵, 執無兵(행무행, 양무비, 잉무적, 집무병)으로 되어, 대부분의 번역이 다음과 같다. "행군을 하려해도 진영(陣營)이 없고, 팔뚝을 걷어 부치려 해도 팔뚝이 없으며, 집으려 해도 병기가 없고, 잡아채려 해도 적(敵)이 없다." 무슨 말인지 잘 모르겠다. 억지로 이리저리 맞추며 합리화하고 있지만 객관적으로 쉽게 수긍이 안 된다. 그리고 위와 같은 번역은 은연중에 공격의 의지가 엿보인다. 팔뚝을 걷어 부친다는 것이 그렇고 잡아채려한다는 표현도 그렇다.

是謂(시위)는 "그래서 말한다."는 것으로 앞 단락에서 언급한 방어자의 전술에 대해 설명할 것이라는 미리 말해 준다. 따라서 뒤이어 나오는 4구절은 방어자의 전략이나 마음가짐을 실제 전투에 적용한 내용이 되어야 한다.

行无行(행무행)의 첫째 行은 행군한다는 글자이지만 뒤의 行은 앞으로 나아간다는 것으로 보는 것이 적절하다. 즉, 군사를 움직이지만 공격을 위해 나아가지 않는다는 것이다. 뒤의 行을 기존 번역서와 같이 군사를 펼치는 陳(진)으로 볼 수도 있다. 그러나 공격자이건 방어자이건 병법에서 진영을 펼치는 것은 가장 기본인데 이러한 진영이 없다는 것은 군사 통솔은 말할 것도 없고 아예 병사를 오합지졸로 만들어 방어하는 병사조차 도리어 더 쉽게 죽게 만드는 결과가 될 것이다. 그래서 行을 陳으로 보는 것은 필자로서는 납득하기 어렵다. 따라서 나아감이 없는 행군으로 보는 것이 적절하다고 생각한다. 행군을 하지만 공격을 위한 행군이 아니다.

두 번째 襄無臂(양무비)도 뜬금없다. 행군(行), 병사(兵), 敵(적)이라는 전쟁 용어가 나열되어 있는데 갑자기 팔뚝이야기가 나오는 것이 엉뚱하다. 臂(비)는 보통은 팔뚝이라는 뜻이지만 여기서는 활을 한꺼번에 여러 개 쏠 수 있는 '쇠뇌'라는 병기의 뜻으로 봐야한다. 병사가 혼자서 쏘는 장치가 아니라 수레 같은 곳에 장치를 하여 이동하면서 한꺼번에 많은 화살을 쏘는 병기다. 춘추시대에서 사용되었다는 기록도 있다. 지금 말로 이동식 다연발 미사일인 셈으로 대량 살상무기이다. 물론 방어하는 쪽에서도 사용할 수도 있겠지만 이동하면서 사용한다는 점에서 우선은 공격용이라 봐야 한다. 襄(양)이라는 글자의 뜻이 모호하긴 하지만 필자는 쇠뇌의 경우라면 襄(양)은 높은 곳으로 올라가는 것을 뜻한다고 해석하고 싶다. 전쟁에서 수비하는 쪽은 항상 높은 고지에 위치하여 공격하는 쪽을 방어하는 형태가 일반적이다. 그래서 고지(高地)에 오르지만 쇠뇌가 없다는 것은 오로지 방어를 할 뿐이지 대량살상을 할 수 있는 공격용 무기를 사용하지 않는다는 것이다. 이는 한꺼번에 대량으로 사람을 죽이는 전술을 운영하지 않는다는 것으로 볼 수 있다. 노자는 전쟁에 이기든 지든 병사의 죽음을 가장 안타까워한다는 것은 31장에서 전쟁의 승리도 상사(喪事)의 예(禮)로써 대한다는 것에도 짐작할 수 있다.

퇴양, 방어전술의 다음 표현이 執無兵(집무병)이다. 兵을 병기로 보는 사람도 간혹 있지만 앞에서 쇠뇌, 혹은 팔뚝(무기를 의미)이라는 것이 이미 나왔는데, 또 무기로 보는 것은 적절치 않다. 어떤 사람은 아예 兵을 전쟁이라고 하여 '전쟁 없이 차지하는 것(執)'이라고 번역하기도 하는데 무언가를 차지한다는 것도 승리를 갈구하는 표현으로 받아들이기가 그렇다. 왕필본은 4구절중 이 구절이 마지막에 위치해 있어 전체 이야기를 결론짓는 것이라 생각하고 그렇게 번역을 한 것 같다. 전쟁에서 중요한 물리적인 요소가 무엇인가? 가장 중요한 것이 병사(兵)이고 그 다음이 무기(臂), 그 다음이 기동(行)이다. 여기서는 반대로 중요도가 큰 항목을 뒤에 배치하고 있는데 이 또한 적절한 나열방법이라고 생각한다. 이러한 측면에서 兵은 병사라고 보는 것이 적절할 것 같다. 執은 무언가를 맡아 다스리는 것, 관리하는 것을 말한다. 병사에 관한 것이라면 그것은 지휘, 전술 등을 행하는 것으로 볼 수 있다. 다시 말하면 병사 없는 전술, 지휘라는 것인데 사람을 직접 투입하지 않고 전략이나 화의 교섭 등의 방법을 운용하는 것이다. 노자가 전쟁을 반대하는 이유는 우선 사람이 다치거나 죽기 때문이다. 병사를 직접 쓰지 않고 전쟁에 임하는 것이다. 싸우지 않고 이기는 것이 최고라고 하지 않는가?

지금까지 전쟁에서 가장 중요한 요소인 기동(行), 무기(臂) 나아가 병사(兵)까지도 동원하지 않고도 전쟁에 임하는 방법을 말했다. 무기나 병사 등 물리적인 요소들을 이용해서 방어를 하라고 했지만 이 또한 공격과 같은 행위가 될 수 있고 이는 결과적으로 살생으로 이어질 수도 있기 때문에 적극적인 방어가 아닌 최대한 소극적인 방법으로 방어로 임하여야 한다.

네 번째 '乃无敵矣(내무적의)'는 "그래서 적이 없다 것에 이른다."는 결론이다. 왕필은 이 구절을 결론이 아니라 앞의 세 가지의 경우와 동등한 위치에 놓고 乃(내)도 扔(잉)으로 글자를 바꾸어 "잡아채려 해도 적이 없다."는 식의 이상한 문장을 만들었다. 노자는 적을 잡아채고 죽일 생각 자체가 없는 사람이다. 이 구절은 백서본과 같이 마지막에 있는 것이 맞다. 이 단락의 결론이다. 여기에만 문장의 마침 어조사 矣가 있는 것만 봐도 그렇다는 것을 알 수 있다. 앞에서와 같이 했을 경우 적이 없다(無敵)는 것이 된다(乃)는 것이다. 나아가는 행군도 없고 무기도 없고 병사도 없이 전쟁을 하는 마음가짐인데 어찌 전쟁이 성립될 수 있겠는가? 직접 교전을 하지 않으니 당연히 적이 없다. 이것이 노자의 놀라운 전략이다.

禍莫於於无適, 无適斤亡吾, 吾葆矣,
과 막 대 무 적　무 적 근 망 오　오 보 의

왕필은 이 단락을 완전 딴판으로 바꾸어 놓았다. 백서 갑본의 ~於於~와 ~吾吾~같이 두 글자가 연이어 겹치는 부분을 오기라고 예단하여 "禍

莫大於輕敵 輕敵幾喪吾寶(과대막어경적 경적기상오보)"로 완전히 새로운 문장으로 만들어 버렸다. "적을 가볍게 보는 것보다 큰 화는 없으며, 적을 가벼이 보면 나의 보물을 잃게 된다."의 번역이 된다. 우리가 자주 듣는 상투적인 말이라 사람들이 금세 고개를 끄덕이며 수긍하면서 아예 의구심조차 품지 않았다.

그러나 이러한 번역은 앞에서 계속 방어자의 입장에서 전술을 이야기하고 있는 상황과 전혀 어울리지 않는다. 백서갑본에는 適(적: 조우하다)라는 글자와 敵(적: 적)이라는 글자가 엄연히 구분되어 따로 쓰이고 있는데 왕필은 이를 일률적으로 모두 敵으로 간주해 버렸고, 앞의 於를 大로 바꾸고 보니 무적(無敵)이라는 것이 문맥상 말이 안 되니까 輕敵(경적)으로 바꾸어 버린 것 같다. 자기 생각에 맞추어 문장을 새로 만든 것이다. 왕필은 전쟁을 모르는 문관(文官)으로 도덕경 주석서를 쓸 때 나이가 18세에 불과하였다. 을본도 왕필본과 같이 모두 敵으로 표기되어 있다. 이런 사실을 보면 을본의 신빙성도 떨어지는 것 같다. 갑본과 을본이 쓰여 진 시기가 크게 잡아도 백년 정도 밖의 차이에 불과한데 이렇게 갑본과 전혀 다르게 되어 있다는 것은 을본의 필사자의 능력문제일 수도 있다는 생각도 든다. (이런 사례가 많은 장에서 나타난다.)

본문과 같이 갑본은 전혀 다르게 되어 있다. 无適은 '적이 없다'는 無敵(무적)이 아니라 (적을) 조우(適)함이 없다는 것이다. 앞에서 이런저런 방법으로 직접적인 전투를 피했으니 적을 만날 일이 없다. 그리고 앞의 於는 '따르다', '~으로 되다'라는 동사이며, 뒤의 於는 '~에서' ~라는 조사로 쓰이고 있다. 즉, 적과 조우(適)함이 없다(無)는 것에서(於) 화(禍)가 없게(莫) 되는 것이다(於). 당연한 이야기다. 전쟁에서 적과 직접 맞부딪치지 않았는데 어찌 화가 있겠는가? 죽은 병사도 없고 상대를 죽일 일도 없고 백성을 피폐하게 만들 일도 없지 않는가? 앞의 단락에서도 노자는 계속 직접적인 교전을 피하라고 했다. 그리고 바로 앞 장인 68장에서도 善에 근거한 승리는 맞붙지 않는 것(弗與)라고 말한 바도 있다.

다음 문장도 마찬가지다. 왕필본은 "적을 가벼이 여기면 나의 보배를 잃게 된다.(輕敵幾喪吾寶)"라고 변형하였다. 여기서도 백서본의 無適(무적)이 말이 안 되니 또 다시 輕敵(경적)으로 바꾸었다. 이 구절은 한 문장이 아니고 본문과 같이 두 문장으로 나누어 읽어야 한다. 斤(근)은 '삼가다'라는 뜻의 동사이다. 그래서 이 구절은 적과 조우하지 않는다는 것(无適)은 나(吾)를 망(亡)하게 하지 않는다(斤)는 것이다. 그래서 내가 보전된다.(吾葆矣) 나를 망하게 한다는 것은 나라를 잃는다는 것일 수도 있지만 道에 근거해 다스리는 사람의 입장에서 싸움을 피하지 않았다는 것은 결과적으로 상대방을 해치고 백성을 곤궁하게 만든 것이 되었다는 것을 자신이 망가지게 만드는 것이라 확대 해석할 수도 있다.

이 단락에서 노자는 적을 가볍게 보지 말라는 식의 경각심을 일깨우고자 하는 것이 아니고 적과의 직접적인 조우를 최대한 피하라고 권고하고 있다. 이것이 도에 바탕을 둔 위정자의 전쟁에 임하는 자세다.

故稱兵相若 則哀者勝矣.
고 칭 병 상 약 즉 애 자 승 의

앞에서는 전쟁을 최대한 피하며 어쩔 수 없이 전쟁에 임하게 되더라도 방어자적인 입장에서 수행하라고 했지만 상대방이 막무가내로 병사를 칭하여 피치 못해 서로 같이 싸우게 되었을 경우에 대해 이야기하고 있다. 여기서는 앞 내용과 달리 어쩔 수 없이 교전을 하게 된 경우이기 때문에 故(고)는 접속사가 아니라 '고의로'라는 뜻으로 읽어야 한다. 稱兵

은 '병사를 일으키다'라는 의미이며 相若(상약)은 서로 같이 어울린다는 것이니 서로 싸운다는 것이다. 이럴 경우 비통해 하는 자(哀者)가 승리한다. 무언가를 쟁취하려고 하는 자는 비통해 할 일이 없다. 공격을 받은 사람이 애통해 하는 것이 당연하다, 즉 방어를 기본 전략으로 하는 쪽이 이긴다는 것이다. 공격하는 자는 더 가지려고 하는 것이고 방어하는 자는 최소한 자기를 보존해야하는 절실함이 있기 때문이다.

이 부분도 왕필본은 故抗兵相加(고항병상가)로 되어 겨루는 힘(병력)이 비슷하면 비통해하는 사람이 이긴다고 번역하고 있다. 일반적으로 공격하는 쪽은 수비하는 쪽보다 최소 3~4배의 병력이 필요하다고 한다. 공격과 수비에 같은 병력을 운운하는 것은 병법의 기본도 모르고 하는 소리다.

이 장은 앞의 68장에서 道에 바탕을 두고 싸우는 사람은 스스로 무용을 드러내지 않고(不武), 흥분하거나 화내지도 않을 뿐 아니라(不怒) 적과 맞붙지 않는다(不與)의 원칙을 보다 구체적으로 설명한 것이라고 볼 수 있다.

제70장

不我知, 被褐懷玉

자신의 내면을 알지 못함. 베옷을 입고 옥을 품다

吾言甚易知也 甚易行也,

而人莫之能知也 而莫之能行也.

言有君 事有宗, 夫唯无知也 是以不我知.

知者希 則我貴矣 是以聖人 被褐而襄(懷)玉.

而(이): 말을 잇다, 같다, 너, 그대, 만약, ~뿐, 그리고, 그러나, ~로써

君(군): 임금(=主), 부모, 군자, 어진 이, 조상의 경칭

宗(종): 마루, 일의 근원, 근본, 으뜸, 조상, 시조의 적장자, 우두머리

褐(갈): 갈색. 베옷, 多色, 천한사람

襄(회): 품다, 懷의 古字

나의 말은 아주 알기 쉽고 행하기도 매우 쉽지만

그대들은 그것을 알지도 못하고, 행하지도 못한다.

내 말에는 만물을 관장하는 다스림이 있고

내 행동(일)에는 근본이 있지만

오로지 (사람들은) 이에 대한 앎이 없구나!

이는(사람들이) 자기의 '자아'를 모르고 있기 때문이다.

자아를 아는 사람이 희소하다는 것은

그만큼 '자아'가 소중하다는 것이다.

그래서 성인은 거친 베옷을 걸치고 있지만 옥을 품고 있다.

吾言甚易知也 甚易行也,
오 언 심 이 지 야 심 이 행 야

而人莫之能知也 而莫之能行也.
이 인 막 지 능 지 야 이 막 지 능 행 야

자신의 내면, 근원을 알아야 한다는 주제이다. 노자의 말은 극히 단순하고 소박한데 세상 사람들이 이해하지 못하는 것을 안타까워하고 있다. 20장에서는 사람들은 모두 즐겁게 사는데 유독 자신만이 동떨어져 있는 구도자의 외로움을 토로하기도 했다.

甚易行也(심이행야)는 앞의 구절과 마찬가지 형태로 吾行甚易行也의 축약형이다. 즉 내가 말하는 것은(吾言) 아주(甚) 알기 쉽고(易知) 내가 행하는 것도 아주 쉽다는 것으로 말(言)과 행동(行)의 두 가지 측면에서 설명하고 있다.

다음 구절의 而(이)를 역접 접속사로 볼 수도 있지만 같은 접속사가 연속되는 꼴이 되어 문장이 부자연스럽다. 필자는 而가 2인칭 대명사로 사용되고 있다고 생각한다. 앞에는 而人이라 표현하고 뒤에서는 而만 사용한 것이 이를 말해준다. 따라서 이 문장은 그대들은(而) 알지를 못한다는 것이고 그대들은 그렇게 행동하지 못하는 것으로 읽어야 한다. 겸양하고 柔(유)하게 살며 어떤 일이든 작위적으로 하지 않고 조용히 사는 것이 너무 쉬운데 사람들이 왜 그렇게 하지 못하는가를 묻고 있다. 자기의 뜻을 이해하고 받아주지 않는 세상에 대한 원망과 한탄이 살짝 배여 있다.

당시의 제가백가들은 모두 자기 사상이 부국강병으로 가는 첩경이라고 설파하고 다녔다. 그러나 공자는 천하를 주유하고도 결국 자기를 알아주는 사람이 없다고 한탄하며 고향에 돌아가 제자들을 가르쳤듯이 노자도 마찬가지다. 주나라 왕실의 사서(司書) 관리의 말단직을 맡으면서 세상이 자기를 알아주지 않음을 한탄해 은둔의 길로 들어섰다고 한다. 노자나 공자의 사상들이 이상적으로는 옳은 이야기일 수도 있지만 약육강식이라는 지극히 현실적인 문제에 있어서 받아들이기 쉽지 않았을 것이다. 이사(李斯)의 법치주의나 손무(孫武)의 병법 같이 현실에 당장 적용할 수 있고 효과가 빨리 나타나는 사상이나 방법론은 제후들의 관심을 끌 순 있지만, 모든 것이 無이며 자기를 낮추라고 주장하는 노자의 생각에 누가 고개를 끄덕일 수 있겠는가? 단지 꿈을 좇는 유세가로 비쳐질 뿐이다. 노자가 정치에 대해 많은 부분을 할애하고 있는 것도 어찌보면 이러한 현실에 대한 분개의 표출인지도 모른다. 그러나 노자도 자기의 사상이 현실적으로 용납되지 않는다는 것을 스스로 인정하지 않을 수 없었을 것이다. 그래서 자기 사상을 구현할 수 있는 정치의 장(場)으로 나라가 작고 백성의 수가 적은 '소국과민(小國寡民)'을 대안으로 제시한 것인지도 모른다(80장).

많은 사람들이 도덕경을 제왕학이나 병법(兵法) 차원에서 접근하고 있지만 필자의 생각은 다르다. 노자가 제시하는 최고의 다스림은 무위이치(無爲而治)이다. 다스림(治)이라는 것이 없다. 군주도 백성과 같이 겸양의 자세를 가지도록 권유하고 있으며 전쟁도 극히 소극적으로 임하라고 주장하고 있다. 필자는 도덕경을 개인의 삶에 대한 자세나 수양차원에서 접근하는 바람직하다고 생각한다.

공자의 유교가 전쟁이 끝난 한(漢)나라 때 크게 조명을 받았듯이 노자도 전국시대 말부터 세인들의 관심을 받아 황로학이니 도교로 발전하기 시작한다. 어찌 보면 현실도피성의 극히 개인적인 삶의 지침으로 활용되고 있었다는 것도 제왕학과는 거리가 있었다는 것을 말해주고 있다.

言有君 事有宗, 夫唯无知也 是以不我知.
언 유 군 사 유 종 부 유 무 지 야 시 이 불 아 지

사람들이 내가 말하는 것을 왜 모르고 실천하지 못하는지에 대해 설명하고 있는 것이 言有君과 事有宗이다. 말(言)에는 君(군)이 있고, 일(事)에는 宗(종)이 있다고 했다. 그런데 백서을본과 왕필본은 君과 宗이 서로 바뀌어 있다. 왕필은 宗이 萬物之宗(만물지종)이며 君은 萬物之主(만물지주)라고 주석을 달고 있고 하상공은 宗에 대해서는 조상의 장손이라는 의미로 보고 君에 대해서는 임금과 신하사이에는 위아래가 있음으로 설명하고 있다. 아마 事(사)를 군신간의 섬김이라는 의미로 보고 事에다 君을 갖다 붙인 것이 아닐까하는 생각이 든다. 그렇게 해서 대부분 번역들이 "말에는 근본이 있고 일에는 군주(주인)가 있다."로 되어 있다.

言有君(언유군)의 言은 앞 단락에서 내가 하는 말이며, 事는 내가 하는 행위(行)을 지칭한다. 앞 단락에서 노자가 이야기하고 행하는 것은 道의 품성에 대한 것이고 또 道에 바탕을 두고 행하는 것이다. 그런데 사람들이 이것을 모르고 그렇게 행동하지 않는다는 것이다. 이러한 것을 염두에 두고 君과 宗이 무엇을 뜻하는지 유추하여야 한다.

君은 '다스린다'는 尹(윤)과 口(구)이 합쳐진 것으로 다스린다는 것은

말을 통하여 이루어진다는 어원이다. 이는 세상의 어떤 사물이든 일이든 말을 통하여 그 정의가 내려지고 그 일이 시작된다는 것을 의미한다. 1장에서도 有(만물)라는 것은 주둥이(噭), 즉 말로 나타난다고 말한 바 있다. 이러한 측면에서 君을 만물 혹은 모든 일을 다스린다는 의미다. 여기서 다스림은 삼라만상의 이법(理法)이고 질서라고 이해하면 된다. 言과 君과는 같은 말(言과 口)이라는 공통어로 연결되기 때문에 백서갑본의 言有君의 표현이 틀리지 않다고 생각한다.

宗은 일의 근원, 근본이라는 뜻으로 쉽게 읽을 수 있다. 일(事)의 근원이나 근본은 무엇인가? 무위일 수도 있고 도의 품성인 부드러움과 퇴양의 정신일 수도 있다. 27장의 善行(선행), 善數(선수), 善結(선결) 등등이 모두 道에 바탕을 두고 하는 행위이다.

요약하면 내가 하는 말에는 만물을 관장하는 다스림이 있고, 내가 하는 행위에는 만물의 본성인 근원이 있는데 사람들은 오로지 아는 것이 없다(無知)라고 한탄하고 있다. 不知가 아니라 無知라고 표현한 점에 유의하여야 한다. 夫(부)는 감탄사로 보는 것이 매끄럽다.

是以不我知(시이불아지)는 도치(倒置형)식의 문장이다. 부정사와 대명사가 같이 쓰일 경우 일반적으로 동사와 목적어가 도치된다. 즉 이 문장의 원래 어순은 不知我이다. 그래서 '나를 모른다.'라고 번역할 수 있는데 대부분의 사람들이 '나'를 성인이라고 해석하고 있다. 서두에서 성인인 '나'를 吾(오)라는 인칭대명사로 표현하였는데 여기 我(아)와 동일시하고 있다. 성인이 자신을 못 알아본다고 말하는 것도 어색하고 더구나 자기를 못 알아보기 때문에 자신이 귀하다고 떠벌리는 것은 성인으로서 할 말이 아니다.

필자는 앞 단락에서 而를 2인칭 대명사로 취급하였다. 이 구절의 주어도 일반 사람들인 '그대'이다. 그대들이 '我'을 모른다는 것이다. 여기서 我는 성인(吾)이 아니고 일반 사람들의 我이다. 내가 말하고 행하는 것에는 道의 정신이 들어 있는데 그대들은 이 사실에 대해 아는 바가 없고 (無知) 이는 바로 자아를 모른다는 것과 연결된다. 자아는 자기의 본성, 내면을 의미한다. 자기의 본성(自我)을 알면 앞에서 말한 내(吾)가 말한 것이나 행위에서 君과 宗이 무엇인지 알 수 있으며 그것은 곧 道와 직접 연결되는데 사람들은 그렇지 못한다는 것이다. 앞의 知는 '道에 대해 앎'을 말하는 명사이지만 不我知의 知는 단순히 '안다'라는 동사이다.

요약하면 내가 말하는 것에는 만물을 관장하는 다스림이(君)이 있으며 내가 행하는 일에는 만물의 근원, 근본이 있는데 사람들은 이러한 사실에 대한 앎이 전혀 없다는 것이다. 그래서 사람들은 자신의 자아를 모르기 때문이라고 풀이할 수 있다.

知者希 則我貴矣, 是以聖人 被褐而裏(懷)玉.
지 자 희 즉 아 귀 의　시 이 성 인　피 갈 이 회　　옥

知者希(지자희)의 知者는 보통 노자가 부정적으로 보는 지혜, 앎이 있는 사람이 아니고 앞서 이야기한 '자아(我)'를 아는 사람이다. 이런 사람은 드물다고 하는 것은 '자아'라는 것이 얼마나 소중한 것인지를 역설적으로 말한다. 왕필본은 知我者希 則我者貴로 我뒤에 者라는 글자가 추가되어 있다. 我를 단순히 성인(吾)을 가리키는 대명사이라면 굳이 사람을 뜻하는 者를 덧붙일 이유가 없다. 我者는 '我라는 것'으로 我를 강조한 표현으로 이는 단순한 인칭 대명사가 아닌 自我로 봐야 한다는 것을 확실히 하기 위한 조치라고 생각된다. 그런데도 우리나라 사람들은 나(성인)을 아는 사람이 드물다고 쉽게 번역하고 있다. 명색이 성인이라는

사람이 나를 아는 사람이 드물어 자기가 귀하다고 하는 자화자찬 하고 있다고 생각지는 않는다.

마지막 문장에서도 거친 베옷은 겉으로 보이는 몸을 은유하며 玉은 근본, 자아 즉, 앞에서 이야기한 君과 宗을 지칭한다. 하상공도 이에 대해 베옷을 입은 것은 밖을 얇게 함이고 옥을 품었다는 것은 내면을 두텁게 하는 것이라 해설하고 있다. 이 구절을 비록 남루하고 초라해 보인지만 안으로는 귀한 진리를 품고 있다는 의미로 오해하면 안 된다. 몸이라는 외형적인 것 보다 내면의 道(자아의 근원)를 깨우치라는 훈시이다.

제71장

知不知 尙矣, 不知不知 病矣

자기 근원을 알고 있지 못한 것을 알면 높게 보지만,
자신을 모르고 있다는 자체도 모르면 그건 병이다

知不知 尙矣, 不知不知 病矣.
是以聖人之不病, 以其病病 是以不病.

(자기 근원, 道를) 알고 있지 못한 것을 (스스로) 알면 숭상 받지만

(道를) 알고 있지 못한다는 것조차 알지 못하면 病이다.

그래서 성인이 병이 아닌 것은

그러한 무지의 病을 病으로 여기기 때문에 病이 아닌 것이다.

知不知 尙矣, 不知不知 病矣.
지 부 지 상 의　부 지 부 지 병 의

　우선 知에 대한 의미부터 확실하게 짚고 가야 한다. 이 장은 앞 장인
70장에 이어 같은 맥락에서 읽어야 한다. 앞 장에서는 내면의 자아를 알
아야 하며 내면의 자아는 사물의 본성, 근원을 인식한다는 것이고 나아
가 道를 의식한다는 것과 상통한다. 그런데 왕필은 노자가 知에 대한 비

판적인 시각이라는 것을 의식해서인지 知를 일상적인 지식, 또는 지혜라 이해한 것 같다. 첫 문장을 知, 不知로 뛰어 읽어 "아는 것을 모른다고 하는 것(知不知)이 최상이다(尙)."라는 식으로 번역하고 있다. 그러다 보니 두 번째 문장인 不知不知는 앞 문장과 같은 의미가 되니까 不知, 知로 바꾸어 '모르는 것을 안다고 하는 것'이 병(病)이라는 식으로 읽고 있다. 아는 것을 모른다고 하는 것은 겸양의 덕이라 그런대로 받아들일 수 있지만 뒤 문장은 말이 안 되니까 같은 知를 '아는 척 하는 것'이라고 억지 번역하고 있다. 죽간본에는 없는 내용이라 어느 것이 맞는지 확인할 수 없지만 백서을본 이후 왕필본에 이르기까지 대부분의 통행본들이 아마 공자의 논어의 위정편에 "아는 것을 안다고 하고 모르는 것은 모른다고 하는 것이 곧 아는 것(知之爲知之 不知爲不知是知也)."이라는 말에 염두를 두고 이해한 것이 아닐까 싶다. 그래서 우리가 일반적으로 귀에 익은 대로 안다고 잘난 척 하거나 모른 것을 아는 척 하는 경박함을 경계하는 말이라고 쉽게 단정해버린 것 같다. 백서본을 근간으로 번역하는 사람들도 이 구절은 갑본이 잘못되어 있다고 판단하여 왕필본과 같이 고쳐 번역하고 있다. 기존 관념과 습관에서 벗어나지 못함이다.

그러나 백서본의 표현에 하자가 없다. 필자는 앞에서 이야기한대로 앞뒤의 知를 각각 달리 봐야 한다고 생각한다. 앞의 知는 단순히 '안다'라는 동사이지만 뒤의 知는 속세의 일반적인 앎이 아니라 앞 장에서와 같이 '자아의 내면, 근원 등을 아는 것'을 가리킨다. 이 두 구절은 대구(對句) 형식으로 되어 있다. '不知'를 한 단어(목적어)로 보고 이 '不知'를 아는가(知), 모르는가(不知)의 문장이다. 내가 자아를 모르고 있다는 사실(不知)을 지금 내가 알고 있다(知)는 것은 '자아'라는 것을 은연중에 의식하고 있다는 것이며 이는 언젠가 道를 체득하고자 하는 동기가 될 수 있기 때문에 평가(숭상)해 준다는 것이다. 반대로 자기가 자아를 모르고 있다 (不知)는 것조차 모르고 있다(不知)는 것은 앞으로 자아를 알려고 하는 계기조차 기대할 수 없기 때문에 病이라는 것이다.

하상공도 知에 대해서는 道라고 이야기하고 있으나 앞에서 말한 바와 같이 不知不知를 왕필본과 같이 不知知로 보고 설명을 하려니까 내용이 이상하게 되어 버렸다. 하상공은 이 구절에 대해 "도를 알고 있으면서 모른다고 이야기하는 것이 덕의 으뜸이고 도를 모르면서 안다고 말하는 것은 덕의 병이다(知道言不知 是乃德之上, 不知道言知 是乃德之病)"라고 하였다. 억지로 말을 만들려니 德에 위(上)가 있다든가 德의 病이라든가 하는 이상한 표현이 등장할 수밖에 없었을 것이다. 知를 道로 본 것까지는 좋았는데 잘난 척하지 말고 道도 모르면서 아는 척 하지 말라는 식의 건방을 떨지 말라는 아주 평범한 주제로 이해한 것 같다.

是以聖人之不病 以其病病 是以不病.
시 이 성 인 지 불 병 이 기 병 병 시 이 불 병

성인은 인간으로서 가장 근본적인 자기의 근원, 본성조차 모르고 사는 것이 얼마나 무의미한지를 알고 있기 때문에 성인은 病에 걸린 것이 아니다. 앞 구절의 '聖人之不病'이 다음 구절의 주어이다. 즉 성인이 병에 걸리지 않았다는 것은 그 病을 病으로 여기기(以) 때문이다. 앞의 그 病(其病)은 사람들이 자기 근본을 모른다는 것을 病이라 지칭한 앞 단락의 病을 가리키고 뒤의 病은 일반적인 의미의 病이다. 보통 사람들은 자기의 근원을 모른다는 것조차 모르고 있는데 성인은 그러한 상황이 얼마나 어리석고 자기를 망치는 것인 줄 잘 알고 있다는 것이다. 세속적인 앎에 앞서 자기의 내면이란 것에 대해 고민하라는 교훈이다.

제72장

毋闡其所居 毋猒其所生

백성이 의식주를 막지 말고 생명을 누르지 말라

民之不畏 畏, 則大畏將至矣.
毋闡其所居 毋猒其所生, 夫唯弗猒, 是以不猒.
是以聖人 自知而不自見也 自愛而不自貴也,
故去被(彼)取此.

畏(외): 두려워하다, 꺼리다, 심복하다, 조심하다, 위협하다.

毋(무): 말라, 금지어, 아니다.

闡(갑): 수문, (문을)닫다

弗(불): 아니다, 말다. 근심하다, 떨쳐버리다, 다스리다

猒(염): 물리다, 싫증나다(=厭), 족하다, 넉넉하다, 평안하다, 누르다[엽]

사람(백성)들이 두려워하지 않은 것을 두려워하라.

그렇지 않으면 큰 두려움에 이를 것이다.

백성이 居하고 있는 것(의식주)을 막지 말고

백성의 삶이라는 것(생명) 누르지 말라.

대저 오로지 그 억누름이라는 것을 떨쳐버림으로써

(백성들이) 싫어하지 않는다.

이로써 성인은 스스로 그런 것을 알고 겉으로 드러내지 않는다.

그런 마음을 스스로 아끼면서도 스스로 귀하다고 여기지 않는다.

따라서 '저것'을 버리고 '이것'을 취한다.

民之不畏, 畏, 則大畏將至矣.
민 자 불 외   외   즉 대 외 장 지 의

왕필은 之를 빼버리고 뒤의 畏(외)를 威(위)로 고쳐 民不畏威(민불외위)로 되어 있다. "백성들이 (군주의) 권위를 두려워하지 않는다면 장차 큰 두려움에 이를 것이다."라는 식으로 번역되고 있다. 노자가 다스림을 논하면서 군주의 권위를 내세우고 백성에게 이 권위를 두려워하라는 것은 지금까지의 도덕경의 내용과 전혀 어울리지 않는다. 이 글의 주어는 생략되어 있지만 군주이다. '民之不畏', 즉, '백성이 두려워하지 않는 것'을 두려워하라(畏)는 것이다. 민지불외를 강조하는 도치(倒置) 형태로 뒤의 畏를 떼어서 읽는 것이 좋다. 백성이 두려워하지 않는 것이 무엇인가? 한 나라의 백성이기 전에 하나의 인간으로서 향유하여야 할 최소한의 생존권에 대한 침탈이다. 74장에서도 백성이 죽음이라는 것을 두려워하지 않는다면 어찌 죽음으로써 그들을 겁박할 수 있겠느냐고 묻고 있다. 아무리 나라를 다스리는 임금이라 할지라도 백성의 최소한 생존권을 빼앗으려 한다면 백성들은 그것을 두려워하는 것이 아니라 거꾸로 그것을 지키려고 싸운다. 역사적으로 수많은 사례에서 보아왔듯이 이럴 경우 백성들은 죽음조차 두려워하지 않고 군주에 반기를 들고 일어나 결국은 군주가 물러나거나 나라가 망한다.

將은 대부분 '장차'라고 번역하는데 '그렇지 아니하면'이라는 뜻의 或(혹)으로 읽어야 한다. 즉(則) 그렇지 아니하면(將) 큰 두려움(大畏)에 이를(至) 것이다. 여기서 큰 두려움(大畏)이란 군주나 나라가 망하는 것을 의미한다.

대부분의 백서본을 근간으로 한 번역가들조차 이 문장의 주어를 백성이라 생각하고 백성이 두려워하는 것을 두려워하지 않는다면 큰 두려움이 올 것이라고 번역하고 있다. 사람들은 자기가 두려워하는 것은 계속 두려워하는 것이 보통이다. 두려운 것을 두려워하지 않는 것이 무슨 의미인지 명확하지 않다. 그리고 두려운 것을 두려워하지 않으면 큰 더 두려움이 온다는 것도 너무나 뻔한 이야기다. 다음 단락의 내용을 보면 백성이 이 구절의 주어가 아니라는 것을 금방 알 수 있다.

毋闡其所居 毋猒其所生, 夫唯弗猒, 是以不猒.
무 압 기 소 거 무 엽 기 소 생 부 유 불 엽 시 이 불 염

여기서 앞서 백성들이 두려워하지 않은 것이 무엇인지를 설명하고 있다. 압박(闡)하지 말라는 毋(무)의 주체는 군주다. 闡은 수문을 닫는다는 것으로 백성(其)이 거주하고 있는 곳(所居)를 닫지 말라고 한다. 제한하지 말라는 것이다. 其(기)는 앞의 백성(民)을 가리키는 대명사이다. 그리고 백성들이 살아가는 것(所生)을 막지(猒) 말라(毋)고 했다. 백서본의 猒(엽)도 厭(엽)의 옛날 글자로 '싫증나다'의 뜻보다는 '막다', '누르다'의 뜻도 동사이며 이 때는 '염'이 아니 '엽'으로 읽어야 한다.

필자는 居는 사람이 살아가는 장소라기보다는 생존에 필요한 최소한의 의식주를 의미한다고 생각한다. 먹고 자고 입는 것은 생존을 위해 필요한 가장 기본적인 요소이다. 그리고 生은 목숨이라고 보는 것이 적절

하다. 인간은 누구나 자기 목숨의 가장 소중이 여기며 자기 목숨을 빼앗으려 하는 것에 본능적으로 반항한다. 이러한 상황이 되면 가만히 당하고 있지 않고 최후의 저항을 서슴지 않는다. 살아 있어야 백성이 되든지 말든지 할 수 있는데 최소한의 생존조차 담보하지 못할 정도가 되면 이는 이미 백성이기를 거부한다. 그래서 나라의 가장 기본적인 구성 요소인 백성으로서의 위치를 스스로 느낄 수 있게 그들의 최소한 생존권을 보장해 주어야 한다.

왕필은 앞 구절에서 백성을 주어로 본 때문인지 이 부분에 대해 백성의 마음이라는 측면에서 해설을 하고 있다. 居는 '맑고 고요한 무위(淸靜無爲)'라 했으며, 生에 대해서는 겸손하고 물러서면서 가득 채우지 않은 것(兼後不盈)'이라고 해석하고 있다. 하상공도 마찬가지로 비슷하게 해설을 하고 있다. 앞 단락에서 말한 두려움의 대상으로 보기에는 너무 현학적이고 현실감이 적을 뿐 아니라 닫지 말라(毋閘)라든가 누르지 마라(毋猒)이라는 명령형의 동사와 쉽게 매치되지 않는다.

다음 구절인 夫唯弗猒 是以不猒(부유불엽 시이불염)을 살펴보면 猒의 부정사로 弗과 不로 다르게 사용되었다. 不은 동사와 형용사에도 쓸 수 있는 반면 弗은 형용사 앞에서는 쓸 수 없다는 차이가 있다. 이러한 사실은 앞의 猒(엽)은 동사이고 뒤의 猒(염)은 형용사라는 것을 말해 준다. 따라서 앞의 猒은 '누르다'라는 동사로 읽어야 하며, 뒤의 猒은 '싫증나다'의 형용사로 '염'으로 읽어야 한다. 왕필본은 모두 不로 되어 있어 이러한 미묘한 차이를 알 수 없다. 그렇게 함으로써(是以) 백성들이 싫어하지 않는다고 한다(不猒).

是以聖人 自知而不自見也, 自愛而不自貴也. 故去彼取此.
시 이 성 인 자 지 이 불 자 현 야　자 애 이 불 자 귀 야　고 거 피 취 차 앞의 사실에 대해 성인이 백성을 다스리는 군주를 대신하여 말하고 있다. 우선 自知, 自愛를 어떻게 번역하여야 하는지 모호하다. 일반적인 경우라면 자신을 알고(自知) 자기를 사랑하는 것(自愛)으로 번역된다. 그러나 이렇게 할 경우 자신을 알지만 자신을 드러내지 않는다는 내용이 지금까지의 이야기와 원활하게 연결되지 않는다. 그리고 자신을 안다는 것(自知)과 자신을 드러내지 않는다는 것(不自見)도 서로 연관되지 않는다. 따라서 필자는 이 단락을 앞의 내용과 연관시켜 自를 군주 자신이라는 명사가 아니고 '스스로'라는 부사로 읽어야 한다고 생각한다.

스스로 아는 것(自知)의 대상이 백성들의 居와 生을 억압하지 않는다는 것이다. 그리고 見은 '드러내다'는 뜻인 '현'으로 읽어야 한다. 따라서 첫 구절은 군주는 그러한 백성들의 마음을 스스로(自) 알고(知) 거기에다 자기가 그렇게 하고 있다고 일부러(自) 백성에게 내보이려(見) 하지 말라는 것이다. 백성의 최소한의 생존권은 신성불가침의 영역이라는 점을 군주가 충분히 알고 있을 뿐 아니라 일부러 억압하지 않는다는 것조차 내 보이지 말라는 것이다. 처음부터 억압의 대상이 아니다.

두 번째 구절도 마찬가지다. 스스로 백성들을 사랑할 뿐 스스로 귀하게 여기지 않는다. 스스로를 귀하게 여긴다는 것은 자신이 백성의 생사여탈권을 가지고 있는 양 착각하지 말라는 것이다.

마지막 구절에서 저것(彼)을 버리고 이것(此)을 취한다고 했다. 이러한 표현은 노자가 자주 사용하는 표현으로 12장과 38장에도 등장한다. 그러나 앞에서와 달리 이 장에서는 이것과 저것이 무엇을 가리키는지 문장 구조상 정확히 알 수가 없다. 전체 내용에 비추어 저것(彼)은 앞부분에서 이야기한 백성의 최소한 생존권을 억압하는 것을 의미하고, 이것(此)은 마지막 두 구절이라고 억지로 유추하는 수밖에 없다.

제73장

天罔恢恢 疎而不失

하늘의 그물은 넓어 엉성한 듯하지만 놓치는 것이 없다

勇於敢者則殺 勇於不敢則栝(活),
[此]兩者 或利或害, 天之所亞(惡) 孰知其故?

天之道 不單(戰)而善朕(勝) 不言而善應,
弗召而自來 彈(繟)而善謨, 天罔【袿】〃(恢恢) 疎而不失.

敢(감): 감히, 구태여, 함부로, 감히 하다, 강행하다, 결단성 있다

彈(탄): 탄알, 튀기다, 두드리다, 힐책하다, 탄핵하다

繟(천): 띠가 늘어지다, 넉넉하다, 너그럽다

罔(망): 그물(=網)

恢(회): 넓다, 갖추어지다

감히 무언가를 하려는 용기는 죽임을 염두에 둔 것이며
무언가를 감히 하지 않으려는 용기는 삶이라는 데 무게를 둔 것이다.
이 두 가지는 이익이 될 수도 혹은 해가 될 수도 있는데
하늘이 (어느 쪽을) 싫어하는지 그것을 누가 알겠는가?

하늘의 道는 싸우지 않고도 무위로 이기고

말하지 않아도 무위에 따라 응하며,

부르지 않아도 저절로 오며,

느긋하면서도 무위에 따라 일을 도모한다.

하늘의 그물은 넓고도 넓어서 엉성해 보이지만 놓치는 것이 없다.

勇於敢則殺 勇於不敢則活,
용 어 감 즉 살 용 어 불 감 즉 활

此兩者 或利或害, 天之所惡 孰知其故?
차 양 자 혹 리 혹 해   천 지 소 오 숙 지 기 고

과감하다는 것은 행동으로 옮기는 것도 어렵고 나중에 자기를 곤란하게 만들 수도 있는 일을 한다는 것이다. 극단적으로 생각하면 자기 목숨까지 담보해야 한다. 勇於敢(용어감)은 감히 무엇을 하는데 용기를 내는 것이다. 이는 긍정적인 의미에서 과감하다고 하다는 것일 수도 있지만 한편으로는 무모한 용기라고도 볼 수도 있다. 이에 반해 勇於不敢(용어불감)은 감히 무엇을 하지 않는 용기다. 무엇을 과감하게 하기 위해서 당연히 용기가 필요하지만, 과감하게 하지 않기로 결심하는 것도 어떤 면에서 더 큰 용기가 필요하다. Yes라고 대답하는 것이 자기의 적극적인 의지를 표출하는 것임에 틀림없지만, No라도 말할 수 있는 것은 더 큰 용기가 필요한지도 모른다. 則(즉)은 동사로 '기준으로 삼다', '본보기로 삼다'의 뜻으로 번역하는 것이 문맥상 매끄럽다. 즉 (무언가를) 과감하게 하기 위해 내는 용기(勇於敢)는 죽임(殺)이라는 것을 기준으로 삼는다(則)는 것이다. 그 결과 상대를 죽일 수도 있고 자신이 죽임을 당할 수도 있다는 것을 감수한다는 것을 의미하며, 함부로 나서지 않는 용기는 우선 내가 살아야 한다는 데 무게를 두는 것이다. 대부분의 사람들과 같이 "감히 하는데 용감한 사람은 죽고, 감히 하지 않는데 용감한 사람은 산다."라고 번역할 수도 있지만 그럴 경우 죽인다는 '殺'대신에 죽음이라는 '死'가 더 적절할 것 같은데 굳이 殺이란 표현한 것은 앞서 말한 대로 죽일 수도 있고 죽임을 당할 수도 있다는 상황을 감안한 것이라 생각한다.

이 두 가지, 즉, 勇於敢(용어감)과 勇於不敢(용어불감)은 혹은 이롭고(或利) 혹은 해롭다고 하는데(或害) 하늘이 싫어하는 바(天之所惡), 누가(孰) 그(其) 이유(故)를 알겠느냐(知)며 묻고 있다. 우리는 보통 자신의 사상과 정의를 위해 과감하게 행동하는 사람을 의인으로 추앙하고, 지 목숨 부지하자고 뒤로 물러나가는 사람을 비겁하다고 말한다. 그러나 사람의 가치관에 따라 목숨 잃은 의인에 대해 무모하다고 평가하기도 하며, 잠시 비겁했지만 살아남는 것이 중요하다고 말하는 사람도 있다. 그리고 거꾸로 죽을 각오를 하고 과감하게 용감한 경우에 결과적으로 살아남고, 살려고 감히 나서지 않았는데도 결과적으로 죽임을 당하는 경우도 있다. 예를 들면 산속에서 산적들을 만났을 때 의롭지 않은 일이라며 죽기를 각오하고 산적에 덤벼든 사람한데 의기가 있다며 살려주는가 하면, 살려 달라고 애걸복걸하는 사람한데 구차한 놈이라며 도리어 칼을 맞을 수도 있다. 어느 쪽이 이롭고 해로울 것인지 누구도 알 수 없다. 당시의 상황과 도둑의 생각에 달려 있을 뿐이다.

이러한 상황은 하늘조차 무어라 판단하기를 싫어한다고 말한다. 그런데 기존 번역서들은 용어감을 부정적(殺)으로 보고 용어불감을 긍정적으로 평가(生하)는 것으로 설명하는 경우가 많다. 용어불감이 뒤에 나오는 善에 해당한다고 말한다. 결론부터 말하면 하늘은 용어감이나 용어

불감 모두 싫어한다. 하늘도 어느 쪽이 나은지 모른다고 했는데 용어불
감을 善에 연결시키는 것은 성급하다. 하늘은 오직 무위(善)에 따를 뿐
이다. 그것이 하늘의 道라고 뒤이어 말하고 있다.

을본의 天之所亞의 亞(아)는 2장에서도 을본의 亞(아)가 갑본에서 惡
(오)로 표기되어 있어 惡(오)로 대체하였다.

天之道, 不戰而善勝, 不言而善應,
천 지 도　부 전 이 선 승　불 언 이 선 응

弗召而自來, 繟而善謨,
불 소 이 자 래　천 이 선 모

天罔恢恢 疎而不失.
천 망 회 회　소 이 부 실

앞에서 두 가지 경우 중 어느 것이 이롭고 해로운지에 대해 하늘의 뜻
은 어느 쪽이며 그 이유가 무엇인지에 대해 설명한다. 앞에서 언급한 바
와 같이 하늘은 道라는 것이 있어 그 道에 따라 움직인다는 것이다. 善
은 道에 바탕을 두어 행하는 것을 말한다.

하늘의 뜻은 직접 맞닥트려 싸우지(戰) 말고(不) 무위에 맡겨 두면(善)
저절로 잘된다(勝)는 것이다. 다음 구절도 마찬가지다. 어떤 사안에 대해
가타부타 말하지 말고(不言) 무위에 따라 응하는 것(善應)이 하늘의 道임
을 다시 한 번 설명하고 있다. 그리고 이러한 하늘의 道는 일부러 부르
지 않아도(弗召) 스스로 찾아온다(自來)는 것은 봄이 되면 꽃이 피고 가
을이면 꽃이 지는 것은 자연이 저절로 그러함이지 하늘이 의지가 아니
다. 그리고 느긋하면서(繟)도 모든 것을 잘 도모한다고 말한다.

용어감이든 용어불감이든 사람의 의지가 개입되어 있다. 자기의 가치

와 판단에 따라 결정된 것으로 두 가지 모두 인위이기 때문에 하늘은 양쪽 다 좋아하지 않는다는 것을 말하고 있다. 하늘의 道, 즉 道는 무위(無爲)에 의해 저절로 그리될 뿐이다.

그리고 마지막으로 우리들에게 익숙한 고사성어로 결론을 내린다. 하늘의 그물은 아주 넓고도 넓어(天罔恢恢) 엉성해 보이지만 놓치는 것이 없다(疎而不失). 왜냐하면 그것은 무위와 저절로 그러함(자연)에 따라 하기 때문이다.

67장에서도 백서본의 單(단)과 朕(짐)은 戰(전)과 勝(승)과 같다고 했다. 繟而善謀(천이선모)의 백서본 彈(탄)은 繟(천)의 본 글자라는 백서정리조의 의견에 따라 보완하였으며 을본의 〈経〉 글자는 알 수 없는 한자로 왕필본의 恢(회)로 보완하였다.

제74장

代司殺者殺 是代大匠斲

죽음을 관장하는 사람(하늘)을 대신하여 사람을 죽이는 것은
대목수를 대신해 나무를 깎는 것과 같다

若民恒且不畏死, 奈何以殺愳(懼)之也?

若民恒是死 則而爲者, 吾將得而殺之? 夫孰敢矣?

若民恒且必畏死 則恒有司殺者,
夫代司殺者殺 是代大匠斲也,
夫代大匠斲者 則希不傷其手矣.

且(차): 또, <u>또한</u>, 장차, 만일, 구차하다, 공경스럽다[저], 머뭇거리다[저]

畏(외): <u>두려워하다</u>, 꺼리다, <u>심복(心服)하다</u>, 으르다, 죽다

奈(나): <u>어찌</u>, 지옥, 대처하다, 대응하다

愳(구): 두려워하다, 걱정하다, 으르다, <u>위협하다(=懼)</u>

匠(장): <u>장인</u>, 기술자, 우두머리

斲(착): <u>깎다</u>, (나무를) 베다, 새기다

만약 백성들이 항상 늘 죽음을 두려워하지 않는다면
어찌 죽임으로써 그들을 겁박할 있겠는가?

그 백성이 죽음이라는것을 스스로 인정한다 하더라도
道에 따라 다스리는 내가 어찌 그것을 받아들여 사람을 죽일 수가 있겠
는가?
대저 누가 감히 그 짓을 할 수 있겠는가?

만약 어느 백성을 필연적으로 죽여야 할 처지라 하더라도
항상 죽음을 주재하는 것(하늘)은 따로 있다.
그 주재자(하늘)를 대신하여 (누군가를)죽인다는 것은
대목수를 대신하여 나무를 깎게 하는 것과 같다.
대목수를 대신하여 나무를 깎으면 손을 다치지 않는 일이 드물 것이다.

若民恒且不畏死 奈何以殺懼之也?
약 민 항 차 불 외 사   나 하 이 살 구 지 야

사람의 목숨을 어떻게 대하여야 하는가에 대한 이야기다. 우선 사람
이 죽음에 대해 어떻게 반응하는지 크게 세 가지 부류로 나누고 있다.
첫째가 죽음을 두려워하지 않는 사람이다(不畏死). 보통 부사로 사용
되는 恒(항)과 且(차)가 연이어 있다. 왕필은 중복되는 부사를 아예 삭제
하여 '民不畏死(민불외사)'라고 간단히 적고 있다. 필자는 '항상 그러하면
서 그리고 또'의 뜻으로 '항상'이라는 것을 강조한 것으로 보았다. 즉, 보
통 사람이면 본능적으로 죽음을 두려하는데 이 사람들은 어찌된 일인

지 죽음이라는 것, 그 자체를 두려워하지 않는 부류이다. 용감해서 두려워하지 않을 수도 있지만 군주의 학정이나 72장에서와 같이 자기의 생존권이 위협받을 때 백성들은 죽음을 두려워하지 않는 경우일 수도 있다.

이런 사람을 상대로 죽인다고(殺) 함으로써(以) 그들을(之) 어찌(奈何) 겁박할(懼) 수 있겠는가를 반어법으로 묻고 있다. 奈(나)와 何(하)도 같은 비슷한 뜻의 의문사가 중복되어 있다. 恒且와 마찬가지로 강조 용법으로 이해할 수밖에 없을 것 같다. 奈(나)를 '대응하다', '대처하다'라는 동사로 볼 수도 있지만 의문사가 뒤에 위치해 문장 구조가 애매하다. 懼(구)는 畏(외)와 비슷한 뜻이지만 여기서는 '으르다', '위협하다'로 옮기는 것이 좋다. 마지막 글자인 之는 사람(백성)을 가리킨다.

若民恒是死, 則而爲者 吾將得而殺之? 夫孰敢矣?
약 민 항 시 사   칙 이 위 자 오 장 득 이 살 지   부 숙 감 의

두 번째 유형이다. 民恒是死(민항시사)에서 是(시)는 옳다고 인정한다는 것이다. 실제 자기가 죽는다는 것을 인정하고 순순히 받아들이는 경우다. 자기를 죽이려고 하는데 살려달라고 애걸하지도 않고 도망치려 하지도 않는다. 첫 번째 부류와 같이 죽음을 두려워하지 않는다는 측면에서는 같으나 자기가 죽는 이유를 스스로 인정하느냐의 차이가 있다. 첫 번째의 경우는 죽음을 두려워하지는 않지만 자기가 죽어야 할 이유에 대해서는 수긍하지 않는 상황이다.

여기서는 恒(항)만 있고 且(차)가 빠져 있다. 정확한 의도는 알 수 없지만 죽음을 시인하는 것에 '또'라는 부사로 재강조하는 것은 적절치 않기 때문이라 생각한다.

다음 구절인 則而爲者(칙이위자)의 구절도 언뜻 보기에 접속사인 則

(즉)과 而(이)가 중복된다. 지금 노자가 부사나 의문사에 이어 접속사의 중복 용법에 대한 테스트를 하고 있는 것 같아 보인다. 則(칙)은 법칙, 이치 등의 뜻을 가진 명사이고, 而는 접속사가 아닌 어조사 '~로서'로 번역되어 '이치로서 행하는 사람'이다. 여기서 이치(理致)는 법령이나 제도가 아닌 道를 의미한다. 이러한 道를 행하는 사람은 바로 이어 나오는 나(吾)와 연결된다.

吾將得而殺之(오장득이살지)의 將은 '어찌'의 의문사로 읽어야 하며 得(득)은 앞에서 말한 죽음을 시인한다는 것을 받아들인다는 의미다. 설령 그 사람이 누구도 원망하지 않고 기꺼이 죽음을 받아들인다 한다 하더라도 그 사람을 죽일 수는 없다는 것이다. 道에 바탕을 두어 다스리는 나조차도 그렇게 할 수 없는데 도대체 누가 감히 그렇게 할 수 있겠는가(夫孰敢矣?)를 묻고 있다. 그 사람이 죽음을 순순히 받아들인다 하더라도 사람을 죽이는 것은 용납되지 않다는 것을 말하고 있다.

왕필은 是를 畏로 바꾸면서 使(사)를 추가해 사역형으로 만들었다. 즉, 若使民常畏死(약사민상외사)로 하여 "백성들로 하여금 항상 죽음을 두려워하게 만든다면"이라는 번역이 된다. 이에 대해 대부분의 사람들이 가혹한 형벌을 만들어 백성들에게 겁을 주어 죽음을 두렵게 만드는 것이라고 부연 설명하고 있다. 그러나 이 章에서 거론하고 있는 죽음은 자연적인 죽음이 아니라 모두 형벌 등 사회, 정치적인 이유로 죽는 경우를 전제로 하고 있다. 왕필은 전제 조건을 다시 서술한 것에 지나지 않는다. 그러다 보니 뒤의 구절인 '則而爲者(칙이위자)'도 '而爲奇者(이위기자)'로 바꾸어 기이한 짓을 하는 사람은 내가 잡아 죽여 버린다는 식으로 이야기를 풀어가고 있다. 이미 법령을 위반하여 죽음을 두려워하는 백성에 대하여 기인한 짓을 하면 죽인다고 재차 설명하는 것은 상식적으로도 맞지 않다. 그리고 성인인 내(吾)가 장차 그런 사람을 잡아 죽인다는 식으로 번역하고 있다. 성인이 할 행위도 아니거니와 나 외에는 아무도 그렇게 하지 못한다는 내용이 되어 매우 부적절하다.

若民恒且必畏死, 則恒有司殺者, 夫代司殺者殺,
약 민 항 차 필 외 사　칙 항 유 사 살 자　부 대 사 살 자 살

是代大匠斲也, 夫代大匠斲者, 則希不傷其手矣,
시 대 대 장 착 야　부 대 대 장 착 자　즉 희 불 상 기 수 의

세 번째 부류, 즉 必畏死에 대한 이야기다. 첫 번째 부류의 경우 문장 구조는 같은데 不 대신 必(필)이라는 글자가 들어가 있다. 必의 번역이 모호해서인지 실수로 누락한 것인지 왕필본에는 이 구절이 아예 없다. 글자대로 직역하면 "정말로(반드시) 죽음을 두려워하는 것"이 되지만 죽음을 가짜로 두려워하는 사람이 있겠는가? 상식적으로 받아들이기 힘든 번역이다. 필자는 必을 오로지 전일하여 그것만을 생각하는 것을 뜻한다고 보아 죽음이라는 공포가 직접 바로 앞에 있다는 상황을 표현한 것이라고 생각한다. 어떤 이유에서인지는 모르지만 죽음을 바로 목전에 둔 사람으로 죽음에 대한 공포는 극에 달할 것이다. 그러나 어쩔 수 없이 죽어야 할 수밖에 없는 상황이다. 죽고 싶지 않고 두려운데 사형을 집행 당하는 경우이다.

이러한 경우에도 이치상 항상 司殺者(사살자), 즉 사람을 죽이는 것을 관장하는 것이 있다. 여기서도 則(칙)은 앞 단락에서와 같이 접속사가 아닌 법칙, 이치를 의미한다. 司殺者는 사형을 집행하는 사람이 아니고 죽음을 관장하는 것으로 하늘(道)을 가리킨다. 즉, 오로지 하늘만이 사람을 죽일 수 있다는 것이다. 아무리 임금이라도 사람을 죽여서는 안 된

다는 것을 목수를 비유해 설명하고 있다. 대저 하늘(道)을 대신하여 사람을 죽이는 것은 대목수(大匠)를 대신(代)하여 나무를 깎는 것과 같다. 대저 목수를 대신해 나무를 깎을 경우 손을 다치지 않는 사람이 드물다. 즉, 하늘을 대신해 사람을 죽이는 것은 그것을 집행한 사람에게도 큰 상처를 남긴다. 혹자는 이 부분을 군주가 직접 사형을 집행하지 말고 신하에게 맡기라는 식으로도 해석하기도 하는데 전체적인 맥락을 이해하지 못한 것이라 생각한다.

노자는 인간 생명을 누구보다 소중하게 여기는 사람이다. 어느 누구도 사람의 목숨을 인위적으로 앗아갈 수 없다는 것을 말하고 있다. 설령 그 사람이 죽어 마땅한 죄를 지었더라도 사람이 사람을 죽이는 것은 안 된다고 주장하면서 하늘만이 그렇게 할 수 있다고 말하고 있다. 노자의 국가나 권력에 의한 인위적인 사형 제도를 반대하고 있다. 국가의 권위보다 사람의 목숨이 더 위에 있다는 것이다.

왕필본은 물론 백서본을 근간으로 한 번역서들은 본문과 너무 차이가 많아 참고로 그 번역 내용을 옮겨 보니 비교해보기 바란다.

> "만약 백성이 죽음조차 두려워하지 않는다면
> 어떻게 죽음으로써 그들을 두렵게 할 수 있겠는가?
> 만약 백성이 죽음을 두려워하면서도 기이한 짓을 하면
> 내가 잡아 죽일 것이니
> 누가 감히 그렇게 하겠는가?
> 항상 죽음을 관장하는 사람(관리)이 있다.
> 만약 죽음을 관장하는 사람(관리)를 대신해 죽인다면

이는 목수를 대신해 나무를 깎는 것 같다.

대저 목수를 대신해 나무를 깎게 하면

제 손을 다치지 않을 자가 드물다."

(民不畏死, 奈何以死懼之? 若使民常畏死, 而爲奇者, 吾得執而殺之,

孰敢? 常有司殺者殺, 夫代司殺者殺,是謂代大匠斲. 夫代大匠斲者, 希

有不傷其手矣)

이러한 번역은 백성을 상대로 공포정치를 하여야 한다는 내용으로 노자의 정치사상과 전혀 딴판이다. 백성들이 죽음을 두려워하는데 잡아 죽인다고 하는 표현이나 사형 집행은 관리를 통해서 해야 한다고 하는 표현은 노자가 말한 것이라고는 도저히 생각할 수 없는 내용이다. 죽음을 두려워하는 것은 본능적인 것인데 이를 이유로 어떻게 해야 한다고 말하는 것도 문맥상 어색하기 짝이 없다.

제75장

民之輕死 以其求生之厚

사람들이 천박하게 죽는 것은
살아가면서 많은 것을 구하려 하기 때문이다

人之飢也 以其取食【逆】(稅)之多也 是以飢,
百姓之不治也 以其上有以爲也 是以不治.

民之輕死也 以其求生之厚也 是以輕死
夫唯无以生爲者 是賢貴生.

飢(기): 주리다, 주리게 하다, 굶다
輕(경): 가볍다, 소홀이 여기다, 천하다
厚(후): 두텁다, 짙다, 지극하다, 친하다, 많다, 크다, 훌륭하다

백성들이 굶주리는 것은 세금을 많이 거둬들이기 때문이다.
그래서 굶주리는 것이다.
백성들을 잘 다스리지 못한 것은 위에서 무언가를 하려고 하기 때문이다.
그래서 다스리지 못한다는 것이다.

백성들이 천박하게 죽는 것은

살아가면서 많은 것을 구하려 하기 때문이다.

그래서 천박하게 죽는다는 것이다.

대저 오로지 無에 바탕을 두고 사는 것이

현명하고 소중한 삶이다.

人之飢也, 以其取食稅之多也, 是以飢,
인 지 기 야 이 기 취 식 세 지 다 야   시 이 기

百姓之不治也, 以其上有以爲也, 是以不治.
백 성 지 불 치 야   이 기 상 유 이 위 야   시 이 불 치

왕필본과 크게 다르지 않다. 以其(이기)~의 其는 대명사로 세금을 많이 걷어 들인다는 것을 가리킨다. 食稅(식세)를 '먹을 것과 세금'이라고 번역할 수 있고 '세금을 먹는다.'라 할 수도 있지만 어느 쪽이든 말하고자 하는 의도가 같으므로 그냥 세금이라고 통칭해도 무방하다. 도입부에서 사람들이 굶주리고 있다(人之飢)고 서술하면서 세금(食稅)을 많이(多) 걷어들이는(取) 그것(其) 때문이다(以). 그런데 다시 뒤에서 그것 때문에(是以) 굶주린다고 말하며 강조하고 있지만 중복이라는 느낌이 많이 든다.

백성을 잘 다스리지 못하는 이유를 설명한다. 上(상)은 군주나 위정자를 의미한다. 有以爲(유이위)는 無의 반대 개념인 有로써 행하는 것으로 인위적 혹은 작위적으로 행한다는 것을 말한다. 위정자들이 무엇인가를 자꾸 하려고하기 때문에 백성들이 다스려지지 않는다.

民之輕死也 以其求生之厚也, 是以輕死.
민 지 경 사 야   이 기 구 생 지 후 야   시 이 경 사

夫唯无以生爲者 是賢貴生.
부 유 무 이 생 위 자   시 현 귀 생

앞에서는 일반사람을 지칭하는 명사로써 人, 百姓이라는 단어를 사용
했는데 여기서는 다시 民이라는 글자가 등장한다. 한 章안에서 세 글자에
무슨 차이가 있으며 왜 그렇게 달리 표현한 이유가 무엇인지 모르겠다.

輕死(경사)는 '죽음을 가벼이 여기다', '죽음이라는 것을 소홀히 하다'
등으로 번역하는 경우가 많은데 바로 다음 내용에 비추어 볼 때 '천박하
게 죽다', '허망하게 죽다'로 번역하는 것이 적절하다. 어떤 이유든 죽음
자체를 가벼이 여긴다든가 소홀히 취급한다는 것은 인간의 본성에 비추
어 볼 때도 적절치 않으며 여기서 말하고자 하는 것이 죽음이라는 것보
다 無爲의 삶을 살라고 하는 주제와도 어울리지 않는다.

이러한 관점에서 볼 때 生之厚(생지후), 즉, '생의 두터움'을 추구(求)하
는 것은 오래 사는 것에 집착하는 것이 아니라 삶의 풍족함이나 명예를
구하는 것이다. 다시 말하면 재물이나 명예에 집착해서 살아가게 되면
결국에는 천박하게 죽는다는 것이다. 죽는다는 것에 귀한 죽음이 어디
있고 천박한 죽음이라는 것이 어디 있으며 허망하지 않은 죽음이 어디
있겠는가마는 사람들이 그 죽음을 그렇게 평가한다는 것이다.

그래서 마지막 구절에서 無로서 사는(無以生爲) 것이 현명하고 귀한 삶
(賢貴生)이라고 결론내리고 있다. 50장에서도 삶에 집착해서 살아가는 것
(生生動)도 모두 사지(死地)에 이르는 것이라고 표현한 바 있다. 즉, 無로서
살아가는 것 외에는 모두 죽어 있는 것과 마찬가지라고 말하고 있다.

왕필본은 마지막 구절에 대해 어조사 於를 추가하여 是賢於貴生이

라 하여 '無로써 사는 것이 삶을 귀하게 여기는 것보다 현명하다'라는 번역을 유도하고 있다. 역시 죽음이라는 것이 아무것도 아니라는 투로 말하고 있지만 노자는 사람의 삶과 목숨을 누구보다 소중하게 여기고 있다.

제76장

人之生 柔弱, 其死 硬靭堅強

살아있는 것은 부드럽고 약하지만 죽으면 뻣뻣하고 굳어진다

人之生也 柔弱, 其死也【箁】仞(硬肕)堅強,
萬物草木之生也 柔脆, 其死也【槶】(枯)槁,
故曰堅強者死之徒也 柔弱微細 生之徒也,

兵强則不勝 木强則兢 强大居下 柔弱微細居上.

硬 (경): 굳다, <u>단단하다</u>

肕(인): 질긴 고기, <u>질기다</u>

堅(견): <u>굳다</u>, 튼튼하다, 단단하게 하다

脆(취): <u>무르다</u>, 약하다

枯(고): <u>마르다</u>, 수축하다.

槁(고): <u>마르다</u>, 말라 죽다

兢(긍): 삼가다, 두려워하다, <u>굳다</u>

사람이 살아 있다는 것은 부드럽고 유연하지만
죽으면 뻣뻣하고 굳어진다.

온갖 초목은 살아 있을 때 부드럽고 연하나
죽으면 바싹 말라진다.
그래서 이르길 굳건하고 강한 것은 죽은 무리이며
유약하고 미세한 것들은 살아있는 무리라고 말한다.

병사가 너무 경직되어 있으면 이길 수 없고
형구(형벌)이 너무 강하면 항상 그대로이다(발전이 없다).
강하고 큰 것은 아래쪽에 居하고
유약하고 작은 것은 항상 위에 있다.

人之生也 柔弱, 其死也 硬肕堅强,
인 지 생 야 유 약   기 사 야 경 인 견 강

萬物草木之生也 柔脆, 其死也 枯槁,
만 물 초 목 지 생 야 유 취   기 사 야 고 고

故曰 堅强者 死之徒也, 柔弱微細 生之徒也,
고 왈 견 강 자 사 지 도 야   유 약 미 세 생 지 도 야

　사람이 살아 있을 동안은 부드럽고 약하나 죽으면 뻣뻣하고 굳어진다.
硬肕(경인)은 백서본에는 현재 사용하지 않는 글자로 되어 있으나 학자
들에 따르면 두 글자 모두 '딱딱하다'라는 의미라고 한다. 네 글자 모두
비슷한 의미라 왕필본은 堅强(견강)이라는 두 글자로만 표현했다.
　모든 살아있는 것들은 안에서 세포활동을 하면서 외형적인 모습을 유
지하고 또 활동을 위한 에너지를 끊임없이 제공한다. 이는 물이라는 것
이 세포의 활동을 도와주며 생명체를 유연하게 해주는 것이다. 사람의

몸도 약 70%가 물로 구성되어 있다. 죽는다는 것은 몸 내부의 물이 없어지는 것이라고도 할 수 있다. 이는 혼자서 움직이지 못하는 식물도 마찬가지다. 죽어서 빠싹 마른 나뭇가지는 잘 부러지지만 살아있는 나무는 수분을 머금고 있어 잘 부러지지 않는다. 지금 노자는 생명과 죽음의 기준을 유약함과 건강함으로 설명하고 있다. 이 기준의 바로미터가 물이다. 78장에서 세상에서 물보다 부드럽고 약한 것은 없다고 하면서 부드럽고 약한 것이 생명의 본질이라고 말한다.

앞에서는 유약으로만 되어 있었는데 微細(미세)라는 단어가 추가되어 있는데 차라리 없는 편이 문장이 깔끔하다. 을본과 왕필본은 미세라는 구절이 아예 없다.

兵强則不勝, 木强則兢, 强大居下, 柔弱微細居上.
병 강 즉 불 승　목 강 즉 긍　강 대 거 하　유 약 미 세 거 상

兵强(병강)을 대부분 병사가 강하다거나 兵器가 강하다고 번역하는데 이야기 전개상 맞지 않다. 앞에서 뻣뻣하고 딱딱한 것에 대해 말했으니 여기서도 군사를 너무 경직되게 운영한다는 식으로 번역하는 것이 좋다. 경직된 병력 운용은 융통성이 없어 싸움에서 이기기 힘들다는 것이다.

木强則兢(목강즉긍)의 해석도 좀 혼란스럽다. 백서갑본에는 兢(긍)이 恒(항)으로 되어 있고 하상공은 共(공)으로, 왕필본은 兵으로 되어 있다. 대체로 "나무가 강하면 부러진다, 혹은 베어 진다."로 번역되고 있다. 그러나 앞서 사람과 초목(사물)에 대해 비유했는데 다시 나무 이야기로 돌아가는 것은 스토리 전개 측면에서 원만하지 않다. 앞 구절과 같이 계속 병사에 관한 이야기로 보는 것이 자연스럽다.

木은 옛날에 刑具(형구)라는 뜻으로 사용되기도 했다. 목에 차는 칼이

나 형틀, 곤장 등이 나무로 되어 있다. 그래서 木을 일반적으로 형벌로 이해하고 木强은 형벌이 너무 강하다는 것이다. 따라서 형벌이 너무 엄격하면 사람들이 도리어 굳어지면서 움츠러들어 무슨 일이든 두려워하여 삼가게 된다. 그래서는 전쟁에 이길 수 없다. 백서갑본의 恒(항)으로 읽어도 변화나 융통성이 없다는 것으로 비슷한 번역이 된다.

최근 적폐니 직권남용이니 하면서 공직자를 몰아세우니 그들이 모두 복지부동하여 시키는 것만 겨우 하는 시늉을 낼 뿐 국민과 나라를 위해 적극적으로 무언가 새로운 것을 하지 않으려 함과 같은 것이리라. 아무 것도 안 하는 것이 노자의 無爲를 실천하는 것이라고는 강변할 지도 모르겠다.

마지막으로 강한 것은 아래에 위치하고 유약한 것이 항상 위에 있다고 결론을 내리면서 유약의 정신을 강조하고 있다.

제77장

天 損有餘而益不足, 人 損不足而奉有餘

하늘은 남는 데서 덜어내고 부족한 곳에 보태주지만
사람은 모자란 곳에서 덜어내 남는 곳에 더 보태준다

天之道 酉(猶)張弓者也 高者印之 下者擧之,

有餘者云(損)之 不足者補之,

故天之道 損有餘而益不足.

人之道不然, 云(損)不足以奉有餘,

夫孰能有餘而有以取奉於天者乎? 唯又(有)道者乎.

是以聖人 爲而弗有 成功而弗居也,

若此其不欲見賢也.

酉(유): 닭, 물을 대다

猶(유): 오히려, 마치 ~~같다, 마땅히 ~하여야 한다

云(운): 이르다, 어조사, 친하다

印(인): 도장, 찍히다, 박다, 누르다

賢(현): 현명하다, 낫다, 더 많다, 넉넉하다, 존경하다, 착하다

하늘의 道는 활을 당기는 것과 같아 높은 쪽은 누르고 아래쪽은 들어올린다.

남아있는 것은 덜어내고 모자란 것에 도와준다.

이와 같이 하늘의 도는 남는 데서 덜어내고 부족한 것에는 더해준다.

속세의 道라는 것은 부족한 데서 덜어내서 여유가 있는 곳에 바친다.

누가 능히 여유가 있는 곳에 조금 떼어서 하늘이라는 곳에 바치겠는가?

거기에는 오로지 세속적인 도라는 것만 있을 뿐이다.

그러므로 성인은 그렇게 하면서 (여유분을) 소유하지 않으며

(부족함을 채워 준) 공은 있지만 그것에 머무르지 않는다.

이와 같이 하면서도 자기의 넉넉함을 드러내지 않는다.

天之道 猶張弓者也, 高者印之 下者擧之,
천 지 도 유 장 궁 자 야　고 자 인 지 하 자 거 지

有餘者損之 不足者補之, 故天之道 損有餘而益不足.
유 여 자 손 지 부 족 자 보 지　고 천 지 도 손 유 여 이 익 부 족

'하늘의 도'라고 표현했지만 노자가 말하는 일반적인 道라고 생각하면 된다. 하늘의 道라는 표현은 뒤 단락에서 사람의 도(人之道)와 구별하기 위한 표현이다. 하늘의 道는 마치 활을 당기는 것과 같다고 했다. 활을 쏘는 것을 예로 들면서 높은 것(高者)은 누르고(印), 아래에 위치한 것(下者)은 들어 올린다(擧)고 했다. 활을 쏘기 위해 시위를 잡아당길 때 활줄의 가운데 높은 부분은 화살을 누르면서 나아가게 하고, 줄 양 끝 부

분은 반작용으로 줄을 들어올리는 것으로 생각하고 이렇게 표현한 것 같다.

여유가 있는 것(有餘者)은 덜어지게(損之) 되고, 부족한 것(不足者)은 보충되기(補之) 마련이다. 이렇게 하는 것이 하늘의 道라고 말하고 있다. 앞에서도 만물은 모든 것이 저절로 그리되면서 서로 상반되게 보이는 것이라도 상호 작용을 하면서 저절로 조화가 되는 것이라고 말했다. 그래서 42장에서도 사람이 자기 주관으로 판단해 그것을 인위적으로 채우거나 덜어내지 말라고도 했다.

印(인)은 왕필본에선 抑(억: 누른다)로 바꾸어 좀 더 명확하게 할 수도 있지만 印에도 '도장을 누르다', '찍다'라는 뜻이 있어 그대로 인용했다.

人之道不然, 損不足以奉有餘,
인 지 도 불 연 손 부 족 이 공 유 여

夫孰能有餘 而有以取奉於天者乎? 唯有道者乎.
부 숙 능 우 여 이 유 여 취 봉 어 천 자 호 유 유 도 자 호

노자의 道는 하늘이나 사람에 따라 그 본질이 다를 수 없다. 그러나 여기서 사람의 道라는 것은 춘추전국시대의 제자백가의 사상이 만연할 때 자기 사상의 근본 이치를 표현하는 것으로 道라는 단어를 사용하기 시작했는데 이때의 道, 즉 인간 사회에서의 사람들이 말하는 통속적인 道라고 이해하여야 한다. 다시 말하면 공자 차원에서의 道일 수도 있고. 묵가 입장에서의 道일 수도 있다. 이러한 道는 천지 우주를 창조하고 무위를 바탕으로 만물이 스스로 그러함을 의미하는 노자의 道와는 다르다. 이러한 사실은 이 章이 노자 이후 후세 사람들이 추록한 것이라는 걸 말해주고 있다.

이러한 속세의 사람 道는 앞서 말한 하늘의 道와 같지 않다(不然). 그렇지 않다(不然)는 표현에서도 사람의 道가 노자가 말한 道와 다르다는 것을 쉽게 알 수 있다. 이러한 사람의 도는 세속적이라 적은 곳에서(不足) 덜어 내어(損) 여유가 있는 것(有餘)에 바친다(奉)는 것으로 표현하고 있다. 부익부 빈익빈(富益富 貧益貧)의 행동을 하는 것이 사람이라는 것이다. 잘 되는 사람을 더 밀어준다는 것이 세상의 인심이라고 한다.

덜어 낸다는 損은 갑본에서 【敗】으로 되어 있고, 을본에서는 云으로 되어 있는데 이는 42장, 48장에서도 마찬가지로 損으로 교체하였다.

夫孰能(부숙능)~ 乎?는 "대저 누가 그렇게 하는가?"의 의문문이다. 누가 여유가 있어(有餘) 그 여유분을 가지고(有以) 하늘이라는 것(天者)에 (於) 받치는 것을(奉) 취하느냐(取)고 묻고 있다. 有以(유이)는 보통 '가능하다(可)'의 뜻으로 사용되는 관용어이지만 여기서는 바로 앞에 접속사 而와 연결되어 있는 점을 감안할 때 풀어서 번역하는 것이 맞다. 有는 앞 구절의 有餘(유여)의 有이다. 즉, 여유 있는 것(有)으로써(以) ~을 한다는 것이다. 取奉(취봉)은 바치는 것을 취한다는 것으로 取(취)가 없어도 상관없을 것 같다. 왕필본에도 取가 빠져있다.

하늘(天)에 놈 자(者)가 붙어 있다는 것에 유의할 필요가 있다. 보통 하늘은 天으로만 표기하지 일부러 者를 붙이지 않는다. 天者는 "하늘이라는 것"으로 번역하여야 한다. 앞 단락 天之道(천지도)의 그 하늘이 아니다. 속세 사람들이 생각하는 자기들만의 하늘이다. 그 하늘을 격하시켜 표현한 것이다. 그 하늘은 자기가 숭배하는 우상일 수도 있고 자기보다 높은 지위에 있는 사람일 수도 있다. 사람들은 자기에게 앞으로 도움이 될 만한 것을 하늘이라며 떠 바친다. 이러한 행위는 순수한 동기에서가 아니라 앞으로 자기의 여유분을 더 늘리기 위한 하나의 투자 수단에 지나지 않는다.

唯有道者(유유도자)도 마찬가지다. 여기서 도인이라 표현하지 않고(사실 필자에 보기에는 이 표현도 바람직하지는 않지만) 道者라 말한 것도 노자의 道를 체득한 사람이 아니라 속세 사람의 관점에서 道에 트인 사람이다. 그런 사람들이 자기의 여유분을 자기가 숭배하는 대상에게 바친다.

이 구절에 대해 왕필을 비롯한 대부분의 번역서들은 道와 天者(천자)를 앞 단락의 道와 하늘(天)과 같은 것으로 간주하고 있다. 그래서 보통 사람들은 모자란 곳에서 떼어내서 여유가 있는 것에 더 보태준다고 하면서, 누가 여유가 있으면서 하늘에 바치는 일을 할 수 있느냐 물으면서 오직 도를 체득한 사람만이 그렇게 할 수 있다고 번역한다. 모자란 곳에서 떼어내는 것도 아니고 여유 있는 것에서 조금 떼어내서 하늘에 봉양하는 것이 무슨 큰일이라고 성인만이 할 수 있다고 말하는 것이 우습다. 그리고 여유가 있으면 직접 베푸는 것이 더 나을 것인데 왜 굳이 하늘을 통해 재분배하려고 하는지도 이해가 안 된다. 혹자는 여유가 있으면 하늘에서 본받을 것을 취하는데 오직 道가 있는 사람만이 그리 할 수 있다고도 하는데 그럼 성인은 여유가 없으며 하늘을 본받지 않는다는 말인가? 상식적으로 납득이 되지 않는 설명이다. 앞서 말한 대로 이 단락에서는 사람의 道라는 것에 대해 기술하고 있다. 사람의 道는 하늘의 道와 같지 않다고 하면서 하늘의 道와 정반대의 행동을 한다고 이야기해 놓고서 갑자기 다시 하늘의 道가 나오고 도를 체득한 道人을 등장시키는 것은 문맥이 일관성 뿐만 아니라 논리적으로도 말이 안 된다.

지금까지의 내용을 종합하면 하늘의 道, 노자의 道는 부족한 곳에는 보태주고 넘치는 것은 덜어주면서 저절로 만물을 조화되게 만드는데, 속세 사람들은 거꾸로 부족한 데서 덜어내고 풍족한 것에 더 보탠다. 그리고 고작 하는 짓이 여유 있는 것을 좀 떼어내어 자기가 하늘이라고 믿는 우상에게 바치지만 이 또한 지금의 여유를 더 늘리기 위한 꼼수일 뿐이다. 이런 작태를 저지르고 있는 사람들을 가리켜 속인들이 말하는 도사(道者)라는 것이다.

아홉을 가진 사람이 하나만 가지고 있는 사람의 것을 빼앗아 열을 채우려 한다는 속담도 있지 않은가? 그렇게 하더라도 열에 머물지 않고 더 채워 줄 어떤 대상(여기서는 天者)을 찾아 스물을 향해 나가려고 하는 것이 사람인지도 모르겠다.

是以聖人 爲而弗有 成功而弗居也, 若此 其不欲見賢也.
시 이 성 인 위 이 불 유 성 공 이 불 거 야   약 차 기 불 욕 현 현 야

지금까지의 내용에 비추어 볼 때 성인은 하늘의 도(天之道)에 따라 보태주고 나누어 주며 저절로 조화롭게 한다. 爲而弗有(위이불유)는 보태주고 나누어주지만 가지지(有) 않는다고 했다. 여기서 有는 앞 단락에서 말한 有餘의 有이다. 즉, 베풀고 덜어주지만 자기는 아무것도 가지는 것이 없다는 것이다. 더 나아가면 여유가 있고 없다는 것에 아예 개의치 않는다는 것으로 有라는 개념이 없다고 볼 수도 있다. 이는 베풀고 덜어주고 하는 것이 저절로 그리되는 것이지, 자기에게 있다고 나누어주고 없다고 가져온다는 것이 아니다. 그리고 이러한 행위가 잘 되더라도(成功) 거기에 머무르지 않는다는 것(弗居)은 일과성(一過性)이 아니라 내내 그리한다는 의미이다.

그런데 마지막 구절에서 이와 같이(若此) 賢(현)을 드러내려고(欲見) 하지 않는다(不)고 되어 있다. 賢(현)의 뜻을 통상적인 현명함이라 보면 안 된다. 성인은 현명함이라는 것과 무관하며 노자는 전편에 거쳐 현명함

과 지혜에 대해 비판적인 입장이다. 이 장의 내용이 보태주고 덜어주는 것에 관한 내용임을 감안할 때 賢을 '넉넉하다', '가멸다(재산이 넉넉하고 많다)'의 뜻으로 받아들여야 한다. 즉 베풀어 조화롭게 하지만 자기가 가진 것도 없다고 하면서 공이 있어도 거기에 머물지 않는다는 것은 보통 사람들이 볼 때는 성인은 많은 것을 가지고 있다고 생각할 수도 있다. 그럴 경우 사람들이 성인에 의존하게 될 수도 있다. 그러나 성인은 어질지도 않지만(聖人不仁, 5장), 자신의 상황에 자랑하지도 않는다. 그래서 성인은 채워도 채울 수 없는 다함이 없는 道의 품성을 가지고 있지만 그러한 넉넉함을 드러내지 않는다.

이 장은 죽간본에 없는 내용이고 내용이나 구성에 비추어 볼 때 아무래도 노자의 최초 원본과는 다를 것이라는 생각이 많이 든다. 특히 사람의 속세적인 道라는 것을 도입한 것을 보면 백서본 필사자가 공자 등 다른 사상과의 차별성을 강조하기 위해 후세에 추가한 내용이라는 느낌이 든다. 그렇다하더라도 전체 맥락을 보며 일관성 있게 번역하여야 할 것이다.

제78장

天下莫柔弱於水 而攻堅强者
莫之能先

천하에 물보다 약한 것은 없지만
강한 것을 공격하는 데는 물보다 나은 것이 없다

天下莫柔弱於水, [而攻]堅强者 莫之能[先]也,

以其无以易之也,

水之勝剛也 弱之勝强也, 天下莫不知也 而[莫能行]也.

故聖人之言云 曰

受邦之詢 是謂 社稷之主, 受邦之不祥 是謂天下之王.

正言若反.

易(이): 쉽다, 평안하다, 가벼이 보다, 바꾸다[역], 다르다[역]

詢(구): 꾸짖다, 부끄러움(=詬(후))

祥(상): 상서, 조짐, 복, 재앙, 상서롭다, 자세하다

세상에 물보다 부드럽고 약한 것은 없다.

그러나 단단하고 강한 것을 공격하는 데는

물보다 나은 것이 없다.

이는 그렇게 하는 것이 쉬운 것이라고 여기지 않기 때문이다.

물이 단단한 것을 이기듯이

약한 것이 강한 것을 이기는 것이다.

세상에 (이러한 이치를) 모르는 사람은 없지만

실천하는 사람이 없다.

그래서 성인이 하는 말이 있다.

나라의 치욕을 감수하는 것을 사직의 주인이라 말하고

나라의 궂은일도 감수하는 것을 세상의 왕이라 한다.

바른 말은 반대로 들린다.

天下莫柔弱於水, 而攻堅强者 莫之能先也,
천 하 막 유 약 어 수   이 공 견 강 자 막 지 능 선 야

以其无以易之也.
이 기 무 이 이 지 야

水之勝剛也 弱之勝强也, 天下莫不知也 而莫能行也.
수 지 승 강 야 약 지 승 강 야   천 하 막 부 지 야 이 막 능 행 야

세상에 물보다 부드럽고 약한 것이 없다. 그러나 단단하고 강한 것을
공격하는 데 물보다 나은 것(先)은 없다(莫). 莫之能先(막지능선)의 先이
백서본에서 훼손되어 있어 알 수 없지만 백서정리조는 先으로 추정하고
있다. 왕필본은 勝으로 되어 있는데 백서본이 문맥상 매끄럽다.

以其无以易之(이기무이이지)에서 易을 쉬울 易(이)로 볼 수도 있고 바

꿀 易(역)로 볼 수도 있다. 많은 사람들이 '역'으로 읽어 '아무것도 물을 대신할 수 없다'라든지 '그 성질을 바꿀 수 없다'라는 식으로 번역하기도 한다. 그러나 대신할 수 없다는 것은 앞에서 이미 물보다 나은 것(先)이 없다고 말했는데 다시 같은 이야기가 중복되어 적절치 않고, 물의 성질을 바꾼다는 것도 그 성질이 무엇인지에 대해 아무 설명도 없었는데 무엇을 바꾼다는 건지 알 수가 없다.

필자는 易(이)를 쉽다는 뜻으로 읽는 것이 전후 내용과 잘 어울린다고 생각한다. 앞의 以는 '~때문이다'라는 서술이며, 其는 대명사로 물을 가리킨다. 그리고 다음의 以는 '~여기다'라는 동사로 보아 "그것을(之) 쉽다고(易) 여기는 것(以)이 (以)없기(无) 때문이다(以)"라고 번역된다. 之는 앞 문장의 내용인 물이 견강한 것을 공격하는 것을 가리킨다. 즉, 물은 견강한 것을 이긴다는 생각 자체가 없을 뿐 아니라 그러한 목적을 가지고 서둘거나 성급하게 작용하지도 않는다. 천천히 오랜 시간 그리 할 뿐이다. 그리고 어느 날 보니 바위에 구멍이 뚫어져 있고 강철도 녹아있는 것을 본다. 노자는 이렇게 이기는 것이 진정한 이김이라고 생각한다. 63 장에서도 성인은 일을 함에 오로지 어렵다고 여기기 때문에 결국 어려움이 없다고 말한 것과도 통한다.

보통 사람들은 물은 아주 약하다고 생각하지만 사실 물은 매우 강한 물질이다. 첫째 물은 비중이 매우 크다. 비중은 단위부피당 질량을 말하는데 물은 많은 다른 물질보다 무거운 편이다. 물에 뜨는 많은 물질들은 모두 물보다 가볍다. 매우 무겁다고 생각하는 돌(石)도 물보다 겨우 2.6배 정도 무거울 뿐이다. 그러면서도 물은 액체 상태로만 존재하는 것이 아니고 우리가 보통 인지할 수 있는 온도(-50℃~500℃)에서 고체, 액체,

기체의 삼상(三相) 형태로 변환하면서 존재한다. 기체 상태의 수증기(습도)가 없다면 대부분의 생명체들이 살아가는 것이 엄청 어려울 것이며 고체상태가 있어 겨울에 눈썰매도 탈 수 있다. 물이 바위 위에 낙하하면서도 그 무게(비중) 때문에 오랜 시간동안 바위를 구멍 내기도 하지만, 액체나 기체 상태의 물이 바위틈에 스며들어가 그 물이 날씨가 추워져 얼게 될 때 물의 부피가 팽창하면서 바위를 안으로부터 부수기도 한다.

물은 4℃에서 가장 무겁고(비중이 제일 크며 이때를 1로 정의한다) 그 이후 온도가 영하로 내려가면 고체(얼음)로 되는데 대부분의 물질들은 고체상태가 되면 대체로 비중이 커지는 것이 일반적인데 물은 도리어 비중이 작아지는 독특한 성질을 가지고 있다. 물론 이때 부피는 커지게 된다. 이러한 특성 때문에 겨울철에 수도관이 동파되는 불편함도 있지만 얼음이 물위에 뜨게 되는 천만다행도 있다. 물이 얼면서 다른 물질과 마찬가지로 비중이 커진다면 겨울에 하천은 바닥에서부터 얼음으로 채워져 물고기들이 살 수 있는 공간이 없어지게 될 것이다. 다행히 하천에 물이 얼어도 가벼운 얼음은 물위에 뜨게 되어 그 아래 물속에 고기들이 움직일 수 있다.

그리고 물은 용해성(溶解性)이 가장 뛰어난 물질이다. 자연 원소(元素)의 반 이상이 물에 녹아 있는 형태로 존재한다. 지구가 탄생한 후 물은 암석을 계속 용해시켜 지금의 바다를 형성한 것이다. 물이 바위에 스며들어 팽창하면서 바위를 깨뜨리기도 하지만 물의 탁월한 용해성은 암석 중의 여러 가지 원소들을 녹이기도 한다.

또 다른 물의 탁월한 성질중 하나는 비열(比熱)이 매우 크다는 점이다. 비열은 물질의 온도를 1℃ 올리는 데 필요한 열량을 의미하는데 다른 고체나 액체와 비교할 때 월등히 크다. 20℃의 물에서의 비열을 1이라고 정했는데 대부분의 물질의 비열은 1보다 작다. 물보다 엄청 무거운 수은 (Hg)도 비열이 0.3이며, 철(Fe)은 0.1에 불과하다. 이에 따라 액체에서 기체로 변할 때 주위에서 뺏는 열량, 혹은 기체에서 액체로 바뀔 때 주위에 발산하는 열량인 기화열도 539kcal/kg으로 매우 크다. 그리고 고체와 액체로 바뀔 때의 융해열도 79kcal/kg으로 매우 크다. 더운 길거리에 물을 뿌리면 시원해지는 원리가 기화열이며, 추운 겨울 방안에 차가운 물그릇을 두면 냉기가 다소 가시는 것이 융해열 때문이다. 이러한 물의 성질은 지구의 온도를 일정하게 만들어 주고 있을 뿐 아니라 우리 인체의 온도도 일정하게 조절해주는 중요한 역할도 하고 있다.

노자가 물의 이러한 물리적, 화학적 성질을 정확하게 알지는 못했을 것이지만 아마 처마 밑의 댓돌이 물방울에 파이는 것을 보면서 물이 강하다는 영감을 받았는지도 모르겠다. 물은 한없이 약해 보이지만 실제는 강할 뿐 아니라 대부분의 물질을 용해시켜 받아들이는 엄청난 수용성도 있고 모든 개방계의 열적 평형을 이루며 안정시켜 주는 둘도 없는 물질이다. 그러나 우리는 이렇게 중요한 물을 너무나 흔한 물질로 취급하기도 하며 아무런 생각이 없이 바라보기도 한다. 물이 없으면 불편해하고 홍수가 나면 하늘을 원망할 뿐 물에 대해 깊이 생각하지 않는 것 같다. 그러나 노자는 물의 이러한 성질을 미리 알고 道의 성품에 비유하고 있다. 제8장에서도 道에 바탕을 두고 하는 행동은 마치 물과 같다(上善如水)라고도 했다.

이러한 사실에서 물은 단단한 것을 이긴다(水之勝剛)고 했으며 더 나아가 약한 것이 강한 것을 이긴다(弱之勝强)는 일반론까지로 확대하고 있다. 이러한 사실을 모르는 사람이 없는데 막상 물과 같이 행동하는 사람은 없다(莫能行也). 道는 우리가 매일 접하고 있는 물과 같이 바로 우리 곁에 있음에도 사람들은 항상 빠르고 강한 것만 쫓고 있다.

故聖人之言云曰,
고 성 인 지 언 운 왈

受邦之詬 是謂社稷之主, 受邦之不祥 是謂天下之王.
수 방 지 구 시 위 사 직 지 주   수 방 지 불 상 시 위 천 하 지 왕

正言若反.
정 언 약 반

나라의 경우도 마찬가지다. 나라가 약해 치욕을 받더라도 이를 견디어 내야 진정 나라의 임금이 될 수 있다는 것이다. 8장에서 물은 모든 사람들이 싫어하는 낮은 곳에 머문다고 했다. 28장에서도 깨끗함이라는 것을 알고 있으면서 더러움에 머무르면 천하의 골짜기가 된다고 한 이야기와 맥락을 같이 한다. 나라의 치욕을 감수하는 것이 사직의 주인이다. 사직은 나라를 상징하는 말로 나라를 세울 때 토지의 신(社)과 곡물의 신(稷)을 모시는 제단으로 궁궐의 우측에 지었으며, 조상을 모시는 종묘(宗廟)는 좌측에 설치하였다고 한다.

욕됨을 받아들이는 것에서 나아가 나라의 상서롭지 못한 일들도 받아들여야 천하의 왕이 될 수 있다. 비가 너무 내리지 않아도, 너무 많이 내려도 모두 임금이 그 책임을 떠안는다는 마음가짐이 있어야 한다. 그래야 진정한 지도자가 될 수 있다. 이런 표현은 유교에서도 자주 등장한다. 임금은 영화를 누리라고 있는 자리가 아니라 온 백성을 위해 안 좋은 일들을 모두 짐 지는 것이라고 말한다. 그러나 이는 신하나 학자들이 임금을 견제하기 위해 지어낸 이상적인 말일 뿐 진정으로 백성을 위에

둔 임금이 얼마나 되겠는가?

바른 말은 반대로 들린다는 正言若反(정언약반)은 노자가 애용하는 반어법적 표현이다. 정언약반에 대해 하상공은 '바르고 곧은 말인데 세상 사람들이 알지 못하고 반대로 말을 한다(此乃正直之言, 世人不知, 以爲反言)'라고 주를 달고 있다. 65장에서도 현덕을 설명하면서 보통 사물과 반대인 것 같지만 결국 큰 순리에 따른다(與物反矣 乃至大順)고 한 것과 같다. 약한 것이 강한 것을 이긴다는 말이 상식적으로 맞지 않지만 실상은 옳다는 것을 표현한 말이다.

제79장

和大怨 必有餘怨 焉呵以爲善?

큰 원한을 화해해도 찌꺼기가 남는다면 어찌 善이라 할 수 있겠는가?

和大怨 必有餘怨 焉可以爲善?
是以聖人右介 而不以責於人,

故有德司介 无德司【㼒】(轍)
夫天道无親 恒與善人.

右(우): 높다, 귀하다, 숭상하다, 돕다

司(사): 맡다, 엿보다, 살피다, 지키다

介(개): (사이에)끼다, 소개하다, 깔끔하다, 작다, 사소한 것

轍(철): 바퀴자국, 흔적

큰 원한을 화해해도 반드시 그 찌꺼기가 남아있다면

(이를) 어찌 善(道)이라고 할 수 있겠는가?

그래서 성인은 사소한 것을 중히 여긴다.

그리고 그 사람에게 책임이 있다고 여기지 않는다.

덕이 있다는 것은 작은 것을 잘 살핀다는 것이며,

덕이 없다는 것은 잘 잘못만 따진다.

대저 道는 사사로움이 없지만 항상 선인과 함께한다.

和大怨 必有餘怨 焉可以爲善?
화 대 원　필 유 여 원　언 가 이 위 선

是以聖人右介, 而不以責於人,
시 이 성 인 우 개　　이 불 이 책 어 인

이 장도 왕필은 글자 서너 자를 바꾸어 놓음으로써 백서본과 전혀 다
른 내용이 되어 버렸다. 큰 원한을 화해하더라도 필히 앙금이라는 것이
남는다. 우리가 원한을 깡그리 다 잊어버렸다고 말은 하지만 그렇게 보
이고 싶을 뿐 내심은 전혀 없었던 일로 치부하기는 쉽지가 않은 것이 또
한 사람이다.

이렇게 하는 것이 어찌(焉) 道에 바탕을 둔 것(善)이라고 할 수 있겠는
가(可以)로 반문하고 있다. 물론 道에 바탕을 둔 사람이라면 애초부터 원
한 따위도 가지지도 않을 것이지만 설령 원한이 있더라도 쉽게 화해하고
그 후에 아무런 찌꺼기도 남기지 않는다.

문제는 다음 문장의 右介(우개)다. 을본에서는 이 부분이 右(우)가 左
로 바뀌면서 執左芥(집좌개)로 되어 있고, 하상공본과 왕필본에서는 다
시 계약을 의미하는 契(계)로 둔갑하여 執左契로 되어 있다. 글자의 뜻
이 시대에 따라 바뀔 수도 있지만 백서갑본과 하상공본의 시간차가 길
어야 채 백 년도 안 되는데 글자가 딴판으로 바뀌었다는 것은 잘못 알
아듣고 적은 것이거나 아니면 해석이 안 되어 자기 생각대로 임의로 변
경한 것으로 밖에 볼 수 없다. 그래놓고 번역은 더 이상하다. 당시에는

돈을 빌릴 때 요즈음의 어음 대신 '계부(契符)'라는 것을 사용하였는데 이 계부를 반으로 쪼개어 좌측은 채권자가, 우측은 채무자가 나누어 갖는다고 한다. 그렇게 해서 성인은 계부의 좌측을 가지고 있지만 이를 가지고 채무자를 채근하지 않는다고 해석하고 있다. 道를 체득한 성인을 졸지에 고리대금업자로 만들어 버렸다. 채무, 채권은 道와 善을 논하는 자리에 전혀 어울리지 않는 비유이기도 하다.

필자가 보기에는 문장의 해석은 아주 간단하다. 介는 소개하다는 것이 아니고 '작다', '미세한 것'의 뜻으로 읽어야 한다. 을본에 겨자라는 '芥(개)'라는 글자로 되어 있는 것을 봐도 介를 미세한 것이라는 뜻으로 쓰였음을 유추할 수 있다. 그리고 右는 동사로서 '높다', '귀하다', '숭상하다' 등의 뜻이 있다. 그래서 성인은 사소한 것(介)을 소중하게 생각한다(右). 앞에서 큰 원한을 화해해도 조그마한 앙금이 남는다면 그것은 善이 아니라고 했다. 다시 말하면 화해했으면 그걸로 끝나는 것이지 자잘하게 앙금 따위는 남기지 않는다는 것이다. 63장의 죽간본에서도 작은 것을 크게 여겨라(大小之)고 말하기도 했다.

그리고 사람에게(於人) 책임이 있다고(責) 여기지도(以) 않는다(不)고 했는데 여기서 사람은 자기에게 원한을 끼친 사람으로 그를 책망하지도 않는다는 말이다.

故有德司介 无德司轍, 夫天道无親 恒與善人.
고 유 덕 사 개 무 덕 사 철 부 천 도 무 친 항 여 선 인

따라서 덕이 있는 사람은(有德) 사소한 것(介)을 살피지만(司) 덕이 없으면 轍(철)을 엿본다고 했다. 사소한 것을 살핀다는 혹시 자기에게 앙금 같은 것이 남아있는지를 살펴본다는 것으로 이해된다.

백서갑본과 을본의 【𩤌】은 현재는 사용되지 않은 한자로 27장에서와 같이 轍로 대체하였다. 轍(철)은 바퀴자국이라는 글자로 행적(跡)이라 볼 수 있다. 司轍(사철)은 행적을 살핀다는 것으로 그동안 지나온 과거 행적 (잘못)을 꼼꼼히 본다는 의미다. 덕이 있는 사람은 어떤 사람이 자기에 몹쓸 짓을 했다하더라도 이해하며 털어버리면서 혹시라도 앙금이 있는 지 살피지만 덕이 없는 사람은 상대방의 과거 행적을 들추어내면서 그 사람이 자기에게 한 짓을 낱낱이 따진다.

무릇 道라는 것은 누구에나 사사로움(親) 같은 것은 없고 항상 善人과 함께한다(與)고 말하고 있다. 사사로움이 없다는 것은 앞에서 예를 든 원한이나 은혜 같은 것에 관심을 두지 않는다는 것이다.

이 장의 왕필본은 백서본의 【𩤌】를 27장에서 轍이라 하였는데 여기서 는 徹(철: 통하다, 뚫다)로 바뀌어 있다. 백서정리조에 따르면 徹은 轍의 본 글자로 서로 통용할 수 있다고 말하지만 아마 추측컨대 앞서 介를 계부 라는 뜻의 契(계)로 읽다보니 여기에 말을 맞추려 하다 보니 옛날 세법을 의미하는 徹(철)로 바꾼 것이 아닐까하는 생각이 든다. 그래 놓고 덕이 있는 사람은 채권용 계부를 가지고 있고(有德司契), 덕이 없는 사람은 세 금징수용 철을 가지고 있다(無德司徹)고 번역하고 있다. 번역이 좀 이상 하다고 느꼈는지 성인은 가지고 있는 채권으로 채무자를 닦달하지 않는 이해심 많고 인정 많은 사람이라는 식으로 해설을 하고 있다. 반대로 덕 이 없는 사람은 세금을 악착같이 징수하는 것처럼 인정사정없다는 식으 로 설명을 하고 있다. 필자가 보기에는 세금보다 더 무서운 것이 사채라 고 생각하는데 어찌된 일인지 사채업자가 훨씬 인정이 많은 것처럼 해설 하고 있다. 자칭 노자의 대가라고 하는 사람의 번역을 보면 한술 더 떠 "덕이 있는 자는 어음으로 여유 있게 거래하지만 덕이 없는 사람은 현물로써 각박하게 징수한다."로 되어 있다. 어음으로 외상(신용) 거래하는 사람은 성인이고, 현찰로 거래하는 사람은 전부 각박한 놈이라고 한다. 식당에서 현금을 요구하는 주인은 모두 덕이 없는 사람이다? 어음은 현금이 없거나 현금거래가 불편한 경우 사용되는 신용의 한 방편일 뿐이다. 道를 체득한 성인을 어음이나 거래하는 사채업자로 둔갑시켜버렸다. 아무리 생각해도 도를 이야기하는 자리에 이러한 사례를 인용했다는 것 자체도 이해가 안 된다. 누구말대로 정말 노자를 웃기고 있는지도 모르겠다.

이 부분의 왕필본의 해석은 대부분 다음과 같으니 본문과 비교해보기 바란다.

"큰 원한을 화해해도 반드시 앙금이 남는 법이니

어찌 착하다 할 수 있겠는가?

이 때문에 성인은 채권 증서를 잡고 있을 뿐,

그것으로 사람들에게 독촉하지 않는다.

그러므로 덕이 있는 사람은 채권 증서를 관장하고

덕이 없는 사람은 세금을 관장한다."

(和大怨 必有餘怨 安可以爲善? 是以聖人執左契, 而不責於人, 有德司

契 無德司徹).

제80장

小邦寡民

나라가 작고 백성도 적다면?

小邦寡民.

使十百人之器毋用, 使民重死而遠送,

有車周(舟)无所乘之, 有甲兵无所陳之, 使民復結繩而用之.

甘其食 美其服 樂其俗 安其居

粦+凡(隣)邦相望 鷄狗之聲相聞

民至老死不相往來.

寡(과): 적다, 모자라다, 임금의 겸칭(과인)

乘(승): 타다, 오르다. 업신여기다

陳(진): 늘어놓다, 넓게 깔다, 진을 펴다

繩(승): 줄, 새끼, 법도

隣(인): 이웃, 돕다

鷄(계): 닭

나라가 작고 백성이 적다.

수십, 수백 명의 몫을 하는 현명한 사람을 등용하지 말고,

백성들이 죽음을 무겁게 여기며 장수하고

수레와 배가 있어도 탈 일이 없으며,

병장기가 있어도 진을 펼칠(전쟁) 일이 없으며

백성들로 하여금 다시 새끼매듭으로 소통하게 한다.

자기가 먹는 음식을 달게 여기며,

자기가 입고 있는 의복이 멋지다고 여기며

풍속을 즐기며 지금 있는 거처도 평안하다고 여긴다.

이웃나라가 서로 보이고 닭 울고 개 짖는 소리가 서로 들려도

백성이 늙어 줄 때까지 서로 왕래할 일이 없다.

小邦寡民. 使十百人之器毋用, 使民重死而遠送,
소 방 과 민   사 십 백 인 지 기 용 무 용   사 민 중 사 이 원 송

有車舟无所乘之, 有甲兵无所陳之, 使民復結繩而用之.
유 차 주 무 소 승 지   유 갑 병 무 소 진 지   사 민 복 결 승 지 용 지

나라를 작게 하고 백성을 적게 하라. 노자는 많은 章에서 천하를 취하는 방법이나 대국을 다스리는 방법에 대해 많은 이야기를 하였다. 48장에서 천하를 가지려 한다는 표현이나 45장에서 천하를 바르게 만든다고 한 것이나 천하의 왕이 되기 위해 강이나 바다처럼 낮게 처신하라는 66장의 내용도 모두 천하의 통일을 염두에 둔 것임에는 틀림이 없다. 그런데 여기서는 사뭇 다른 소방과민에 대해 말하고 있다.

그래서 대부분 사람들은 이 章을 노자 자신의 이상향을 그린 것이라고 보고 있다. 춘추시대의 각 나라들이 서로 맹주의 자리를 두고 다투

는 것을 보며 전쟁 없는 평화로운 이상 사회를 그린 것이라고 한다. 그리고 혹자는 천하를 다스리지만 이 장과 같이 작은 나라를 다스리는 마음으로 임하라는 의도라고 해설하기도 한다.

十百人之器(십백인지기)에 대해 보통 수 십, 수 백 명이 사용하는 器機, 혹은 많은 사람들의 힘을 필요한 기기라고 번역하고 있다. 요즘으로 치자면 도저나 굴삭기 같은 중장비를 말한다. 그러나 당시 백성들의 생활에 그러한 대규모 장비들이 많이 사용되지도 않았을 것이며, 있다 하더라고 백성들이 그러한 편리한 중장비 때문에 생활이 게을러지거나 넉넉함을 걱정할 정도라고는 보기 어렵다. 그리고 무엇보다 이러한 것이 소국과민을 만드는데 가장 먼저 언급할 만큼 중요한 사안이라고는 생각하지 않는다. 또 이렇게 번역하는 것은 많은 짐이나 사람을 실을 수 있는 거마나 배가 있어도 탈일이 없다는 뒤의 내용과 중복되기도 한다. 필자는 器를 사람의 그릇이라는 뜻으로 본 의견에 동의한다(김홍경주4). 즉 여러 사람의 몫을 할 수 있는 아주 능력 있는 賢者라는 것이다. 작은 나라는 다스리는 데 똑똑한 신하나 군주가 필요치 않다. 나라가 작아 머리를 쓰고 지혜를 동원할 정도의 일도 없을 것이다. 모든 것이 자연스럽게 굴러갈 것이다. 무위의 다스림이 실현된다는 것이다. 현자를 쓰지 마라(毋用)는 것은 현자를 숭상하지 말라(不尙賢)는 3장의 내용과 상통한다.

使民重死(사민중사)의 죽음을 무겁게 여긴다는 것은 목숨을 소중히 여긴다는 의미이다. 그리고 遠送(원송)은 왕필본에서는 不을 첨가해 不遠徙(불원사)로 되어 "멀리 이사하게 하지 않는다."라고 번역하고 있지만 이 또한 뒤에 나오는 가까운 이웃하고도 왕래조차하지 않는다는 내용과 중복된다. 백서갑본과 을본에도 모두 不이 들어 있지 않아 착간이라고 보기도 어렵다. 죽음을 소중히 여긴다는 重死의 重과 같이 送의 목적어도 죽음(死)로 보는 것이 문장 구조상 맞다. 즉, 죽음을 멀리 보내라는 것은 장수한다는 것이다. 노자의 장생 사상과도 부합된다. 노자는 작위적인 생명 연장은 거부하지만 누구보다도 생명을 소중히 여긴다.

다음 구절의 백서본 有車周(유차주)는 내용상 舟(주: 배)가 맞는 것 같아 왕필본대로 보완하였다. 수레와 배가 있어도 탈 일이 없을 정도로 나라가 작음이다. 甲兵(갑병)은 갑옷과 병기를 의미하며 이러한 병사도 진(陣)을 칠 일이 없다는 것은 전쟁할 일도 없다는 것이며, 結繩(결승)은 새끼 매듭으로 의사를 표시하거나 셈을 하는 원시시대의 문자소통의 방법으로 이것으로도 사회경제활동이 충분하다는 것을 말하고 있다.

물론 당시의 시대상황을 고려하더라도 문명의 흐름을 다시 원시사회로 되돌리자는 것은 현실적으로 말도 안 되는 것을 노자도 알고 있었을 것이다. 다만 제후 간 다툼과 전쟁이 심한 당시의 상황을 비관하여 백성들이 조용히 평화롭게 살 수 있는 방법으로서 자기만의 이상향을 한번 묘사해 본 것이리라.

甘其食 美其服 樂其俗 安其居
감 기 식 미 기 복 낙 기 속 안 기 거

隣邦相望 鷄狗之聲相聞 民至老死不相往來.
인 방 상 망 계 구 지 성 상 문 민 지 노 사 불 상 왕 래

앞에서와 같이 사회가 원시형태로 돌아가면 사람들은 먹는 것이 거칠어도 거기에 만족하며 의복이나 풍습, 주거 등에도 아무런 불평이 없다는 것이다. 모두 다 그렇게 생활하니 사람간의 차이가 생길 수도 없으며 누구와 비교할 대상도 없으니 현재의 생활이 당연히 그런 것이라고 생각한다는 것이다.

이 구절은 장자 거협편(10-10)에도 그대로 인용되고 있다. 장자는 이 대목에서 이러한 사회야말로 가장 잘 다스려진 시대라고 말하면서 지금의 천하가 어지러운 것은 위에 있는 사람이 현자를 좋아하기 때문이라 설명하고 있다. 여기서도 앞의 십백인지기를 현자라 보는 것이 타당하다는 것을 말해주고 있다고 생각한다.

수많은 사람들 사이에 부대끼며 복잡한 도시생활에 지친 현대인들이 마음속으로 그려본 전원생활 혹은 자연인의 삶이 이럴 것이다. 멀리서 보이는 산 아래 조그만 초가집이 소박하며 평화롭고 보이지만 실제 그 초가집에서 살 수 있는 사람은 그렇게 많지 않다. 노자의 말대로 먼저 無爲의 마음에 자신을 확실하게 맡길 수 있는 자세가 선행되어야 한다.

제81장

旣以爲人 己愈有, 旣以予人 己愈多

사람에게 행하면서 자기에게 유위(有爲)가 있는가를 걱정하고
사람에게 베풀면서 자기에게 많은 것을 걱정한다

信言不美 美言不信, 知者不博 博者不知,
善者不多 多者不善,

聖人无積, 旣以爲人 己兪(愈)有,
旣以予人矣 己兪(愈)多.
故天之道 利而不害 人(聖人)之道 爲而不爭.

積(적): 쌓다, 모으다, 저축하다

旣(기): 이미, 벌써, 본래부터

兪(유): 점점, 대답하다, 그리하다, 수긍하다, 편안하다

愈(유): 뛰어나다, (병이) 낫다, 유쾌하다, 근심하다, 더욱, 구차하다[투]

믿음직한 말은 아름답지 않으며
번지르르한 말은 믿음직하지 않다.
진정 아는 사람은 넓게 알지 않고

넓게 아는 것은 진정으로 아는 것이 아니다.

무위에 바탕을 둔 선인은 많지 않으며

많은 사람들이 아직 선인이 아니다.

성인은 (무엇이든) 쌓아두지 않는다.

본래부터 남을 (무언가를) 행하지만

자신에게 유위가 있었는지 두려워하고

본래부터 남에게 베풀어 주지만

아직도 (자기에게)많은 것이 있지 않은지 두려워한다.

하늘의 도는 이롭기만 할 뿐 해롭지는 않으며

사람의 도는 (무엇인가를) 하되 다투지 않음이다.

信言不美 美言不信, 知者不博 博者不知,
신 언 불 미   미 언 불 신   지 자 불 박   박 자 부 지

善者不多 多者不善.
선 자 불 다   다 자 불 선

말 많은 사람치고 믿을 만한 사람 없고, 많이 아는 척 떠벌리는 사람
치고 깊게 아는 사람 없다. 한두 번 경험하고서 앞으로는 그런 사람을
경계하겠다고 다짐하지만 지금 당장 자기 기분을 좋게 해주고 또 자기에
게 이익이 될 것 같은 생각에 또 다시 현혹되고 만다. 사기꾼일수록 청
산유수로 말을 참 잘하는 것 같다. 속인다는 것을 감추기 위해 미사여
구가 필요하며 합리성을 갖추려하니 온갖 이상한 논리를 동원할 수밖에
없다. 그리고 무엇보다 크게 이익이 된다는 것을 강조하며 이번이 아니

면 절대 다시는 기회가 없을 것이라며 은연중에 협박을 한다. 사람은 자기의 이해(利害)에 민감한 법이다. 어느새 상대방의 의도나 합리성에 대한 의심보다 이익이라는 것을 먼저 생각하게 된다. 그래서 판단이 흐려지고 나아가서는 자기만의 논리를 만들어 스스로를 안심시킨다. 그러나 그러한 속임수는 절대 오래가지 않는다. 그 때 땅을 치며 원통해하지만 자기의 허황된 욕심보다 자기를 교묘하게 속인 그 사람을 저주한다. 사기꾼들에 속아 돈을 날린 사람들이 거리에 나와서 시위하는 것을 보면 정말 딱하다. 자기에게 큰 이익을 가져다준다니까 거기에 혹해서 저질러 놓고 이제 와서 딴소리다. 분수에 맞지 않는 이익을 기대한 결과이다. 조용히 자성해야 할 일이다.

아름답지 않다는 것(不美)은 하상공의 해석대로 소박하고 본질적이라는 의미이다. 소박하고 본질적이라 함은 그 표현이 수식이 없이 간결하고 핵심내용만 이야기함이다. 믿음이 없다는 것(불신)은 꾸밈이 많아 내용이 텅 비어있다. 노자뿐만 아니라 대부분의 공자 등 많은 성현들이 말 많음을 경계하라고 한 덕분인지 동양인들이 말을 아끼는 것을 미덕으로 생각한다. 그래서 표현력도 부족하고 자기의 의사를 잘 나타내려 하지 않는 것 같다. 그러나 근대화이후 서양문물이 들어오면서 무뚝뚝한 사람은 대화의 기술이 없다는 등 소통을 중요시하는 서양문화에서는 바람직하지 못한 것으로 취급받기도 한다. 말을 잘하는 것은 현대 사회에서 중요한 기술이며 장점이다. 이를 인정하지 않을 수 없지만, 다만 그 말에 핵심이 있어야 하며 그러기 위해서는 소박하게 표현해야 할 것이다. 우리는 대체로 과장이 심한 편이다.

知者(지자)의 知은 일반적인 지식으로 볼 수도 있으나 필자는 道를 알고 있는 사람이라고 보고 싶다. 道는 하나이며 無이기 때문에 그 앎이 많거나 넓을 수가 없음이다. 善者도 정의한 바와 같이 道에 바탕을 두고 행하는 사람을 의미한다. 이런저런 번지르한 말들도 많고 지식이라는 것도 온 천지에 널려 있는 것 같은데 정작 善者는 많지 않다는 것이다. 대부분의 사람들이 道라는 것을 의식하지도 못하고 살아가고 있다. 왕필은 善者라는 단어를 단순히 착한 것으로 이해한 때문인지 이 부분을 善者不辯(선자불변)으로 바꾸어 착한 사람은 말이 어눌하다고 하는데 '착함'과 '말솜씨'와 연결도 되지 않을뿐더러 첫 구절의 내용과 겹치기도 하여 적절치 않다.

聖人无積, 旣以爲人 己愈有, 旣以予人矣 己愈多.
성 인 무 적   기 이 위 인   기 유 유   기 이 여 인 의   기 유 다

이 단락은 백서본에서 章이 구분되어 있는데 왕필본에서 같은 장으로 되어 있다. 그래서 굳이 앞 단락과 내용이나 문맥을 억지로 맞출 필요는 없다.

우선 성인은 쌓아 둠이 없다(無積)고 했다. 이는 재화 등의 사물일 수도 있고 지식이나 지혜 등의 관념적인 사상일 수도 있다. 왜냐하면 道를 체득한 입장으로서 모든 것이 無이기 때문에 쌓아 둔다는 것은 있음(有)이 되기 때문이다.

다음 구절에 대해 대부분의 사람들은 "남을 위할수록 자신의 것이 더욱 많아지고 남에게 줄수록 자신이 넉넉해진다."는 식으로 번역하고 있다. 하상공도 이를 재물에 비유해 나누어 주면 자신이 더 부유해지는 결과가 된다는 세속적인 해설을 하고 있다. 성인이 자기는 물론 의도하지는 않았겠지만 그 결과가 자신에게 더 유리하게 전개되었다고 하면 어떻게 생각할까? 물론 성인이 행위의 목적을 현상적인 이해관계로 결부시

키지는 않을 것이다. 그러나 무언가 나누어 주었기 때문에 마음이 더 넉넉해졌다는 식으로 이해할 수도 있지만 이런 결과를 사전에 염두에 두고 행한 것은 분명 아닐 것이다.

이러한 번역은 첫째 愈(유)를 '더욱 더'라는 부사로 보아서이다. 필자의 생각에는 愈(유)는 '근심하다', '두려워하다'의 뜻으로 읽어야 한다고 생각한다. 그렇게 되면 번역도 훨씬 매끄러워진다. 이 구절은 성인은 쌓아두지 않는다(無積)이라는 말 뒤에 잇달아 나오는 설명이다. 쌓아두지 않음이란 가지고 있음(有)과 많음(多)를 거부하고 있음을 말한다. 즉 有와 多를 두려워한다는 것이다. 설령 그것이 유형적인 것이든 무형적인 것이든 쌓아둔다는 것을 거부한다는 것으로 보아야 한다.

그리고 爲人(위인)을 사람을 위한다는 뜻으로 번역해서는 안 된다. 사람에게(人) 무언가 행한다는 것으로 봐야 한다. 다음 대구인 予人(여인)은 사람에게 준다는 번역하면서 같은 문장 구조인데 予는 동사로 보고, 爲를 전치사로 보는 것은 말이 안 된다. 따라서 사람들에게 무언가 행위를 하고(爲人) 사람에게 무언가 준다(予人)는 것으로 읽어야 한다. 여기서의 행함은 일반적인 행함이다. 愈有의 有는 가지고 있다는 것이 아니고 有爲의 有다. 즉 인위적이거나 작위적인 의도 목적이다. 따라서 이 문장은 성인은 본래부터 사람에게 무언가를 행하면서 혹시라도 자기(己)는 有爲(유위)가 있는지를 걱정한다는 것이다. 내가(己) 훨씬 더(愈) 가지게 된다(有)의 기존 번역보다 본문의 '유(有)'라는 것을 걱정한다(愈)는 번역이 성인의 태도나 마음씀씀이에 걸 맞는 이야기고 문장 구성이나 표현도 자연스럽다.

사람(人)에게 준다는 것(予)은, 베푸는 것이라 해도 좋다. 그렇게 하면서 혹시라도 아직도 자기가 많은 것을 가지고 있지 않은가를 두려워할 뿐이다. 남에게 베풀수록 자신은 더욱 넉넉해진다는 통상적인 기존의 번역은 너무 세속적인 이해관계에서 접근하고 있다는 느낌이 들고 뿌리 깊은 유교적인 사상에 젖어 있는 표현 같아 내키지 않는다.

백서본의 兪(유)는 愈의 본 글자라 하여(5장) 왕필본대로 보완하였다.

故天之道 利而不害, 聖人之道 爲而不爭.
고 천 지 도 이 이 불 해　　성 인 지 도 위 이 부 쟁

天之道는 필자가 앞에서도 몇 번 이야기한대로 노자의 道는 하나라는 측면에서는 이렇게 구분한다는 것 자체가 적절치 않다. 다만 일반적인 행위나 현상에 대한 지극한 이치를 나타내는 용어로 道라는 말이 상투적으로 사용되면서 하늘의 道니, 사람의 道니, 바둑의 道 등의 모든 사물의 道가 일반명사화 되어버렸다. 본문에서의 하늘의 道도 노자의 道라고 이해해야 한다. 백서본에는 사람의 도(人之道)라고 표기되어 있는데 人之道는 77장에서도 등장한바 있는데 거기서는 속세의 道라고 설명한 바 있다. 따라서 이 장에서 人之道를 그대로 쓸 경우 77장과 내용이 달라 혼란을 야기할 수 있다. 그래서인지 왕필은 이 구절을 聖人之道로 바꾼 것 같다. 타당하다고 생각해 그에 따랐다.

道는 만물을 탄생케 하였으며 만물을 기르며 그 본성을 가지게 해주기 때문에 절대 만물에 이로울 뿐 해로운 점은 하나로 없다는 것이다. 또 하나의 성품으로 爲而不爭(위이부쟁)을 들고 있다. 행하지만 다투지 않음이다. 유사한 구절이 몇 군데서 등장한 바 있다. 2장에서의 爲而不志(위이부지), 51장의 爲而不恃(위이불시), 77장의 爲而不有(위이불유) 그리고 이 장에서 爲而不爭이라고 했다. 따라서 이들 구절은 無爲가 어떤 것인지를 가르쳐 주고 있다. 무위는 志(지), 恃(시), 有(유), 그리고 爭(쟁)

하지 않는 것이란 의미이다. 작위적인 의도, 목표(志)가 없어야 하며 행위의 결과에 대해 자랑(恃)하지 않아야 하며, 그리고 행위의 결과로 무언가를 가지지(有) 않는 것이며 행하면서 다른 사람과 다투지(爭) 않음이다.

참고문헌

1. 노자(이석명 역주, 믿음사, 2020)

2. 장자(안동림 역주, 현암사, 2017)

3. 노자평전(쉬캉성 지음, 신창호 옮김, 미다스북스, 2005)

4. 노자-삶의 기술, 늙은이의 노래(김홍경, 도서출판 들녘, 2003, 인터넷)

5. 내 앞의 생, 깨달음으로 가는 여정, 무한진인 블로그(blog.naver.com /muhanjinin)

6. 석담제 김한희 블로그 도덕경(blog.naver.com/hanhyi)

7. 소호자, 노자직역(blog.naver.com/sohoja)

8. 노자가 옳았다(김용옥)의 번역퍼옴(blog.naver.com/mwembw)

9. 한비자(김원중 지음, 휴머니스트출판, 2020)

10. 노자, 실증적 노자읽기(리링 지음, 김갑수 역, 글항아리, 2019)